JN434513

Hotel Management

호텔경영론

강인호 · 최복수 공저

기문사
www.kimoonsa.co.kr

머리말 P·r·e·f·a·c·e

이제 대학 교단에서 강의한지도 15년이 넘어가고 있다. 그동안 호텔경영론을 매년 강의하면서 학생들에게 어떠한 내용을 강의하고 전달해 주는 것이 도움이 될 것인가에 고민도 많이 해왔다. 가장 큰 고민은 호텔경영론의 내용 중에 서비스와 같은 많은 부문이 다른 각 론에서 중복되고 같은 내용이 언급된다는 것이다. 이러한 고민 끝에 호텔경영론의 내용을 다음과 같이 정리하면, 호텔을 공부하는 독자 또는 학생들에게 도움이 된다는 결론을 내리고 집필을 시작하였다.

첫째, 호텔경영론의 내용을 인사/조직, 마케팅, 생산, 재무, MIS 등 5개 분야를 중심으로 경영에 가장 필수적인 내용을 위주로 호텔의 특성에 맞게 구성을 하였다. 이는 기본에 충실한 사람이 응용도 가능하며, 실제 호텔에서 필요한 기술을 쉽게 그리고 빠르게 익힐 수 있다는 생각에서이다.

둘째, 서비스를 실무 중심보다는 호텔에서 필요한 이론 중심의 내용으로 구성하여 응용이 가능하게 하는 것이 좋겠다는 판단에서 운영과 관리라는 측면에서 정리하였다. 즉 일반적인 호텔경영론의 교재 중 많은 교재가 서비스 실무 중심의 내용으로 구성되어 있는데 이것이 다른 각 론 부문과 매우 유사하게 중복되는 경향이 있고, 일부의 내용들은 호텔에 근무하면 2~3일이면 배울 수 있는 것으로 이러한 것은 중요성이 덜하다는 생각에서 서비스의 본질을 이해하고 응용 능력을 향상시키는 방향에 초점을 두고 구성하였다.

셋째, 재무와 사업성 부문을 강화하였다. 경영에 있어서 중요한 것은 돈의 흐름을 이해하는 것이다. 이러한 측면에서 재무와 사업 타당성 부문을 입지 분석, 지역 분석, 시장 분석, 재무 분석으로 나누어 사업계획서를 작성할 수 있는 수준으로 비교적 세심하게 정리하였다. 이 부문은 향후 독자들이 서비스 분야에 사업을 시작할 경우에도 도움이 되도록 하기 위함이다.

넷째, 호텔 정보 시스템의 부문을 쉽게 접근할 수 있도록 각 부문에 대하여 세부적인 기능과 실제의 운영에 대하여 예를 들어 설명하였다. 이것은 호텔 정보 시스템의 기본적인 이해를 도모하기 위함이며, 호텔 정보 시스템이 어떠한 역할을 하고 있는지를 이해시키기 위함이다.

다섯째, 호텔의 주요 상품인 객실과 식음료 부문에서 객실 경영과 식음료 경영에 필요한 기본적인 내용을 담았다. 그리고 실무적인 업무 내용과 절차에 대하여도 정리하였다. 이 부문은 다른 부문과는 다르게 구성하였는데, 이것은 학생들이 실제 취업해서 바로 현장에서 업무를 수행하여야 하기 때문에 실무 부문도 함께 정리한 것이다.

여섯째, Mice 부문과 서비스 종사원의 자세와 관련해서는 부록으로 정리하였다. Mice는 새롭게 관광/호텔 부문에서 그 중요성이 강조되고 있는 분야이고, 서비스 종사원의 자세는 필요한 사람은 읽어 볼 수 있도록 하기 위함이다.

이와 같이 책을 구성하여 가능하면 독자들에게 호텔 경영에 필요한 각 부문의 내용을 기존의 교재와는 조금 다른 방향에서 정리하였다. 저자 일동은 이것이 최선이라고 생각하였기 때문이다. 그러나 아직 미흡한 점이 많이 있을 것으로 생각된다. 이러한 미흡한 부문은 앞으로 계속 보완할 것을 약속한다.

끝으로 본 교재가 출간되기까지 도움을 주신 기문사 임직원 여러분께 감사의 인사를 드린다.

저자 일동

차·례 Contents

제 I 편 >> 호텔의 이해

I

제 I 편

호텔의 이해

제1장 | 호텔 산업의 개요

본 장에서는 호텔 산업에 대한 전반적인 이해를 도모하는데 기본적인 목적이 있다. 즉 호텔의 의미와 기능을 무엇이며, 어떠한 특성을 보이고 있는지에 대한 전반적인 이해와 호텔 산업의 현황과 관련한 발달 과정을 알아보는데 근본적인 목적이 있다.

이러한 목적을 가지고 호텔의 발달 과정에 대하여 미국과 유럽 그리고 특히 우리나라의 현황과 그 변화 방향에 대하여도 언급하였다. 또한 호텔의 기본적인 이해를 위하여 개념, 의미, 특성에 대하여 비교적 상세히 서술하였다.

학습목표

1. 미국 호텔의 발달 과정에 대하여 이해하고, 발전 방향에 대하여 이해할 수 있어야 한다.
2. 호텔의 개념과 기능 그리고 특성에 대하여 설명하여야 한다.
3. 현대 호텔의 새로운 경영추세에 대한 해석과 이해를 하여야 한다.

제1절 호텔 산업의 의의

1. 호텔 산업의 발달

관광 산업의 발달은 필연적으로 호텔 산업의 발전을 가져왔다. 그에 따라 현대의 호텔 산업은 그 규모도 대형화되고, 종류에 있어서도 매우 다양한 형태로 발전하였다. 우리가 이미 관광의 발달 과정에서 검토해 보았듯이 고대 시대부터 지금까지 많은 종류의 숙박 시설이 존재하여 왔으나 오늘날과 같은 형태의 호텔 산업으로 발달하기 시작한 것은 1800년대 이후로 볼 수 있다. 따라서 1800년대 이후 호텔 산업의 발달 과정에 대해서만 간략히 서술하고자 한다.

1) 유럽 호텔의 발달

유럽 호텔의 발달사를 보면, 오늘날과 같은 기업적인 형태로 발달하기 시작한 것은 19세기 중엽부터라고 할 수 있고, 이 시대의 호텔은 관광 활동에 참여할 수 있는 사람 자체가 귀족 혹은 일부 특권층이었기 때문에 당시의 호텔은 상류 사회의 생활양식에 편승한 호화로운 시설과 서비스를 제공하고 있었다. 이것은 이전의 숙박 시설인 'Inn' 과는 전혀 다른 형태와 분위기를 가지고 있어 새로운 형태의 숙박 시설이 등장한 것이라고 할 수 있다.

이와 같이 19세기에 유럽 지역에서 새로운 서비스와 시설로 고객을 수용하였던 호텔 중에 빼놓을 수 없는 것은 프랑스 파리에 1850년에 세워진 그랜드(Grand) 호텔이다. 이 호텔은 현대와 같은 기업 형태로 세워진 최초의 것으로 그 의미를 크게 부여할 수 있으며, 이 Grand라는 명칭은 오늘날에도 고급 호텔의 대명사처럼 사용되는 것으로 보아 당시의 서비스와 시설을 짐작하고도 남음이 있을 것이다. 그랜드 호텔이 운영을 시작한지 5년 후에는 나폴레옹 3세의 제안에 의해 호텔 루브르(Hotel du Lourve)가 세워졌으며, 이어 1876년에 프랑크푸르트에 프랑크푸르트 호프(Frankfurter Hof)가 개업하는 등 호텔이 계속 세워졌다.

이후 근대 호텔의 아버지로 칭송받고 있는 세자르 리츠(Cesar Ritz)는 1898년에 프랑스 파리에 호텔 리츠(Hotel Ritz)를 세우고, 리츠 호텔의 성공에 힘입어 1년 후인 1899년에는 영국 런던에 호텔 칼튼을 인수하여 경영하기도 하였다. 이것이 오늘날 최고의 서비스와 시설을 자랑하는 호텔 리츠 칼튼의 효시인 것이다.

세자르 리츠는 당시 귀족들을 대상으로 호텔 사업을 영위하면서 '고객은 항상 옳다' 라는 경영 이념에 입각하여 호텔 운영을 하였으며, 그가 세운 이 호텔은 리츠 칼튼(Ritz Carlton)이란 이름으로 오늘날 전 세계에 체인망을 구성 · 운영하고 있으며, 최고의 서비스와 시설을 자랑하는 호텔업계의 선두주자의 자리를 고수해 나가고 있다. 그리고 당시 자본과 경영을 분리한 경영형태는 오늘날 기업 경영에 있어서도 중요한 이정표를 남겼다.

2) 미국 호텔의 발달

미국은 19세기의 유럽과는 다른 형태로 숙박 시설이 발전하고 있었다. 당시 유럽의 호텔은 귀족과 왕족을 대상으로 한 호화스러운 시설과 서비스를 제공하는 것이었다면, 미국의 호텔은 서민적이고 대중적이라고 할 수 있다. 이것은 영국에서 건너온 청교도인들의 평등 사상에 기인한 것으로 보인다. 이러한 평등 사상은 미국이 오늘날 호텔 산업의 선두주자로써 자리를 지키고 있는 가장 근본적인 원인이 되었다고 할 수 있다. 즉 미국인은 지불 능력이 있으면 누구나 호텔의 시설을 이용할 수 있다는 수평적인 신분 구조 속에서 호텔이 발전하게 되었기 때문에 오늘날과 같이 눈부신 발전을 이룩하게 된 것이다.

미국 최초의 호텔은 뉴욕에 건립된 시티 호텔(1794년)이라 할 수 있으며, 이후 보스톤의 익스체인지 커피 하우스(Exchange Coffee House), 필라델피아의 맨션 하우스(Mansion House) 등이 잇달아 건립되어 호텔 발전의 틀이 갖추어지기 시작하였다.

이러한 발전이 지속되는 가운데 1829년에는 보스톤에 객실 170여 실을 보유한 트리몬트 하우스(Tremont House)가 건립되었는데, 이 호텔은 경영 면에서 오늘날과 같은 형태의 몇 가지 특징을 가지고 있었다.

특성을 자세히 살펴보면 다음과 같다.

첫째, 비누와 수건 등의 객실 소모품 제공

둘째, 벨과 페이징 서비스 실시

셋째, 종사원에게 서비스 교육 실시

트리몬트 하우스는 이와 같이 당시로써는 놀라울 정도의 새로운 형태의 서비스를 제공하여 오늘날 호텔 경영의 초석을 마련하였던 것이다. 이후 1830년부터 1850년까지 서부 개척과 함께 호텔 건설의 붐이 일어나면서 발전을 거듭하였고, 19세기 말경에는 샌프란시스코의 팔레스(Palace) 호텔과 같은 호화롭고 우아한 호텔들이 운영되기도 하였다.

20세기에 들어서면서 미국은 경제 성장에 따른 국민의 소득 향상 및 여행객의 증가로 인하여 1920년대까지 호텔 산업은 눈부신 성장을 지속하였다. 그러나 1920년 말 세계의 대공황이 일어나면서 미국의 호텔 산업도 커다란 타격을 받게 되었고, 당시 80(%)가 넘는 호텔이 파산에 이르는 등 극심한 어려움을 겪기도 하였다.

한편, 1950년대는 미국의 경제 성장이 둔화되면서 국민의 소비 심리 위축과 관광 패턴의 변화로 숙박 산업에 커다란 변화를 겪게 되는데 주요한 특징을 보면 다음과 같다.

첫째, 모텔과 같은 새로운 숙박 시설의 등장에 따른 호텔 산업의 변화를 들 수 있다. 1950년대의 미국은 가족 단위의 여행 증가 및 자동차 보급의 확대, 경제 성장 둔화에 따른 소비 심리 위축 등으로 모텔이 등장하게 되었고, 모텔의 등장은 호텔 스스로가 이전의 객실 위주의 경영을 탈피하여 식음료 및 부대사업 등과 같은 사업 분야의 확장과 서비스와 시설의 차별화 및 고급화를 위한 노력을 계속하게 하였다.

둘째, 호텔의 체인(Chain) 또는 프랜차이즈(Franchise) 경영이 활성화되었다는 점이다. 이것은 모텔과 같은 새로운 경쟁 숙박 업체의 등장과 관련하여 대형화를 통한 이미지 향상 및 상표 충성도 제고 등의 경영 개선 노력의 일환으로 추진되었다. 반면에 독립 호텔 혹은 중·소규모의 숙박업자들은 리퍼랄(Referral) 조직을 결성하여 체인·프랜차이즈 호텔과 경쟁하게 된다.

1960년대에 들어서면서 호텔 산업은 관련 산업과 인수 합병이 활발하게 진행이 되었고, 체인 또는 프랜차이즈 경영이 급속히 확대되는 상황이 나타났다. 이러한 발달 과정으로 미국의 호텔 산업은 오늘날 호텔 경영의 기본적인 틀을 제시하였고, 이러한 미국식의 호텔 경영 방식이 전 세계로 확장되어 발달하게 된 것이다. 이러한 결과로 다국적 호텔 기업이 세력을 더욱 확장하게 되었다.

1980년대에는 동서 간의 이념대립이 종식되는 과정에서 국제 간의 교역과 교류가 증진되면서 컨벤션 호텔이 활성화되었으며, 컨벤션 산업은 MICE 산업으로 확대되면서 호텔 산업의 영역은 더욱 넓어지게 된다.

3) 우리나라 호텔 산업의 발달

한국은 지정학적인 위치 및 역사적·시대적인 차이에 의하여 서양의 호텔 발달 과정과는 차이를 보이고 있는 것이 사실이다. 이러한 차이로 인하여 한국 호텔의 발달 과정에 대하여 학자들 간에 각기 다른 시각을 보이고 있다. 특히 서양의 경우는 근대의 산업혁명이라는 관광 발달에 결정적인 영향을 미친 사건이 있었으나 이 시기에 한국의 경우는 세계 열강의 변화와 때를 같이 하지 못하였다. 그리고 역사적인 면에서도 유럽의 산업 혁명 시기에 당시 조선은 개혁파의 몰락과 이후 대원군의 득세에 의한 폐쇄 정책으로 시대의 흐름에 적응하지 못하였다. 그 후 일제의 점령과 군사 혁명 등 빠르게 변모하는 정치 현실 때문에 관광에 대한 관심을 보일 여유가 없었던 것이다.

한국의 경우, 본격적인 관광의 발달을 도모하던 시기는 1960년대 이후로 볼 수 있다. 왜냐하면 5.16 군사 행동을 통하여 정권을 획득한 정부는 관광사업진흥법 제정과 실천으로 구체적인 관광의 육성 의지를 보여 한국 관광 발달에 중요한 전기가 되었기 때문이다.

이러한 문제로 본서에서는 시대적인 구분보다는 고대 시대부터 현재에 이르기까지 중요한 사건만을 대상으로 해방 전까지를 한 시기로, 해방 이후부터 1960년까지, 1960년 이후부터 현재까지로 나누어 검토하고자 한다. 이러한 시대 구분은 관광에 어떠한 혁신에 의한 구분이 아니라 시대에 따라 나타나는 관광 행동의 차이에 의한 것이라 할 수 있다.

(1) 삼국 시대~해방 전

삼국 시대는 유럽과 마찬가지로 사회 계층이 수직적인 신분구조를 가지고 있었기 때문에 왕족, 귀족, 승려 등과 같은 특권 계층만이 관광에 참여할 수 있었던 시기이다. 우리나라의 삼국 시대는 전쟁을 통해 고대 국가를 최초로 이룩하였던 시기로서 통치 이념은 3국 모두가 불교를 국교로 하였다.

유럽 제국이 고대 국가를 형성하는 과정에서의 관광 활동에서도 보았듯이 우리나라의 경우도 부족 간의 전쟁을 위한 이동과 불교 행사 및 참배를 위한 종교적인 이동, 원시적이기는 하지만 일부 특권층의 위락 목적을 위한 관광이 이루어졌고, 중국과 일본 등 국제적인 왕래도 빈번하였던 것으로 기록되어 있다.

삼국 시대의 관광은 고대 서양 국가와 마찬가지로 종교적인 이동이 주류를 이루었던 것이 사실이다. 즉 사찰 탐방 및 종교 의식에 참가 또는 참관을 위한 여행과 민속 행사 참관 등을 위한 이동이 관광의 주류를 이루고 있었던 것이다. 특히 통일 신라 시대는 사람의 이동이 좀 더 빈번하게 이루어졌는데, 그 이유는 통일 국가로서 지방 세력을 견제하기 위한 방문과 지방 문화 중심의 행사 및 축제를 개최하여 사람의 왕래를 빈번하게 하였다는 기록이 있기 때문이다. 또한 당나라, 일본 등과의 해상 무역이 활발하여 청해진에는 상인들을 유숙시키기 위한 청해관 등을 설치하는 등 외국인을 위한 숙박 시설도 다수 존재하였다.

조선 시대는 국가 통치 이념이 유교로 사대부들은 시와 풍류를 즐겼으며, 이들은 견문의 확대를 위하여 여행을 권장하기도 하였다. 그리고 평민 계층 역시 사월 초파일의 연등 행사, 오월 단오 등과 같은 특정한 날에 일시적인 여행도 행해졌던 것으로 기록되어 있다. 또한 조선의 보부상들은 전국에서 벌어지는 장날에 맞추어 무리 지어 순회하며 여행을 하는 형태도 보이고 있어, 사람의 이동은 이전의 시기보다 빈번하였다고 볼 수 있다. 한편, 숙박 시설은 외국의 사신을 접대하기 위한 태평관, 북평관, 동평관 등의 시설을 설치하였다.

임란(壬亂) 이후 관용적 성격의 역(驛)과 원(院) 등의 숙소가 상존하였으며, 객주(客主)와 여각(旅閣) 등 상인을 대상으로 한 숙박 시설과 서민을 대상으로 한 주막(酒幕)이 생겨나기도 하였다.

1876년 강화 조약(江華條約)이 체결된 후 문호 개방의 시대를 맞이하게 되었다. 이때 부산항이 개항되고, 이어서 원산항과 인천항이 개항되면서 열강의 많은 외인들이 입국하였고, 그들과 접촉이 빈번해지게 되었다. 그리고 이들과 교역하는 많은 내국인을 대상으로 한 객주가 항구 지역과 도시 지역을 중심으로 크게 증가하였다.

개항과 더불어 많은 외국인이 입국하면서 숙박 시설에도 변화를 가져왔다. 특히 우리나라의 서양식 호텔의 효시(1888)인 대불 호텔과 대불 호텔의 맞은편에 세워진 스트워드 호텔(Stward Hotel)은 유럽인과 미국인 그리고 일본인을 대상으로 운영되는 숙박 시설로 유명하였다. 그러나 1899년 경인선 철도가 개통되면서 이들 호텔의 이용객이 줄어들게 되어 결국은 문을 닫았다. 서울에도 1902년에 독일인 손탁이 정동에 2층 양옥 건물인 손탁 호텔을 지었다. 손탁 호텔은 2층으로 지어진 서양식 건물로 2층은 왕의 전용실로 이용되었고, 1층은 일반 객실과 식당, 회의실이 갖추어져 있어 당시의 유명 인사들이 이용하는 시설로 널리 알려지게 되었다. 그리고 당시 이 호텔을 이용하는 사람들은 친목 단체를 구성하기도 하였는데, 이것이 그 유명한 '정동구락부'로 이 단체는 후일 반일 세력의 중심적인 역할을 하였다.

한편, 일본은 우리나라를 남북으로 연결하는 철도를 건설하였는데 1905년 경부선(京釜線)과 1906년 경의선(京義線)이 개통되었다. 이 철도는 비록 일제에 의해 생성된 교통 시설이기는 하지만, 우리나라 관광의 역사에 중요한 이정표가 되었음을 부정할 수는 없다. 그리고 철도가 개통되면서 부산역과 신의주역에는 '부산 철도 호텔'과 '신의주 철도 호텔'이 1912년에 개관되어 여행객의 숙박 시설로 각광을 받기도 하였다. 그 후 1914년 서울에 조선 호텔(65실 규모), 1915년 금강산에 '금강산 호텔'과 '장안사 호텔'이 세워졌고, 1925년에 '평양 철도 호텔', 1938년 서울의 '반도 호텔' 등 많은 서양식 호텔들이 생겨나게 되었다. 또한 일본은 1914년 Japan Tourism Bureau(JTB) 서울 지사를 설립하여 일본인의 여행 편의를 도모하기도 하였는데 이 여행사가 우리나라 여행업의 효시라고 전해지고 있다. 이 여행사는 평양, 부산, 군산, 전주, 해주, 여수 등의 철도국 내에 사무실을 개설하여 여행 안내 및 철도 승차권을 판매하였으며, 이어 1915년에는 외국인에 대한 철도 승차권 판매와 1925년에는 여관권까지 판매하게 되었다.

이와 같이 일제시대에 와서 우리나라에 많은 관광 시설이 설치되고, 관광 행태적인 측면에서도 많은 변화를 가져 온 것만은 사실이다. 그러나 당시 이러한 교통 시설 및 기타 관광 시설의 팽창은 일본의 자본에 의하여 이루어졌고, 이들 시설의 이용객 또한 일본인과 외국인에게 국한되었기 때문에 진정한 의미에서 우리나라의 관광 발전 또는 관광 활동과는 거리감이 느껴지는 것이 사실이다.

(2) 해방~1960년

1945년 해방 후 국내 정치 상황의 혼란과 산업 시설의 미비 등으로 인한 열악한 국내의 경제 상황은 관광의 육성에 관심을 기울일 여유가 없었다. 따라서 관광 발전을 위한 정책적인 비전(Vision)의 제시는 어려운 상황이었다고 볼 수 있으며, 관광 시설의 확충도 사실상 정체되었던 상황이었다. 1945년부터 1950년까지 6.25 전 5년간 관광과 관련한 일련의 일들을 정리하면 다음과 같다.

1946년 한국인 최초의 여행사 설립(조선 여행사), 1948년 우리나라 최초의 외국인 방문단의 한국 방문, 1948년 서울과 온양온천 간 관광 전세 버스의 운행 면허 발급, 1948년 미국의 노스웨스트 항공사와 팬 아메리카 항공사의 영업소 설치, 1948년 대한민국 항공사 설립 및 서울-강릉, 서울-광주-제주, 서울-용진(황해도), 서울-부산 취항, 1950년 온양, 대구, 설악산, 서귀포, 무등산, 해운대 등지에 교통부 직영 관광 호텔 개업 등과 같은 일련의 노력들이 있었다. 그러나 1950년 6.25 사변으로 위와 같은 노력은 결실을 맺지 못하였다.

3년간의 긴 전쟁이 종료된 후 사회적 안정을 되찾으면서 관광 부문의 체제가 조금씩 정비되기 시작하였다. 특히 1953년 근로기준법이 제정 · 공포되어 모든 근로자에게 연간 12일의 유급 휴가가 보장되는 제도적인 정비가 이루어졌다. 또한 1945년에 설치된 교통부 내에 공식적인 정부 기관으로는 처음으로 관광과가 신설되었다. 정부 기관 내에 관광과의 신설은 관광의 발전을 위하여 정부에서 주도적인 역할을 하겠다는 것을 의미하는 것이다. 그리고 1958년 관광에 관한 교통부장관의 자문기관으로 중앙관광 자문위원회가 설치되었고, 지방에는 자문기관으로 지방관광 자문위원회가 설치 · 운영되었고, 1950년대 말에는 정부가 주체가 되어 관광사업진흥 5개년 계획을 수립하여 민간 호텔에 융자 지원 등 모범 관광지 개발을 추진하면서 관광 정책에 관심을 갖게 되었다.

(3) 1960년~현재

1960년대에 접어들면서 한국 관광 산업은 결정적인 발전의 계기를 마련하게 되었다. 1945년 정부 수립 이후 관광과 관련한 정책 및 민간의 노력이 미흡하나마 그 윤곽이 나타나기 시작하였고, 5.16 정부는 민간 경제의 활성화를 위한 방안들을 구체적으로 검토하고, 강력한 경제 부흥을 위한 실행을 지속적으로 추진하였다. 이와 때를 같이 하여 관광 산업의 육성을 위한 제도적인 정비 및 외국인 유치를 위한 방안 등이 구체적으로 나타나기 시작한 것이다.

한국 관광 발전에 있어서 빼놓을 수 없는 것은 1961년 8월 관광사업진흥법을 제정 · 공포한 점이다. 이 법은 관광객 유치 및 관광 시설, 홍보 등 관광 발전에 필요한 제반 사항을 규정한 것으로 관광 발전의 법률적인 틀을 마련하였다는 점에서 커다란 의미를 둘 수 있을 것이다. 오늘날 관광진흥법은 이 법이 기초가 되어 현재에 이르게 된 것이다. 또한 1962년 1월에는 문화재 보호법을 제정하였고, 1963년에는 교통부 관광과를 관광국으로 확대 · 개편하여 관광 관련 업무를 효율적으로 수행할 수 있도록 하였다. 더욱이 관광에 관한 실무적인 업무를 효율적으로 수행하기 위하여 1962년 4월에는 국제관광공사(현 한국관광공사)가 발족되었고, 동경과 뉴욕에 처음으로 해외 관광 선전 사무소를 설치하여 운영하였다. 이 국제관광공사가 발족됨으로써 한국 관광에 관한 해외 선전 활동, 관광객의 편의 제공 등의 외국인 유치 업무를 체계적으로 수행하는 한편, 같은 해에 능력이 있는 통역 관광 안내원의 확보를 위하여 통역 안내원 시험 제도를 처음으로 실시하기도 하였다. 그리고 관광업계의 정보 교류 및 결속을 위하여 대한관광협회(현 한국관광협회)를 발족하기도 하였다.

이와 더불어 1965년 제14차 태평양 지역 관광협회(Pacific Area Tourism Association : PATA)의 총회를 유치하여 외국인들에게 한국 관광에 대한 인식의 전환을 가져오는 계기를 마련하였고, 관광 호텔 종사원 자격시험 제도를 실시하여 서비스의 질적인 향상을 위한 노력도 병행하였다. 또한 관광 자원에 대한 인식을 새롭게 하면서 관광 자원의 효율적인 보호를 위하여 1967년 지리산을 국립공원으로 지정하여 관리 · 운영하였는데, 이 지리산 국립공원의 지정을 시작으로 오늘날 한국은 수려한 자원이 국립공원으로 지정되어 운영되고 있다. 우리나라의 국립공원 지정은 미국의 Yellowstone 국립공원이 1872년 세계 최초로 지정된 이후, 약 95년만의 일로 매우 뜻 깊은 일이다.

한편, 대외적 환경은 우리나라 관광 발전에 중요한 전기가 마련되었는데, 그것은 1964년 일본이 해외여행 자유화를 단행한 것과 함께 1965년 그 동안 논란이 지속되었던 한 · 일 국교 정상화가 이루어졌다는 것이다. 이 양국의 국교 정상화는 일본인 관광객 유치에 긍정적인 영향을 미친 중대한 사건으로 이후 외래 관광객의 증가 현상이 나타났다.

이와 같이 1960년대 초반기는 국내 · 외적으로 관광 산업에 중요한 변화가 나타났다.

그 변화는

첫째, 정부 차원에서의 관광 산업 육성을 위한 강력한 의지의 표명과 함께 관광 산업 육성을 위한 실천이 지속적으로 이루어졌다는 점이다. 관광사업진흥법의 제정 · 공포, 국제관광공사의 설립과 민간 기구인 관광협회의 발족, 관광과의 관광국으로의 승격, 관광 관련 자격시험 제도의 시행 등 제도적 · 법률적인 정비로 나타났다. 또한 태평양 지역 관광협회의 총회 유치는 정부의 관광 산업 육성 의지를 확인시켜주는 중요한 내용인 것이다.

둘째, 관광 산업과 관련한 국내·외적인 환경의 변화가 크게 나타났다는 점이다. 우선 국내적으로는 경제 개발 5개년 계획의 수립과 실행으로 경제적인 성장에 국력을 집중하였던 시기이다. 이와 함께 관광 산업의 육성에 대한 필요성이 더욱 증대되었다. 그것은 관광 산업의 육성을 통하여 외화 획득이라는 성장 논리와 매우 적합하게 맞아떨어지는 상황이었던 것이다. 그리고 이러한 논리의 연장으로 실리 외교 정책을 실시하여 일본과 국교를 정상화하였다. 양국의 국교 정상화는 당시 한국에게 상당한 경제적인 이익을 가져왔을 뿐 아니라 일본인들의 한국 관광을 가능케 하는 계기를 마련하였던 것이다. 더욱이 일본은 국교 정상화 1년 전에 그들의 경제력을 배경으로 한 국민의 여행 자유화 조치를 취하였다.

셋째, 관광 자원에 대한 가치와 인식의 전환을 가져왔다는 점이다. 이 점은 지리산을 국립공원으로 지정한 것으로 증명할 수 있다. 국립공원의 지정은 자원의 보호와 개발의 논리에서 보호를 원칙으로 한 개발을 지향하였다는 것을 의미한다. 따라서 오늘날과 같은 지속 가능한 관광 개발의 포괄적인 의미를 가지고 있지는 않더라도 자원보호에 대한 관심은 가지고 있었다고 할 수 있다.

1970년대는 당시 1960년대 초기에 시작한 경제 개발 5개년 계획의 성공으로 '하면 된다.'는 자신감 아래 경제의 고속 성장을 지속하던 시기로 국민의 생활도 현저하게 개선되는 현상이 두드러지게 나타났던 시기이다. 그리고 경제 성장의 과정에서 도시화 현상, 이농 현상, 환경 오염, 빈부의 격차와 같은 좀의 효과가 나타나기도 한 시기이다. 이러한 사회적인 현상과 함께 1970년대의 관광 부문은 1960년대의 정부 주도적인 발전 의지 속에 다져진 관광 산업의 기반 조성과 외래 관광객 유치를 위한 체제의 정비에 힘입은 바 컸다. 1970년대의 관광 산업의 특성을 대표적으로 설명한다면,

첫째, 일반 국민의 관광에 대한 인식이 높아져 관광에 대한 욕구도 높고, 관광 활동이 다양하게 나타났다는 점이다.

둘째, 국가적으로는 관광 산업을 국가 전략 산업으로 육성하기 위하여 관광 자원의 보존과 개발, 관광 단지의 조성, 외래 관광객의 적극적 유치를 위한 지원 시책을 과감하게 전개하였다는 점이다. 이것은 관광 산업의 육성 과정에서 정부 등의 공공기관의 참여 유

형의 변화를 말하는 것으로 해방 이후 1960년대까지는 정부의 직접 참여가 주류를 이루었는데 반하여, 1970년대는 간접 지원(금융 · 세제상의 지원, 민영화)에 중점을 두었다는 것이다.

셋째, 첫째의 특성과 관련하여 정부의 차원에서 국민 관광에 대한 중요성이 크게 대두되었다는 점이다. 1960년대는 외화 획득을 위한 관광 산업 중심의 육성이었다면, 1970년대는 외화 획득을 위한 관광 산업의 육성과 함께 국민 관광 산업의 육성에도 노력을 경주하였다는 점이다.

구체적으로 1970년대에 나타난 중요한 사건을 중심으로 검토하면 몇 가지로 요약할 수 있을 것이다.

1971년 경부고속도로의 개통은 전국을 일일 생활권으로 묶는 중요한 의미를 갖는다. 경부고속도로의 개통은 도시민과 일반 국민을 위한 관광지 개발을 전국적으로 전개할 수 있는 계기를 마련한 것이며, 외래 관광객의 서울 위주의 관광 일정을 지방과 연계한 관광 일정의 구성을 가능하게 하여 관광 루트의 개발이 촉진되었다. 또한 1974년 7월 관광 장기 종합 계획에 따라 한국을 10대 관광권으로 설정하여 전 국토의 균형적 개발과 지역 개발이라는 장기적인 포석을 시도하였다. 그러나 이 10대 관광권은 오늘날 5대 관광대권과 24개발소권으로 변경되었는데, 이는 관광지의 유형별 특성 및 관광지 간 이용 체계의 연계성을 고려하여 개발, 관리, 운영상의 효율성을 위해 새롭게 설정된 것이다.

제도 · 법률적인 변화도 상당부문 개선되었는데, 1972년 관광진흥개발기금법이 제정되어 관광 사업에 대한 금융 지원을 시작하였고, 관광공사에서 직영하던 관광 사업체들을 민영화하는 데 많은 노력을 기울였다. 또한 1975년 관광사업진흥법을 관광기본법과 관광사업법으로 분리 개정하였고, 관광단지개발촉진법을 제정하기도 하였다. 이러한 노력에 힘입어 1978년에는 사상 처음으로 외래 관광객 100만 명, 관광 수입이 4억 달러를 넘어서는 쾌거를 이룩하게 되었던 것이다. 행정 조직 면에서도 1975년 교통부에 국민 관광과를 신설하여 외래 관광객 유치 일변도의 관광 정책에 변화를 가져오기도 하였다.

1980년대는 양과 질적인 부문에서 동시에 성장이 이루어졌던 시기로 이해할 수 있을 것이다. 1980년대는 국제 관광 부문과 함께 국민 관광 부문의 육성이 그 어느 시기보다도 강조되었던 상황으로 국민이 저렴한 비용으로 관광에 참여할 수 있는 국민 관광 시설 개발이 많이 이루어졌던 시기로 볼 수 있다. 이것은 국민 경제의 향상과 더불어 나타난 국민의 다양한 관광 욕구가 표출되고 있었던 시대 상황과도 무관하지 않은 현상으로 이해할 수 있다. 그리고 1981년부터 시작된 일반 국민 해외여행 자유화는 현재 완전한 해외여행 자유화가 실현되었다.

1980년대는 국제적인 이벤트가 한국에서 많이 개최되었는데, 1983년에는 제53차 미주여행업자협회(American Society of Tourism Agents : ASTA)총회가 한국에서 개최되었고, 1986년 아시안 게임, 1988년 제24회 서울 올림픽이 개최되는 등 한국의 경제력과 함께 우리나라 관광 산업의 도약을 위한 일대 전기가 마련되었던 시기이기도 하다. 이들 국제적인 행사는 관광 한국을 세계에 알리는데 중요한 수단으로 활용되어 관광 선진국의 초석을 다지는 계기가 되었다.

1990년대는 국제적인 정치 상황의 측면에서도 냉전시대의 종식과 국제화, 세계화, 개방화 현상과 경제적인 측면에서의 경제 블록화 현상(대표적으로 EU) 등의 정치 · 경제 · 사회적인 측면에서 많은 변화가 일어났다. 이러한 현상은 결국, 관광 산업에 있어서도 각국의 문호가 이전보다 폭넓게 개방되면서 국제 간의 이동이 용이하게 되었다. 이러한 전 세계적인 현상에서 우리나라도 예외가 될 수 없었으며, 개방화 · 국제화의 물결은 관광 산업에도 중요한 변화를 가져오게 하였다. 그 변화를 몇 가지 측면에서 검토해 보면 다음과 같이 요약할 수 있을 것이다.

관광객의 관광 행동 측면에서는 관광객의 욕구가 더욱 다양해지면서 자아실현을 위한 주제 관광 또는 테마 관광이 유행하게 되었고, 이에 따라 관광 기업의 관광 상품은 주문형 상품 생산의 방식으로 크게 전환되었다.

관광 기업의 측면에서는 심화되고 있는 경쟁 체제에서 경쟁적 우위를 확보하기 위하여 대형화 및 서비스의 차별화를 통한 생존 전략이 그 무엇과도 바꿀 수 없는 중요한 문제로 대두되었고, 관광 기업의 사회적 책임에 대한 국민적 욕구를 외면할 수 없는 상황으로 전개되었다.

관광 정책적인 측면에서는 중앙 정부와 지방 자치 단체의 협력 관계가 무엇보다 중요한 이슈로 등장하였으며, 정책 실행의 차원에서도 민간이 공동으로 사업을 추진해 나가는 형태가 보다 효과적인 방법으로 제시되기도 하였다. 또한 관광 산업의 보호와 육성 중심의 정책 구도에도 변화를 가져오게 되어 일반 국민의 복지 증대를 위한 방안이 더욱 심도 있게 강구하게 되었다.

한편, 1992년 관광 산업의 진흥을 위하여 관광정책심의위원회는 2000년대를 대비한 '관광 진흥 중장기 계획'과 '94년 한국 방문의 해'에 관한 기본 계획을 의결하였고, 1993년에는 대전 EXPO를 개최하여 한국의 위상을 세계에 과시하였다. 그러나 1990년대 후반에 우리나라는 국제통화기금(International Momentary Fund : IMF)으로부터 긴급 자금을 수혈받을 정도로 국가 경제가 심각한 상황에 이르게 되었다. 그 결과 실업이 증대되고, 국가 기간 산업이 무너지는 상황이 연출되는 등 매우 심각한 경제적 위기가 촉발되었던 것이다. 이러한 국가 경제 기조의 순간적인 몰락은 관광과 호텔 산업에도 심각한 타격을 주어 관광 기업들의 투자 의욕을 상실하게 하였으며, 일반 국민의 가처분 소득의 감소로 관광 활동이 감소하는 현상이 나타나기도 하였다. 반면에 남북한은 실리적인 외교전이 전개되면서 한국의 기업이 북한의 금강산 지역을 개발키로 상호 협정서를 체결하는가 하면 98년 하반기부터는 정기적인 금강산 관광 유람선이 취항을 하는 등 대북한 관광 산업이 활기를 띠기 시작하였고, 이것이 계기가 되어 2000년대에는 남 · 북한을 연계한 관광 루트 및 관광의 공동 투자 사업 등이 기대되기도 하였으나, 현재는 남북이 다시 가로막혀 금강산 관광도 지금의 시점에서는 돌파구를 찾지 못하고 있는 실정이다.

한편, 최근의 미국의 THADD 한반도 배치로 인한 중국과의 갈등, 일제시대 일본기업 강제노역에 의한 우리나라 대법원의 배상판결에 따른 일본의 대한국 수출규제 등의 문제는 호텔산업에 염려를 더하고 있고, 반면에 2018년 평창동계올림픽 개최와 한류의 세계확산(한류관련 세계동호회가 8000만이 넘어섰고, 곧 1억 명이 돌파될 것으로 예측됨)되어 한국 호텔산업에 긍정적인 면도 공존하고 있는 설정이다.

2. 호텔 산업의 의의

호텔이라는 말은 본래 라틴어의 Hospitale에서 파생된 것으로 Hospital, Hotel은 고객 또는 환자에게 서비스를 제공하는 공공기관으로 인식되고 있으며, 경영 방식 또한 유사한 특성을 지니고 있는 것이다. 호텔은 일반적으로 여행객들에게 숙박과 식사를 제공하는 장소로 인식이 되고 있으며, 이것은 호텔이 가지고 있는 전통적인 기능에 기인한 것이라고 볼 수 있다.

한편, 한국의 관광진흥법 제3조에서 호텔을 다음과 같이 정의하고 있다. 호텔업은 '관광객의 숙박에 적합한 시설을 갖추어 이를 관광객에게 제공하거나 숙박에 딸리는 음식 · 운동 · 오락 · 휴양 · 공연 또는 연수에 적합한 시설 등을 함께 갖추어 이를 이용하게 하는 업' 이라고 정의하였다. 이 정의에서도 호텔의 본질적인 기능인 숙식을 제공하는 공공장소라는 의미는 위의 정의와 다를 바 없으나, '숙박에 수반되는 음식 · 운동 · 오락 · 휴양 · 공연 또는 연수에 적합한 시설' 과 같이 구체적인 부대 시설을 언급하였다는 것에 차이가 있다. 아마도 이것은 호텔이 기업화되면서 그 기능과 역할이 확대된 것에 기인하는 것이라고 할 수 있다.

위의 정의를 종합해 볼 때, 호텔은 다음과 같은 내용을 포함한다고 할 수 있다.

1) 호텔은 숙박과 식사를 기본적으로 제공하는 가사적 형태의 기업.
2) 일반 고객에게 시설과 서비스를 제공하고 그 대가를 수수하는 업.
3) 호텔에서 제공되는 서비스와 시설은 고객에게 편익과 만족을 제공하는 업.
4) 공공장소로서의 기능을 가진 업.
5) 고객에게 휴식, 건강, 교양, 비즈니스 활동과 관련한 시설과 서비스를 제공하는 업으로 그 기능이 증대되고 있다.

이러한 내용에 기초하여 호텔은 다음과 같은 정의를 내릴 수 있을 것이다. 즉 호텔이란 '지불 능력이 있는 일반 대중에게 숙박과 식음료 시설 그리고 이와 관련한 서비스를 제공하고, 부수적으로 휴식, 건강, 교양, 비즈니스 활동을 위한 시설 및 서비스를 제공하여 편의를 도모하는 업' 이라 정의할 수 있다.

이러한 정의에 입각하여 호텔의 기능을 정리하여 요약하면 다음의 〈표 1-1〉과 같다.

표 1-1 호텔의 기능

구분	호텔의 기능	호텔의 구체적 활동
전통적 기능 (본질적 기능)	숙박 기능 식음(食飮) 기능	수면을 위한 객실 제공 식사와 음료 제공
현대적 기능 (부가적 기능)	비즈니스 기능 집회 기능 건강 스포츠 기능 문화 · 교양 기능	비즈니스 활동 지원을 위한 서비스 제공(비서, 문서 수발 및 작성) 국제회의 및 사적 모임의 공간 제공 피트니스 센터 운영 및 건강 관리 프로그램 운영 지역 주민을 위한 교양강좌 개최

제2절 호텔 산업의 현황

1. 등록 현황

우리나라는 1900년 초반에 건립된 대불 호텔과 서울의 정동의 손탁 호텔이 최초의 호텔로 기록되고 있는 바와 같이 호텔은 약 100년의 역사를 갖는다. 그러나 실제적으로는 1962년 관광사업진흥법이 제정되면서 관광 산업의 체계적인 발전을 유도하면서 성장을 시삭하게 되었으며, 이후 2017년 현재 호텔은 1,671개의 호텔이 운영되고 있다. 〈표 1-2〉는 2017년 현재 호텔업의 등록현황이다.

표 1-2 호텔업의 등록 현황

2017. 12. 31 기준

		지역	서울	부산	대구	인천	광주	대전	울산	경기	강원	충북	충남	전북	전남	경북	경남	세종	제주	합계
관광숙박업	호텔업	관광 호텔업	250	62	23	54	13	14	10	95	27	19	13	24	46	35	44		90	802
		등급없음	58	17	3	21	1	5	2	28	17	2	6	6	6	8	6		38	224
		수상관광 호텔업																		
		한국전통 호텔업				2					1			1	2	1			1	8
		가족 호텔업	17	1		3		1	1	7	10	2	4	6	10	2	20		61	146
		호스텔업	67	61	3	44	1			5	2	1	3	4	38	6	9		157	411
		소형 호텔업	7	2		2				5	1			1	2	2			4	62
		관광 호텔업 외	91	64	3	51	1	1	1	17	15	3	7	12	52	11	39		223	591
	소 계		399	143	26	126	15	20	13	140	59	24	26	42	94	54	89		247	1,671

자료 : 한국호텔업 협회, 2014년 호텔업운영현황. 2014

〈표 1-2〉에서 보는 바와 같이 서울 지역은 전체 등록 호텔 1,671개 중 399개의 호텔이 영업 중에 있어 전체의 23.8(%)를 점유하고 있다. 이것은 2014년 서울 지역에서 영업 중이던 전체 등록 호텔의 비중을 보면, 집중도 면에서 약간 상승하였음을 보여주고 있다. 이것은 전체적인 관점에서 보면 지방으로도 분산된 결과에 기인하여 나타난 현상이다. 그리고 이러한 현상은 관광객의 분산 또는 관광 목적지의 다변화라는 측면에서 매우 긍정적인 변화다.

앞의 통계에서도 보듯이, 서울은 한국 관광의 중심지라는 것은 변함없는 사실이다. 그 다음으로 호텔이 많이 있는 지역은 부산, 경기도와 제주도 지역으로 우리나라에서 제주도의 호텔 산업 부분에서의 위상을 다시 한 번 생각하게 한다. 그리고 호텔의 증가 추세를 보면, 1994년에 449개 호텔이 등록되었으나, 2017년 현재 1,671개의 호텔이 운영되고 있는데, 과거 약 35년 동안 1,243개의 호텔이 새로 운영되어 그 증가율이 378.9(%)에 달한다. 또한 관광객의 증가로 인하여 호텔의 증가 추세 및 수도권 지역과 제주도 지역의 호텔 증가는 계속될 것으로 예측된다.

지역별 호텔의 수를 살펴보면, 서울과 부산 사이의 도시들에서 많은 호텔이 운영되고 있음을 확인할 수 있는데 이것은 경부선을 축으로 한 라인이 우리나라 관광의 중심축이라는 것을 시사해주고 있다. 그리고 제주도 또한 주요 관광 목적지임을 확인할 수 있다. 휴양 콘도미니엄이 많은 지역은 강원도 지역으로 조사되었는데, 이것은 강원도가 우리나라의 대표적인 국민 관광지라는 사실도 또한 보여주고 있는 것이다.

우리나라의 이러한 호텔 분포를 종합해 보면, 국제 관광의 측면에서는 경부선을 중심으로 한 지역 또는 도시, 그리고 제주도가 국제 관광객의 주요 이동 통로라고 볼 수 있으며, 국민 관광의 측면에서는 단연 강원도가 중심이라고 할 수 있다.

한편, 위의 〈표 1-2〉는 관광진흥법 상의 관광숙박업의 분류에 의한 호텔업의 등록 현황을 나타낸 것이다. 그리고 호스텔업과 소형 호텔업 및 의료관광 호텔업은 최근에 새롭게 관광 숙박업으로 포함된 것으로 구체적인 내용은 관광숙박업의 분류에서 그 내용은 다루었다.

〈표 1-3〉은 등급별 호텔 업체 및 객실 현황을 나타낸 표이다. 〈표 1-3〉에서 보는 바와 같이 서울 지역에 특급 호텔과 객실 수가 우리나라 전체에서 차지하는 비중이 매우

높은 것으로 나타나고 있다. 우리나라 전체 특급 호텔 195개 업체 중에 서울에 70개 호텔이 집중되어 있으며, 그 비중은 35.8(%)에 이르고 있다. 이것은 관광숙박업이 분산되는 것과는 반대되는 현상으로 등급이 높은 호텔의 집중도는 서울이 계속 높아지고 있는 상황이다. 그리고 부산과 제주도에 특급 호텔이 집중되는 현상을 보면, 국제 관광의 측면에서 앞에서 설명한 국제 관광객의 주요 관광 목적지가 어느 지역인지를 확인할 수 있다. 또한, 본 교재에서 제시하지 않고 있지만, 호텔의 매출 규모나 수익이라는 측면에서도 서울과 부산, 제주 지역이 차지하는 비중이 높다. 이것은 현재 상황에서 경쟁력 있고, 운영의 수지를 어느 정도 보장받을 수 있는 지역을 확인해 주는 주요 지표이기도 하다.

표 1-3 등급별 호텔 업체 및 객실 현황

등급	구분	서울	부산	대구	인천	광주	대전	울산	경기	강원
5성급 특1등급	업체 수	25	9	2	7	2		2	5	6
	객실 수	11,218	3,253	492	2,642	325		458	665	1,695
4성급 특2등급	업체 수	45	2	4	7		1	2	15	5
	객실 수	11,663	437	711	1,635		204	689	2,693	815
3성급 1등급	업체 수	74	15	6	2	4	7	1	17	10
	객실 수	11,162	1,945	363	290	271	694	75	2,043	798
2성급 2등급	업체 수	56	22	6	12	1	4	2	33	5
	객실 수	4,146	2,227	320	746	59	215	111	2,174	282
1성급 3등급	업체 수	50	14	2	26	6	2	3	28	1
	객실 수	2,735	1,268	88	1,239	367	70	109	1,556	48
등급없음	업체 수	58	17	3	21	1	5	2	28	17
	객실 수	7,694	1,219	156	1,341	37	484	147	1,683	2,049
소계(관광 호텔업)	업체 수	308	56	19	72	18	22	10	106	43
	객실 수	48,618	10,349	2,130	7,893	1,059	1,667	1,589	10,814	5,687
가족호텔	업체 수	17	1		3		1	1	7	11
	객실 수	2,909	37		492		80	35	499	723
전통호텔	업체 수				2					
	객실 수				74					
호스텔업	업체 수	67	61	3	44	1			5	2
	객실 수	1,751	607	33	727	6			179	33
소형 호텔업	업체 수	7	2		2				5	1
	객실 수	176	57		46				131	24
소계(관광 호텔업 외)	업체 수	91	64	3	51	1	1	1	17	15
	객실 수	4,836	701	33	1,399	6	80	35	809	793

등급	구분	서울	부산	대구	인천	광주	대전	울산	경기	강원
호텔업 합계	업체 수	399	143	26	126	15	20	13	140	59
	객실 수	53,454	11,050	2,163	9,232	1,065	1,747	1,624	11,623	6,480
휴양콘도업 합계	업체 수		5		2				17	75
	객실 수		1,603		351				3,233	20,315
총계	업체 수	399	148	26	128	15	20	13	157	134
	객실 수	53,454	12,653	2,163	9,583	1,065	1,747	1,624	14,856	26,795

등급	구분	충북	충남	전북	전남	경북	경남	제주	합계
5성급 특1등급	업체 수	1		1	2	5	3	12	78
	객실 수	328		118	519	1,652	347	4,997	28,709
4성급 특2등급	업체 수	1	4	4	5	1	2	19	117
	객실 수	180	567	543	514	125	210	2,549	23,535
3성급 1등급	업체 수	8	3	3	10	12	10	29	211
	객실 수	608	416	221	825	936	608	2,297	23,532
2성급 2등급	업체 수	6	3	11	11	7	15	15	209
	객실 수	352	137	641	593	447	732	1,015	14,197
1성급 3등급	업체 수	3	3	5	8	10	15	11	187
	객실 수	155	165	190	322	580	767	615	10,274
등급없음	업체 수	2	6	6	6	8	6	38	224
	객실 수	109	295	428	325	352	648	3,322	20,289
소계 (관광호텔업)	업체 수	21	19	30	42	43	50	124	1,026
	객실 수	1,732	1,580	2,141	3,098	4,092	3,312	14,795	120,556
가족호텔	업체 수	2	4	6	10	2	20	61	146
	객실 수	102	211	2,085	773	120	1,250	3,906	13,222
전통호텔	업체 수			1	2	1		1	8
	객실 수			20	53	16		2602	202
호스텔업	업체 수	1	3	4	38	6	19	157	411
	객실 수	29	29	68	1,035	39	334	3,917	8,787
소형호텔업	업체 수			1	2	2		4	26
	객실 수			20	57	46		92	649
소계(관광호텔 업 외)	업체 수	3	7	12	52	11	39	223	591
	객실 수	131	240	2,193	1,918	221	1,584	7,941	22,860
호텔업계	업체 수	24	26	42	94	54	89	347	1,617
	객실 수	1,863	1,820	4,334	5,016	4,313	4,896	22,736	143,416
휴양콘도업 합계	업체 수	8	15	6	7	17	15	60	227
	객실 수	1,977	2,764	743	863	3,159	2,372	8,761	46,141
총계	업체 수	32	41	48	101	71	104	407	1,844
	객실 수	3,840	4,584	5,077	5,879	7,472	7,268	31,497	189,557

자료 : 한국호텔업 협회, 2014년 호텔업운영현황. 2014

2. 이용 현황

아래의 〈표 1-4〉는 호텔의 객실 판매 실적을 정리한 것이다. 〈표 1-4〉에서 나타난 바와 같이 관광호텔의 경우는 등급이 높으면 높을수록 그 이용률이 높다는 것을 알 수 있다. 즉 2017년 3등급의 호텔은 객실 점유율이 49.52(%)인데 반하여 등급이 높을수록 점유율이 높아지면서 등급이 가장 높은 특급 호텔은 61.62(%)에 달하고 있다. 이것은 호텔의 등급이 높을수록 호텔 경영의 위험이 줄어든다고 하는 일반적인 사실과 정비례함을 나타내고 있어 주목할 만하다. 그리고 〈표 1-5〉는 관광 호텔업의 수입 실적을 나타낸 것이다. 〈표 1-5〉에서 보는 바와 같이 관광호텔의 전체수입액 중 특급 호텔의 수입액이 전체의 약 88.8(%)를 구성하고 있다. 이것은 2017년 57.9(%)의 약 70(%)보다는 그 비중이 많이 높아진 현상을 보이고 있어 이 또한 주목할 만하다.

표 1-4 호텔업 이용 실적

구분	객실 숙박객수(명)			부대시설 이용객수(명)			호텔업 지표			
	외국인	내국인	계	외국인	내국인	계	판매 객실수	객실 이용률	판매객실 평균요금	객실당 수입
전체 (806)	12,053,630	20,187,964	32,241,594	8,437,643	45,141,442	53,579,085	21,568,645	60.71	113,785	69,079
관광 (693)	11,229,953	17,656,629	28,886,582	8,108,737	42,525,845	50,634,582	19,944,403	60.84	114,141	69,444
특1급 (73)	2,220,749	5,434,021	7,654,770	4,909,272	23,558,690	28,467,962	5,944,093	62.41	181,789	113,455
특2급 (98)	3,558,516	3,946,162	7,504,678	1,745,310	7,130,360	8,875,670	5,017,332	65.20	99,644	64,968
1급 (167)	3,478,162	3,444,956	6,923,118	861,510	7,041,600	7,903,110	4,491,055	62.87	81,780	51,415
2급 (144)	957,680	2,136,230	3,093,910	146,594	1,266,128	1,412,722	1,968,195	57.28	71,532	40,974
3급 (121)	414,860	1,238,876	1,653,736	33,298	824,409	857,707	1,254,121	49.52	66,093	32,729
미등급 (90)	599,986	1,456,384	2,056,370	412,753	2,704,658	3,117,411	1,269,607	51.83	82,709	42,868
가족 (68)	758,538	2,174,302	2,932,840	320,726	2,522,299	2,843,025	1,366,298	59.66	114,045	68,039

구분	객실 숙박객수(명)			부대시설 이용객수(명)			호텔업 지표			
	외국인	내국인	계	외국인	내국인	계	판매 객실수	객실 이용률	판매객실 평균요금	객실당 수입
전통 (6)	2,026	51,278	53,304	329	69,266	69,595	27,443	51.41	187,842	96,570
호스텔 (30)	58,701	249,302	308,003	7,401	18,142	25,543	192,391	57.63	68,905	39,710
소형호텔 (9)	4,412	56,453	60,865	450	5,890	6,340	38,110	56.35	91,224	51,405

주) • ( ) 안의 숫자는 업체수이며, 호텔등급은 해당 연도 기준
- 판매객실 평균요금[ADR(Average Daily Rate)]=객실매출액(Room Revenue)+판매객실수(Number of Rooms sold)
- 객실 이용률[OCC(Occupancy)]=(판매객실수+판매가능객실수)×100
- 객실당 수입[revPAR(Revenue per Available Room)]=ADR×OCC

자료 : 한국호텔업 협회 홈페이지

표 1-5 관광 호텔업의 수입 실적(2017.12.31 기준)

등급 \ 구분	객실 수입(천 원)			부대시설 수입(천 원)		
	외국인	내국인	계	외국인	내국인	계
전체(806)	1,091,415,156	1,362,772,075	2,454,187,231	256,788,343	1,460,703,695	1,717,492,038
관광(693)	1,032,675,238	1,243,804,442	2,276,479,680	249,811,104	1,409,244,834	1,659,055,938
특1급(73)	467,684,432	612,886,831	1,080,571,263	196,347,823	1,068,881,969	1,265,229,792
특2급(98)	256,700,518	243,244,780	499,945,298	34,445,151	172,116,734	206,561,885
1급(167)	197,076,433	170,201,039	367,277,472	11,856,489	105,695,944	117,552,433
2급(144)	48,040,492	92,748,441	140,788,933	1,168,792	17,110,539	18,279,331
3급(121)	25,372,763	57,515,459	82,888,222	369,602	9,338,503	9,708,105
미등급(90)	37,800,600	67,207,892	105,008,492	5,623,247	36,101,145	41,724,392
가족(68)	56,610,255	99,208,906	155,819,431	6,992,834	47,733,032	54,655,866
전통(6)	276,832	4,878,119	5,154,951	15,436	3,601,796	3,617,232
호스텔(30)	1,646,456	11,610,173	13,256,629	36,564	87,933	124,497
소형호텔(9)	206,105	3,270,435	3,476,540	2,405	36,100	38,505

주) • ( ) 안의 숫자는 업체수이며, 호텔등급은 해당 연도 기준
- 판매객실 평균요금[ADR(Average Daily Rate)]=객실매출액(Room Revenue)+판매객실수(Number of Rooms sold)
- 객실 이용률[OCC(Occupancy)]=(판매객실수+판매가능객실수)×100
- 객실당 수입[revPAR(Revenue per Available Room)]=ADR×OCC

자료 : 한국호텔업 협회 홈페이지

제3절 숙박 산업의 분류

1. 호텔의 분류

호텔은 입지, 규모, 경영 방식, 숙박 기간, 숙박 목적, 법규, 요금 지불 방식 등 여러 가지 분류 기준에 의하여 분류할 수 있다. 이렇게 분류된 호텔은 규모, 운영 방법, 시설 등 여러 부문에서 차이를 보이게 되는데 각각의 분류 기준에 의한 호텔의 종류와 특성은 다음과 같다.

1) 입지

입지에 의한 분류는 호텔이 도시 혹은 시골, 기타 특수 지역 등 어디에 입지하고 있는가를 기준으로 분류하는 방법이다. 일반적으로 호텔이 입지하고 있는 지역에 따라서 메트로폴리탄 호텔(Metropolitan Hotel), 시티 호텔(City Hotel), 컨트리 호텔(Country Hotel) 등으로 분류할 수 있다. 이들 호텔의 종류와 특성을 요약하면 다음과 같다.

(1) 메트로폴리탄 호텔(Metropolitan Hotel)

메트로폴리탄 호텔은 대도시 지역에 입지한 대규모의 호텔을 의미한다. 이러한 메트로폴리탄 호텔은 입지 지역이 특성에 따라 시설의 종류와 규모에서 차이를 보이게 되는데 일반적으로 고급스럽고, 우아하고, 세련된 서비스가 제공되는 것이 특징이다.

대도시 지역은 비즈니스 활동이 활발하게 이루어지는 경우가 대부분이다. 따라서 이들의 호텔은 많은 여행객을 수용할 수 있는 대규모의 객실을 보유하고 있는 것은 물론, 비즈니스 활동을 지원할 수 있는 여러 종류의 전문 레스토랑, 바, 커피숍 등을 운영하고 있다. 그리고 비즈니스 활동 혹은 여행에 피로를 회복할 수 있는 사우나, 수영장 혹은 스포츠 센터 등도 경영하며, 국제 회의 또는 대규모 집회 등을 할 수 있는 연회장 시설을 가지고 있는 것이 보통이다.

한편, 이들 호텔들은 투숙객의 투숙 목적에 따라 약간의 차이는 있으나 비즈니스 활동을 지원할 수 있는 비즈니스 센터를 두어 비즈니스 업무를 실질적으로 지원할 수 있는 시설과 설비를 갖추고 있고, 비즈니스를 목적으로 하는 고객만을 집중적으로 투숙시켜 그들 간의 정보 교류 및 상담 등을 할 수 있도록 비즈니스 플로어(Business Floor)를 운영하는 등 Software의 개발에도 관심을 집중하고 있다.

(2) 시티 호텔(City Hotel)

시티 호텔 또한 도심 지역에 위치하고 있고, 투숙객은 주로 상용 · 공용의 비즈니스 활동을 위하여 여행하는 사람과 도시 중심부에 위치하고 있어 접근의 편리성 등으로 사회적 교류를 위한 집회, 연회, 회의 등을 목적으로 하는 고객이 주로 이용하는 특성을 가지고 있다. 그러나 비즈니스 활동을 위하여 방문하는 여행객은 호텔의 규모가 대형화되고, 이들의 지원과 서비스가 이루어지고 있는 메트로폴리탄 호텔로 이동되면서 시티 호텔은 점차 줄어들고 있는 실정이다. 시티 호텔은 다운타운 호텔(Downtown Hotel : 사회적 교류를 위한 사교 중심의 시설과 서비스가 제공되는 성격을 가지는 호텔)과 그 성격이 유사하다.

(3) 컨트리 호텔(Country Hotel)

교외 혹은 시골 지역에 위치한 호텔로 입지에 따라 여러 종류의 호텔이 있을 수 있으며, 이용객의 특성에 따라서 시설의 종류와 크기가 달라지는 것이 특징이다. 컨트리 호텔의 종류를 살펴보면 다음과 같다.

❶ 교외 호텔(Suburban Hotel)

교외 호텔은 호텔이 입지한 주변 지역의 경관 혹은 자원의 종류에 따라서 그 성격을 달리하여 계절에 따라 즐길 수 있는 오락 혹은 위락 시설을 운영하는 것이 특징이다.

❷ 산간 호텔(Country Hotel)

산간 호텔은 주로 산악 지역 혹은 전원 지역에 입지하고 있어 Mountain 호텔이라고도 불리고 있다. 산간 호텔은 골프장 혹은 레크리에이션 시설을 갖추고 있어 레크리에이션 활동이 이루어지는 것이 특징이다.

❸ 에어포트 호텔(Airport Hotel)

공항 주변에 위치하여 비행기 여행을 하는 사람 혹은 비행기 승무원들이 주로 투숙하는 호텔이다. 그리고 이 호텔의 고객들은 다른 목적지로 이동하기 위하여 아주 짧은 기간을 투숙하고, 비행기로 여행을 하기 때문에 이들의 피로를 해소하기 위한 휴식 시설과 위락 시설을 주로 운영하고 있는 특성을 가지고 있다.

❹ 시포트 호텔(Seaport Hotel)

항구 주변에 위치하여 배로 여행하는 승객과 승무원들이 주로 이용하는 호텔이다. 그리고 이들 투숙객은 다음 목적지로 이동하기 위하여 아주 짧은 기간을 투숙하고, 배로 여행하기 때문에 이들의 피로를 해소하기 위한 휴식 시설과 위락 시설을 운영하고 있는 특성을 가지고 있다. 이러한 면에서 에어포트 호텔과 성격이 유사하다.

❺ 터미널 호텔(Terminal Hotel)

시포트 호텔과 유사한 성격을 가지며, 철도 혹은 버스 터미널 등에 입지한다.

2) 규모

호텔의 규모에 따라 대규모 호텔(Large Hotel), 중 · 대규모 호텔(Above Average Hotel), 중규모 호텔(Average Hotel), 소규모 호텔(Small Hotel) 등으로 분류하는데, 일반적으로 대규모 호텔은 객실 규모가 300실 이상인 경우를 말하고, 중 · 대규모 호텔은 100~300실, 중규모 호텔은 25~100실, 소규모 호텔은 25실 미만의 객실 규모를 가지고 있는 호텔을 의미한다.

3) 경영 방식

경영 방식에 따라서는 독립 호텔, 체인 호텔, 프랜차이즈 호텔, 관리 위탁 경영 호텔 등을 대표적으로 설명할 수 있다.

(1) 독립 호텔

독립 호텔은 소유자 혹은 투자자가 직접 경영을 하는 호텔을 의미한다. 이러한 독립 호텔의 경우 소유자의 경영 기술 정도에 따라서 수익성에 크게 영향을 받는 경향이 있다. 따라서 숙련되고 세련된 경영 기술이나 기법을 가지고 있는 소유자라면, 독립 호텔의 형태로 경영하여도 경영 위험을 줄일 수 있으나 환경의 변화에 능동적으로 대처하지 못하면 경영 위험이 증대될 수 있는 단점을 가지고 있다.

(2) 체인 호텔

체인 호텔은 연쇄 경영 호텔을 의미하는 것으로 프랜차이즈 경영에 비하여 강한 결속력을 가지고 있는 호텔로 '규모의 경제(Scale Merit)' 실현이 최대의 장점이라고 할 수 있다. 체인 호텔은 경영권과 인사권이 체인 본부에 있다는 것이 프랜차이즈와 차이가 있으며, 체인 본부와 가맹점이 공동으로 투자하는 형식이 일반적이다.

체인 호텔의 경영은 다음과 같은 이점이 있어, 프랜차이즈 경영과 함께 현대의 호텔 경영에 주류를 이루고 있다.

① 대량의 일괄 구매를 통한 원가 절감 효과를 기대할 수 있다.
② 동일한 예약 시스템을 사용함에 따른 예약 업무의 효율성 증진 및 판매를 확대할 수 있다.
③ 저렴한 비용으로 홍보 · 광고를 할 수 있으며, 전 세계인을 대상으로 하기 때문에 홍보 · 광고 효과를 극대화할 수 있다.
④ 호텔 경영에 필요한 선진 경영 기법 및 기술의 습득이 용이하다.
⑤ 높은 지명도에 따른 판매 증진 효과를 기대할 수 있다.
⑥ 서비스 품질의 표준화가 용이하다.

(3) 프랜차이즈 호텔

프랜차이즈는 '상표 판매권' 혹은 '가맹권'을 의미하는 것으로 1950년대에 본격적으로 도입된 경영 방식이다. 프랜차이즈 경영은 프랜차이즈 본사(Franchiser)와 사업 관계에 대하여 적절한 계약을 체결하고, 이에 수반되는 비용(Licence Fee)을 지불하는 형식으로 체인 경영과 유사한 장점을 가지고 있기 때문에 체인의 이점을 참고하면 된다.

(4) 관리 위탁 경영 호텔

관리 위탁 경영 방식(Management Contract)은 업무 위탁이라고도 부르고 있다. 이 방식은 고정 자산에 대한 투자를 제3자 등이 부담하는 것인데, 호텔 회사는 그 시설의 관리 운영만을 계약에 의해서 수탁하는 것이다. 관리 운영 위탁 계약은 건물의 내장 등 일체를 소유자 내지 경영 주체의 부담으로 하고, 호텔 회사가 조달할 자금은 운전 자금만 있으면 된다. 그리고 소유자는 경영자로서의 호텔 회사에게 관리 운영의 보수로서 수수료(Royalty : Management Fee)를 지급하면 되는데, 그 계산 방법은 수익금 또는 금리 · 상각 · 공통 경비 지급전 이익 등에 대한 일정의 비율로 하고 있다. 이 방식은 힐튼과 하얏트에서 채용되고 있는데, 힐튼은 이 방식에서도 총 영업 수익의 3분의 1이라는 기준을 적용하고 있다.

이와 같은 관리 위탁 경영 방식은 근래에 와서 매우 주목을 받는 경영 방식이다. 그 이유는 위탁자의 입장에서는 경영 기술이 부족하여 발생할 수 있는 경영에 따른 위험을 줄일 수 있고, 호텔 회사의 입장에서는 적은 비용으로 새로운 수익원을 창출할 수 있다는 점에서 양자에게 모두 장점을 제공하고 있기 때문이다.

이밖에 임차 방식, 리퍼럴 조직(Referral Organization), 업무 제휴 방식 등 여러 형태의 경영 방식이 실무에서 활용되고 있다. 그러므로 어떠한 방식에 의하여 경영할 것인가는 각각의 특성을 면밀히 검토하여 자신의 경영 목적을 효과적으로 달성할 수 있는 방식을 채택하여야 할 것이다.

4) 숙박 기간

(1) 단기 체재 호텔(Transient Hotel)

단기 체재 호텔은 단어에 내포되어 있는 바와 같이 투숙객이 단기간의 투숙을 목적으로 하는 호텔이다. 오늘날 대부분의 호텔은 단기 체재 호텔의 범주에 속하며, 단기 체재 호텔은 Business 호텔, Commercial 호텔, Convention 호텔 등을 예시할 수 있다. 단기 체재 호텔은 투숙객의 투숙 목적에 따라 부대 시설 혹은 식음료 시설의 규모와 종류가 결정되는 것이 일반적이지만, 이들 호텔들은 여러 종류의 식음료 시설, 사우나, 수영장, 헬스 혹은 레크리에이션, 비즈니스 시설 등 비교적 다양한 시설을 운영하고 있는 것이 일반적이다.

(2) 장기 체재 호텔(Residential Hotel)

장기 체재 호텔은 아파트먼트 호텔(Apartment Hotel)이라고 불리고 있는 미국을 중심으로 발달된 호텔로서 호텔과 가정의 기능이 복합된 것으로 이해하면 될 것이다. 장기 체재 호텔에 투숙하는 투숙객은 가정에서 멀리 떨어진 지역으로 장기간의 출장 혹은 전근 등으로 인하여 오랫동안 타 지역에 머물러야 할 경우에 주로 이용되는 호텔이다. 전술한 바와 같이 장기 체재 호텔은 호텔과 가정의 기능을 복합한 형태로 운영이 되고, 대개의 경우 투숙객이 낮에는 직장 혹은 밖에서 시간을 보내고, 잠을 자기 위하여 호텔에 들어오는 경향이 많이 나타나기 때문에 식음료 시설 혹은 부대 시설 등은 최소화하여 운영하는 것이 특징이다. 우리나라는 장기 체재 호텔이 많지 않으나 새로 신축되는 호텔 중에 많이 포함되어 있는 것으로 알고 있다.

5) 숙박 목적

(1) 컨벤션 호텔

컨벤션 호텔은 국제회의 및 세미나를 개최하기에 필요한 제반 시설과 설비를 준비하여 회의 및 집회를 목적으로 운영되는 호텔이다. 이러한 컨벤션 호텔은 대규모 인원을 동시에 수용할 수 있는 연회장과 분임 토의 혹은 Section별 토론을 할 수 있는 중 · 소규모의 연회장 등 다수의 연회장과 여러 나라의 언어에 대하여 동시통역을 가능하게 하는 시설을 갖추고 있다. 우리나라는 근래에 와서 국제 회의가 가져다주는 경제적 편익뿐만 아니라 국제적인 위상의 제고를 위하여 컨벤션 산업의 육성에 관심을 두고 있다.

(2) 상용 호텔

사업 혹은 상업을 목적으로 이동하는 여행객들이 주로 투숙하는 호텔로 비즈니스 활동이 활발하게 전개되는 대도시 및 도심 지역에 입지를 하는 것이 특징이다. 이러한 상용 호텔은 비즈니스 활동을 지원하기 위한 시설과 서비스 그리고 휴식 시설 등 비교적 다양한 부대 시설과 식음료 시설을 갖추고 있다.

(3) 휴양지 호텔

휴양지 호텔은 관광지 혹은 관광 단지 등과 같은 지역에 입지를 하게 되며, 이들 호텔은 주변의 관광 자원의 특성과 성격 그리고 관광 자원의 견인력의 정도에 따라 그 규모와 시설의 종류, 운영 방법 등이 달라진다. 기본적으로 휴양지 호텔은 관광 자원의 견인력이 약하면, 인위적인 레크리에이션 시설을 추가하여 관광지의 매력성을 제고하는 특성을 갖는다.

6) 법규

우리나라는 관광진흥법 시행령 제2조에 의하여 호텔업의 종류를 명시하고 있다. 우리나라에서 규정하고 있는 호텔업의 종류를 정리하면 다음과 같다.

(1) 관광 숙박업

❶ **호텔업** 관광객의 숙박에 적합한 시설을 갖추어 이를 관광객에게 제공하거나 숙박에 딸리는 음식 · 운동 · 오락 · 휴양 · 공연 또는 연수에 적합한 시설 등을 함께 갖추어 이를 이용하게 하는 업

■ **관광 호텔업** 관광객이 숙박에 적합한 시설을 갖추어 관광객에게 이용하게 하고 숙박에 딸린 음식 · 운동 · 오락 · 휴양 · 공연 또는 연수에 적합한 시설 등(이하 "부대 시설"이라 한다)을 함께 갖추어 관광객에게 이용하게 하는 업(業)

① 욕실이나 샤워 시설을 갖춘 객실을 30실 이상 갖추고 있을 것.

② 외국인에게 서비스 제공이 가능한 서비스 체제를 갖추고 있을 것.

③ 대지 및 건물의 소유권 또는 사용권을 확보하고 있을 것. 다만, 회원을 모집하는 경우에는 소유권이 있어야 한다.

■ **수상관광 호텔업** 수상에 구조물 또는 선박을 고정하거나 매어 놓고 관광객의 숙박에 적합한 시설을 갖추거나 부대 시설을 함께 갖추어 관광객에게 이용하게 하는 업을 말한다. 수상관광 호텔업의 등록기준은 다음과 같다.

① 수상관광 호텔이 위치하는 수면은 공유수면관리 및 매립에 관한 법률 또는 하천법에 의하여 관리청으로부터 점용허가를 받을 것.
② 욕실 또는 샤워 시설을 갖춘 객실이 30실 이상일 것.
③ 외국인에게 서비스 제공이 가능한 서비스 체제를 갖추고 있을 것.
④ 수상 오염을 방지하기 위한 오수 저장 · 처리 시설 및 폐기물 처리 시설을 갖추고 있을 것.
⑤ 구조물 또는 선박의 소유권 또는 사용권이 있을 것. 다만, 회원을 모집하는 경우에는 소유권이 있어야 한다.

■ 가족호텔업　가족 단위 관광객의 숙박에 적합한 시설 및 취사도구를 갖추어 관광객에게 이용하게 하거나 숙박에 딸린 음식 · 운동 · 휴양 또는 연수에 적합한 시설을 함께 갖추어 관광객에게 이용하게 하는 업을 말한다. 가족호텔업의 등록 기준은 다음과 같다.
① 가족 단위 관광객이 이용할 수 있는 취사 시설이 객실별로 설치되어 있거나 층별로 공동 취사장이 설치되어 있을 것.
② 욕실 또는 샤워시설을 갖춘 객실이 30실 이상일 것.
③ 객실별 면적이 19제곱미터 이상일 것.
④ 외국인에게 서비스 제공이 가능한 서비스 체제를 갖추고 있을 것.
⑤ 대지 및 건물의 소유권 또는 사용권을 확보하고 있을 것. 다만, 회원을 모집하는 경우에는 소유권을 확보하여야 한다.

■ 한국전통호텔업　한국 전통의 건축물에 관광객의 숙박에 적합한 시설을 갖추거나 부대 시설을 함께 갖추어 관광객에게 이용하게 하는 업을 말한다. 한국전통호텔업의 등록기준은 다음과 같다.
① 건축물의 외관은 전통 가옥의 형태를 갖추고 있을 것.
② 이용자의 불편이 없도록 욕실 또는 샤워 시설을 갖추고 있을 것.
③ 외국인에게 서비스 제공이 가능한 서비스 체제를 갖추고 있을 것.
④ 대지 및 건물의 소유권 또는 사용권을 확보하고 있을 것. 다만, 회원을 모집하는 경우에는 소유권을 확보하여야 한다.

호스텔업 배낭 여행객 등 개별 관광객의 숙박에 적합한 시설로서 샤워장, 취사장 등의 편의 시설과 외국인 및 내국인 관광객을 위한 문화 · 정보 교류 시설 등을 함께 갖추어 이용하게 하는 업을 말한다. 호스텔업의 등록 기준은 다음과 같다.

① 배당 여행객 등 개별 관광객의 숙박에 적합한 시설을 갖추고 있을 것.
② 이용객의 불편이 없도록 화장실, 샤워장, 취사장 등 편의 시설을 갖추고 있을 것. 다만, 이러한 편의 시설은 공동으로 이용하게 할 수 있다.
③ 외국인 및 내국인 관광객에게 서비스를 제공할 수 있는 문화 · 정보 교류 시설을 갖추고 있을 것.
④ 대지 및 건물의 소유권 또는 사용권을 확보하고 있을 것.

■ **소형호텔업** 관광객의 숙박에 적합한 시설을 소규모로 갖추고 숙박에 딸린 음식 · 운동 · 휴양 또는 연수에 적합한 시설을 함께 갖추어 관광객에게 이용하게 하는 업을 말한다. 소형 호텔업 등록기준은 다음과 같다.

① 욕실이나 샤워시설을 갖춘 객실을 20실 이상 30실 미만으로 갖추고 있을 것
② 부대시설의 면적 합계가 건축 연면적의 50퍼센트 이하일 것
③ 두 종류 이상의 부대시설을 갖출 것. 다만, '식품위생법 시행령' 제21조제8호다목에 따른 유흥주점영업 및 '사행행위 등 규제 및 처벌 특례법' 제2조제1호에 따른 사행행위를 위한 시설은 둘 수 없다.
④ 조식 제공, 외국어 구사인력 고용 등 외국인에게 서비스를 제공할 수 있는 체제를 갖추고 있을 것
⑤ 대지 및 건물의 소유권 또는 사용권을 확보하고 있을 것. 다만, 회원을 모집하는 경우에는 소유권을 확보하여야 한다.

■ **의료관광호텔업** 의료관광객의 숙박에 적합한 시설 및 취사도구를 갖추거나 숙박에 딸린 음식 · 운동 또는 휴양에 적합한 시설을 함께 갖추어 주로 외국인 관광객에게 이용하게 하는 업을 말한다. 의료관광호텔업의 등록기준은 다음과 같다.

① 의료관광객이 이용할 수 있는 취사시설이 객실별로 설치되어 있거나 층별로 공동취사장이 설치되어 있을 것

② 욕실이나 샤워시설을 갖춘 객실이 20실 이상일 것

③ 객실면적이 19제곱미터 이상일 것

④ '학교보건법' 제6조제1항제12호, 제15호, 제19호 및 같은 법 시행령 제6조제1호에 따른 영업이 이루어지는 시설을 부대시설로 두지 아니할 것

⑤ 의료관광객의 출입이 편리한 체계를 갖추고 있을 것

⑥ 외국어 구사인력 고용 등 외국인에게 서비스를 제공할 수 있는 체제를 갖추고 있을 것

⑦ 의료관광호텔 시설(의료관광호텔의 부대시설로 '의료법' 제3조제1항에 따른 의료기관을 설치할 경우에는 그 의료기관을 제외한 시설을 말한다)은 의료기관 시설과 분리될 것. 이 경우 분리에 관하여 필요한 사항은 문화체육관광부 장관이 정하여 고시한다.

⑧ 대지 및 건물의 소유권 또는 사용권을 확보하고 있을 것

⑨ 의료관광호텔업을 등록하려는 자가 다음의 구분에 따른 요건을 충족하는 외국인 환자 유치 의료기관의 개설자 또는 유치업자일 것

- **관광펜션업** 의숙박시설을 운영하고 있는 자가 자연 · 문화 체험관광에 적합한 시설을 갖추어 관광객에게 이용하게 하는 업을 말한다.

- **한옥체험업** 한옥(주요 구조부가 목구조로써 한식기와 등을 사용한 건축물 중 고유의 전통미를 간직하고 있는 건축물과 그 부속시설을 말한다)에 숙박 체험에 적합한 시설을 갖추어 관광객에게 이용하게 하거나, 숙박 체험에 적합한 시설을 함께 갖추어 관광객에게 이용하게 하는 업을 말한다.

❷ 휴양 콘도미니엄업 관광객의 숙박과 취사에 적합한 시설을 갖추어 이를 그 시설의 회원이나 공유자, 그 밖의 관광객에게 제공하거나 숙박에 딸리는 음식 · 운동 · 오락 · 휴양 · 공연 또는 연수에 적합한 시설 등을 함께 갖추어 이를 이용하게 하는 업을 말한다. 휴양 콘도미니엄업의 등록 기준은 다음과 같다.

가. 객실

- 같은 단지 내에 객실이 30실 이상일 것.
- 관광객의 취사 · 체류 및 숙박에 필요한 설비를 갖추고 있을 것.

나. 매점 등

- 매점이나 간이매점이 있을 것. 다만, 여러 동으로 구성할 경우에는 공동으로 설치할 수 있다.

다. 문화 체육 공간 공연장 · 전시관 · 미술관 · 박물관 · 수영장 · 테니스장 · 축구장 · 농구장 등 그 밖에 관광객이 이용하기 적합한 문화 체육 공간을 1개 이상 갖출 것. 다만, 수개 동으로 단지를 구성할 경우에는 공동으로 설치할 수 있으며, 관광지 · 관광 단지 또는 종합 휴양업의 시설 안에 휴양 콘도미니엄의 경우에는 이를 설치하지 아니할 수 있다.

라. 대지 및 건물의 소유권 또는 사용권을 확보하고 있을 것. 다만, 분양 또는 회원을 모집하는 경우에는 소유권을 확보하여야 한다

콘도미니엄이란 같은 토지에 대하여 두 나라 이상이 공동 지배권을 가지고 있다는 라틴어에서 유래된 것으로 공동 소유권을 의미하고 있다. 이러한 어원적 의미가 있는 콘도미니엄은 유럽의 기업들이 종사원들의 복지를 위하여 운영하기 시작하면서 오늘날 보편화되었다. 콘도미니엄이란 어원이 의미하듯, 동일한 건물에 대하여 여러 명이 공동으로 소유권을 가지고 있으며, 그 시설의 관리는 특정한 단체 혹은 법인에 의해서 행해지게 된다. 콘도미니엄은 국민 관광의 발전과 복지 관광이라는 측면에서 활성화되어 오늘날 국민이 보편적으로 이용하고 있는 숙박의 형태로 발전하였다.

7) 요금 지불 방식

요금 지불 방식에 의한 분류는 객실 요금과 식사 요금을 분리하여 객실 요금을 결정하느냐 혹은 객실과 식사 요금을 포함하여 객실 요금으로 결정하느냐에 따라 여러 가지로 구분된다.

(1) American Plan

American Plan은 Full Plan이라고도 하며, 객실 요금에 식대를 포함하여 객실 요금을 결정하는 방법이다. 즉 1박의 객실 요금에 3식의 식사 요금을 포함하여 객실 요금을 정하는 방식을 말한다.

(2) Modified Plan Hotel

Modified Plan은 American Plan을 수정하여 1박의 객실 요금에 아침 식사와 중식 혹은 석식 중 택일한 식사 요금을 포함하여 객실 요금으로 결정하는 방식이다. 즉 1박의 객실 요금과 2식의 식사 요금을 객실 요금으로 결정하는 방식을 말한다.

(3) Continental Plan Hotel

이 방식은 1박의 객실 요금에 아침 식사를 포함하여 객실 요금으로 결정하는 방식을 말한다. 이때 아침 식사는 간단하게 준비하게 되는데, 일반적으로 마른 빵, 버터 혹은 잼, 우유, 커피 또는 홍차가 아침 식사 메뉴로 제공된다. 한편, Continental Plan과 같은 객실 요금 결정 방법으로 Bermuda Plan이 있는데, 이것은 아침 식사의 메뉴에 약간의 차이를 보이고 있다. 버뮤다 플랜의 아침 식사 메뉴는 대개 빵 혹은 토스트, 주스, 잼, 계란 요리, 커피 혹은 홍차로 구성된다. Continental Plan의 아침 식사는 유럽 지역에서 주로 이용되고, Bermuda Plan은 미국에서 주로 이용된다. 이것은 각 지역의 아침 식사의 식생활 습관에서 오는 차이에서 발생한 것이라 볼 수 있다.

(4) European Plan Hotel

이 방식은 1박의 객실 요금만을 객실 요금으로 결정하는 방식으로 식사 요금을 객실 요금에 포함하는 것과 같이 위에서 제시한 방법과는 근본적인 차이가 있다.

(5) Dual Plan Hotel

한 호텔에서 American Plan과 European Plan을 모두 객실 요금의 결정 방식으로 채택하고 있는 것을 말한다.

2. 기타 숙박 시설

1) 유스 호스텔

독일에서 시작된 유스 호스텔 운동은 청소년의 건전한 여행을 장려하여 지식을 넓히고, 심신을 단련하며, 협동과 봉사 정신을 길러 건강한 신체와 정신을 함양하려는데 그 기본적인 목적이 있다. 이 유스 호스텔 운동의 일환으로 청소년이 저렴한 가격으로 이용할 수 있는 숙박 시설인 유스 호스텔은 1910년에 최초로 설립하여 오늘날에는 전 세계에 많은 유스 호스텔이 존재하고 있다.

유스 호스텔은 청소년 여행객의 편의를 도모하기 위한 시설로 영리를 목적으로 하는 기타의 숙박 시설과는 운영에 있어서 많은 차이를 보이고 있다. 다음의 〈표 1-6〉은 유스 호스텔의 특성을 정리한 것이다.

표 1-6 유스 호스텔의 특성

- 유스 호스텔은 식당, 집회장, 음악 감상실, 도서실, 운동장 등의 시설을 갖추고 있으며, 이들 시설은 공동으로 이용할 수 있으나 객실 이용은 엄격히 제한하고 있다.
- 유스 호스텔의 식당은 셀프 서비스(Self Service)로 운영된다.
- 유스 호스텔은 Parents를 두어 청소년의 상담 및 프로그램을 기획 · 관리하여 건전한 생활습관을 갖도록 지도하고 있다.
- 유스 호스텔은 각종 운동 시설과 등산 장비를 갖추고 있다.

우리나라는 1967년에 한국 유스 호스텔 연맹이 발족되어 그동안 각 지역에 유스 호스텔을 운영하고 있었으나 1991년 개정된 관광진흥법 시행령에 의하여 유스 호스텔이 폐지되고 국민 호텔업이 신설되기도 하였으나 지금은 이 모두가 폐지되었다.

2) 모텔

모텔은 1950년 미국의 자동차 산업의 발달로 인하여 자동차 보급이 보편화되고, 미국 국민들의 자동차 여행객이 급증하면서 등장한 새로운 형태의 숙박 시설로 모텔의 특성을 포괄하여 정리하면, 다음과 같은 4가지의 특성을 말할 수 있다.

(1) 모텔의 생성은 미국 국민의 가처분 소득의 감소 및 소비 심리 위축과 자동차 산업의 발달에 따른 자동차 여행객의 증가에 기인하여 새롭게 등장한 숙박 시설이다.

(2) 건축비 및 운영비 절감으로 호텔에 비하여 숙박 비용이 저렴하고, 주차 시설이 완비되어 자동차 여행객의 편의를 도모하였다.

(3) 'No-tip' 제도의 실시 및 다양한 Self-service가 제공된다.

(4) 모텔은 객실 예약이 불필요하다. 즉 고속도로를 운전하다 간판에 'VACANT' 라는 네온사인을 보면 '객실이 비어 있음' 을 뜻하는 것으로 이 간판을 보고 들어가면 된다.

모텔은 호텔과 경쟁을 하면서 버젯 모텔(Budget Motel)이라는 새로운 운영 방식의 모텔이 생기게 되었다. 버젯 모텔은 조립식 건축 방법의 채택 및 공공장소를 외부로 설계하여 건축비 및 에너지 비용을 줄여 싼값에 객실을 제공하고, 대부분 식음료 시설을 운영하지 않는 등 '최소의 비용으로 고객에게 서비스를 제공한다.' 는 경영 철학으로 운영되는 새로운 형태의 모텔도 등장하였다.

오늘날의 모텔은 여러 가지 형태로 발전하여 운영되고 있는데, 객실 위주로 경영하는 하이웨이 모텔, 일반 호텔에서 제공되는 서비스와 유사한 서비스가 제공되는 하이웨이 모터 호텔, 리조트 지역에 위치하여 휴양객을 대상으로 영업하는 리조트 모텔 등 그 종류도 다양하다.

한편, 모텔과 모터 호텔은 기본적으로 규모에 의한 차이에서 발생하는 것으로 모터 호텔이 비교적 모텔보다 규모가 크다고 할 수 있다. 모텔 전문가 브리너(Stephen W. Brener) 등이 말하고 있는 모터 호텔은 객실 규모가 100실 이상이고, 최소한 단체 고객이 50명 이상을 수용할 수 있어야 한다고 한 바와 같이 모텔보다 큰 규모의 것을 모터 호텔이라고 한다. 그리고 모터 호텔의 대부분은 체인으로 운영되고 있다.

기타 Inn, Pension, 회관 호텔, Botel(Boat+Hotel), Yachtel(Yacht+Hotel), Bungalow, Hermitage 등 많은 형태의 숙박 시설이 존재한다.

제4절 호텔 경영의 특성

오늘날 호텔 기업은 기업의 경영규모가 커지면서 많은 이해 관련자 집단을 가지고 있으며, 다양한 환경의 변화에 노출되어 있다. 그리고 이와 같은 현상은 넓은 의미에서 볼 때, 모든 기업이 당면하고 있는 과제로 호텔 기업만이 가지고 있는 독특한 특성은 아니다.

그러나 호텔 기업은 서비스를 생산하여 고객에게 편의를 제공한다는 측면에서 다른 1 · 2차 산업과 비교하여 생산하는 제품이 다르고, 생산된 제품의 특성이 다르다. 그리고 호텔은 타 산업과 비교하여 운영상 · 시설상의 차이를 보이고 있는데, 이러한 차이는 결국 이해 관련자들이 기대하는 만족에 차이를 보이게 되고, 환경적 요소들이 미치는 영향의 중요성 정도에 차이를 보이게 된다. 따라서 호텔 기업은 타 산업체와 어떠한 차이를 보이고 있는가를 검토하는 것은 호텔의 본질을 이해하는 데 도움을 줄 뿐 아니라 효율적인 경영 활동에도 중요하게 영향을 미치게 된다. 이러한 의미에서 호텔 기업만이 가지는 특성을 보다 면밀하게 검토하여 이해의 폭을 넓히고자 한다.

호텔 경영의 독특한 특성은 여러 측면에서 검토될 수 있는데, 일반적으로 경영상의 특성, 시설상의 특성, 운영상의 특성, 환경적인 특성 등으로 크게 분류하여 설명할 수 있다.

1. 경영상의 특성

1) 고정 자산 및 고정 비용 지출의 과다

호텔 기업은 다른 기업에 비하여 고정 비용의 구성 비율이 매우 높은 산업이다. 호텔의 고정 비용은 크게 토지 구매 관련 비용, 건축 관련 비용, 시설 및 설비 투자 비용 등으로 구성되는데, 이러한 고정 자산에 투자되는 비용은 총 투자 비용에 65(%) ~80(%) 에 이르는 구조를 가지는 장치 산업적인 특성을 가지고 있다. 고정 자산에 투입되는 비용이 이와 같이 높다는 것은 투자자의 투자를 어렵게 하는 요인이 되고 있으며, 운영 자금에 있어서 어려움을 가중시키는 요인이 되기도 한다. 또한 고정 자산에 투자되는 비용은 잘못 투자되면, 상당한 손실을 유발시키기도 한다. 예를 들어 건축 설계가 잘못되어 부분적으로 신축이 잘못된 경우, 이를 개 · 보수하는 비용은 투자자의 입장에서 볼 때는 손실이 되는 것이다. 한편, 호텔 기업은 고정 자산이 상품의 품질을 결정하는데도 중요하게 영향을 미치고 있다. 객실의 크기가 너무 협소하거나, 잘못된 조명 시설 혹은 건물의 시각적인 느낌 자체가 서비스 연출에 영향을 미치게 되며, 이것은 고객의 만족에도 크게 영향을 미치기 때문에 상품의 품질과 불가분의 관계를 가지고 있다.

호텔의 경영에 있어서 또 한 가지의 문제는 고정비용이 차지하는 비중이 높다는 것이다. 예를 들어 인건비는 다른 제조업에 비하여 높게 나타나며, 객실에 투숙객이 있든 없든 간에 일정 수준의 냉·난방은 유지하여야 하는 등 고정 비용의 지출이 많은 것이 특징이다.

2) 계획 생산의 불가능성

호텔 기업은 성수기와 비수기에 수요량의 차이가 크게 발생하는 특성을 가지고 있다. 관광 성수기에는 객실 수요가 증가하여 매출액이 크게 증가하지만, 비수기에는 수요량이 급격히 감소하여 매출 규모가 작아지는 등의 수요의 변동성으로 인한 매우 큰 단점을 가지고 있다. 더욱이 이러한 수요의 변화에 따라 상품의 공급량을 적절히 조정할 수 있도록 계획 생산을 할 수 있는 성격도 아니라는 데 문제의 심각성이 더해진다.

호텔 기업은 일단 시설의 규모가 결정되면, 객실 혹은 식음료 수요량의 변화에 관계없이 보유하고 있는 객실 이상은 판매할 수 없으며, 식음료는 보유 좌석 수 정도만 고객을 수용할 수밖에 없어 급작스러운 수요 변화에 능동적으로 대응할 수 없다. 반면에 아이스크림 혹은 TV, 냉장고와 같은 상품은 수요 예측을 통하여 미리 월별 생산 계획을 수립하여 미리 생산해 놓고, 냉동실 혹은 기타 장소에 보관하였다가 성수기에 이들 상품을 시장에 유통시키는 계획 생산이 가능한 것과 비교하면, 호텔 경영이 얼마나 어려운가를 짐작할 수 있을 것이다.

구체적으로 성·비수기의 수요량의 차이는 투자 규모, 인력 구조, 운영 자금 규모의 설정에 어려움을 가중시키는 결과를 가져오게 하며, 계획 생산의 불가능성은 시장 수요에 능동적인 대응이 불가능하다는 단점을 가지고 있다는 것이다.

3) 기계화의 제약성

호텔은 고객에게 제공되는 서비스와 상품의 특성상 제품을 생산하는 모든 공정을 기계화할 수 없는 성격을 가지고 있다. 한편, 사회적인 경제 구조는 인건비가 지속적으로 상승하여 호텔 경영의 위협 요인으로 작용하고 있는 실정이다.

객실을 판매 가능한 상태로 정돈하는 일, 객실 혹은 식음료 상품의 제공과 관련하여 서비스하는 일 등은 인적인 서비스에 의존도가 높고, 기계화를 하는 데 한계점을 가지고 있다. 이것은 물리적 · 기술적인 한계성만을 내포하고 있는 것은 아니다. 가령, 식당의 홀에서 서비스를 제공하는 일을 로봇으로 대체하는 기술을 가지고 있다고 하더라도, 로봇에게 서비스를 받는다는 것은 정신적으로도 이해하기 어려울 것이다. 이와 같이 호텔은 업무의 성격 혹은 상품의 특성상 사람의 손이 많이 가야 하는 상품이며, 이러한 상품을 제공하기 위한 기계화에는 한계성을 내포하고 있는 특성을 가지고 있다.

4) 상품의 비저장성 및 고정성

일반적으로 제품은 생산되어 유통 기관을 거쳐 소비되는 특성을 가지고 있다. 이러한 생산-유통-소비의 과정은 시간적인 차이가 발생하므로 일정 기간 저장되는 것이 특징이다. 예를 들어 자동차, TV뿐만 아니라 아이들의 과자와 같은 상품도 생산에서 소비에 이르는 과정에서 발생하는 시간적 · 장소적 차이는 저장 혹은 보관의 기능을 통하여 어느 정도 극복이 가능한 것이다. 그러나 호텔 상품을 보자. 호텔에서 금일 미판매된 객실을 내일 추가적으로 판매할 수 있는가? '아니오.' 라고 누구나 대답을 할 것이다. 즉 미판매된 객실은 미판매와 동시에 그대로 소멸되는 것이다. 또한 아이스크림, TV, 냉장고와 같은 상품은 장소적인 이동이 가능하여 소비자가 구매하기를 원하는 장소로 이동한다. 즉 일반 제품은 공장에서 생산되고 유통되어 소비되는 과정을 갖게 되는데, 이들 상품은 소비자가 구입하기 쉬운 장소로 이동하게 되어 소비자의 구매 활동에 편의성을 증진시킬 수 있다. 그러나 호텔 상품은 생산과 소비의 동시성으로 인하여 장소적 이동이 불가능하다. 다시 말하면, 서울에 있는 호텔의 객실을 이용하기 위해서는 관광객이 그 장소로 이동하여야 하며, 객실 자체를 다른 장소로 이동할 수 없는 것이다.

이러한 호텔 상품의 비저장성과 고정성은 일반 제품과 비교하여 두드러진 특성이라고 할 수 있다. 이러한 특성 때문에 호텔 상품의 마케팅 활동은 일반 상품의 마케팅 활동과는 근본적으로 차이가 발생하는 것이다.

2. 시설상의 특성

1) 높은 초기 투자 비용

호텔 경영은 초기에 투자되는 비용이 매우 높은 산업이다. 호텔 상품이 판매되기 위해서는 모든 시설이 완벽하게 갖추어져야 한다. 예를 들어 객실에 투숙객을 받기 위해서는 객실에 비치되는 시설과 설비가 완벽하게 갖추어져야 한다.

초기 투자 비용은 대부분 토지와 건축 및 설비와 관련되는 비용이다. 호텔을 신축하는 데는 관련 토지가 있어야 하며, 건물이 완벽하게 지어져야 하며, 운영을 위한 제반 설비와 시설이 완벽하게 갖추어져야 한다. 그런데 이러한 비용은 전체 투자 비용에서 차지하는 비중이 매우 높고, 이러한 투자 비용은 호텔 프로젝트 시점부터 영업 시작일까지 약 2~3년 정도 걸리는 것이 보통이라면, 전체 투자액의 65(%)~70(%)의 자금이 이 기간에 모두 투입되는 특성을 가지고 있다.

2) 조기 노후화 및 진부화 현상

호텔 시설은 불특정 다수인이 사용하기 때문에 시설의 조기 노후화 현상이 나타난다. 이것은 여러분의 가정과 비교하면 쉽게 이해할 수 있을 것이다. 여러분의 집 그리고 가정에서 이용되는 시설이나 설비는 여러분 가족 이외의 사람이 사용하는 경우가 극히 드물기 때문에 건축물 혹은 시설이나 설비가 비교적 공공장소에서 사용되는 것보다 오래 사용되고 있는 것이 일반적이다. 예를 들어 법인세법 시행규칙을 보면, 철근과 콘크리트를 이용하여 건축을 하는 경우 호텔은 내구연한이 40년인 반면에, 일반 기업은 60년이다. 즉 호텔 건물은 내구연한에 있어 일반 기업의 3분의 2 수준에 불과할 정도로 조기 노후화 현상이 일어난다고 볼 수 있다.

또한 호텔은 건축 설계 기술, 정보 처리와 관련한 Software 기술과 Hardware 기술의 혁신적인 개발과 개선으로 인하여 이미 지어진 호텔은 기존의 건축물과 정보 처리 관련 설비와 시설 등의 효용 가치가 급격하게 상실되는 조기 진부화 현상이 나타나고 있다. 예를 들어 호텔 연회장 양쪽 귀퉁이에 건물을 지탱하는 기둥이 있다면, 기둥 주변의 공간은 활용하기 어려워진다. 그리고 이 기둥은 연회장 상품의 품질을 저하시키는 중요한 요소가 될 것이다. 만일 여러분이 모임이 있어 연회장을 이용하게 되는 경우 동일한 규모의 연회장에 기둥이 있는 연회장과 기둥이 없는 연회장 중 어느 것을 선택하여 예약할 것인가? 대답은 너무도 당연한 것이다. 또한 서비스 동선의 구조와 고객의 이동 통로의 효율성을 제고할 수 있는 건축 설계와 시공 능력은 고객의 편의와 만족을 제공하는데 중요하게 영향을 미치는 것이다.

그리고 호텔의 HIS(Hotel Information System)와 같은 것은 진부화 현상을 설명하는데 있어서 매우 훌륭한 예이다. 호텔 정보 시스템의 초기에는 기초적인 정보를 제공하는데 국한하였고, 사람의 인력을 어느 정도 필요로 하였으나 지금의 HIS는 인사 관리, 재무 관리, 마케팅, 생산 관리, 기타 정보 제공 등이 모두 전산 처리되어 필요한 자료를 선택만 하면 자동으로 처리 · 출력되어 경영의 효율성을 제고시키고 있다.

3. 운영상의 특성

1) 인적 서비스 의존도

호텔 기업은 인적 서비스의 의존도가 매우 높은 산업이다. 앞의 관광 산업의 특성에서 설명한 바와 같이 타 산업에 비하여 관광 산업은 단위당 생산에 필요한 고용 승수가 높은 것을 확인할 수 있었다. 호텔도 역시 예외가 아니다. 그리고 여기에서 더욱 강조되어야 할 점은 인적 서비스가 곧 상품의 질을 결정하는 중요한 요인이 된다는 것이다. 앞에서도 상품의 품질에 영향을 미치는 요인에 대하여 부분적으로 언급을 하였으나 인적 서비스는 그 이상의 의미를 갖는다. 종사원의 우아하고, 세련된 서비스와 말씨 등의 연출은 호텔 상품의 가치를 향상시키는 중요한 요소가 된다. 따라서 서비스의 차별화는 결국, 호텔 상품의 차별화를 결정지을 수 있는 요인으로 고객에게 만족을 증대할 수 있으며, 서비스의 표준화는 원가 절감은 물론, 고객으로부터 클레임(Claim)을 최소화할 수 있고, 고객의 기대 수준의 범위를 일정하게 유지하는 수단이 된다.

이러한 관점에서 서비스 종사원을 위한 교육은 강조되어야 한다. 그러나 고객에게 세련되고 우아한 서비스를 제공하여야 하는 종사원의 입장에서 본다면, 다양한 계층의 사람에게 직무 수행과 관련한 인적 서비스를 제공한다는 것은 육체적 · 정신적으로 많은 스트레스와 피로를 느끼게 되고, 자칫 이 부문에서 관리를 잘못하게 되면 서비스 품질에 손상을 가져오기 쉽다. 그러므로 관리자들은 종사원의 스트레스와 피로를 해소시킬 수 있는 프로그램의 개발과 복지 개선에도 관심을 두어 마음에서 우러나오는 서비스를 제공하여야 한다.

2) 연중무휴의 영업

호텔 기업은 1년 365일 계속 영업을 지속한다는 특성을 가지고 있다. 식음료 부문의 영업장은 부분적으로 개장 시간과 영업의 종료 시간이 존재하지만, 근본적으로 객실 영업은 1일 24시간, 1년 365일 모두를 영업 시간으로 하고 있는 특성을 가지고 있다.

4. 환경상의 특성

호텔 기업 경영의 궁극적인 목적은 기업 활동에 영향을 미치는 많은 환경의 변화에 대하여 때로는 순응하고, 때로는 적응을 하면서 영속 기업으로 존재하려는 것이다. 즉 기업은 그들에게 영향을 미치는 기업 환경 요인을 면밀히 분석하여 현재의 기업 환경과 미래의 기업 환경에 대한 통제 · 조정을 통해 기업이 해야 할 일들에 대하여 방향을 결정하고, 이 일들을 수행하면서 성장 · 발전을 기대하는 것이다. 그러므로 기업은 환경적 변화와 동태에 민감하게 반응하게 되는 것이다.

그러면 기업 환경이란 무엇이며, 기업과 어떠한 관계를 가지고 있는가? 기업 환경이란 단순하게 말해서 기업 활동에 영향을 주는 모든 환경적 요인을 말하므로 그 종류도 매우 다양하며, 영향을 미치는 정도에 있어서도 각기 차이를 보이게 된다.

기업 환경은 일반적으로 크게 두 가지로 분류할 수 있다.

첫째, 기업에서 순응해야 하는 외부 환경 요인(통제 불가능 요인)을 들 수 있다. 외부 환경 요인을 통제 불가능 요인이라고 하는 이유는 기업의 능력으로 이들 요인들의 변화의 방향과 속도 등을 조정 또는 통제할 수 없기 때문이다. 따라서 이러한 외부 환경 요인에 대해서는 변화의 방향과 속도를 추정하여, 환경의 변동성 정도에 따라 기업 활동의 범위와 크기 등을 맞추어가야 한다. 이러한 의미에서 '순응'하여야 한다. 일반적으로 외부 환경 요인에는 정치적 환경, 경제적 환경, 법률적 환경, 사회 · 문화적 환경 등을 예시할 수 있다.

둘째는 기업에서 적응해야 하는 내부 환경 요인(통제 가능 요인)을 들 수 있다. 내부 환경 요인을 통제 가능 요인이라고 하는 이유는 기업 내부의 인적 · 물적 자원을 이용하여 어느 정도는 기업이 원하는 방향으로 극복이 가능한 요인들로 구성되어 있기 때문이다. 내부 환경 요인은 기술, 자본, 인력, 조직 등과 같은 요인으로 구성되어 있으며, 이러한 요인은 기업의 노력 여하에 따라서 어느 정도 극복이 가능하다.

현실적으로 이 세상에 존재하는 모든 기업은 이러한 기업 환경과 불가분의 관계를 가지고 있다. 그리고 기업은 기회 요인을 최대한 이용하고, 자사의 강점을 최대한 활용하는 차원에서 경영 활동이 이루어지는 것이다. 그러므로 환경 요인에 대하여 엄밀하게 논하면, 호텔 기업만이 가지고 있는 특성이라고 볼 수는 없는 것이다.

그러나 호텔 기업과 같이 기업을 둘러싸고 있는 환경 요인에 민감하게 영향을 받는 산업은 그리 흔하지 않다고 할 수 있다. 예를 들면 한국의 IMF 사태, 필리핀과 인도네시아 소요, 유고의 정치적 갈등, 일본의 원전 폭발 등 이러한 일련의 사태에서 보듯이 이러한 사건들이 관광에 미치는 영향에 대하여 여러분은 신문 지상과 방송 매체에서 빈번하게 접할 수 있을 것이다.

호텔 기업 활동에 영향을 미치는 요인을 정리하면 〈표 1-7〉과 같다.

표 1-7 호텔 기업에 영향을 미치는 환경 요인

구분	경제적 요인	정치 · 법률적 요인	사회 · 문화적 요인	환경적 요인
내부 변수	경제 성장률 가처분 소득 환율 및 통화 정책 소득 및 소득 배분 실업률	출입국 수속 절차 해외 여행 자유화 법률 제정 사회의 질서와 안정 정치적 안정	여성의 사회 진출 건강의 관심 증대 핵가족화 자아실현 요구 기업의 사회적 책임	인문 혹은 자연 환경 환경 파괴 및 오염 문제

제5절 현대 호텔 경영의 추세

현대 사회에서 호텔은 개방화, 국제화 등의 국제 사회의 변화 추이와 관련하여 호텔 경영에 많은 변화가 나타나고 있는 상황이다. 특히 우리나라의 경우는 중국인 관광객의 증가 및 일본인 관광객의 정체 혹은 감소로 인하여 많은 경영 환경이 바뀌고 있는 실정이다. 이러한 상황을 고려하여 전체적인 호텔 경영의 추세 및 변화의 방향을 정리하였다.

1. 호텔 규모의 대형화와 체인화

현대 호텔의 가장 두드러진 특징 중의 하나가 호텔 시설의 규모를 대형화하는 것이다. 호텔 규모를 대형화하는 것은 지역의 랜드 마크로서의 위상과 원가 경쟁력 우위 확보 그리고 마케팅 활동에서의 경쟁력 제고 등의 많은 경영과 운영상의 이점이 있기 때문에 규모를 대형화하고 있는 추세이다. 우리나라의 경우 대표적으로 L그룹과 H그룹의 호텔 사업 확장이 대표적인 사례라고 할 수 있다.

이와 관련한 또 하나의 추세는 체인화 혹은 프랜차이즈 경영이 지속되고 있는 현상이 나타나고 있다. 체인 및 프랜차이즈는 경영의 안정성과 경쟁 우위를 확보하기 위한 전략으로 많이 활용되는 경영 방법 중의 하나이다. 세계적인 경쟁력을 가지고 있는 유명 호텔과 체인 혹은 프랜차이즈 경영을 하게 되면 여러 가지 이점이 있는데 그 중 중요한 것을 정리하면 다음과 같다.

첫째, 대량 구매를 통한 원가 절감의 효과
둘째, 지명도 향상으로 인한 경영의 안정성 확보
셋째, 선진 경영 기술 도입 및 확보를 통한 경영 합리화
넷째, 예약 시스템의 공유로 인한 예약의 편리성 확보 및 예약의 증대
다섯째, 저렴한 비용으로 효율적인 마케팅 활동의 강화

2. 식음료 업장 및 주방의 통합

현대 호텔 경영에서 최근에 나타나고 있는 현상으로 식음료 업장을 통합하여 운영하

는 경향이 나타나고 있다. 과거 식음료 업장은 양식당, 일식당, 중식당, 그릴, 커피숍 등이 분리되어 운영되어 왔다. 그런데 최근 신축되는 호텔은 일반적으로 식당을 통합하여 운영하는 사례가 증대되고 있다.

전문 식당의 통합은 주방과 식료 영업장을 통합하여 한 장소에서 모든 식사 및 서비스를 통합하여 제공하는 움직임으로 식음료의 종류에 관계없이 업장을 통합하여 고객이 한 자리에서 모든 식사를 할 수 있도록 하는 것이다. 이러한 경향은 경제 · 사회적인 현상에서 나타나는 것으로 이해될 수 있는데 식음료 업장의 경우 많은 종사원과 공간 및 시설과 설비를 필요로 한다. 이것은 필수적으로 건축 비용과 시설 및 설비에 투입되는 비용이 크기 때문에 초기 투자 비용이 많이 들어가는 단점과 운영 비용에서 많은 비중을 차지하는 인건 비용의 문제가 나타나게 된다, 이러한 문제는 호텔 경영의 효율성을 저해하는 근본적인 원인이 되기도 한다. 따라서 현대 호텔들은 이러한 경영상의 문제를 식료 영업장을 통합하여 운영하는 것으로 해결하려는 현상이 나타나고 있는 것이다.

한편, 이러한 현상과 관련하여 최근 우리나라에서는 객실 위주의 중저가 호텔이 크게 증가하는 현상이 나타나고 있다. 이것은 식음료 경영에 따른 경영 위험(식재료 원가 상승, 인건비 상승, 건축 비용 상승 등)을 줄이려는 노력의 일환으로 보인다. 즉 수익성이 높은 객실 위주의 경영으로 경영의 안정성과 수익성을 확보하려는 것이다.

3. 호텔의 유형적인 요소의 고급화

현대 사회는 경쟁의 심화로 인하여 유형적인 요소의 차별화와 무형적인 요소의 차별화가 경영의 주요 이슈가 되고 있는 상황이다. 무형적인 서비스의 차별화는 호텔 경영의 오랜 이슈 중에 하나이다.

호텔의 유형적인 요소의 차별화는 일반적으로 비품과 소모품 등의 고급화 현상으로 나타나고 있다. 대표적인 사례가 AMENITY류의 다양성과 고급화 현상으로 그 사례를 설명할 수 있다. 이와 같이 유형적인 부문의 고급화를 통하여 가격 경쟁력을 확보하고, 경쟁 우위를 확보하려는 노력이 최근 호텔에서 진행되고 있는 것이다.

4. 서비스의 강화 및 서비스의 차별화

이러한 이슈는 호텔 서비스에서 해묵은 이야기이기도 하지만, 호텔 경영에서는 간과해서는 안 될 매우 중요한 이슈이기도 하다.

호텔 서비스 산업에서 가장 경쟁력 있는 차별화 요소가 바로 인적 서비스인 것이다. 이러한 이유로 많은 호텔들은 그들만의 특성과 장점을 나타낼 수 있는 서비스의 차별화에 많은 노력을 기울이고 있는 것이다. 그리고 모든 경영의 우선이 고객의 만족을 극대화시키는 것이다. 따라서 현장 중심의 경영이 중시되고 있고, 서비스의 표준화 · 규격화를 중요하게 인식하고 있는 것이다.

5. 전략적 제휴 증대

호텔 기업은 관광객에게 편의를 증진하고 매출의 극대화를 위해 항공 회사, 신용 카드 회사, 기타 여행 관련 기업 등과 전략적인 제휴를 통하여 마케팅 활동을 강화하고 있는 현상이 나타나고 있다. 이러한 전략적인 제휴는 호텔 상품을 다양하게 구성할 수 있으며, 고객의 만족을 극대화시킬 수 있는 매우 중요한 요소인 것이다. 이러한 노력은 현대사회의 중요한 특징인 고객 지향적이고 소비자 주도적인 시장에서 매우 효과적인 경영 활동이 될 것이다.

제2장 | 호텔 조직

기업은 외부 및 내부 환경 요인의 상호 작용을 통한 성장 속에서 영속 기업을 기대하고 있다. 즉 기업 환경에 적응하면서 내부 자원을 효과적으로 활용하여 기업의 목표를 달성하려는 욕구를 가지고 있다. 그러므로 기업의 조직 구조는 쉽게 다룰 수 있는 문제는 아니다. 이러한 점에서 호텔 조직을 구성하는데 기본적으로 준수하여야 하는 일반 원칙과 기본적인 조직 형태의 장·단점 그리고 호텔만이 가지는 특수성을 설명하여 이것을 참고로 효율적인 조직 구성에 필요한 기본적인 내용을 구성하였으며, 호텔 조직의 구성의 예를 제시하여 참고토록 하였다.

학습목표

1. 조직 구성에 대한 일반 원칙을 이해하여야 한다.
2. 조직의 형태에 따른 장·단점을 설명할 수 있어야 한다.
3. 호텔 조직의 특성에 대하여 설명할 수 있어야 한다.
4. 호텔 부문별 조직을 개괄적으로 이해할 수 있어야 한다.

기업은 조직의 목표를 효과적으로 달성하기 위하여 인적·물적 요소를 결합하는데, 기업의 조직 구조를 어떻게 구성하느냐 하는 문제는 경영 이념이나 방침, 제품, 마케팅 범위, 규모, 환경 등 여러 가지 요인에 영향을 받기 때문에 이러한 환경 요인에 능동적으로 대응할 수 있도록 구성되어야 한다.

제1절 조직의 구성

1. 조직 구성의 일반 원칙

호텔 조직은 기업이 당면하고 있는 제 조건에 따라서 그 구조를 달리할 수 있고, 그 구조는 기업 환경에 능동적으로 적응할 수 있어야만 한다. 그러므로 조직 구조는 각 부문

간의 업무를 통합하고 조정하며, 조직 구성원이 해야 할 일에 대한 범위와 책임 그리고 권한을 명확히 하여 그들이 무엇을 하여야 하는지, 어떻게 해야 하는지에 대한 기준과 표준을 제공한다는 면에서 매우 중요하다.

그동안 많은 연구의 결과에 힘입어 조직을 구성하는데 일반적으로 적용하여야 할 원리와 원칙 등이 제시되었다. 이것을 통합하여 정리하면 다음과 같다.

1) 명령 계통의 일원화 원칙

이 원칙은 기본적으로 1인은 한 사람으로부터 그 명령을 받아 업무를 수행하여야 한다는 원칙이다. 만일 한 사람이 2인 이상의 다른 상사로부터 서로 다른 업무 지시를 받고 수행한다면 업무의 효율성과 능률성에서 많은 문제가 제기될 것이다. 또한 업무를 수행하는 사람과 그 업무를 지시하는 사람들 사이에 갈등이 생성되고, 그것은 궁극적으로 경영 목표의 달성을 저해할 것이다.

2) 전문화 및 분업화 원칙

이것은 조직 구성원이 특정한 업무를 지속적으로 수행함으로써 업무의 생산성을 높이고, 그 업무에 대한 전문성을 높여야 한다는 원칙으로 조직의 효율성과 능률성에 근본적으로 영향을 미치는 요소이다. 따라서 전문화 · 분업화 원칙은 조직의 경영 목표를 최적으로 달성하기 위하여 조직 구조 시 기본적으로 준수되어야 하는 원칙이다. 즉 특정한 업무를 지속적으로 수행한다는 것은 분업화를 의미하며, 분업을 통하여 종사원들은 자신이 담당한 업무에 대하여 전문적인 기술과 지식을 보유할 수 있게 되는 것이다. 특히 현대와 같이 방대한 규모의 조직을 운영하는 기업에서는 이 원칙의 중요성이 더해진다.

한편, 호텔은 서로 다른 이질적인 업종이 모여서 호텔이라고 하는 하나의 조직이 구성되기 때문에 전문화의 원칙과 분업화 원칙의 준용은 조직의 목표 달성에 직접적으로 영향을 미치게 된다.

3) 명령 계통의 단축화 원칙

이 원칙은 현대 기업 환경의 특성과 함께 검토하면 그 중요성을 알 수 있다. 현대의 기업 환경은 매우 변화가 심하고, 기업에 영향을 미치는 변수도 다양해지고 있는 실정이다. 이러한 환경적 요인의 변화는 기업 활동과 관련한 의사 결정에 어려움을 가중시키는 원인이 되고 있으며, 기업 활동의 실행을 위한 적합한 시기를 놓치는 일이 발생할 수 있다. 따라서 최초의 안(案)이 계획되어 실천하기까지의 시간을 단축하여 최적의 시기에 계획을 실천할 수 있도록 하여야 한다.

4) 책임과 권한의 원칙

이 원칙은 조직 구성원이 업무를 수행함에 있어서 그 상호 관계에 대한 내용을 명확히 하려는 원칙이다. 즉 조직 구성원이 업무를 수행함에 있어서 그 업무에 대한 책임과 그 책임에 합당한 권한을 부여한다는 원칙이다. 관리자가 업무 지시를 내리면 부하 직원은 그 직무를 수행하게 되는데, 이때 업무를 효과적으로 수행할 수 있도록 권한을 보장해주어야 한다. 또한 업무 수행 결과에 대해서도 권한에 합당한 책임도 주어야 한다. 이렇게 함으로써 업무를 능동적으로 그리고 책임감 있게 수행할 수 있다.

5) 권한 위임의 원칙

이 원칙은 조직의 규모가 확대되어 최고 경영자가 경영 활동의 전부를 담당할 수 없게 됨에 따라서 하위 관리자에게 그 직급 또는 직위에 합당한 권한을 위임한다는 원칙이다. 이렇게 권한을 위임함으로써 경영 활동의 실행과 그에 따른 효과가 증대된다는 것이다. 예를 들어 최고 경영층은 그들이 해야 할 업무가 있다. 특히 최고 경영층은 조직의 비전(Vision)과 미래의 방향을 제시하는 업무를 소홀히 해서는 안 되며, 또한 중간 관리자는 수행되고 있는 업무를 관리하여야 한다.

그런데 만일 최고 경영자가 매일 일상적으로 발생되는 업무를 모두 결정하고 결제하는데 시간을 소비하고, 비전을 제시(예외의 원칙이라고도 함)하는데 소홀하다면, 기업의 발전을 기대할 수 없을 것이다. 따라서 직급에 맞는 공식적인 권한을 위임하여 자발적인 업무 수행이 이루어지도록 권한을 위임하여야 한다.

6) 조정의 원칙

조직의 경영 목표를 달성하기 위해서는 많은 하위 목표들이 또한 설정되어야 한다. 그리고 이러한 하위 목표들이 달성되었을 때, 궁극적으로 경영 목표가 달성되는 것이다. 이때 하위 목표들은 각 부서 간에 이해가 상충되어 갈등이 일어날 수 있으며, 이러한 갈등을 조정하지 않으면, 조직의 목표는 달성될 수 없는 것이다. 따라서 각 부서 간의 이해를 조정하고 궁극적인 조직의 경영 목표를 효율적으로 달성할 수 있도록 각 부서의 업무를 통합하여야 한다.

7) 관리 한계의 원칙

이 원칙은 감독 범위의 적정화 원칙이라고도 한다. 이것은 한 사람의 관리자가 업무를 지휘 혹은 감독할 수 있는 사람의 범위에 한계가 있다는 것으로 관리자의 리더십, 부하 직원의 업무 수행 능력, 업무의 성격 등에 따라서 적정 수준의 감독 범위를 한정하여야 한다는 원칙이다.

이와 같이 조직을 구성하는데 기본적으로 준수하여야 할 원리와 원칙이 존재한다. 그리고 이러한 원리와 원칙은 조직 활동의 효율성을 제고하는데 직접적인 영향을 미친다. 따라서 어떠한 조직 구조를 형성하여 운영한다고 하더라도 위의 기본 원칙은 준용되어야 할 것이다.

2. 조직의 형태

1) 직계 조직(Line Organization)

직계 조직은 명령 계통의 일원화 원칙에 입각하여 조직 구성원 1인은 상위 한 사람에게서만 명령을 받아 업무를 수행하게 된다. 따라서 명령은 상위 관리자에게서 하위 직원에게로 수직적으로 이루어지는 조직 구조이다. 이러한 조직 구조는 군 조직에서 많이 볼 수 있는 형태로 군대식 조직이라고도 한다. 직계 조직은 〈그림 2-1〉과 같이 구성된 조직을 말한다.

그림 2-1 **직계 조직**

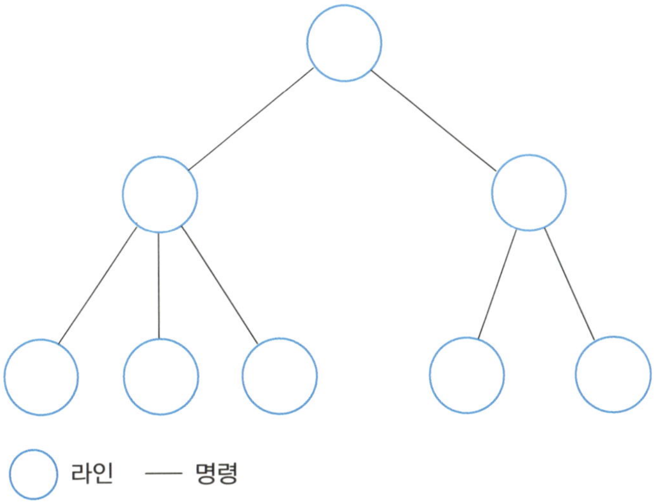

직계 조직은 다음과 같은 장·단점을 가지고 있는데, 장점은 아래와 같이 정리할 수 있다.

(1) 명령 계통이 단순하여 의사 결정이 빠른 특성을 가지고 있다. 따라서 계획에서 실행까지의 시간의 소비가 작고, 관리 비용이 적게 드는 특성이 있다.

(2) 조직 구성원들의 책임과 권한, 의무 등이 명확하게 규정되어 조직 구성원이 무엇을 하여야 하며, 어떠한 책임과 권한이 있는지를 명확하게 알게 해준다.

(3) 명령이 상의하달식으로 전달되고, 명령의 내용이 정확함으로 통솔력이 강하다. 그리고 상급자 한 사람으로부터 개인적인 훈련을 받기 때문에 조직 구성원의 훈련이 용이하다.

단점은 아래와 같이 정리할 수 있다.

(1) 직계 조직은 부문별 독립성이 강하기 때문에 각 부문 간의 조정이 어렵다.

(2) 관리자층의 직무가 너무 많고 광범위하여 때로는 직무의 실행이 곤란한 경우가 발생되기도 하며, 대규모 조직에서는 업무의 효율성이 떨어진다.

(3) 명령이 상의하달식으로 전달되기 때문에 상위 관리자의 관료적이고 독단적인 폐단이 발생되기 쉬우며, 하의상달이 되지 않아 종사원의 근무 만족도가 높지 않다.

2) 기능 조직(Functional Organization)

이 조직은 테일러에 의하여 창안된 조직의 형태로 직능에 따른 수평적인 분화로 작업의 능률을 향상시키기 위한 조직이다. 즉 관리자의 일을 전문화하여 이들로 하여금 담당 직능을 관리하게 하는 형태이다. 그리고 테일러는 관계 직능을 분화하여 기획적 직능과 집행적 직능으로 나누어 전 기능을 유기적으로 연결하여 능률 향상을 도모하였다. 기능 조직은 〈그림 2-2〉와 같이 구성된 조직을 말한다.

그림 2-2 기능 조직

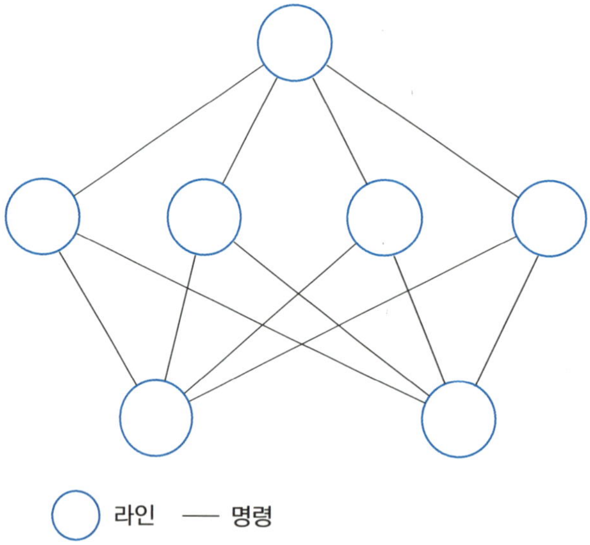

이 기능 조직은 다음과 같은 장 · 단점을 가지고 있는 데, 장점은 아래와 같이 정리할 수 있다.

(1) 분업이 직능에 따라 계획할 수 있으므로 관리자(기능적 직장)에게 정확하게 과업을 할당시킬 수 있고, 관리자의 양성이 용이하다.

(2) 과업에 대한 성과를 명확하게 산출할 수 있다.

(3) 감독의 전문화로 인하여 과업이 능률적으로 수행될 수 있으며, 하위 종사원들이 높은 기능을 유지할 수 있다.

단점은 아래와 같이 정리할 수 있다.

(1) 명령 계통이 통일되지 않아 전체적인 관리에 혼선이 일어날 수 있고, 상대적으로 안정성이 결여되기 쉽다.

(2) 라인과 스태프 간의 마찰이 일어나기 쉽고, 상호 간의 책임 전가의 가능성이 높다.

(3) 직능이 지나치게 전문화되면 간접적 관리자가 증가하게 되고, 이에 따라 고정비가 증가하게 된다.

(4) 의사 결정이 지연될 수 있다.

3) 직계 · 참모 조직(Line and Staff Organization)

직계 · 참모 조직은 직계 조직과 테일러의 기능 조직의 장점을 최대화하기 위하여 에머슨(Emerson)에 의하여 제창된 조직이다. 즉 직계 조직의 최대 장점인 명령 계통의 단일화의 원리를 최대한 활용하고, 기능 조직에서 발생되는 스태프와 라인 간의 갈등을 최소화하면서 스태프의 전문적인 지식을 활용하려는 측면에서 창안된 것이다. 직계 · 참모 조직은 〈그림 2-3〉과 같이 구성된 조직을 말한다.

그림 2-3 직계 · 참모 조직

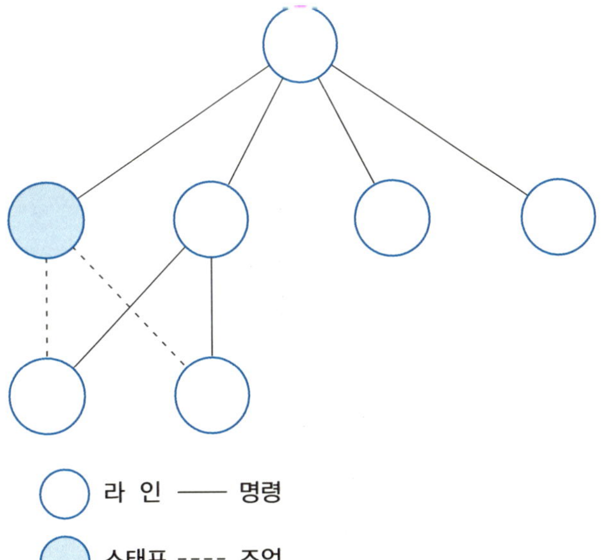

이 조직은 명령의 통일성을 유지하기 위하여 명령과 감독은 라인의 장을 통해서 이루어지도록 하였고, Staff 등의 전문가들은 조언의 역할만 하도록 하여 의사 결정의 지연, Line과 Staff 간의 갈등을 없애려고 하였다.

직계 · 참모 조직은 다음과 같은 장 · 단점이 있는데, 장점은 아래와 같이 정리할 수 있다.

(1) 라인은 일상적인 업무를 담당하고, 스태프에 조언을 얻을 수 있으므로 업무의 능률을 올릴 수 있다.

(2) 조직을 관리하고 통제하기가 용이하다.

단점은 아래와 같이 정리할 수 있다.

(1) 스태프들이 조언과 참고 자료를 신속하고 충분하게 제공하지 않으면, 참모 기능이 약화될 수 있다.

(2) 라인이 스태프의 조언을 받는 관계로 명령 체계와 조언 간의 관계 설정이 혼동되기 쉽다.

(3) 라인과 스태프 간에 갈등이 있을 수 있으며, 스태프의 조언이 라인에 반영되지 않는 경우도 발생되기 쉽다.

4) 스태프 조직(Staff Organization)

기업 경영에 영향을 미치는 요인은 다양하고, 지속적인 변화로 인하여 경영자들은 경영과 관련한 합리적인 의사 결정이 쉽지 않다. 그러한 관계로 경영 자문을 할 수 있는 전문가들의 도움이 필요한데, 이러한 문제에 대하여 유연하게 대처할 수 있는 조직이 스태프 조직이다. 스태프 조직에서의 스태프는 최고 경영자에게 전문적인 지식을 제공하는 자문기관으로서의 역할을 하게 된다. 따라서 스태프는 자문만 할 뿐, 의사 결정의 권한과 책임은 없고, 최고 의사 결정권자를 보좌하는 역할만 하는 조직 형태이다. 스태프 조직은 〈그림 2-4〉와 같이 구성된 조직을 말한다.

그림 2-4 스태프 조직

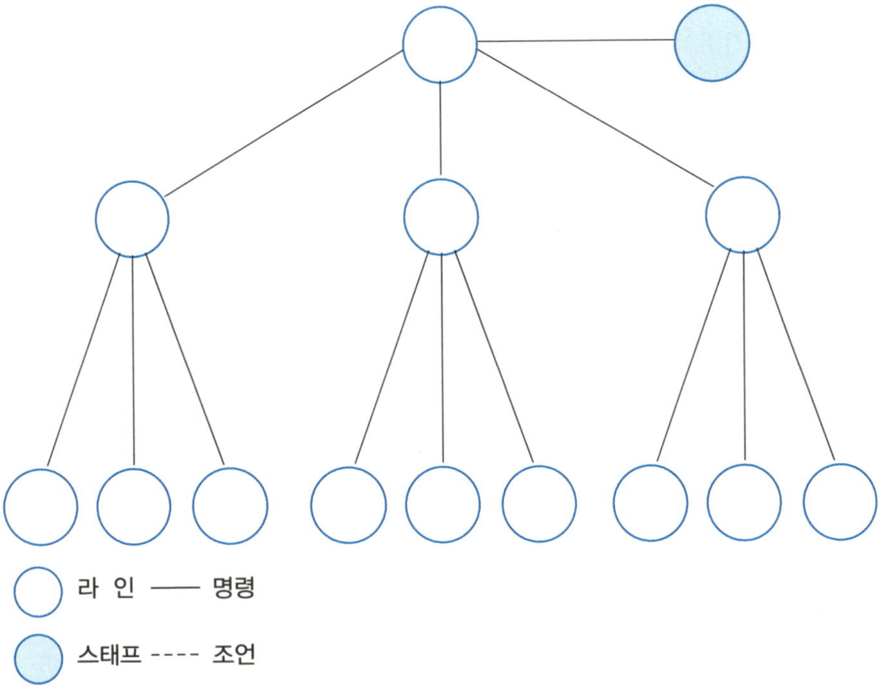

제2절 호텔 조직의 특수성

호텔 또한 경영 활동을 하는 기업이므로 기업 조직의 일반 원칙을 준용하지 않을 수 없다. 그리고 이러한 일반 원칙을 준용하면서 경영 이념, 위치, 규모, 소유 형태, 경영 방식 등의 차이를 고려하여 조직의 목적을 효과적으로 달성할 수 있는 조직 구조를 개발하여 운영하여야 한다.

호텔은 그 조직의 편성에 있어서 호텔만이 가지는 특수성으로 인하여 일반 기업 조직과는 다른 차이를 보이게 되는데, 그 특수성을 호텔 조직의 부문화, 전문 경영인 체제 도입, 마케팅 부문의 강화, 업무의 표준화와 규격화 등을 들고 있다. 이것은 기본적으로 부문별 판매 상품과 그 상품의 특성, 고객의 구성, 운영 방법과 기술의 차이에서 발생되는 것이다. 이러한 차이를 기초로 현대 호텔 조직의 특수성을 분류하여 설명하면 다음과 같다.

1. 업종의 다양성

호텔이라는 기업은 다양하고 이질적인 업종이 모여 하나의 기업으로 탄생하는 것이다. 즉 현대 호텔 기업은 크게 객실 부문, 식음료 부문, 부대 시설 부문 등으로 나누어져 있으며, 식음료 부문은 한식당, 양식당, 중식당, 일식당, 이탈리아 식당뿐만 아니라, 커피숍과 바(Bar)와 같이 Soft Drink와 Hard Drink를 판매하는 다양한 업종으로 구성되어 있다. 그리고 부대 사업 부문은 헬스 · 사우나는 물론 카지노 · 골프장 · 수영장 · 눈썰매장 등 다양한 레저 시설을 운영하고 있다.

이들 각 업종들은 운영 방법과 기술 등에서 차이를 보이게 되기 때문에 효율적인 경영을 위해서는 각 영업장들이 부문화가 이루어져야 한다. 그렇게 함으로써 보다 효과적이고 합리적인 경영 활동을 할 수 있는 것이다.

2. 전문 경영인 체제

호텔 조직의 부문화에서 설명한 것처럼 호텔은 상호 이질적인 다양한 업종들로 구성되어 있으며, 이들 각각의 부문들이 서로 다른 상품의 판매를 통하여 전체 호텔의 매출과 이익이 창출되는 구조를 가지고 있다. 그렇기 때문에 각 부문에 전문 경영인 체제로 운영하지 않을 수 없는 것이다. 예를 들어 객실 경영은 객실의 전문가에 의하여 경영이 되고, 식음료 부문은 업종에 따라서 한식 전문가, 양식 전문가, 일식 전문가, 칵테일 전문가 등과 같이 각 부문의 전문가들에 의하여 경영이 이루어져야 한다. 또한 골프, 사우나 및 헬스, 기타 레크리에이션 시설 등과 같은 부대 사업 부문도 각각 그 분야의 전문가에 의하여 경영이 되고 있다. 이것은 호텔을 구성하고 있는 각 부문들이 서로 다른 상품을 생산하고, 이에 따라 운영하는 방법이 달라지기 때문이다.

일반적으로 호텔은 서비스에 기초한 상품을 구성하여 고객에게 제공한다. 이러한 면에서는 호텔의 모든 부문들은 공통적인 성향을 보이는 것이 사실이지만, 서비스와 같은 무형적인 부문을 제외한 유형적인 요소는 각기 다른 측면을 가지고 있다. 즉 객실, 안심스테이크, 전통 한식 메뉴 등의 유형적인 요소는 그 구성이 달라지는 것이다. 그러므로 유형적인 요소를 구성하는 부분에 대해서는 그 분야에 전문적인 지식을 가지고 있지 않으면 고객을 만족시킬 수 없을 뿐만 아니라 이익을 창출할 수도 없다. 따라서 호텔에서 제공되는 것이 서비스라는 공통적인 분모를 가지고 있다 하더라도 유형적인 부문과 상품 구성 기술 등과 같은 부문은 전문적인 지식을 필요로 한다. 그러므로 호텔의 각 부문은 전문적인 지식을 가지고 있는 전문가에 의하여 경영이 이루어져야 하며, 이러한 조직 구조를 가지고 있어야만 조직의 목적을 보다 효율적으로 달성할 수 있는 것이다.

3. 환경 통제 기능 확대

호텔 산업은 정치, 경제, 사회, 문화, 환경 등과 같은 외부 환경의 변화에 직접적인 영향을 받으며, 그 영향의 정도가 급진적으로 나타나는 특성을 가지고 있는 기업이다. 예를 들어 환율의 변동, 국민 소득의 변화, 경제의 변동 등의 경제적 요인, 사회의 안정과 혼란 등과 같은 사회적 요인, 자연적 환경의 변화 등의 요인들은 관광 행동에 직접적인 영향을 미치고, 이것은 결국 호텔의 수요에 심각한 변화를 일으킨다. 따라서 이러한 변화를 능동적으로 수용할 수 있는 조직 구조는 필수 불가결한 것이다.

예를 들어 환율 변화에 따른 일본인 관광객의 감소는 이를 극복하기 위하여 유럽 혹은 비주 지역의 관광객 유치 및 내국인의 객실 점유율 증대에 관심을 기울여야 하며, 소비 심리 및 가치관 변화는 고객의 욕구를 충족시킬 수 있는 새로운 상품의 구성 혹은 새로운 사업장의 운영 등에 관심을 기울여야 한다. 이러한 현상은 호텔에서 빈번하게 볼 수 있다. 즉 기존의 식음료 영업장을 새로운 다른 영업장으로의 변경, 성수기와 비수기의 인력 구조에 대한 신축적인 대응을 위한 계약 직원의 확대, 실내 인테리어의 변화 등과 같은 많은 예를 찾을 수 있다. 이러한 일들은 환경의 변화에 신축적으로 대응할 수 있는 조직 구조를 가지고 있기 때문에 적정한 시기에 대응이 가능한 것이다.

이와 같이 호텔은 외부 환경의 변화에 신축적으로 대응할 수 있는 조직 구조를 갖지 않으면 안 되며, 또한 변화에 능동적으로 대응할 수 있는 조직 구조는 경쟁적 우위를 확보하는 데 중요한 수단이 되는 것이다.

4. 마케팅 기능의 확대

현대의 호텔 기업이 마케팅 조직의 확대 및 그 중요성이 증대되고 있는데, 그 이유는 다음과 같이 정리할 수 있다.

첫째, 호텔 기업은 치열한 경쟁 환경에 노출되어 있다.

둘째, 호텔 기업은 환경의 변화에 따른 기회와 위협 요소의 변화가 빠르게 나타난다.

셋째, 고객의 욕구는 빠르게 그리고 지속적으로 변화하고 있다.

넷째, 호텔 상품은 재고가 없는 상품이므로 즉각적인 판매가 이루어져야 한다.

다섯째, 계절별 성수기와 비수기의 수요량의 차이가 크게 나타난다.

이러한 요인들은 기업의 경영 목표의 달성에 중요하게 영향을 미치는 것이기 때문에 이에 적극적인 대응 노력이 무엇보다 우선되어야 한다. 따라서 기업의 환경 요인들을 탐사하고, 분석 · 평가하여 효과적으로 경영 목표를 달성하기 위한 방안을 모색하는 마케팅 조직의 강화는 필수적인 것이다.

5. 서비스 품질 개선과 표준화

호텔은 무형적인 상품을 생산하여 고객에게 제공하여 그 대가로 기업 경영 활동을 수행하는 기업이다. 그렇기 때문에 서비스 품질은 다른 어떠한 업종에 비하여 그 중요성이 인정되고 있고, 서비스 품질의 표준화와 차별화를 위해 많은 노력을 기울이고 있다. 그리고 이러한 노력은 치열한 경쟁 환경 속에서 차별적 우위를 확보하는 중요한 수단이 되는 것이다.

따라서 고객의 욕구를 충족시키고, 그들의 욕구를 통제할 수 있는 서비스 개발과 경쟁사와는 차별화된 서비스를 제공하기 위한 조직 구조가 되어야 한다. 즉 새로운 서비스 개발 및 표준화를 위한 노력은 지속되어야 하며, 이러한 활동을 효과적으로 수행할 수 있는 조직 구조를 갖지 않으면 안 되기 때문에 서비스 품질 개선과 표준화에 용이한 조직 구조를 가지고 있는 것이다.

이와 같이 호텔 기업은 그들만이 가지는 특수한 상황으로 인하여 다른 조직과는 그 구조적인 면에서 차이를 보일 수밖에 없는 특성을 가지고 있다. 그러므로 호텔의 조직 구조는 위에서 열거한 특수한 상황을 효율적으로 조정 · 통제할 수 있어야 한다.

호텔 조직은 근본적으로 경영의 효율성을 확보하고, 변화하는 환경에 능동적으로 대응하는 유기적인 조직으로 구성되어야 한다. 즉 호텔 기업의 조직은 기업 조직의 일반 원칙이 준수되고 호텔 기업만이 가지는 특수한 상황을 고려하여 구성해야 한다.

아래의 〈그림 2-5〉는 호텔의 규모에 따라서 경영의 효율성을 높이기 위한 조직 구성의 예를 제시한 것이다.

제3절 호텔 조직

호텔의 주요 수익원은 객실 부문, 식음료 부문, 부대 사업 부문으로 정리할 수 있다. 이러한 3대 수익원 중에서 객실 부문은 특히 원가의 비중이 낮아 수익률이 높으며, 객실 경영의 활성화는 다른 부문, 즉 식음료 부문과 부대 사업 부문에도 중요하게 영향을 미치게 된다. 또한 객실 부문은 고객의 영접이 최초로 이루어지는 부문이기 때문에 호텔의 첫 이미지 형성에도 크게 영향을 미치는 특성을 가지고 있다. 이러한 점에서 객실 부문의 조직은 효과적인 호텔의 이미지를 형상화시키고, 수익 목표를 달성하는 데 중요하기 때문에 쉽게 다루어서는 안 된다.

1. 객실 부문의 구성

객실 부문은 크게 현관 부문(Front Desk), 객실 정비 부문(House Keeping) 등 두 부문으로 구성되어 있다.

현관 부문은 고객을 최초로 영접하는 곳임과 동시에 고객을 최후로 환송하는 곳이다. 또한 현관 부문에서는 고객의 예약, 등록과 투숙, 퇴실 등의 업무가 이루어지는 곳으로 고객이 체류하는 시간과 빈도가 높은 장소이다. 이러한 점에서 현관 부문의 관리는 다른 어떠한 부문보다도 그 중요성이 우선되는 곳으로 현관 부문은 벨, 도어, 프런트 데스크,

그림 2-5 호텔 조직도

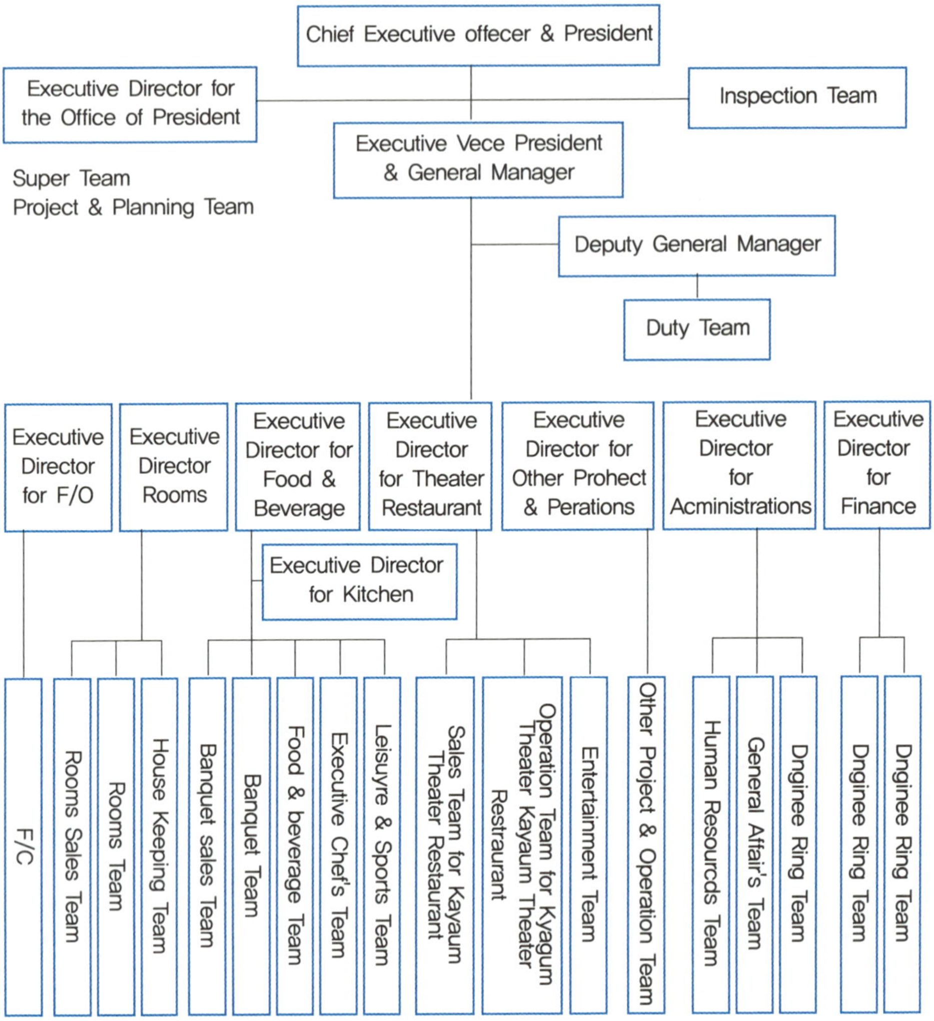

자료 : 백용창, 이원봉, 호텔경영론, 대왕사, 2001. p.102.

객실 예약, 비즈니스 센터 등으로 구성되어 있으며, 이들의 업무는 상호 연관성과 의존성을 가지고 있어 업무를 중심으로 기능적 · 유기적으로 연결되어야 한다.

객실 정비(Housekeeping) 부문은 객실 비품과 소모품 관리는 물론, 객실을 판매 가능한 상태로 유지 · 관리하는 기능을 담당하고 있는 부서로 객실 정비 부문의 효율적인 관리는 객실의 원가 관리의 효율성을 제고할 수 있을 뿐만 아니라 객실 매출액 증대 및 수의 창출에 크게 기여하게 된다. 그리고 객실 정비 부문은 객실 정비 및 세탁 부문으로 구성되어 있는 것이 일반적이며, 프런트 데스크 및 객실 예약 부문과 밀접한 상호 관련성과 의존성을 가지고 있다.

한편, 객실 정비 부문의 세탁 부문은 근래에 와서 서비스 부문의 외생화 현상이 두드러지게 나타나면서 많은 호텔에서는 세탁 부문을 외부에 위탁하여 처리하는 경향이 나타나고 있다.

2. 객실 부문의 조직

객실 부문의 조직은 객실의 규모와 호텔의 등급, 위치, 경영 형태 등의 요인에 따라서 조직의 구조가 달라질 수 있다. 그러나 객실 부문의 조직은 〈그림 2-6〉에서 보는 바와 같이 접객과, 객실 정비과, 세탁소 등 3개 분야로 구성되어 있다.

접객과(Front Office)는 객실의 예약을 담당하는 객실 예약 부문, 고객의 등록, 정보 제공 및 이와 관련한 서비스를 제공하는 프런트 서비스 부문, 고객의 영접 및 환송 그리고 수화물 보관과 안내 서비스를 담당하는 벨 · 도어 서비스 부문, 고객의 퇴실을 위하여 정산을 담당하는 프런트 캐셔 부문, 전화 교환실 등으로 나누어져 업무의 성격과 기능에 따라서 5개의 부문으로 구성되어 있다. 따라서 객실과는 객실 판매 및 환송, 영접 등과 관련된 업무 및 이에 수반되는 제반 서비스를 제공하는 일을 주로 담당하고 있음을 알 수 있다.

접객과는 고객을 최초로 영접하고, 최후로 환송하는 업무를 담당하기 때문에 접객과에 소속되어 있는 종사원들의 업무의 숙련도와 서비스 수준은 곧 그 호텔의 품위와 위상을 결정짓는 행위가 되는 것이다. 따라서 접객 부문에 종사하는 직원은 숙련된 서비스와 고객의 욕구에 알맞은 서비스를 제공하기 위하여 부단한 노력을 기울여야 하며, 호텔 관리자의 측면에서는 종사원의 교육에 많은 노력을 기울여야 함은 물론, 서비스 자체가 종사원 개인의 소양과도 깊은 관련이 있으므로 이를 간과하여서도 안 된다. 그리고 무엇보다 중요한 것은 종사원들 간의 인간 관계가 원활하게 이루어질 때, 서비스의 수준이 향상된다는 것을 관리자들은 깊이 인식하고 이를 관리할 수 있는 능력과 자질을 갖추어야 한다.

객실 정비과는 객실을 판매 가능한 상태로 유지시켜 객실 상품을 생산하는 중요한 업무를 담당하고 있는 부문이다. 그러므로 객실을 판매 가능한 상태로 유지하기 위한 정비 그리고 객실용 비품과 소모품의 관리 및 보관 등이 주요업무인 것이다.

객실 정비 부문은 〈그림 2-6〉에서도 나타난 바와 같이 객실 정비 업무를 총괄하는 부서로 객실 정비 부문의 서류 정리 및 투숙객의 주문을 처리하는 오더 테이커, 객실 판매 현황에 따른 비품과 소모품의 불출 및 이와 관련한 통계를 작성하는 업무를 담당하는 린넨, 객실의 이상 유 · 무 확인 및 룸 메이드의 근무 상태를 점검하는 Room Inspector, 객실 정비 및 청소 담당과 객실 정비 상황을 파악하여 보고하는 룸 메이드, 공공장소의 청결을 유지하는 업무를 담당하는 공공장소 관리원 등으로 구성되어 있다. 그러므로 객실 정비과는 객실을 유지 · 보수하여 판매 가능한 상태로 정리하는 것이 주요 업무라고 할 수 있으며, 이에 따라서 객실예약 및 프런트 데스크와 밀접한 연계체계를 확립하여야 한다.

한편, 세탁소는 호텔의 비품과 종사원들의 유니폼을 세탁 · 수선하는 업무를 담당하고 있다. 그러나 근래에 와서 서비스의 외생화 현상이 급격히 나타남에 따라 세탁소를 없애고, 외부로 발주하는 경향이 두드러지게 나타나고 있다. 이것은 세탁소를 직접 운영하는 것보다 외부로 발주를 주어 세탁 · 수선하는 것이 비용이 저렴하게 소요되기 때문이라고 할 수 있다. 이러한 서비스의 외생화 현상은 비단 세탁소에서만 나타나는 것이 아니라 호텔의 경비와 안전 관리 부문에서도 나타나고 있는데, 앞으로는 이와 같은 외생화 현상은 호텔의 여러 부문에서 지속적으로 일어날 것으로 예상된다.

그림 2-6 객실 부문의 조직도

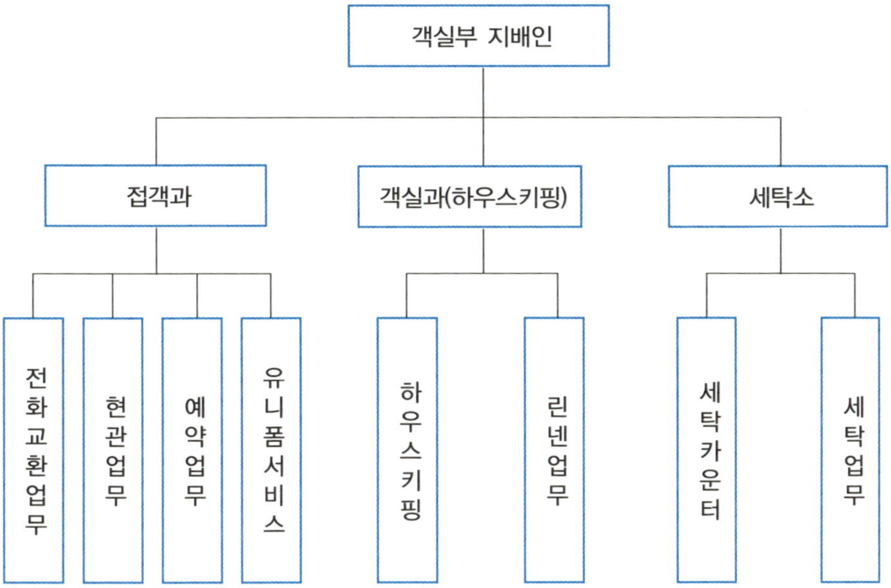

자료 : 앞의 책, p.99.

3. 호텔 식음료 부문의 조직

호텔 식음료 부문은 고객에서 식료와 음료 그리고 서비스를 수단으로 고객에게 만족을 제공하는 활동이 진행되는 곳이다. 따라서 호텔 식음료 부문의 조직은 효율적인 식음료 제공과 고객의 만족이라는 두 가지의 목적을 달성하여 궁극적으로는 호텔 전체의 목표를 달성하는데 효과적인 조직 구조를 가져야 한다.

한편, 호텔 식음료 조직에 영향을 미치는 요소는 여러 가지가 있을 수 있겠다. 그러나 대표적으로 음식의 종류, 서비스의 형태, 레스토랑의 면적과 운영 형태, 영업 시간 등을 고려하여야 할 것이며, 그리고 앞에서 조직 구성의 일반 원칙을 제시하였는데 이를 기초로 효율적인 조직이 구성되어야 할 것이다. 〈그림 2-7〉 호텔의 식음료 조직의 예이다.

그림 2-7 **호텔의 식음료 부문 조직도**

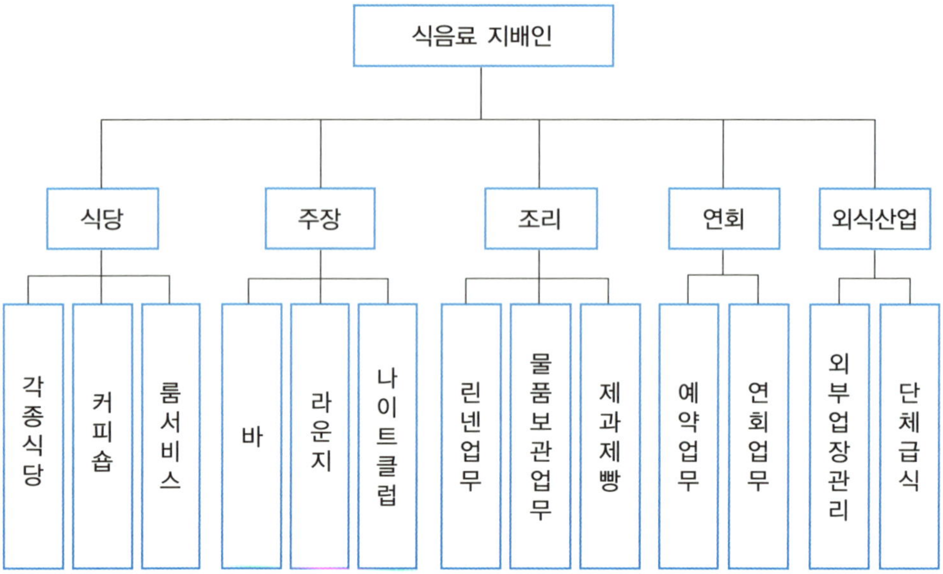

자료 : 앞의 책, p.102.

제3장 | 호텔 서비스

우리는 서비스의 홍수 시대에 살고 있다는 표현을 간혹 듣는다. 그것은 그만큼 일상생활에서 다양한 서비스를 빈번하게 접하고 있다는 의미이기도 하다. 그렇기 때문에 서비스를 잘 알고 있다고 판단하기도 한다. 그러나 서비스는 우리가 아는 것처럼 쉽게만 인식되는 것은 아니다. 우리가 관광과 호텔 분야에서 이야기하는 서비스는 주로 속성론적인 측면(유형재와 비교하였을 때 나타나는 특성)에서 공부하고, 해결책을 찾으려고 한다.

본 장에서는 서비스의 기본적인 내용과 호텔 분야에서 유용한 서비스의 특성에 대하여 비교적 상세하게 설명하여 서비스의 경영 관리 측면에서 접근하는 방식에 이해를 도모하는 측면에서 구성하였다.

학습목표

1. 호텔 서비스의 개념과 의미 그리고 특성에 대하여 설명할 수 있어야 한다.
2. 호텔 서비스의 경영 관리 관점에서 그 특성과 해결 방안에 대하여 이해하여야 한다.
3. 호텔 서비스 품질 관리의 내용에 대하여 이해하고 설명할 수 있어야 한다.

제1절 호텔 서비스의 의미

1. 호텔 서비스의 의의

1) 서비스의 개념

우리는 일상생활에서 많은 서비스를 이용하고 있으며, 서비스를 통해 여러 가지 측면에서 많은 편익을 얻고 있다. 따라서 많은 서비스를 일상생활에서 수없이 이용되고 있는 관계로 우리는 서비스에 대하여 알고 있다고 생각하는 것도 사실이다. 그러나 서비스는 매우 다양한 형태의 서비스가 존재하고 있으며, 의미상으로도 많은 내용을 포함하고 있는 것이 서비스이기 때문에 서비스를 한마디로 설명하기에는 어려움이 있다. 예를 들어 일상에서 우리가 접하게 되는 서비스는 매우 다양하다, 의료 서비스, 택배 서비스, 전력 서비스, 이동 통신 서비스 등 다양한 서비스가 존재한다. 그리고 이들 서비스는 타인에게 편익과 만족을 제공하는 것에는 변함이 없으나 내용적인 측면에서는 많은 차이를 보이고 있다. 이러한 이유로 많은 학자들이 다양한 측면에서 서비스를 정의하고 있는데 그 내용을 살펴보면 〈표 3-1〉과 같다.

표 3-1 서비스의 제 정의

학자 및 기관	정의
AMA	판매를 위해 제공하거나 상품의 판매와 관련하여 준비하는 제반 활동 · 편익 · 만족
Besson	소비자에게 판매를 통해 제공하는 가치 있는 편익이나 만족을 제공하는 행위, 즉 소비자 자신이 직접 행할 수 없거나 수행할 기회가 없는 행위
Blois	제품의 형태를 물리적으로 바꾸지 않고 판매에 제공되는 활동
Lehtinen	대인 접촉 또는 물리적 설비 장치와의 상호 관계에서 발생하는 행위 또는 일련의 행위에 의해 소비자에게 만족을 제공하는 것
Stanton	소비자나 산업 구매자에게 판매하는 경우 욕구를 충족시키는 무형의 활동으로 제품이나 다른 서비스의 판매와 연계되지 않고도 개별적으로 확인 가능한 것
Regan	직접적으로 만족을 창출하거나 상품 또는 서비스를 구매할 때, 결합하여 만족이 창출되는 무형의 것
Rathmell	시장에서 판매되는 무형의 제품
Kotler	본질적으로 무형이며, 소유권에 귀착되지 않고, 어떤 사람이 상대방에게 제공할 수 있는 행위 또는 만족으로 물리적 생산물과 결부될 수도 있고, 않을 수도 있는 것
Payne	서비스는 무형적 요소를 가지고 있는 활동이며, 고객과의 상호작용 혹은 소유권과의 상호 작용과 관련되고, 본질적으로 소유권의 이전은 이루어지지 않는다. 상태의 변화가 일어날 수도 있으며, 서비스의 생산은 물리적 제품과 밀접히 관련될 수도 있고, 그렇지 않을 수도 있다.
Gronroos	서비스를 일반적으로 제공하는 혹은 자기 자신을 서비스 제공자라고 간주하는 기업과 기관에 의해 제공되는 거래물
Berry	행위, 노력 혹은 수행과정

자료 : 여러 학자들의 견해를 바탕으로 재구성.

위 학자들의 서비스에 대한 개념을 살펴보면, 다양한 시각에서 서비스에 대하여 그 의미를 파악하고 있음을 알 수 있다. 마케팅적인 관점, 생산 활동과 관련된 측면에서의 관점, 인간의 활동에 중심을 둔 관점 등 다양한 측면에서 서비스를 정의하고 있다.

그럼에도 모든 서비스는 보편적으로 다음과 같은 3가지 특성을 가지고 있다.

첫째, 서비스는 무형적인 특성을 갖는다. 서비스는 그것을 제공하는 사람에 의해서 행해지는 활동이며, 제품이 부수적으로 제공되든 그렇지 않든 간에 형체가 없다는 것이다. 이 세상에 존재하는 모든 서비스는 공통적으로 무형성의 특성을 갖는다.

둘째, 서비스는 만족과 편익을 제공한다는 점이다. 서비스는 제공자의 활동으로 그것을 제공받는 상대방에게 어떠한 형태로든 만족과 편익을 제공한다는 점이다.

셋째, 서비스는 소유권 이전이 되지 않는 특성을 가지고 있다. 서비스는 유형재와 같이 물적인 증거가 있어서 이것이 거래를 통해 소유권의 이전이 이루어진다. 그러나 서비스는 형체가 없기 때문에 그 서비스를 구매하였다 하더라도 소유권이 이전되지 않고 일시적인 이용권한만이 부여되는 특성이 있다.

위의 특성은 모든 서비스가 가지고 있는 보편적인 특성이라는 점에서 가장 보편적인 서비스의 개념은 다음과 같이 이야기할 수 있겠다. 즉 서비스란 '서비스는 상대방에게 만족과 편익을 주는 무형적인 활동으로 소유권 이전이 되지 않고 일시적 사용권만 제공되는 행위' 라고 정의할 수 있다.

2) 호텔 서비스의 이의

호텔을 전공하는 학생들이 대학에서 서비스의 개념과 특성을 공부할 때 가장 보편적으로 활용하는 개념은 서비스를 속성론적인 측면에서 개념을 정의하고, 이러한 면에서 서비스를 이해하고 있다는 점이다. 즉 호텔 경영이라는 측면에서 서비스는 유형재와는 다른 특성에서 나타나는 속성을 중심으로 서비스를 공부하고 있다는 것이다. 이것이 여러분들이 공부하고 있는 서비스의 특성, 예를 들어 무형성, 동시성, 비저장성 또는 소멸성, 이질성, 동질성 등의 그것이다. 그리고 이러한 특성은 무엇을 의미하고, 이러한 특성이 가지고 있는 한계를 어떻게 극복할 것인가에 초점이 맞추어져 학습이 이루어지고 있다는 것이다. 환언하면 호텔 운용에 수반되는 많은 경영 활동이 속성론적인 측면에서 서비스의 개념을 채택하고, 이를 관리하는 활동으로 이어지고 있다는 점이다. 그리고 이것은 경영 혹은 운영 활동에 매우 효과적이고 효율적이라는 점은 의심의 여지가 없다.

이러한 측면에서 호텔 서비스의 특성을 정리하면 다음과 같다.

첫째, 호텔 서비스는 무형성의 특성을 갖는다. 호텔에서 제공되는 서비스는 유형적 요소와 결부되거나 혹은 독립적으로 제공되거나 무형성의 특성을 갖는다는 점이다.

둘째, 호텔 서비스는 동시성의 특성을 갖는다. 호텔에서 제공되는 서비스는 생산자와 소비자가 동시에 같은 장소에 있을 때 제공되고, 고객이 그 서비스를 향유하는 특성을 갖는다는 것이다. 즉 호텔 서비스는 종사원과 고객이 함께 있을 때 그 활동이 진행될 수 있다는 것이다.

셋째, 호텔 서비스는 수요에 능동적으로 대응할 수 없으며, 금일 판매하지 못한 것은 재고로 남지 않는 특성을 가지고 있다.

이 외에도 많은 측면에서 유형재와는 다른 특성을 가지고 있는데 이것은 호텔 서비스의 특성에 대한 설명에서 구체적으로 설명하겠다.

2. 호텔 서비스의 특성

1) 무형성

호텔 서비스의 가장 두드러진 특성은 무형성(intangibility)이다. 서비스는 무형성의 특성을 가지고 있어서 만질 수 없으며, 정신적으로도 파악하기가 힘들다는 점이다. 그래서 서비스 자체가 형체가 없는 것은 물질적 무형성이라고 하고, 그것이 어떠한 것인지 이해하기 곤란한 점은 정신적 무형성이라고 한다.

서비스는 추상적이고 무형적인 성격을 가지고 있기 때문에 사전에 그것을 보여주거나 제시할 수가 없다. 따라서 호텔 서비스에 대한 광고에서도 서비스 자체를 강조하지 못하고, 서비스의 사용 결과로 얻게 되는 편익을 강조하게 된다. 호텔에서 제공하는 서비스 자체를 보여줄 수 없기 때문에 호텔 전경이나 실내 분위기 등을 보여주는 것이 고작이다. 그래서 고객은 구매하여 이용하기 전에는 객관적으로 평가하기가 곤란하다.

이와 같은 이유로 고객은 자주 높은 위험 인식을 경험하게 되고, 이를 줄이기 위해 보다 적극적인 정보 탐색을 하게 된다. 그리고 이러한 과정에서 고객은 호텔 기업이 제공하는 서비스에 대한 평판, 종사원의 태도, 물리적 환경, 구전 등에 크게 의존하게 되는 것이다. 특히 학원과 같은 곳에서는 일단 수강을 해보고 등록 결정을 하는 경우가 있기는 하지만, 호텔의 잠재고객들은 서비스를 사전에 이용해 볼 수는 없는 것이다. 따라서 서비스 품질에 대한 충분한 정보와 경험을 가진 사람들의 추천에 의해 주로 의존하게 된다. 병원이나 여행사도 호텔과 같은 특성을 갖는다.

호텔의 경우 서비스 구매자는 많은 경우에 구매 결정 시 직접 경험할 수 있는 유형적인 요소에 의존하게 되는데 여러 가지 지원 용품이나 편의 촉진 용품 등이 여기에 해당된다.

지원 용품은 서비스 전달 시 서비스 수행자가 사용하는 장비로 의사의 청진기, 소프트웨어 설계자의 컴퓨터, 유치원의 장난감 등이 여기에 해당하며, 호텔도 가구나 집기, 소모품 등이 이에 해당한다.

편의 촉진 용품은 서비스를 제공받는 고객이 필요하거나 사용하는 물품으로 학생의 노트, 예금자의 통장, 차표 등이 예가 될 수 있다. 호텔의 경우는 크레디트 카드 등이 이에 해당한다.

2) 소멸성

호텔 서비스의 또 다른 특성인 소멸성(perishability)은 무형성과 밀접한 관련이 있다. 제품의 편익이 제품의 소유나 혹은 물적 속성으로부터 나오는 편익에 반해 서비스로부터 나온 편익은 그 서비스의 창출이나 혹은 수행으로부터 나타난다. 따라서 편익을 제공하는 서비스 활동은 그것이 멈춤과 동시에 서비스의 실체는 아무것도 남지 않는다.

서비스는 생산과 동시에 소멸해 버리고 만다. 이러한 이유로 서비스는 물적 유통 기능이 없고, 유통 경로도 거의 없거나 있어도 매우 짧은 경향이 있다. 그래서 서비스는 제품처럼 성수기와 비수기에 발생하는 수요 변동을 완충시킬 수 있는 재고가 불가능하다. 유형재는 재고가 생산의 여러 단계에서 생길 수 있는 외적 충격을 완화시킬 수 있어 각 활동의 계획과 통제 기능을 단순화시킬 수 있다.

3) 동시성

호텔 서비스는 생산과 소비가 동시에 발생하는 특성을 가지고 있다. 일반 유형재의 상품은 생산하는 시점과 소비하는 시점이 다르고, 생산하는 장소와 소비하는 장소에 차이가 있다.

그러나 호텔 서비스는 주문과 동시에 서비스가 진행되고, 서비스가 진행되는 과정에 고객이 서비스를 받는, 즉 소비하는 특성을 가지고 있다는 것이다. 이것은 호텔 서비스가 그 서비스를 생산하는 사람(종사원)과 서비스를 제공받는 사람(고객)이 동시에 같은 장소에 있을 때에만 생산과 소비가 일어난다는 것을 의미한다. 동시성의 특성은 고객이 자신의 만족을 위하여 서비스를 제공하는 과정에 개입하는 상황이 발생되는 주요 원인이 된다. 고객은 주문하여 구매한 호텔 서비스 상품에 대해서 자신의 만족을 극대화하기 위하여 생산 과정에 개입을 하게 되는 필연적인 상황이 연출되는 것이다. 따라서 동시성의 특성을 고려한 서비스 관리의 수단으로 '진실의 순간' 의 관리가 중요해지는 것이다.

이 외에도 이질성과 동질성, 계획 생산의 불가능성, 비이동성 등 여러 가지 특성들이 있다.

제2절 호텔 서비스 경영

1. 호텔 서비스 생산 관리

1) 생산의 개념

생산이란 우리 생활에 필요한 것을 만드는 것으로 호텔에서 서비스를 제공하거나 병원에서 환자를 치료하는 것 등을 모두 포함하는 개념이며, 기업이나 조직체가 이용 가능한 자원을 유용하게 활용하여 제품이나 서비스로 변환하여가는 과정을 생산 활동이라고 한다.

그동안 많은 학자들이 생산성에 대한 개념 정의를 해왔는데 Heilbroner는 "주어진 기간 동안의 단위 투입량과 산출량의 관계"로 정의하였다. 또한 미국의 노동 통계청에서는 "생산된 제품의 가치를 투입된 노동량으로 나눈 것"으로 정의하고 있다. 이 중에서도 특히 많이 쓰이는 정의는 '산출물과 투입물의 비용' 이라는 개념이며, 서비스 생산성에 대한 개념 정의에서도 이와 같은 정의를 사용하는 것이 적합한 것으로 보인다.

이러한 생산 활동은 인간 활동 중 가장 기본적이고 중요한 것 중의 하나인데, 제품 내지 서비스를 포함하는 경제재의 제공을 목적으로 하는 경영을 중심으로 논의할 경우, 생산 활동은 모든 경영 활동의 기본이 된다. 아울러 생산 관리란 기업 경영의 개발 측면에서 전략적 목표를 달성하기 위해 생산 운영상 효율성과 효과성 제고의 관점과 깊이 관련된 중요한 개념이다. 이러한 생산 관리는 상품과 서비스를 제공하기 위한 체계, 즉 서비스 생산 시스템을 설계하고, 운영하는 측면으로 결부된다. 다시 말해서 생산이란 재화나 서비스 산출 과정을 말하며, 산출 과정(생산 과정)은 기업이 이용 가능한 생산 자원인 인간 · 제품 · 에너지 · 정보 등을 유용하게 활용하여 제품이나 서비스로 바꾸는 과정, 즉 변환 과정으로 이해될 수 있다.

그림 3-1 **서비스의 생산 과정**

자료 : 최복수 · 한상겸 · 신철호, 관광호텔서비스론, 갈채, 2007. p.112 재인용

호텔 서비스재의 생산 과정은 수요자와 직접 연결된다. 그것은 '제공=구매' 라는 관계를 말하는 것으로 이 때문에 호텔 기업은 수요자에 대응하기 위하여 위치를 고려하게 되고, 설비의 공간적 배치를 중요하게 인식하며, 종사원의 행동 또는 활동을 고려하게 되는 것이다.

서비스란 대부분 소비자 · 제품 · 정보를 생산 대상으로 한 일련의 변환 과정을 상품화한 것이기 때문에 유형적 제품과 달리 물질적 실체가 존재하지 않는 무형적인 활동이다. 이러한 무형적 활동을 가시화(유형화)시키는 방법이 서비스 청사진(service blueprint)과 서비스 매핑(service mapping)기법이다.

서비스 매핑은 서비스 생산 활동의 수직적 구조와 수평적 구조를 모두 철저하게 규명하여 서비스 공정 설계에 많은 도움을 줄 수 있는 기법이다.

그림 3-2 표준 서비스 매핑

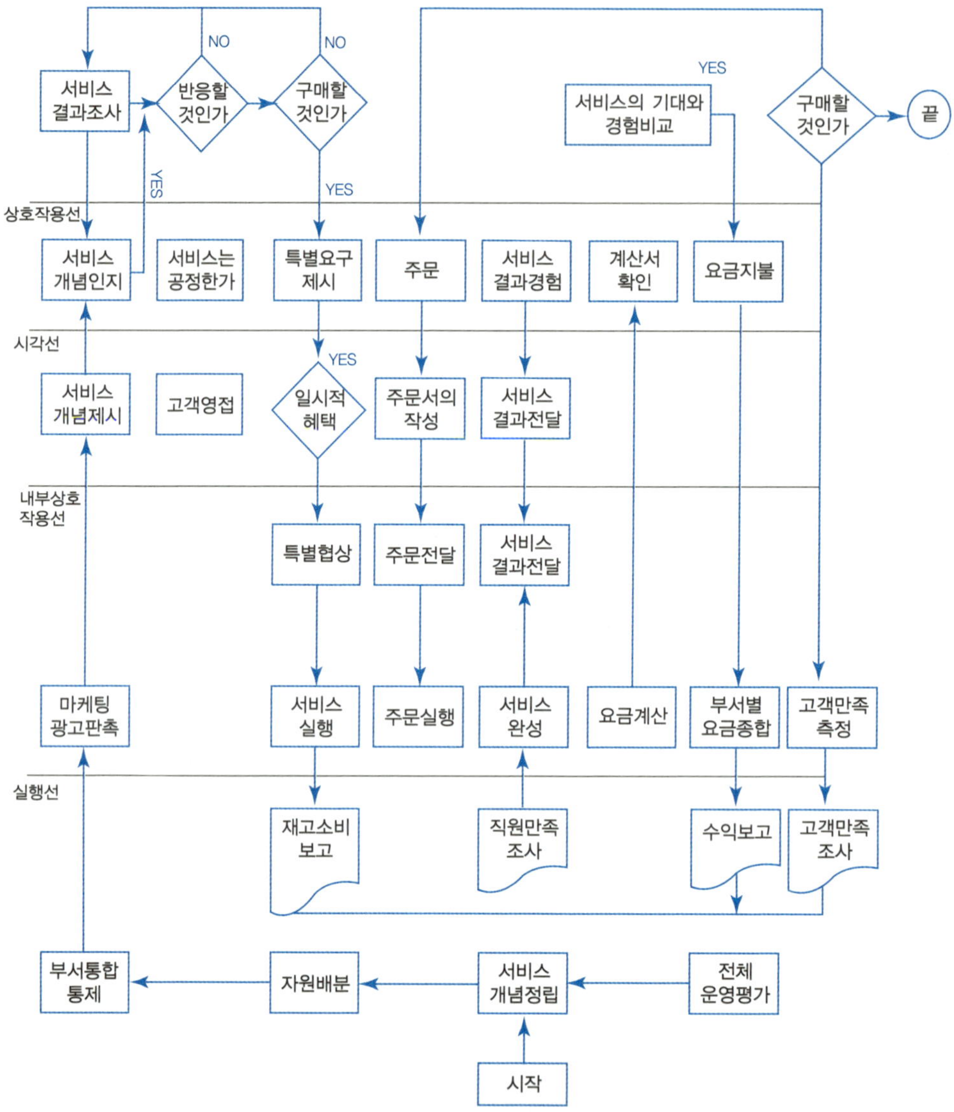

자료 : 김경환 · 차길수, 호텔경영학, 가산출판사, 2002. p.113

〈그림 3-2〉의 윗부분은 주로 현장 서비스 생산자의 활동을 나타내며, 아래 부문은 경영층의 활동을 의미한다. 또한 수평축은 서비스 공정의 흐름을 나타낸다. 4개의 점선은 고객과 기업 계층의 활동을 구분하기 위한 것이다.

첫째, 상호 작용선은 고객 활동과 서비스 요원의 활동을 구분하기 위한 것이다.

둘째, 시각선은 고객이 볼 수 있는 곳과 볼 수 없는 곳을 구분하는 것이다.

셋째, 내부 상호 작용선은 서비스 요원의 활동과 후방 지원팀의 지원 활동을 구분한다.

넷째, 실행선은 호텔 기업의 경영 활동과 일상적 서비스 생산 활동을 구분하는 선이다.

서비스 맵 상단의 3개 다이아몬드 형태는 고객의 의사 결정점이라 한다. 이것은 서비스 생산 공정을 고객 관점에서 평가하는 순간을 의미한다. 따라서 서비스 공정을 설계할 때는 이러한 소비자 의사 결정점과 서비스 생산 활동들의 관계가 원활히 수행될 수 있도록 설계되어야 하는 것이다.

(1) 고객 관리

호텔 상품의 생산 과정에는 종사원과 고객 양자의 협동이 중요하게 작용한다. 호텔 상품의 생산 과정에서의 고객 참여를 생산 관리 측면에서 보면, 호텔 기업이 서비스 상품의 생산 과정에 고객의 참여와 고객의 노동력을 이용한다는 의미가 된다. 대부분의 경우에 호텔 서비스는 일반 제품과 달리 생산과 소비가 동시에 발생하며, 이러한 동시성으로 말미암아 호텔 고객은 서비스가 수행될 때, 서비스 전달 과정에 참여하게 되는 것이다. 특히 상호 작용이 많은 서비스 접점의 경우 서비스 전달 과정에서 고객의 참여는 서비스 품질과 고객 만족에 긍정적인 역할을 하고, 나아가서 호텔에 편익을 제공하는데 중요한 부분을 담당한다.

Berry는 "서비스 기업이 고객에게 유형적 단서, 즉 물리적 환경, 커뮤니케이션, 가격 등을 제시하여 고객이 이를 근거로 서비스 기업이 제공하는 서비스를 보다 잘 이해하게 됨은 물론, 궁극적으로는 서비스 기업이 원하는 고객의 태도 및 행동을 유도하고자 하는 활동"이라고 하였다.

하나의 서비스 재에도 그 생산 과정을 보면, 고접촉 서비스 부문과 저접촉 서비스 부문이 섞여 있는 경우를 볼 수 있다. 따라서 그것을 분리하여 각각에 적합한 관리 시스템을 적용한다면 생산 효율을 높일 수 있게 된다. 뿐만 아니라 하나의 서비스재 가운데에도 이질적인 업무 부문이 포함되어 있다. 즉 고객을 접하는 부문과 그렇지 않은 부문 혹은 밀접하게 고객과 협동하는 부문과 그 정도가 안 되는 부문 등의 형식으로 분류하는 것이 서비스재의 효율적인 생산 시스템의 관리 방법의 시작이며, 이렇게 분류된 서비스 활동이 어느 쪽에 속하는가에 따라 관리 방법, 관리 목표 설정이 달라진다.

호텔 기업의 생산 과정에서의 고객 관리에는 두 가지 방법이 있다. 그 하나는 고정 고객화이고, 또 다른 하나는 셀프 서비스이다.

❶ 고정 고객화

많은 서비스 산업에는 고정 고객이 존재하고, 호텔 기업도 이와 다르지 않다. 그리고 고정 고객은 대부분의 경우에 호텔에 대한 충성도가 높고, 서비스의 가치를 충분히 지각하고 있다고 하겠다. 그래서 서비스 기업 혹은 호텔 기업은 고정 고객을 확보하는 전술이 경영 안정에 지름길이 된다고 인식하고 있다.

Sasser의 연구에 의하면, 서비스 기업이 그들의 단골 고객의 이탈을 5% 정도만 낮출 수 있다면, 이 기업의 순이익은 25%~85%까지 상승 효과를 볼 수 있다는 사실을 발견하였다. 따라서 호텔 기업과 고객이 서로 협력하여 상호 의존적인 측면에서 협력 생산이 이루어진다면, 안정된 서비스재의 생산이 가능해지기 때문에 생산에 따르는 수급양자 모두의 위험이 감소되고, 호텔은 고객의 욕구와 행동 특성을 충분히 이해하고 적절한 대처가 가능하다는 것이다. 반면에 고객도 서비스 재의 내용이나 질적 수준, 자기가 해야 할 협력적 행위에 관하여 정확하게 인지하게 되므로 쌍방의 생산성이 향상되는 것이다.

고정 고객화는 불확실성이 높은 생산 계획 및 고객의 구매 위험과 불평 다발이라는 두 가지의 문제를 해결하는데 도움을 줄 수 있다. 그래서 종사원의 기억에 의한 관리 방법에서부터 회원제의 여러 가지 관리 방식이 생겨나고 있는 것이다.

호텔 등 고객과의 상호 의존도가 높은 업종에서는 고정 고객화라는 전략에 의해 정보를 축적하고, 서비스 재의 질적 향상도 도모해갈 수 있다. 이러한 측면에서 호텔이 고객과의 지속적인 거래 관계를 유지한다면, 호텔과 고객, 모두에게 커다란 편익을 제공할 것이다.

❷ 셀프 서비스

셀프 서비스란 '기업이 고객과의 협동으로 기업의 일을 일정 부문 고객에게 맡기려는 전략'으로 호텔은 자신이 제공하는 서비스 재를 서비스의 효율성을 저해하지 않는 범위 내에서 남은 업무를 고객에게 떠맡기는 행위이다. 현대 호텔들은 인건비의 비율이 높아지고, 코스트의 상승 압력으로 경영에 많은 어려움이 있는 것이 사실이다. 그렇다고 이러한 압력을 가격에 전가시키면 고객이 이탈할 가능성 또한 높아진다. 이러할 경우에 셀프 서비스 전략이 수행되면 좋은 결과를 얻을 수 있다.

실제 중 · 소규모의 비즈니스호텔은 자동판매기를 층마다 설치하고 철저한 셀프 서비스 방식을 도입하여 낮은 판매 가격을 유지하려고 노력하고 있다. 또한 조식은 뷔페 스타일로 제공하고, 모닝콜은 각 객실 전화기의 기능을 이용하여 대응하는 방식 등으로 셀프 서비스 방식을 이용하고 있다.

그러나 이러한 고객의 행동을 생산 과정에 개입시키고 혹은 고객의 노동량을 늘리는 변화를 도입할 때는 고객의 납득 또는 수고에 따르는 인센티브도 필요하다는 것을 간과해서는 안 된다. 왜냐하면 고객의 측면에서도 자기 자신에게 이득이 없으면, 셀프 서비스 방식을 받아들이기 어렵기 때문이다. 그러므로 호텔 기업의 셀프 서비스 방식은 가격이 저렴하다든지, 서비스 시간이 신속하게 된다든지 등의 어떤 메리트가 있어야 성공할 수 있다.

최근 셀프 서비스의 뷔페나 샐러드 바를 도입한 레스토랑이 늘고 있다. 고객이 종사원에게 서비스를 받는 대신 자기가 접시에 요리를 담아다 먹는다. 이것이 가능한 이유는 고객이 적정한 가격으로 자신의 취향에 맞는 다양한 요리를 경험할 수 있기 때문이다.

2) 서비스 생산성 개선

서비스 생산성을 개선시키는 것은 경영자 혹은 관리자에게 여러 가지 측면에서 중요하다. 왜냐하면 생산성 개선은 기업을 둘러싸고 있는 여러 이해 관계자들에게 이익을 가져다주기 때문이다.

생산성 개선은 우선 원가를 절감시켜준다. 절감된 원가는 수익으로 이어지고, 이를 바탕으로 가격 할인, 광고, 촉진, 신제품 개발 등의 경영 활동을 할 수 있다. 또한 생산성 개선은 서비스 기업에 이익의 증대를 가져와 결과적으로 종사원의 임금과 복지를 향상시킨다.

이러한 맥락에서 서비스 생산성을 개선시키는 방법을 고찰해 보고자 한다. 서비스 개선 방안은 크게 생산 지향적 접근 방식과 고객 지향적 접근 방식으로 나눈 후 접근 방식별 주요 내용을 중심으로 개선 방안을 살펴보고자 한다.

표 3-2 **서비스 생산성 개선**

생산 지향적 접근 방식	고객 지향적 접근 방식
원가 관리 수요 관리 자동화 생산 시설의 공동 이용 서비스의 아웃 소싱 리엔지니어링 전문가 시스템 도입	노동의 질 향상 수요 시간의 관리 기계화 고객 접촉과 지원 기능의 분리 고객 참여의 확대 종사원에 대한 지원 대기 시간 관리 고객에게 보이지 않는 곳의 개선

(1) 생산 지향적 접근 방법

❶ 원가 관리

가장 초보적인 단계에서의 생산성 증대 방안이면서 가장 보편적으로 활용되는 방법으로 생산 과정의 모든 단계에서 원가 통제를 강화하는 수단이다. 또 다른 원가 관리 방법으로는 인적 · 물적 투입물의 낭비 요소를 제거하는 것으로 불황기에 특히 자주 쓰이는 전략인데 원가 절감을 실현하여 생산성을 증대시키는 방법이다.

❷ 수요 관리

서비스재를 제공하는 호텔은 어느 수준의 수요에 맞추어 대응하느냐는 중요한 문제이다. 예를 들어 호텔이 고객 만족을 최우선 목표로 한다면 되도록 수요가 많은 쪽에 맞추어 생산 시설을 설치할 수 있다. 그러나 수요가 낮을 때는 유휴 시설이 생기기 때문에 전체적으로 손실이 발생할 수 있다. 따라서 평균 수준의 수요에 맞추어 생산 시설을 설치하는 방법을 사용할 수 있을 것이다.

❸ 자동화

국내 호텔은 물론 외국에서도 가파른 인건비 상승으로 인해 경영에 많은 고충을 겪고 있다. 이에 대응하여 컴퓨터를 비롯한 자동화 시설을 증대시키고 있다. 이러한 자동화를 통해 얻을 수 있는 이점은 비싼 노동력의 대치를 통해 원가 절감 효과를 얻을 수 있다는 점, 이질성을 극복하고 표준화된 그리고 일관된 서비스 품질을 유지 또는 향상시킬 수 있다는 점 그리고 서비스를 받을 수 있는 고객의 수를 증가시킨다는 점 등이 있다. 이와 관련하여 호텔 이용 시 쉽게 발견할 수 있는 예는 POS, 인터넷 예약 시스템, 자동 식기 세척기 등이 있다.

❹ 생산 시설의 공동 이용

최근에는 경쟁 업체 간에도 공동 물류 창고를 활용하는 경우를 많이 볼 수 있다. 호텔에서도 적절한 설비 투자 이외에 생산성을 높이는 방법으로 설비의 공유 방안이 모색되고 있다. 예를 들어 호텔의 세탁소는 비용 대비 수익이 높지 않기 때문에 특정 호텔에서 세탁 시설 및 인력을 운영하고 주변의 다른 호텔들이 이 호텔의 세탁 시설을 이용하는 방법이 일반적으로 사용되고 있다.

다른 업종에서도 이러한 현상이 나타나고 있는데 편의점이 들어선 주유소를 쉽게 볼 수 있다. 이는 주유소의 남는 공간에 편의점을 입점시켜 주유 중인 고객이나 주유를 마친 고객들이 잠시 들러 편의 용품을 살 수 있도록 함으로써 고객에게는 편리함을, 주유소에서는 수익을 가져다주는 등 생산성 향상에 도움이 되는 방법이 되고 있다. 이러한 측면에서 호텔도 연회장 등을 공동하는 방안이 모색된다면 좀 더 생산성을 향상할 수 있을 것이다.

❺ 서비스의 아웃 소싱

고객에게 제3자를 이용하도록 하는 방법을 이용하여 생산성을 개선시킬 수 있다. 생산성을 향상시키기 위해 호텔이 자사 서비스의 일정 부분을 아웃 소싱(outsourcing)할 수 있다. 예를 들어 호텔이 객실 청소를 전문 대행사에 아웃 소싱을 해서 단순 · 반복되는 객실 청소를 맡기는 것이다. 이러한 아웃 소싱을 통해 호텔은 제3자의 전문성을 이용하여 자체 운영 시보다 훨씬 낮은 비용으로 서비스를 제공하면서 생산성을 개선하려는 것이다.

(2) 고객 지향적 접근 방법

고객 지향적 접근 방법은 앞서 논의한 생산 지향적 접근의 한계를 극복하고자 하는 측면에서 검토되는 것이다. 고객들이 서비스 생산 과정에 참여한다면 고객은 생산 과정의 투입 요소가 될 수 있다. 이렇게 고객을 투입 요소의 일환으로 생각한다면 호텔은 고객들이 더 생산적으로 활동할 수 있도록 전략을 세워야 할 것이다.

❶ 노동의 질 향상

노동의 질을 향상시키는 것은 노동 집약적인 서비스 업계에서는 특히 효과적인 방법이다. 노동의 질을 향상시킴으로써 얻게 되는 주된 효과는 서비스 품질의 향상, 고객 불평의 감소, 종사원의 이직률 감소 등의 긍정적인 효과가 나타날 수 있다.

호텔에서 수요량이 일시적으로 증대되는 시기에는 파트타임 종사원을 고용해 활용하는 경우가 많다. 그러나 이러한 상황은 서비스 품질을 저하시키는 요인으로 작용될 수도 있다. 그렇기 때문에 파트타임 종사원도 미리 교육을 받은 인원을 중심으로 고용하는 현상이 나타나고 있는데 이것도 생산성을 개선할 수 있는 좋은 방법이다. 또한 정규 직원의 업무 능력 향상을 위한 교육 · 훈련을 통하여 종사원의 노동의 질을 향상시켜 서비스 생산성을 증대시키는 방법도 많이 활용되고 있는 방법이다.

❷ 수요 시간 관리

수요 시간의 관리는 서비스 업계의 생산성 향상을 위한 오래된 방법이며, 많이 사용되고 있는 방안이라고 할 수 있다. 예를 들어 영화관에서의 조조할인, 레스토랑에서 점심 시간 이후의 이용 고객에 대한 할인 또는 무료 음료 제공 등의 광고를 볼 수가 있을 것이다. 이러한 방법은 주요 이용 시간의 고객을 분산하는 효과가 있고, 이로 인하여 시설의 효율적 활용 및 서비스의 품질 유지 등 여러 가지 측면에서 긍정적인 효과가 나타날 수 있다. 호텔도 일부 인기 있는 레스토랑의 경우에 이러한 제도를 도입하면 고객을 증대시킬 수 있는 좋은 방법이 될 것이다.

그러나 이 전략의 성공 여부는 과연 수요가 호텔이 원하는 바대로 변화될 수 있느냐에 달려 있다. 따라서 호텔은 고객들의 요구와 스케줄을 파악하는 각별한 노력을 기울여야 한다.

❸ 기계화

기계화는 고객과 서비스 제공자가 상호 작용하는 방법을 수정하여 서비스 생산성을 높일 수 있는 방법이다. 예를 들어 대부분의 은행들이 기존의 창구 중심 업무에서 온라인 서비스와 ATM을 대폭 확장하여 운영하고 있듯이, 호텔에서도 온라인 예약 시스템의 도입, 예약 번호의 자동 전송, 주방 시설의 기계화 등이 좋은 예가 될 것이다.

❹ 고객의 참여

서비스 생산 과정에서 고객의 참여를 확대시키면 고객과 서비스 제공자 모두에게 이익이 되는 경우가 많다. 셀프 서비스의 경우에는 더욱 그 효과가 크게 나타난다. 고객은 낮은 가격으로 서비스를 제공받을 수 있고, 서비스 제공자는 그만큼 투입 노동력이 줄어들기 때문이다. 호텔 뷔페 식당의 경우, 고객의 입장에서 보면 낮은 가격으로 다양한 요리를 마음껏 즐길 수 있고, 호텔의 입장에서 보면 노동 인력을 크게 줄일 수 있다.

❺ 대기 시간 관리

고객과의 접촉 빈도가 높은 서비스 기업에서는 고객에게 보이는 곳에서의 서비스 개선이 매우 중요하다. 예를 들어 매일 손님으로 붐비는 은행이나 병원 창구에서 본인이 얼마나 기다려야 할지를 모른다면, 매우 답답할 것이므로 결국 창구 직원에게 자기가 기다려야 할 시간을 자주 물어보게 될 것이다. 따라서 창구의 직원은 업무에 지장을 받을 것이다. 그러나 고객들에게 번호표를 부여하면, 고객 자신이 기다려야 할 대기 시간에 대해 어느 정도 인지하게 됨에 따라 창구 직원의 업무를 방해하지 않으면서도 그 고객은 다른 곳으로 이탈하지 않아 생산성이 개선된다.

지금까지 살펴본 것처럼 서비스 생산성을 개선하기 위해서는 여러 가지의 변화가 수반된다. 이러한 변화에 대하여 고객들이 따라주지 않는다면, 아무런 효과가 없을 뿐 아니라 심지어 이러한 제도에 저항하기도 한다. 그러면 오히려 더욱 큰 문제가 될 수 있다.

이러한 서비스 생산성 개선 시 유의할 점은 다음과 같다.

❶ 고객의 신뢰 확보
❷ 고객의 습관
❸ 고객 기대의 이해
❹ 고객 편익의 공개
❺ 고객에 대한 교육
❻ 소비자 행동에 대한 이해
❼ 성과 검토와 개선 방안 강구

서비스 생산성 개선 시에는 이와 같은 유의점을 고려하고, 고객의 관심에 주의 깊게 대응한다면, 서비스 생산성 개선에 대한 고객의 저항은 줄어들거나 혹은 경영의 효율성을 기대할 수 있을 것이다.

2. 호텔 서비스 품질 관리

1) 호텔 서비스 품질의 개념

호텔 서비스 품질이나 제품은 호텔 기업의 상품적 가치를 측정하는 대상이며, 치열한 경쟁 환경 속에서 기업 성패의 결정적인 요소이므로 각 호텔은 고객의 욕구에 대한 부응이라는 전략적인 측면에서 품질 향상에 노력을 기울여야 한다.

호텔 기업이 서비스 차별화를 시도하는데 주로 이용하는 방법 중의 하나는 경쟁사보다 고품질의 서비스를 제공하는 것이며, 서비스 관리의 핵심은 고객이 기대하는 서비스를 충족시키거나 더 높은 수준의 서비스를 제공하는 것이다.

호텔 서비스의 근본적인 특성은 고객과의 접촉을 필요로 하고, 서비스에 대한 고객의 기대는 과거의 경험, 구전, 광고 등에 의하여 나타나게 된다. 고객은 서비스를 받고 난

다음 그들이 느낀 인지된 서비스가 기대한 서비스의 수준과 비교하여 만족 또는 불만족으로 나타나고, 그 결과는 호텔 기업에 직접적인 영향을 미치게 된다.

호텔 서비스 품질을 정의하는 데는 품질을 어떤 시각에서 바라보느냐에 따라 달라질 수 있다. Zeithaml은 '지각된 서비스 품질은 서비스 우수성에 대한 소비자의 판단' 이라고 하였다. 지각된 서비스 품질은 객관적 품질이나 실질적 품질과는 구별되는 주관적 개념으로 소비자의 인식 구조 내에서 제품이 갖는 특정 속성보다는 오히려 높은 수준의 추상적 개념이고, 한 소비자의 유사 상품군에서 이루어지는 제품에 대한 소비자의 판단이라는 특성을 지니고 있다.

이러한 서비스 품질에 대한 개념은 학자에 따라 매우 다양하게 정의되고 있는데 이들의 견해를 살펴보면 다음과 같다.

- 조직과 서비스의 상대적 열등감이나 우월감에 대한 소비자의 전반적인 인상(Bitner)
- 서비스의 전반적 우월성이나 우수성에 대한 고객의 평가(Zeithaml)
- 실제 서비스 성과에 대한 고객의 지각과 고객의 서비스에 대한 사전 기대치와의 비교를 통한 소비자 지각(Gronroos)

이렇듯 서비스 품질에 대한 정의는 여러 가지 견해가 있을 수 있으나 일반적으로 동의가 이루어진 부분은 고객이 서비스 품질을 인식할 때, 기대와 성과 측면을 고려한다는 점과 서비스 품질은 어떤 한 가지 속성이 아닌 여러 가지 속성에 의해 결정된다는 점이다.

그러나 서비스 기업의 품질 관리의 핵심은 고객이 기대하는 서비스를 충족시키거나 더 높은 수준의 서비스를 제공하는데 있는 것은 분명하지만, 서비스 기업의 입장에서는 고객의 만족과 기업의 이익 사이에 상호 관계도 충분하게 고려해야 한다는 점이다. 그것은 고객들에게 더 많은 만족을 준다 해서 반드시 기업 이익이 높아지지 않기 때문이다. 따라서 호텔 기업이 서비스 제공에 있어서 그들이 제공하고자 하는 서비스 수준을 명확히 규정하고, 고객에게 제공하여야 할 것이 무엇인가를 확실히 이해할 수 있다면 그것 또한 매우 중요할 것이라는 판단이다.

2) 호텔 서비스 품질의 구성 요소

서비스 품질에 대한 정의 중의 하나는 고객이 구매하고자 하는 상품의 서비스에 대해 소비자가 가지고 있는 여러 속성에 대한 신념과 실제로 제공받는 서비스 성과를 비교하여 품질을 평가하게 된다는 개념이다. 즉 '소비자의 서비스에 대한 기대와 서비스를 제공한 기업의 성과에 대한 소비자의 인식에 대한 비교'라는 것이다. 이러한 인식은 소비자의 서비스에 대한 기대 수준과 이용 후 서비스에 대한 인식 수준을 비교하여 서비스 품질이 결정된다는 것이다. 이를 도식화하면 〈그림 3-3〉과 같다.

그림 3-3 **서비스 품질 인식**

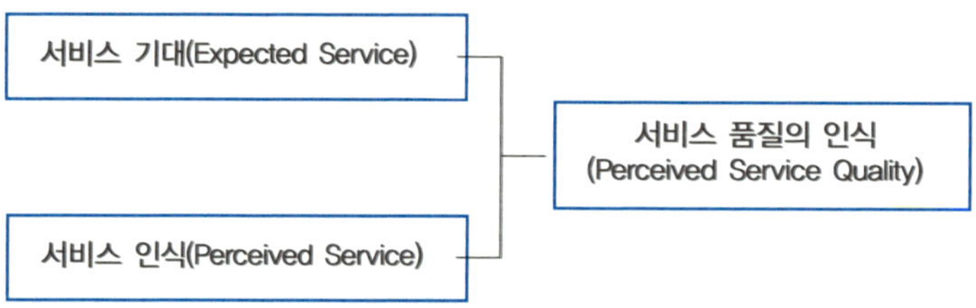

자료 : 최복수 외, 관광 호텔서비스론, 2007. p.125 재인용

(1) 기술적 품질과 기능적 품질

소비자는 기술적 품질 속성과 기능적 품질 속성 등 두 가지 차원의 속성으로 서비스 품질을 평가하는 것으로 알려져 있다. 즉 서비스 품질 평가 속성은 기술적 품질 (결과 차원)속성과 기능적 품질 (과정 차원)의 두 가지 속성으로 품질을 평가한다는 것이다.

결과 품질이라고 하는 기술적 품질은 서비스의 결과적인 측면으로 고객이 기업과의 상호 작용에서 '무엇'을 받았느냐와 관계가 있다. 이는 서비스와 관련해 생산 과정이나 구매자와 판매자의 상호 작용이 끝난 뒤, 고객에게 '무엇이 남았는가?'와 관련된 것이다. 그리고 이것은 보통 객관적으로 평가할 수 있는 속성으로 그 성격상 문제에 대한 기술적인 면에서 해결책이 있는 경우가 많기 때문에 기술적 품질이라고 부른다.

이와 반면에 서비스 품질의 또 다른 한 가지 속성은 과정 차원이라고 하는 기능적 품질이다. 예를 들어 기능적 품질은 호텔 서비스 종사원의 용모나 행동, 종사원이 어떻게 일을 하고 있는가? 와 관계된 품질로 이러한 속성은 고객의 인식을 바꿀 수 있는 중요한 속성이기도 하다. 즉 기능적 품질은 '서비스의 전달 과정에서 고객이 서비스를 어떻게 받았느냐?' 또는 '서비스 제공 과정을 어떻게 경험하였는가?'와 관련된 개념이다. 그리고 이것은 보통 객관적으로 평가할 수 있는 속성이라기보다는 주관적 관점에서 평가가 되는 속성으로 구매자와 판매자 간의 상호 작용에서 '진실의 순간(MOT)이 어떻게 다루어지는가?' 또는 '서비스 제공자가 어떻게 기능을 수행하는가?'를 나타내는 것이므로 서비스 수행 과정에 대한 기능적 품질이라고 한다. 이러한 품질의 두 가지 측면을 정하면 〈그림 3-4〉와 같다.

그림 3-4 **서비스 품질의 개념**

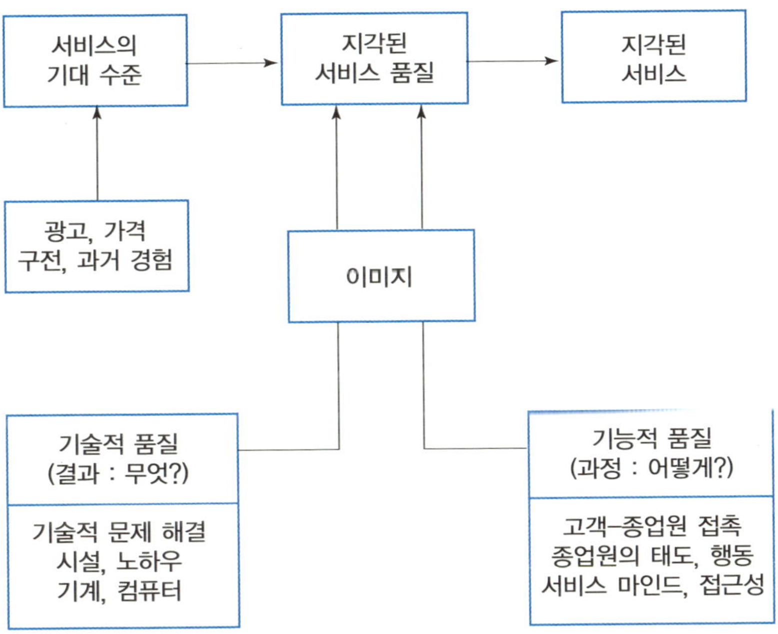

자료 : 앞의 책, p.127 재인용

〈그림 3-4〉에서 보는 바와 같이 기술적 품질은 객관적으로 평가될 수 있지만, 기능적 품질은 고객의 주관적으로 인식되는 것이 보통이다. 서비스의 기술적 품질과 기능적 품질을 바탕으로 고객은 서비스에 대한 이미지를 형성하며, 이것은 서비스의 기대 수준과 대비시켜 결과적으로 서비스의 품질을 주관적으로 지각하게 되는 것이다.

(2) 호텔 서비스 품질의 구성 차원

Lehtinen은 서비스 품질을 세 가지 차원으로 구분하여 건물 · 설비 등의 물적 측면을 포함하는 물리적 품질, 고객과 고객 접촉 요인이나 다른 고객과의 상호 작용으로부터 유발되는 상호 작용적 품질, 기업 이미지와 같은 기업 품질의 요소에 의해 서비스 품질이 결정된다고 보았다. 그리고 상호 작용적 품질은 호텔 서비스 제공자의 품질과 고객의 질로 구분하여 호텔의 서비스 품질을 구성하는 요소는 구체적으로 4가지로 구성되어 있다고 하였다. 따라서 그가 주장한 서비스 품질을 구성하는 차원의 개념적 틀을 토대로 호텔 서비스 품질의 구성 차원을 살펴보고자 한다.

❶ 물리적 품질

Sasser는 "서비스 품질은 물질, 시설, 종업원의 질에 의해 결정된다."고 보았다. 다시 말해서 서비스는 무형성으로 인하여 소비자들은 그 서비스 제공자의 능력과 질을 추론할 수 있는 단서를 탐색하게 되는데 물리적 품질이 그러한 단서를 제공해주며, 기업의 이미지를 알려주는 수단이 되고 있다는 것이다.

호텔의 물리적 품질은 서비스 제공자 품질과 상호 작용하면서 고객에게 영향을 미친다. 즉 소비자는 종사원의 서비스를 경험하면서 호텔의 물리적 시설에 대하여 전체적으로 품질 평가를 한다는 것이다. 이와 같이 호텔의 물리적 환경의 주된 역할은 서비스 품질이나 제품군에 대한 정보 단서를 소비자에게 제공해 준다.

❷ 서비스 제공자 품질

호텔 기업에 있어서 서비스는 고객과 종사원 사이의 상호 작용을 통하여 전달되기 때문에 고객에 대한 종사원의 태도와 행위는 고객의 서비스 품질 지각, 만족, 업무 실적 등을 결정하는 중요 요소가 된다. 즉 서비스 품질은 종사원의 태도와 행동에 따라 많은 부분이 결정된다는 것이다.

호텔이 고객의 기대를 잘 이해하고 기대에 부응하는 서비스를 설계하였다 하더라도 고객과 접점에서 봉사하는 종사원의 서비스 제공이 제대로 수행되지 않으면, 고객이 지각하는 서비스 품질이 만족하다고 할 수 없다는 것이다. 즉 종사원이 고객을 상대로 어떠한 행동을 하는가는 고객이 그 호텔을 평가하는데 중요한 요소로 작용한다.

❸ 고객의 질

호텔 고객은 대부분 다른 고객들과 함께 서비스를 받게 되며, 서비스 제공자도 또한 여러 고객들에게 서비스를 제공하는 환경에서 서비스 활동을 하게 된다. 그리고 이러한 상황에서 고객은 호텔의 서비스에 대하여 평가를 내리게 되는 것이다. 따라서 호텔 서비스에 대한 고객의 평가는 그 서비스를 이용하는 다양한 다른 고객들과의 상호 작용에 의하여 경험한 전반적인 느낌에 의하여 형성된다는 것이다. 즉 호텔 서비스에 대한 고객의 평가는 동일한 서비스 제공 환경 내에서 고객 자신들 간의 상호 작용에서 나타나는 경험이 호텔 서비스의 결과와 과정에 대하여 평가를 한다는 것이다.

호텔 고객은 자신과 유사한 고객들과 호텔의 공간과 서비스를 공유하기를 원하고, 또한 호텔을 이용하는 고객 자신은 다른 고객들로부터 영향을 받는다. 따라서 고객의 외형적 모습과 행동, 다른 고객들과의 상호 작용을 중요한 요인으로 보고 있다. 뿐만 아니라 호텔의 입장에서 고객이라고 모두 같은 고객이 아니라는 점이다. 이것은 호텔이 관계를 맺고 있는 모든 고객들은 기업의 이익에 동등하게 기여하고 있지 않기 때문이다. 이러한 관점에서 본다면, 고객이 호텔이나 호텔의 서비스를 선택할 권리가 있다고 한다면, 마찬가지로 호텔의 입장에서도 보다 좋은 고객을 선택할 권리가 있고, 기업의 입장에서 고객에게도 질이 있다는 것이다.

호텔이 모든 고객은 반드시 유지하여야 하는 것은 아니나. 어떤 고객은 지나치게 비용을 많이 유발시키는 고객이 있을 수 있다. 반면에 어떤 고객은 호텔의 서비스에 매우 만족해하는 고객이 있을 수 있다. 그러므로 호텔은 자신에게 우호적이고 긍정적인 영향을 가져다주는 고객을 판단할 수 있는 시스템 혹은 전략이 있어야 하는 것이다.

호텔에 있어서 고객의 질은 서비스를 제공하는 종사원에 대한 반응, 종사원과 다른 고객과의 상호 작용에 의해서 나타나는 매너, 품위 등과 같은 고객에 대한 정성적인 측면이 강조되기도 한다.

❹ 이미지와 평판

호텔 서비스 품질을 구성하는 요소는 물리적 품질, 서비스 제공자 품질, 고객의 질은 곧 호텔의 전반적인 품질로 인식될 수 있다. 그리고 호텔의 서비스 품질에 중요한 요소는 오랫동안 시간이 경과되면서 나타나는 호텔의 이미지도 빠져서는 안 되는 요소이다. 호텔에 대한 고객의 이미지와 평판은 서비스 품질 평가에 중요한 단서로 작용되는 동시에 반복 구매자에게는 그 품질에 확신을 주는 요인으로 작용된다. 이와 같이 이미지와 평판은 기존 고객을 유지하는데도 영향을 미치며, 또한 새로운 고객을 유치하는데도 크게 영향을 미친다. 서비스 평판과 이미지야말로 경쟁 호텔을 매우 긴장시키는 요인이 될 것이다.

3. 서비스 수요 관리

1) 서비스 수요의 의미

서비스 산업의 수요 변화를 통제하고 조절하기 위해서는 수요 패턴을 명확하게 이해하는 것이 무엇보다 중요하다. 서비스 재는 일반 유형재와는 달리 저장이 불가능하며, 완성품의 재고를 가지고 있지 않은 특성을 가지고 있다. 이것은 서비스 상품이 생산과 소비의 동시성이라는 특성으로 인하여 생산이 시간적 · 공간적으로 일치하는 현상에 기인하는 것이다. 이러한 특성은 수요가 비교적 안정적이고 예측 가능한 경우에는 문제가 되지 않는다. 그러나 수요의 변동이 매우 심한 경우에는 한정된 서비스의 수용 능력 때문에 경영에 어려움이 초래되는 상황이 종종 발생하게 된다.

호텔 서비스 상품의 경우, 성수기에는 수요가 집중되어 고객을 미처 수용할 수 없을 정도로 집중되다가 비수기에는 서비스 수요가 급격히 감소되는 현상이 나타나고 있다. 그러므로 서비스 기업의 성공 여부는 서비스 수용 능력, 인원, 장비, 시설을 효율적으로 운영할 수 있는 역량을 갖추어야 한다. 따라서 호텔 기업은 수익을 최대화하기 위해서는 고객 수요를 적절하게 분산시키고, 서비스 공급 체계를 신축성 있게 운영해야 한다. 호텔 기업은 이와 같이 공급을 수요에 일치시키기 위해서는 공급 능력에 융통성을 주어 경영 효율을 도모하거나 공급 단계의 관리뿐 아니라, 어느 정도 수요의 시간적 변동을 통제하는 방법으로 수요의 발생 패턴을 조정하지 않으면 안 된다. 결국, 호텔 기업은 불안정한 수요에 대응하는 수단에는 크게 두 가지 접근 방법이 있다고 하겠다. 그 접근 방법은

첫째, 수요를 통제하는 방안이다. 즉 수요를 조정하여 성수기와 비수기 그리고 피크타임과 한가한 시간의 차이를 줄이려고 시도하는 것으로 다양한 시간대에 고객 흐름을 최

대한 일관성 있게 유지하여야 한다. 이를 위하여 성수기에 집중되는 수요를 억제시켜 비수기에 분산되도록 가격 · 상품 등 여러 가지 요소에 대하여 변화를 주는 마케팅 전략을 사용하는 것이다.

둘째, 서비스의 '수용 능력' 을 조절하는 방법으로 공급 능력 쪽을 조정하여 변동하는 수요에 대응하려는 것이다. 다시 말해서 성수기에는 수용 능력을 팽창시키고, 비수기에는 축소시키는 등 신축성 있는 서비스 공급 체계를 갖추는 것이다.

2) 서비스 수요의 유형과 상황

(1) 서비스 수요의 유형

서비스 수요의 변화는 규칙적이거나 또는 불규칙적일 수 있다. 수요가 주기적이라면 그것은 시간대별, 요일별, 날짜 · 주별, 월 · 계절별로 수요가 변하는 유형 등 여러 가지 유형이 있을 수 있다.

호텔의 수요는 규칙적인 형태와 불규칙적인 형태를 동시에 가지고 있다. 수요의 변화를 통제하고 조절하기 위해서는 그 수요를 좌우하는 변수들을 이해하여야 한다. 즉 호텔 기업은 경영 전략을 수립하기에 앞서 시간이 경과되면서 변화하는 수요의 유형과 그에 영향을 미치는 요인들을 분석해야 한다. 주기적으로 수요가 변화할 때는 월 · 계절 · 요일 · 하루 중의 시간대에 따라 각각 다른 수준의 수요를 보이게 된다. 그리고 이러한 수요 수준은 각 세분 시장에 따라 서로 상이하게 나타날 수 있다. 따라서 시간대별 수요가 집중되는 세분 시장을 파악하여 통제가 가능하다면, 상대적으로 수요가 떨어지는 시간대로 수요를 분산시키고, 서비스 수용 능력을 조절해야 한다. 서비스 수요는 일반적으로 단일 주기에 의해 영향을 받기도 하지만, 대부분의 경우는 복수 주기에 의해 동시에 영향을 받는다고 할 수 있다.

서비스 수요의 변동을 일으키는 요인은 기후와 계절적 변화, 급여 지급일, 학교의 방학 · 개학, 공휴일 등 매우 다양하다. 관광객의 호텔 수요는 주로 기후와 휴일 등에 좌우되는 반면, 비즈니스 여행객들은 경제 상황에 따른 국제 업무의 증감이나 이벤트 · 행사의 유무에 따라 결정된다. 또한 각종 식음료 업장은 크리스마스나 연말, 졸업 · 입학 시기에 고객 수요가 현저히 증가한다.

그림 3-5 시간대별 수요 유형

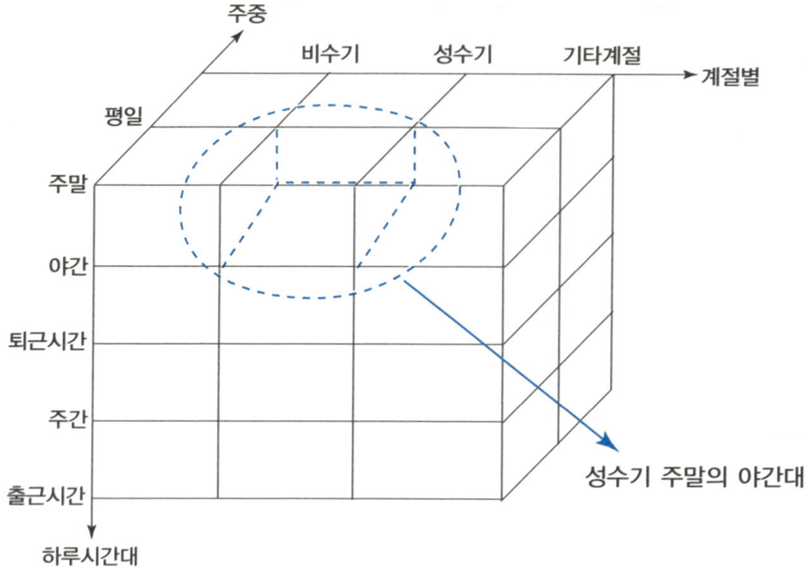

자료 : 앞의 책, p.138 재인용

〈그림 3-5〉는 하루 중 4가지 시간대와 주중 2가지 시간대 그리고 계절의 3가지 시간대를 결합한 24가지의 시간대마다 각각의 독특한 수요 수준이 형성될 수 있음을 보여주고 있다. 그러나 보통 실제 수요 수준을 분석해 보면, 서로 유사한 수요를 보이는 시간대가 있기 때문에 몇 가지 대표적인 수요 유형으로 압축할 수 있다. 대표적인 수요 유형에 따라 서비스 수용 능력의 이용을 최적화하고, 고객을 적정 수준에서 수용하는 마케팅 믹스를 개발하여야 한다.

(2) 서비스 수요의 상황

앞에서 서비스 기업이 당면하는 수요의 유형을 파악하는 방법을 알아보았다. 그런데 서비스 기업의 수용 능력이 고정되어 있다는 특성 때문에 각각의 수요 유형은 수용 수준과 관련되어 수요 조건을 만들게 된다.

고객을 최대한으로 수용할 수 있는 수준을 최대 수용 능력이라고 하고, 고객에 대한 서비스의 질을 최적으로 유지할 수 있는 수준을 최적 수용 능력이라고 정의한다면, 이러한 수준과 관련한 수요의 상황을 다음과 같이 4가지로 나누어 볼 수 있다.

첫째, 최대 수용 능력을 초과하는 수요

둘째, 최적 수용 능력을 초과하지만 최대 수용 능력에는 미달하는 수요

셋째, 최적 수용 능력과 일치하는 수요

넷째, 최적 수용 능력에 미치지 못하여 수용 능력이 유휴화되는 수요

이것을 그림으로 설명하면 〈그림 3-6〉과 같다.

그림 3-6 **주기적 변화에 따른 수용 능력과 수요의 관계**

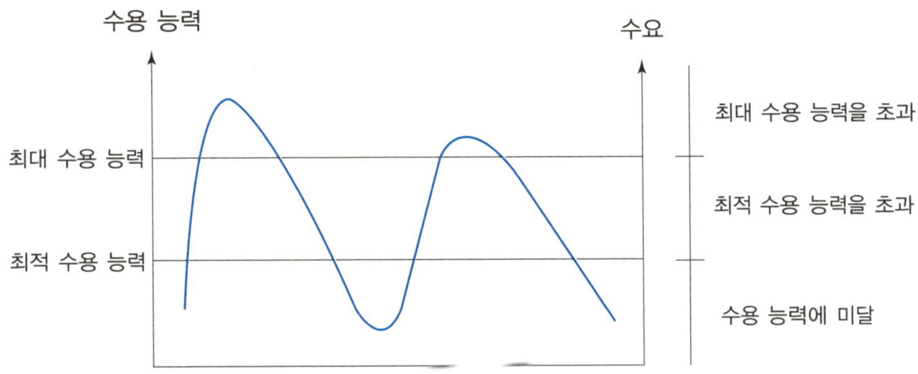

자료 : 앞의 책, p.141 재인용

서비스 기업의 입장에서 보면, 단순히 수요가 많다고 해서 좋은 것은 아니다. 수요가 최대 수용 능력을 초과할 경우에는 잠재적인 고객이 서비스를 받을 기회가 없으므로 고객을 상실하게 된다. 또한 수요가 최적 수용 능력을 넘어서는 경우에는 양질의 서비스를 받을 수 없으므로 고객이 불만족을 느끼고 기업에 대한 서비스 질의 평가가 낮아질 수 있는 위험이 있다. 그리고 서비스 수요가 수용 능력에 미달하여 설비가 유휴화되는 경우에는 서비스 기업의 수익성이 악화되는 것은 물론이고, 고객에 대한 서비스의 질도 낮아지는 악순환을 겪게 된다. 예를 들어 텅 비어 있는 레스토랑의 경우 당장의 수익도 낮을 뿐만 아니라 잠재 수요마저도 만족할 만한 식사 분위기를 기대할 수 없으므로 그 레스토랑은 찾으려 하지 않을 것이다.

대부분의 서비스 기업에서는 최적 수용 능력이 최대 수용 능력보다 작은 것이 보통이다. 호텔 레스토랑의 경우에 좌석이 꽉 차 있을 때에는 고객이 서비스를 충분히 받을 수

없으므로 불만족스럽게 되기가 쉽다. 각각의 호텔 기업은 산업적인 특성에 따라 고객의 만족과 서비스 질을 동일하게 유지할 수 있는 최적 수요 수준이 다를 것이다. 그러므로 서비스 기업은 수요를 적절히 조절하여 최적 수요 수준이 되도록 하는 것이 중요하다. 즉 효과적인 서비스 제공 수준을 유지하기 위해서는 시장 자체의 수요량뿐 아니라 시장이나 고객의 믹스(customer mix)를 살펴보아야 한다.

3) 서비스 수요 관리 전략

기업이 수요를 분산시켜 고객의 흐름을 일관성 있게 유지할 수만 있다면, 이는 기업의 수익성에 크게 기여할 것이다. 서비스 기업이 효과적인 경영을 통해 고객의 구매 행위를 일정한 유형에 맞도록 관리하려면 적절한 수요 관리 전략에 관심을 가져야 한다. 즉 서비스 기업이 수요가 예측 가능하고, 고객들이 기업의 마케팅 활동에 순응하여 서비스 수요 시간과 구매 장소를 바꾸려 할 때도 서비스 수요 관리는 매우 중요한 작용을 한다.

수요 관리 전략에는 크게 수요 조절 전략과 수요의 재고화 전략이 있다. 수요 수준이 예측 가능하다면 기업의 전략에 따라 서비스 수요를 적극적으로 분산시키는 수요 조절 전략이 효과적일 것이다. 반면에 수요 수준을 예측하기 어려울 때는 잠재 수요가 일정한 시간 동안 이탈하지 않고 대기할 수 있는 수요의 재고화 전략이 유용하다.

(1) 수요 조절 전략

서비스 기업은 마케팅을 통해서 수요를 증대시킬 수 있으며, 반대로 수요를 감소시킬 수도 있다. 서비스 기업은 상품, 유통, 촉진, 생산 그리고 여러 학자들이 주장한 서비스 마케팅 믹스 요소(사람, 파트너십, 프로그래밍 등)를 활용하여 수요를 조절한다. 다음은 수요에 영향을 미치는 주요 요소에 대한 설명이다. 이를 살펴보도록 하자.

❶ 상품의 다양성

가격은 수요와 공급을 일치시키는데 가장 일반적인 방법이지만 서비스의 경우에는 가격으로 상품만큼 수요를 조절하기는 쉽지 않다. 그렇기 때문에 서비스 기업에서 다양한 상품을 개발하여 수요를 창출하려는 노력을 하고 있는 것이다.

서비스 기업이 수요가 감소되었을 때 새로운 고객을 창출하는 방법 중 하나는 기존의 시설을 이용하여 새로운 상품과 서비스를 제공하는 것이다. 많은 스키장, 콘도, 호텔의 경우 비수기를 대비하여 옥외 수영장, 눈썰매장, 골프장, 삼림욕장, 산책로 등 다양한 부대 시설을 갖추고 사계절을 즐길 수 있도록 하고, 비수기의 호텔들은 패키지 상품을 개발하여 새로운 고객을 창출하며, 비수기 중 기업 연수 유치 혹은 학회 유치에 주력함으로써 수요 증가를 꾀하기도 한다. 결국 서비스 기업은 고객 세분화를 통해서 개별적 세분 시장의 고객이 갖고 있는 욕구를 충족시킬 수 있는 다양한 서비스를 제공하여 최적 수요를 달성하기 위해 역량을 집중하고 있는 것이다.

❷ 제공 시간과 장소의 조절

서비스 기업은 일정한 시간과 장소에서 서비스를 제공하던 방법에서 벗어나 시간과 장소를 조정하면서 서비스 수요를 충족시키고 있다. 이러한 방법을 세분하여 설명하면 다음과 같다.

첫째, 서비스 제공 시간 조절이란 수요가 집중될 때는 서비스 제공 시간을 연장하고, 수요가 저조한 시간에는 단축하는 것을 말한다. 수요가 증대되었을 때, 서비스 제공 시간을 연장하는 것은 고객이 이용하고자 하는 시간대를 연장시켜 고객의 수요에 대응하는 효과가 있으며, 수요 감소 시 서비스 제공 시간을 단축하는 것은 서비스 인력과 에너지를 절약하는 효과가 있다. 또한 하루의 시간대별로, 주중의 요일별로, 계절별로 변하는 수요에 적응하기 위해서 서비스 제공 시간을 신축성 있게 운영하거나 혹은 인근의 동종 업계가 일제히 영업 시간을 같은 시각으로 함에 따라 수요를 영업 시간 내로 집중시키는 방법이 있다.

이같이 업계가 일제히 영업시간을 맞추는 것에 의해 고객의 행동 시간을 어느 정도 강요하는 셈이다. 이러한 예는 또 은행이나 상점, 백화점의 영업 시간 등에서 찾을 수 있으며, 호텔의 레스토랑 운영 시간도 이에 해당한다.

둘째, 서비스 제공 장소를 새로이 신설하여 고객이 있는 곳으로 접근함으로써 고객이 몰리는 혼잡 없이 서비스를 제공하고 수익을 증대시키는 방법이 있다. 예를 들어 호텔에서 출장 뷔페를 하거나 호텔 외의 장소에 분점을 내거나, 외식업체를 운영하여 고객이 호텔을 방문하지 않고도 구매가 가능하도록 하는 방법 등이 이에 속한다.

❸ 가격 전략

가격은 수요를 조절하는데 중요한 수단이며, 수요와 직접적인 연관성이 있는 마케팅 믹스 요소이다. 모든 상품에 있어서 가격과 수요는 부(否)의 상호 관계가 있다. 성수기에는 고가격 정책으로 수익성을 향상시키며, 비수기에는 저가격 정책으로 수요를 증대시킬 수 있다.

가격 차별화는 계절에 따라 이루어지는 것뿐 아니라 시간대에 따라 변화를 줄 수 있다. 만일 총수요가 시간에 따라 이동한다면, 가격 차별화를 통해서 수요를 조절하는 전략이 필요하게 된다. 호텔 웨딩의 주중 할인 요금 정책, 휴양지 호텔의 비수기 및 주중 할인 요금 적용 등을 예로 생각할 수 있다.

그러나 이러한 가격 정책은 때에 따라서는 운영에 한계가 있다다. 그것은 근무 시간이나 생활 패턴을 일시에 변화시키기는 어렵기 때문이다. 너무 큰 폭으로 차별 요금을 설정하면 불공평하다는 인식을 증대시켜 신뢰감을 상실하게 된다는 점을 간과해서는 안 된다. 따라서 가격 차별화 전략을 도입할 때는 고객의 특성을 파악하여 시장의 가격 탄력성이 있는지를 확인하여야 한다. 만약 수요가 가격에 따라 탄력적으로 변화하지 않는다면, 가격 차별화 효과는 반감되기 때문이다. 그러므로 가격 변화에 따라 총수요가 어떻게 반응하고 변화하는지, 즉 가격 변화에 따른 수요 곡선의 형태를 파악할 필요가 있다.

❹ 커뮤니케이션 증대

서비스 기업이 다른 마케팅 믹스를 변화시키지 않고도 광고나 인적 판매를 통해서 고객과의 커뮤니케이션을 증대시켜 수요를 조절할 수 있다. 호텔 기업은 광고나 홍보 요원, 예약 직원 등을 통해 고객들에게 언제 수요가 집중되며, 언제가 한가한 시간인지를 인지시킬 수 있다. 호텔의 이러한 활동을 통해서 고객은 편안하고 좋은 서비스를 받기 위해 혼잡한 시간을 피할 것이다. 예를 들어 명절 귀성길에 방송사에서 고속도로 교통 정보 등을 제공하여 운전자에게 교통 상황을 사전에 알려주어 고속도로의 수요를 분산시킬 수 있다.

서비스 기업의 커뮤니케이션 전략은 상품과 가격 같은 다른 마케팅 믹스 변수들과 함께 사용될 때 효과가 높다. 그리고 기업이 마케팅 믹스 요소를 변화시켜 고객으로부터 원하는 반응을 얻기 위해서는 고객에게 기업의 믹스 요소에 대한 변화의 의도를 정확히 알려 줄 필요성이 있다.

(2) 수요 재고화 전략

고객은 많은 예약과 대기를 일상생활 속에서 하고 있다. 호텔이나 외식업체를 예약한다든지 또는 종합병원에서 몇 시간씩 차례를 기다린 경험이 있을 것이다. 서비스 기업은 상품을 재고화할 수는 없으나 예약 시스템이나 대기 시스템을 이용해서 서비스에 대한 수요를 재고화할 수는 있다.

❶ 예약 시스템 활용

서비스 기업은 예약 시스템을 사용하여 수요를 효과적으로 관리할 수가 있다. 예약 시스템은 수요와 공급 양측 모두에게 이용 및 운영 계획에 안전을 보장해 주기 때문에 좋은 방법이다. 예약을 받는다는 것은 서비스 기업이 서비스를 사전에 판매한다는 것을 의미하며, 수요를 다양한 시간대에 분산시킬 수 있으며, 자사의 서비스를 생산 스케줄에 맞추어 수요를 계획 · 관리할 수 있다.

이런 예약 시스템은 고객에게도 혜택을 준다. 고객은 서비스를 받기 위해 기다릴 필요가 없으며, 서비스 이용을 확실하게 보장받기 때문이다. 또한 서비스 기업도 수요를 사전에 예측할 수 있으므로 수요 관리가 가능하고, 서비스 질을 유지하는데 용이하게 된다. 만일 수요가 집중되는 시간에 고객이 예약을 신청하는 경우 고객이 시간적으로 융통성이 있다면 예약 담당자의 권유로 수요가 저조한 시간대로 예약 날짜를 변경할 수 있을 것이다. 이 경우 서비스 기업에서는 해당일의 예약 상황에 따라 적절한 서비스 인원을 배치하여 생산성을 향상시킬 수 있는 것이다. 그러나 예약 시스템이 반드시 서비스 기업에게 이로운 것만은 아니다.

고객이 예약을 이행하지 않거나 예약된 시간 직전에 취소하는 사례가 빈번히 발생한다면 기업은 손실을 입을 수밖에 없다. 예를 들어 명절이 되면 비행기 표의 예약이 완전히 매진되지만, 탑승 당일에 25(%) 이상의 좌석이 남는다는 것이 보도된 적이 있다. 또한 레스토랑에서의 예약은 수요 관리에 도움이 되지만, 그로 인하여 공급 능력을 저하시키는 일도 발생한다. 이러한 이유로 일부 레스토랑에서는 단체 예약을 받지 않기도 한다.

이러한 불합리한 점을 개선하기 위하여 호텔에서는 여러 가지 방법을 활용하고 있다. 그 전략으로 예약 취소에 따른 수수료를 공제하는 방법이다. 호텔은 고객의 신용 카드 번호를 예약 시 접수해 놓았다가 예약 불이행이나 이용에 임박해서 취소하는 경우, 일정 비율의 범칙금을 내도록 하여 예약 부도율을 최소화하거나 또는 예약 부도율을 감안해 과거 자료 등을 바탕으로 초과 예약을 받기도 한다. 그러나 서비스 기업이 과다하게 초과 예약을 받아 예약 고객이 서비스를 받지 못하는 경우가 발생한다. 이 경우 고객은 많은 불편을 겪게 되고, 호텔에 대한 나쁜 이미지를 갖게 되어 호텔은 고객의 불만뿐 아니라 고객을 상실할 수 있는 위험이 발생하기도 한다. 따라서 호텔은 초과 예약 시 각별한 주의를 기울여야 한다.

❷ 고객 대기 시스템의 개발

지금까지의 다양한 서비스 제공 전략을 강구하여 시행하더라도 서비스 현장에서는 수용 능력과 실제 수용량 간의 미세한 차이는 나타나게 마련이다. 또 이러한 상황에서 고객은 기다리는 시간이 불가피하게 생기기도 한다. 이와 같은 상황이 발생하면 기다리는 고객에 대해 대체적 서비스를 제공하는 방법으로 어느 정도 문제를 해결할 수 있다. 그러므로 고객의 대기 시스템 개발과 활용은 서비스에 대한 만족과 효율적인 서비스 제공에 매우 중요한 의미가 있다고 하겠다.

이미 수요가 발생하여 고객이 서비스를 기다리는 경우 고객이 되도록 지루해하지 않도록 배려하는 대기 시스템 개발이 필요하며, 이와 관련하여 고객 대기 시스템에서 요구되는 가장 핵심적인 요소는 고객이 서비스를 받기 위해서 기꺼이 기다릴 수 있는 최대의 시간이 어느 정도인지를 확인하는 것과 고객이 기다리는 시간을 즐겁고 빠르게 보낼 수 있도록 하는 것이다. 고객이 서비스를 기다리지 못하고 중도에 나간다면, 이것은 서비스 기업에게는 그만큼의 손실을 의미한다. 따라서 고객이 서비스가 제공될 때까지 기다리도록 수요를 저장하는 효과적인 방법이 요구된다.

호텔에서 고객이 입 · 퇴숙 절차를 밟거나, 손님이 꽉 들어찬 커피숍이나 레스토랑에 들어가려는 상황에서 종종 대기 시간이 발생할 수 있다. 이러한 경우 호텔에서는 고객에게 최대한 유쾌하고 편안한 환경을 만들어주어야 한다. 예를 들어 로비에 거울을 설치하여 고객이 엘리베이터나 입 · 퇴숙을 위해 기다리는 동안 복장 및 용모를 정돈하면서 시간을 보내게 하는 등의 방법으로 대기 시간에 신경을 쓰지 않도록 하는 것이 중요하다. 또한 레스토랑을 이용하는 고객이라도 입구에서 차례를 기다리는 경우도 있을 것이다. 이때 대기실 겸 바(BAR)를 설치하면, 기다리는 시간에 대한 불평을 감소시킬 수 있으며, 대기 시간에 음료수 판매로 인하여 레스토랑 자체의 수익성 향상도 기대할 수 있을 것이다. 뿐만 아니라 고객이 서비스를 받기까지 장시간 기다려야 한다면, 고객의 불만을 최소화하기 위해서 대기 시간을 미리 알려주어야 하고, 대기 시간 중 흥밋거리를 제공하면 고객은 기꺼이 기다려 줄 것이다.

은행이나 병원에서의 대기표는 고객에게 자기의 순번을 알려주면서 기다려야 하는 시간도 예측이 가능하게 역할을 한다. 그러면서 주간지 혹은 책을 비치하고, 음료를 제공한다면 고객은 대기 시간이 지루하게 느껴지지 않을 것이다.

4. 서비스 공급 관리

1) 서비스 공급 관리의 의의

수요 변화에 대응하는 방법에는 수요의 수준을 최대한 일관성 있게 유지하려는 수요 관리 외에도 서비스 공급 능력을 수요 수준에 맞추어 신축성 있게 변화시키는 서비스 공급 관리가 있다. 일반적으로 고객 수요 통제에는 한계가 있으므로 서비스 공급 능력을 변화시켜 수요 변화에 대응하려는 것이다. 이러한 문제를 해결하는 첫 단계는 서비스 공급 능력의 주요 제약 조건을 이해하고, 이러한 요인들이 결합되어 어떠한 결과를 초래하는지를 이해하는 것이다. 서비스 기업은 특정 시간에 공급 능력이 고정되어 있기 때문에 공급 능력의 중요성이 대두되는데 서비스 기업의 공급 능력의 핵심 요인은 시간 · 인력 · 장비 · 시설 그리고 이들의 조합이라 할 수 있다.

서비스 기업에서 서비스 생산을 제한하는 가장 근본적인 조건은 시간이다. 예를 들어 변호사 · 컨설턴트 등은 기본적으로 자신의 시간을 판매하기 때문이다. 반면에 병원이나 항공 운송업의 경우에는 특정한 장비는 공급을 결정하는데 중요한 영향을 미친다는 것을 알 수 있다. 예를 들어 트럭은 운송업에 있어서 서비스 공급을 맞추는데 필요한 장비가 될 수 있다. 헬스 클럽도 이와 같은 제약을 받게 되는데 특히 특정 시간과 특정한 달에 수요가 집중되기 때문이다. 이 경우에 서비스 전체의 최대 수요 수준은 각 장비의 공급 능력에 의해서 결정된다.

서비스 기업에서 공급 능력에 또 다른 제약 요인은 인력이다. 많은 인력을 고용하고 있는 서비스 기업의 입장에서 볼 때, 종사원의 수나 직무 수준이 공급 능력의 주요 제약 조건이 될 수 있다. 비록 시설과 장비가 충분하다고 할지라도 인력은 서비스 관리에 중요한 요소이다. 그리고 서비스 기업의 한정된 장비와 시설 또한 공급 능력에 영향을 준다. 즉 호텔은 판매할 수 있는 객실의 한계, 항공사는 항공기의 좌석, 학교는 강의실과 각 학급의 좌석, 레스토랑은 테이블과 좌석 등에 의해 공급 능력에 영향을 준다.

〈표 3-3〉은 서비스 공급을 관리함에 있어 수요 조건에 따라 두 가지 전략이 있음을 보여준다. 즉 수요가 예측이 불가능하다면 수용 적응 전략을 사용해야 하며, 수요의 예측이 가능하다면 공급 능력 균형 전략을 사용하여야 한다.

수용 적응 전략은 단순히 수요 수준에 따라 상황에 적합한 공급 수준을 결정하는 방법으로 수요의 변동이 심하고 예측이 불가능하며, 원가에서 변동비 비중이 높고, 비숙련 노동력으로 수요에 대응하기 충분한 경우에 사용하는 전략이다,

공급 능력 균형 전략은 수요의 변동 폭이 비교적 적고, 예측이 가능하며, 서비스 제공을 위해 전문 장비나 시설이 갖추어진 경우에 사용된다. 이 전략은 전문성이 있는 고급 노동력이 필요하거나 고가 혹은 전문적인 장비가 필요한 서비스의 경우에 사용하는 전략으로 호텔 기업이 주로 도입하는 공급 관리 전략이라고 할 수 있다.

표 3-3 수용 적응 전략과 공급 능력 균형 전략

조 건	수용 적응 전략	공급 능력 균형 전략
수요 변화의 크기	크다	작다
수요 변화의 속도	빠르다	느리다
예측 가능성	불가능	가능
원가구조	변동비 비중이 높음	고정비 비중이 높음
질 낮은 서비스에 대한 대가	작다	많다
판매 기회 상실에 대한 비용	높다	낮다

자료 : 앞의 책, p.151에서 재구성

2) 서비스 공급 관리 전략

서비스 기업은 수요와 공급 능력을 적응시키기 위해서 공급 능력을 변화시키든가 수요를 바꾸든가 하는 두 가지의 방법을 사용할 수 있다. 예를 들어 항공사는 혼잡한 경로에 보다 대형의 항공기를 취항하게 하여 공급 능력을 바꿀 수가 있다. 만일 대형 항공기를 투입할 수 없다면, 할인 요금을 모두 없앰으로 수요를 떨어뜨릴 수 있다. 따라서 서비스 기업은 수용 능력을 유연하게 하는 운영 정책으로 수요 변화에 신축성 있게 대처할 수 있는 공급 관리 전략을 수립하여 실행할 수 있으며, 공급 관리 전략에는 다음과 같은 것이 있다.

(1) 가변성

수요가 예측보다 높은 경우 기존의 수용 능력과 관련된 자원을 확장시킬 수 있으며, 피크 타임의 수요는 종사원의 업무를 일시 증가시키는 것으로 수용 능력을 변화시킬 수 있다. 또한 시설을 일시 확장하는 방안도 있을 수 있는데 이러한 방안은 레스토랑, 연회장, 강의실 등에서 이용될 수 있다. 즉 호텔의 연회장 등은 행사의 규모와 이용 인원수에 따라 유동적으로 변환시켜 수요를 조절하여 고객의 유출을 최소화하면서 보다 많은 매출을 기대할 수 있을 것이다. 그리고 수요가 집중되는 시기에는 영업시간을 연장하는 것도 수요에 신축적으로 대응하는 방법이다. 이는 고객 측에 시간의 선택폭을 늘려주고,

혼잡성을 덜어주면서도 수요의 부산을 가져와 서비스의 질을 유지하는 측면에서도 도움이 될 수 있다.

그러나 지나친 수요 확대 전략은 서비스 질의 저하를 유발시킬 수 있다는 점에 유의하여야 한다. 그리고 지나친 수요 확장 전략은 시설의 조기 마모 혹은 종사원의 사기 저하를 가져올 수도 있기 때문에 이 또한 고려하여야 한다. 그리고 단기적으로만 사용하고, 반드시 시설과 장비를 보수하여야 하며, 종사원의 휴식과 재충전의 시간을 갖도록 하는 것이 필요하다.

(2) 유연성

서비스 기업에서는 때때로 전체 수용 능력에 문제가 있는 것이 아니라 여러 세분 시장의 니즈를 충족시키는데 이용 가능한 믹스에 한계가 있을 수 있다. 이러한 경우 자원의 재분배를 통하여 상이한 고객 계층의 수요를 충족시키는 방안을 연구하여야 한다. 예를 들어 비행기의 일등석은 좌석이 많이 비어있는데 이코노믹 좌석은 부족할 수 있다. 그리고 호텔의 경우에도 스위트 룸은 비어 있는데 일반 객실은 부족하거나 싱글 룸은 여유가 있는데 트윈 룸이 부족한 경우도 있을 수 있다. 이와 같은 상황이 발생하는 경우 물리적 시설을 유연성 있게 운영하는 방안이 있을 수 있다.

(3) 효율성

서비스 기업이 피크 타임에 수요에 적절히 대응하면서 서비스 질을 유지하기 위해서는 장비와 인력을 집중하여 운영할 필요가 있다. 예를 들어 성수기 혹은 피크 타임에 종사원을 집중 배치하여 수요에 대응하는 방법이 있을 수 있으며, 기타 부수적 서비스는 생략하여 부수적인 서비스에 사용되는 인력 및 설비를 축소함으로써 핵심 서비스의 양적 확대를 실현하고, 일시적으로 팽창한 수요에 적절하게 대처할 수 있는 공급 체계를 확립할 수 있을 것이다. 또한 한가한 시간을 이용하여 업무 재점검을 실시한다면, 공급 체계의 정비에도 도움이 될 것이다. 그리고 호텔의 시설 관리나 기계 수리, 직원 휴가, 교육 등은 비수기를 활용하여 실시하고, 비수기에 마케팅 활동을 활발히 전개하여 성수기를 앞당기려는 노력을 통하여 기업 운영의 효율성을 증대시킬 수 있다.

(4) 공유

서비스 기업은 서비스의 제공에 생산 능력을 항상 완벽하게 활용하는 것은 아니며, 어떤 서비스를 수행하기 위해서는 새로운 고가의 설비 혹은 노동 인력에 대한 추가 투자를 필요로 하기도 한다. 그러한 경우에 기업 측면에서는 현재 사용 중인 설비나 정비 인력을 공동으로 이용하기 위하여 타 기업과의 능력 분담을 고려할 수 있다. 즉 서비스 기업 간에 수용 능력을 공유하여 피크 타임의 수요를 충족시키면서도 추가적인 설비 투자로 인한 비용의 상승을 막을 수 있다.

(5) 임대차

서비스 수용 능력의 구성 요인 중 시설과 장비는 수요 수준에 항상 만족하게 대응할 수 있도록 여유가 있는 것은 아니다. 이러한 시설과 장비는 고정성이 높아 일단 매입하면 수요에 따라 임의로 증감을 할 수 없는 어려움이 있다. 그렇다고 해서 최대 수요 수준을 충족시킬 수 있을 정도로 시설과 장비를 운영하게 되면, 수요가 적은 시기에는 과잉 설비로 인하여 비용이 추가적으로 부담되게 된다. 이러한 문제를 해결하기 위해서 다른 기업에서 시설과 장비를 필요할 때 임대하여 사용하는 방법이 있을 수 있다. 이와는 반대로 수용 능력이 남으면, 시설과 장비를 임대해서 수익성을 개선할 수도 있다.

(6) 종사원의 능력 향상 교육

호텔에는 다양한 업장과 부서가 있으며, 시기에 따라 수요가 집중되는 시점에 변화가 있다. 이러한 경우, 종사원이 여러 가지 업무를 수행할 수 있는 업무의 수행 능력을 향상시킨다면, 피크 타임에 업무가 집중되는 다른 부문에 재배치하여 수요에 대처할 수 있다. 따라서 종사원에게 다능화 교육을 실시하여 병목 현상을 방지하고, 수요 변화에 신축성 있게 대응하여 시스템 전체의 능력을 향상시킬 수 있다.

다능화 교육은 서비스 기업이 적은 인원으로도 다양한 서비스를 제공할 수 있다는 장점뿐 아니라 종사원들로 하여금 전반적인 호텔 서비스의 흐름과 타 부서의 활동에 대한 이해를 증진시킬 수 있으며, 단순 반복적인 업무에서 벗어나 직무가 확대되어 만족을 증대시킬 수 있는 것이다. 또한 종사원을 필요에 따라 적합하게 이동시켜 공급 능력을 향상시키고, 업무 관리에 유연성을 부여할 수 있다. 많은 항공사의 경우 다능화 교육을 통하여 발권, 수하물 처리, 탑승 안내 등의 필요한 업무에 종사원을 효율적으로 배치하고 있는 것은 좋은 예이다.

(7) 일용직 이용(파트 타이머)

대다수의 서비스 기업은 성수기와 비수기의 수요를 평준화하려고 노력하기 보다는 성수기에 수요를 조작하는 편이 훨씬 효율적이고 용이하므로 흔히 수요를 조작하는 방법을 이용하고 있다. 호텔 수요는 다분히 계절성을 띤다. 따라서 서비스 제공을 위한 중요한 생산 공정은 정규직 사원들이 맡고, 단순 업무 부문을 일시 고용자에게 위임 또는 위탁하는 방법이 있다.

피크 타임이나 성수기에 부족한 인원을 임시 고용직으로 충당함으로써 서비스 제공 능력을 향상시켜 피크 타임의 수요 증가에 신축성 있게 대응할 수 있다. 특히 호텔에서는 성수기 및 대규모 행사 시 필요로 하는 인력을 파트 타임 인력을 고용하여 공급 능력을 증대시키고 있다.

(8) 고객의 참여

서비스 기업은 서비스 활동에 일정한 수준으로 고객의 참여를 유도해 종사원의 서비스 활동의 양을 감소시킬 수 있다. 예를 들어 수요가 일시에 몰려 서비스 공급 인원이 부족할 경우에는 서비스를 표준화하여 고객이 스스로 참여하도록 하는 방법이다. 이러한 방법은 서비스 기업이 고객에게 서비스 전달 과정에 참여시킴으로써 고객의 입장에서는 신속한 서비스와 저렴한 가격 등의 혜택이 제공될 수 있으며, 기업은 불필요한 서비스를 배제하여 인건비의 절감이라는 효과를 거둘 수 있는 것이다.

고객의 참여에 일반적인 방법은 셀프 서비스라고 할 수 있다. 셀프 서비스의 개념은 서비스 제공 과정에서 고객을 포함시킨다는 것을 의미한다. 따라서 셀프 서비스를 설계할 때에는 고객이 셀프 서비스에 참여 시 어느 정도까지 참여할 의지와 능력이 있는지를 확인하여 셀프 서비스의 정도를 결정해야 한다. 만일 그 한도를 넘어서까지 고객의 셀프 서비스를 강요한다면, 서비스 품질에 대한 고객의 평가는 나빠진다는 점을 잊어서는 안 된다.

고객이 서비스 제공 활동에 참여할 때는 고객에게 서비스의 신속성뿐 아니라 가격 측면에서도 보상이 이루어져야 한다. 고객 자신이 서비스에 참여했는데 자신의 노력 이상의 어떠한 혜택이 없는 경우에는 기업의 셀프 서비스는 실패할 가능성이 매우 높아진다.

대표적으로 셀프 주유소가 여기에 해당하는데 셀프 주유를 하는데 따른 혜택에 대하여 고객은 긍정적으로 평가하지 않기 때문에 셀프 주유소가 아직 정착하지 못하고 있는 것이다. 이유는 우리나라의 석유 가격은 세금으로 인하여 할인할 수 있는 폭이 제한되어 있다. 그렇기 때문에 셀프 주유를 하는 고객에 대하여 고객이 기대하는 수준의 할인이 이루어지지 않아 셀프 주유소가 활성화되지 않는 것이다.

한편, 서비스 기업이 셀프 서비스 채택하여 운영할 경우에 고객의 서비스 참여 수준이 고객이 수용할 수 있는 선을 넘어선다면 고객은 서비스의 질을 부정적으로 평가하게 된다.

제3절 호텔 서비스 품질 평가

서비스 품질은 어떻게 측정될 수 있을까? 무형 서비스를 측정함에 있어서 고정적 · 객관적 기준은 별로 중요한 의미를 갖지 않을지도 모른다. 서비스 품질은 그 서비스를 받는 고객 개개인의 판단 기준에 따라 주관적으로 지각되는 것이기 때문이다.

서비스 품질을 측정하는 데는 몇 가지 모형이 있는데 여기서는 서비스 품질 측정에 가장 널리 쓰이고 있는 SERVQUAL 모형에 대하여 살펴보도록 한다.

1. SERVQUAL 모형

서비스 품질 측정의 도구로 현재 가장 많이 사용되고 있는 것은 Zeithaml, Berry and Parasuraman이 개발한 SERVQUAL(Service Quality) 모형이다. SERVQUAL의 개념적 토대는 올리버(Oliver)의 기대-성과 불일치 모델(expectation-performance disconformation model)로 올리버가 만족을 개념화하기 위해 제시한 기대와 성과의 불일치 '성과-기대' 개념이 기초가 되었다.

서비스 품질에 관한 대부분의 연구는 사용자 중심적이다. 이들은 포커스 그룹 인터뷰(focus group interview)를 통해 고객이 서비스 품질을 평가하는 10가지 기준을 만들었는데, 이러한 10개 요소 중에서 능력과 신용도를 제외하고는 모두 다 서비스의 제공 과정 차원과 관련된 것이다. 이로써 서비스 품질 평가에는 품질의 과정적 측면, 즉 기능적 측면이 기술적 측면보다 중요시된다는 사실을 다시 한 번 확인시켜주고 있다.

'SERVQUAL 모형'에 의하면, 고객은 이러한 항목들에 있어 사전에 기대된 수준과 실제로 인식한 수준을 서로 비교하여 최종적으로 서비스 품질을 나름대로 지각하게 된다. 다시 말하면 서비스 품질은 기대와 성과의 차이에 의해 주관적으로 결정된다는 것이다.

고객의 기대에 영향을 미치는 변수에는 구전, 개인적 욕구, 과거의 경험 그리고 광고 등의 외부 커뮤니케이션이 있다. 만약 고객의 기대 수준이 낮으면 고객은 실제 서비스 성과가 그 이상만 되면 품질에 만족할 수 있다. 반면에 기대 수준이 높으면 성과도 그만큼 높아야 고객은 비로소 만족하게 된다. 성과가 기대에 미치지 못하면 고객은 실망을 하고 서비스 품질을 부정적으로 지각하게 된다. 그러므로 SERVQUAL 설문지는 기대 항목과 성과 평가 항목으로 구성되어 기대와 성과의 차이를 분석함으로써 지각된 서비스의 품질을 측정한다.

SERVQUAL 점수=성과 지각 점수-기대 점수

2. 서비스 품질의 결정 변수

고객이 서비스 품질을 평가하는 10가지 기준이 모두 독립적인 것이 아니라 일부 중복되는 것도 나타났다. 따라서 중복되는 측정 수단을 실증 연구를 통해 10개 차원을 5개 차원 22개 항목으로 조정하게 되었는데, 즉

- 유형성(tangibles) 물적 요소의 외형
- 신뢰성(reliability) 믿을 수 있고 정확한 임무 수행
- 응답성(responsiveness) 즉각적이고 도움이 됨
- 확인성(assurance) 능력, 공손함, 믿음직함, 안전성

■ 공감성(empathy) 접근 용이성, 원활한 의사소통, 고객에 대한 충분한 이해이다.

이러한 기존의 10개 항목의 기준과 SERVQUAL의 5개의 차원 사이의 대응 관계는 〈표 3-4〉에 나타나 있다.

표 3-4 SERVQUAL 항목 간의 교차도

원래의 10개 항목	유형성	신뢰성	응답성	확신성	공감성
유형성					
신뢰성					
응답성					
능력 예절 신용도 안전성					
접근 가능성 커뮤니케이션 고객의 이해					
	1~4	5~9	10~13	14~17	18~22

3. 서비스 품질의 5가지 갭

서비스에 대한 기대를 관리한다는 것은 서비스 기업의 중요한 임무 중에 하나일 것이다. 서비스 품질 관리의 기본은 고객의 기대 수준을 알아내는 것이다. 고객의 서비스 기대 측면과 기억 측의 서비스 관리 방향과의 괴리는 고객의 만족 실현을 어렵게 만든다.

기대 관리에서 많이 사용하는 갭 모형(gap model)을 중심으로 설명하면, 고객과 서비스를 제공하는 기업 사이에서 그리고 기업 내부에서 서비스 관련 갭은 다섯 가지 유형으로 구분할 수 있다. 기업 조직 내의 원인에 의해서 만들어 발생하는 네 가지의 갭(갭 Ⅰ~Ⅳ)이 고객이 기대하는 것과 실제 고객이 제공받는 서비스와의 차이를 만들어내는 것이다.

그림 3-7 **서비스 기대 관리를 위한 갭 모형**

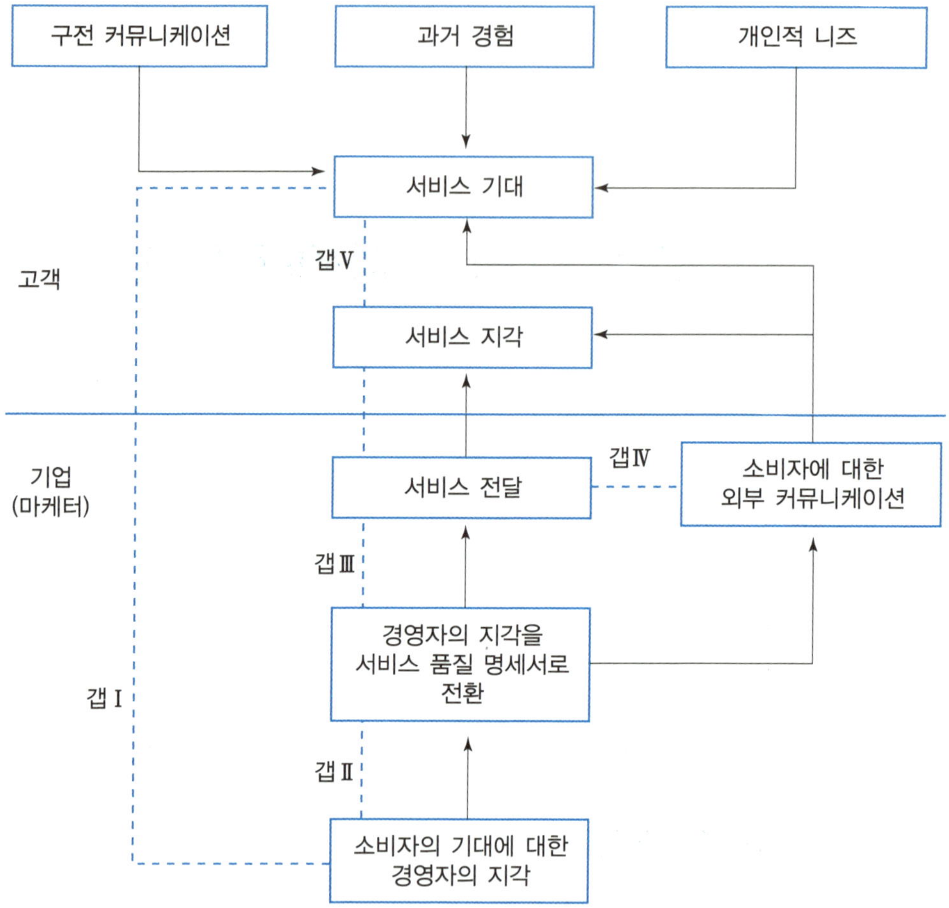

따라서 서비스 품질을 개선하기 위해서는 서비스 품질 관리 갭들의 원인을 밝혀내고, 그 갭을 줄이는 전략을 개발해야 한다. 그러므로 이 다섯 가지 갭의 발생 요인과 위치를 분석하면 서비스 품질 관리의 틀을 마련할 수 있다.

1) 고객의 기대와 경영자 지각 간의 차이(갭 I)

이것은 소비자가 원하는 서비스의 내용과 기간 등의 기대를 기업의 경영자가 정확히 파악하지 못한 이유에서 발생하는 갭이다. 만일, 고객이 원하는 것이라기보다는 고객이 원해야 하는 것을 기준한다면 반드시 갭이 생기게 된다. 즉 호텔 측이 고객의 서비스 기대를 잘못 이해하여 고객이 특별히 원하지도 않는 서비스를 제공하는데 시간과 노력을 기울이는 경우이다. 가령, 하얏트 호텔은 종전의 '손님을 집처럼 편안하게' 전략을 '손님을 사무실처럼 편안하게' 전략으로 전환시켰다. 고객의 대다수를 차지하는 출장 여행자가 예전에는 호텔을 쉬는 곳으로 생각했던 것에 비해서 현재는 일하는 곳으로 활용하고 있다는 사실을 시장 조사를 통해 알게 되었기 때문이다. 그러므로 이 갭을 줄이기 위해서는 서비스의 불만 사항을 고객으로부터 직접 청취하기 위한 대화의 장을 통해 고객에게 가까이 다가감으로써 좁혀질 수 있다. 또한 서비스 접점의 종사원으로부터 경영층으로의 상향적 의사소통으로 기업의 내부 커뮤니케이션을 활성화시키는 것 등이 갭 Ⅰ을 줄이는 방법이다.

뿐만 아니라 고객 유지를 위해서는 고객의 기호 변화에 민감해야 하며, 고객의 니즈 변화 원인이 상황에 있으면 그러한 상황의 변화에 능동적으로 대처해야 한다.

2) 서비스에 대한 경영자의 지각과 서비스 품질 명세서 간의 차이(갭Ⅱ)

이것은 고객의 필요와 욕구에 대한 경영자의 인식이 이를 충족시키려는 서비스 품질 명세로 이어지지 않을 때 발생한다. 즉 고객의 기대를 파악하고 있다고 하더라도 이에 부응하는 실행 수단을 개발하지 못하거나 개발하려는 노력을 기울이지 않는 경우이다. 갭Ⅱ는 다음과 같은 방법으로 감소될 수 있다.

첫째, 높은 서비스 품질을 달성 · 유지하려는 경영자의 자세에 의해서이다. 의사 결정을 하는 경영자가 고객을 중심으로 경영 이념의 패러다임을 변화시키는 것이 무엇보다도 필요하다

둘째, 가능성의 인식이다. 경영자가 고객의 기대 충족이 가능하다고 인식할수록 갭Ⅱ의 크기는 줄어든다.

셋째, 업무 표준화이다. 서비스 요원의 행동이 표준화될 때 고객의 기대충족을 위한 종사원의 세부 행동 규칙이 세워질 수 있다. 따라서 경영자의 인식이 서비스 품질 명세서를 잘 전환하기 위해서는 업무의 표준화가 필요하며, 이를 통해 종업원 행동을 표준화 · 규칙화할 수 있다.

넷째, 명확한 목표가 설정되지 않은 경우에도 갭Ⅱ가 발생한다. 목표 설정을 함으로써 개인이나 조직은 더 좋은 성과를 달성할 수 있다. 예를 들어 기업의 서비스 문화 정착이라는 궁극적 목표 하에 세부 목표를 구체적으로 설정하고, 이를 달성하기 위한 행동 지침을 마련하는 것이다.

3) 서비스 품질 명세와 제공된 서비스와의 차이(갭Ⅲ)

이것은 서비스 성과의 갭(service performance gap)이라 불리는 것으로 소비자의 기대가 시장 조사를 통해 잘 이해되고, 서비스가 그런 기대에 부응하도록 명세표가 작성되더라도 서비스가 품질 명세서대로 제공되지 않으면 서비스 품질에 여전히 갭이 생기게 된다. 서비스를 제공하는 주체는 접점에 있는 종사원이므로 인적 자원의 측면에서 서비스 접점 직원을 관리함으로써 갭Ⅲ을 줄일 수 있다. 즉 종사원 선발과 훈련 시스템, 팀워크 향상, 종사원의 직무 적합성, 직무 수행을 위해 사용하는 도구나 기술의 적합성, 종사원에게 인식된 통제 권한의 제공, 경영 통제 시스템 개발, 역할 갈등의 해소, 역할 모호성의 해소를 통해 서비스 성과의 갭을 줄이고 개선해가야 한다.

4) 제공된 서비스와 외부 커뮤니케이션 차이(갭Ⅳ)

기업이 제공하는 서비스 수준과 내용이 외부 커뮤니케이션을 통해 고객에게 공표된 것과 부합되지 않을 때 발생하는 갭이다.

수평적 커뮤니케이션의 한 예로 광고를 관리하는 부서와 서비스 접점 종사원 간의 정보 교환을 들 수 있다. 이것이 제대로 이루어질 때 고객들은 광고를 통하여 서비스 접점 종사원들이 제공할 수 있는 것을 기대할 수 있게 된다.

미국의 Holiday Inn은 'No Surprises'라는 광고 캠페인을 대대적으로 벌여 호텔에 투숙한 고객에게 어떤 불평거리도 만들지 않겠다는 약속을 한 바 있다. 이 광고를 보고 한껏 기대를 했던 고객들은 Holiday Inn의 별로 나을 바 없는 서비스에 오히려 실망을 하고 돌아갔다. 결국 Holiday Inn은 얼마 후 이 광고 캠페인을 철회시키고 말았다. 또한 브랜드 사이에 경쟁이 심화되면서 경쟁에서 이기고 새로운 고객을 확보하기 위하여 과

대약속을 하는 경향이 있다. 이는 고객의 사전 기대수준을 지나치게 상승시켜 결국 고객의 불만족으로 이어지게 하거나 낮은 서비스 품질 평가를 받게 되기 때문에 경계해야 할 일이다.

5) 서비스 기대와 지각의 차이(갭Ⅴ)

고객의 서비스 기대 수준과 제공받은 서비스 지각 수준의 차이를 말한다. 이것은 다시 기업 경영자의 측면에서 서비스 제공과 관련된 4가지 갭의 크기와 방향에 의해 결정된다. 다시 말해서 갭Ⅰ~갭Ⅳ의 크기가 크면 갭Ⅴ의 크기도 이에 따라 증가된다. 갭Ⅴ는 갭Ⅰ~갭Ⅳ의 함수 관계로 표현할 수 있다.

갭Ⅴ=f(갭Ⅰ, 갭Ⅱ, 갭Ⅲ, 갭Ⅳ)

서비스 기대치는 구전, 개인적 필요, 과거의 경험, 그리고 광고 · 홍보에 의해 형성되는데 고객이 지각하는 서비스의 수준은 이상적 수준, 적정 수준, 허용 불가 수준으로 나타난다.

Ⅱ

제2편

객실 경영

제4장 | 호텔 객실

호텔 객실은 호텔 경영에 있어 가장 핵심이 되는 요소이며, 없어서는 안 될 중요한 상품 중의 하나이다. 따라서 호텔 객실이 가지고 있는 의미와 중요성을 명확하게 인식해야 한다. 그리고 현재 호텔 객실을 경영함에 있어서 객실 요금은 매우 다양한 가격 정책에 의하여 운영되고 있다. 그러므로 기본적인 객실 요금 결정 방법과 객실 요금의 종류를 이해하는 것을 근본적인 목적으로 하고 있다.

학습목표

1. 현대 호텔 객실의 특성을 설명할 수 있어야 한다.
2. 호텔 객실의 종류를 이해하고 설명할 수 있다. 그리고 객실의 전체 구성을 어떻게 하는 것이 좋은지를 설명할 수 있어야 한다.
3. 객실 요금의 종류를 이해하여야 한다.

제1절 객실의 개요

1. 객실의 의의

호텔의 기본적인 기능은 숙박을 제공하는 기능과 식사를 제공하는 기능으로 크게 분류할 수 있으며, 숙박을 제공하는 기능을 담당하는 것이 객실인 것이다. 따라서 객실은 타 지역을 여행하는 사람에게 휴식의 공간 및 이에 부수되는 서비스를 제공하는 장소로써 호텔의 주요 수익원이 되는 중요한 부문인 것이다. 그리고 호텔의 객실은 다른 영업장에 비하여 원가의 비중이 낮고, 수익률은 호텔의 다른 영업장과 비교할 대상이 아니며, 객실 점유율이 높으면 높을수록 다른 영업장의 매출을 높일 수 있는 긍정적인 역할을 하기 때문에 호텔 경영 전반에 커다란 파급 효과를 갖는다.

한편, 객실은 고정 비용이 높은 특성을 가지고 있다. 고정 비용의 주요 구성은 감가상각비, 인건비, 시설의 유지 · 관리비 등을 들 수 있는데, 이들 비용은 판매와 관계없이 일정하게 소요되고, 그 비용 또한 매우 높은 특성을 가지고 있다. 예를 들어 객실이 판매되어 고객이 투숙을 하게 되면 추가적으로 소요되는 비용은 수도 · 광열 비용, 소모품 비용, 세탁 비용 정도이므로 객실 판매에 따라 추가적으로 소요되는 변동 비용은 낮은 반면에, 고정 비용이 높은 비중을 차지한다. 다시 말하면 객실을 판매하는 경우 수익(Profit)은 크게 증대되는 반면에 판매하지 못하는 경우에는 고정 비용의 손실이 커진다는 것을 의미하기 때문에 객실 점유율이 높고 낮음에 따라 경영 목표의 달성 정도에 매우 크게 영향을 미친다. 이러한 관계로 객실 부문은 전문가에 의하여 관리되고, 운영되어야 경영의 효율성이 증대되는 것이다.

객실 부문은 크게 객실의 시설물 및 설비를 관리하는 부문과 객실 판매를 위한 서비스를 제공하는 부문으로 구성된다. 즉 객실 정비와 관련한 부문과 객실 판매와 관련한 부문으로 구성되어 있다는 것이다. 그리고 이 두 부문의 하위에는 또한 많은 조직과 구성원을 가지고 있어, 이들의 유기적인 결합 속에서 객실이라고 하는 상품이 생산되고 판매가 되는 것이다. 따라서 호텔의 객실 운영은 어느 한 부문만으로 운영되고 관리되는 것이 아니다. 작게는 객실 판매를 담당하는 부문이 관련되어 있지만, 크게는 객실 판매를 위하여 지원하는 부문이 모두 결합되어 있어 전체적으로는 호텔의 전 부문이 객실의 운영에 간접적으로 관계되어 있다고 할 수 있다. 그러므로 객실 경영의 효율성은 전체 조직의 유기적인 결합과 하위 조직들이 그들의 역할에 충실할 때, 기대하는 결과를 얻을 수 있다.

2. 현대 호텔 객실의 특성

오늘날 객실은 몇 가지 측면에서 두드러진 특성을 보이고 있는데, 이 특성을 정리하면 다음과 같다.

1) 시설의 고급화

현대 호텔은 객실을 구성하고 있는 시설 및 설비 그리고 소모품 등을 고급화하여 유형적인 부문에서 고객 만족을 유도하고, 고객의 차별화된 심리적인 욕구를 충족시키기 위한 노력을 지속하고 있다. 특히 R/C 호텔은 표준 객실(Standard Guest Room)을 최소화하고 Suite Room과 같은 특실을 많이 운영하고 있으며, 객실과 욕실의 공간 면적을 보다 넓게 구성하기도 하는 등 고급화 · 차별화 전략에 앞장서고 있다. 이와 같이 현대의 호텔들은 유형적인 요소인 시설과 설비에 대한 고급화 혹은 차별화 전략을 고객 만족을 위한 중요한 정책으로 활용하고 있는 것이다.

2) 차별화 및 고객 욕구 충족

현대 호텔은 유형적인 부문의 고급화와 차별화만을 지향하고 있는 것은 아니다. 무형적인 부문에 있어서도 차별화 노력을 진행하고 있다. 즉 경쟁 호텔과는 차별화되고 품위 있는 서비스를 제공하기 위하여 서비스의 개발에 노력을 계속하고 있으며, 그 서비스는 가치 지향적인 소비 패턴에 부합하는 측면에서 연출 및 제공에 힘을 기울이고 있는 것이다.

실무적으로 이러한 서비스 차별화 및 심리적 욕구의 충족을 위하여 100% 고객 만족과 고객 감동을 위한 프로그램을 제시하고 운영한 서울 강남의 R/C 호텔의 사례를 정리하면 다음과 같다.

(1) 고객 기호 카드 프로그램을 운영하고 있다. 고객 기호 카드는 고객이 원하는 바를 미리 예측하고 부응할 수 있도록 하기 위하여 작성하는 카드이다. 한번 컴퓨터에 입력된 자료는 계속해서 고객이 방문할 때마다 활용되며, 어느 국가 혹은 지역의 R/C 호텔에 가든지 똑같은 서비스를 받을 수 있다. 고객 기호 카드에는 보통 고객의 기호(선호하는 것, 싫어하는 것), Personal Information(생일, 기념일), 취미들을 작성하게 된다.

(2) 고객 제안 프로그램을 운영하고 있다. 고객 제안 프로그램은 각 영업장에서 고객의 의견을 듣는 의견 함을 비치하여 상품과 서비스를 고객의 욕구에 맞게 개선하기 위한 것이다. 고객 제안 프로그램을 통해 고객들은 서비스의 만족 여부와 칭찬 혹은 개선하여야 할 사항들을 지적하여 주기도 한다. 때로는 개별적으로 서신이나 전화를 통하여 만족도 여부를 알려오기도 하며, 고마움을 표시하고픈 직원에게는

감사의 편지를 하기도 한다. R/C 호텔은 이러한 감사의 편지나 고객 의견서가 접수되면, First Class Card 혹은 기타 사내 게시판을 통하여 이를 직원들에게 홍보하며, 직원들은 이로 인해 개선점이나 잘된 점을 알게 된다. 서신을 통해 감사의 표시를 전해오는 고객들은 주로 외국인 고객이 많은 편이다. 실제로도 각 식음료 영업장의 메뉴들이 이런 고객 제안 절차를 통해 적절하게 바뀌어져서 항상 고객들에게 새로운 입맛을 제공하기도 한다.

(3) 상황별 대처 방안 교육을 실시하고 있다. 각 영업장 및 부서의 Qualified Trainer로부터 직원들이 겪을 수 있는 다양한 상황을 설정하도록 하여, 해당 상황별로 적합한 대고객 서비스 및 응대 방법을 직원들에게 교육시킨다. 이를 통하여 직원들은 예상하지 못했던 상황에서도 서비스를 어려움이나 Guest Complaint없이 진행할 수 있게 되며, 궁극적으로는 100% 고객 만족을 달성할 수 있게 한다. 동 교육은 매일 라인업 교육 시간에 진행되고 있으며, 업무와 아울러 OJT(On the Job Training)의 일환으로 실시되는 경우도 있다. 기존의 R/C 호텔 표준 교육 매뉴얼 이외에 지역/문화적 특성상 발생할 수 있는 예상하지 못한 경우는 얼마든지 있으며, 이런 경우에 어떻게 대처하였는가에 따라 서비스의 숙련 정도가 판가름될 수 있다. 고객에게 100% 만족을 선사하기 위해서는 어떠한 상황에서도 능숙하게 고객의 요구 사항에 대처할 수 있는 지원과 서비스 자세는 필수적이다. 단순한 전화 예절이나 인사 예절 매뉴얼이 아닌 업무와 관련된 상황별 대응 매뉴얼은 삼성의료원에서 개발되어 큰 효과를 거두었으며, 외국의 R/C 호텔에서도 이미 활용되어서 고객 만족 향상에 상당한 도움을 얻고 있다.

부서별로 취합된 상황별 대처 방안은 별도의 매뉴얼로 편집되어서 각 업장에 비치되어 기본 교육 교재로 활용할 예정이다.

(4) 고객 불평 처리 보고서를 작성한다. 고객 불평 처리 카드는 Guest Incident Action Form이라고도 하며, 고객 Complaint 발생 시 이의 재발을 막기 위하여 활용하는 양식이다. 고객의 Complaint을 접수한 직원은 R/C 호텔 기본 수칙에 의거하여 이를 10분 이내에 해결하고 20분 이내에 고객이 해결책에 만족하였는지 확인한 후 양식을 작성하게 된다. 이 양식에는 고객 불평 내용 및 고객에 대한 정보,

해결 내용, 고객의 반응 등을 기록하게 되는데, 해당 직원은 이를 각 임원, Quality Leader, 해당 부서, Guest Recognition Coordinator(고객 관리 담당자)에게 전달하여 문제의 재발 방지는 물론, 고객의 만족을 반드시 확인한다.

3) 교육의 강화

현대 호텔에서 또 하나 특이할 만한 것은 종사원에 대한 교육을 강화하고 있다는 점이다. 이러한 직원 교육의 내용은 다양한 형태로 이루어지고 있는데 R/C 호텔의 경우 종사원 교육의 목적을 다음과 같이 제시하였다.

(1) 고객에게 최고의 서비스와 상품을 제공하여 최고의 호텔로 인정을 받는다.
(2) 직원의 능력 계발을 통하여 만족도와 생산성을 높이며, R/C 호텔 수준에 맞는 인재를 양성한다.
(3) 교육을 통하여 직원 상호간의 화합과 친선을 도모하며 조직의 효율성을 극대화한다.

이러한 목표를 달성하기 위하여 R/C 호텔이 실시한 교육내용을 정리하면 〈표 4-1〉과 같다. 〈표 4-1〉에서 보는 바와 같이 종사원의 교육은 직무와 관련한 교육뿐만 아니라 자기 계발을 비롯하여 예절 교육, 서비스 교육, 사례 분석, 소방 교육, 산업 안전 교육, 어학 교육 등 호텔 종사원으로 갖추어야 기본적인 지식과 기능은 물론, 전문가 양성을 위한 특별 교육에 이르기까지 다양하게 종사원 교육이 진행되고 있음을 알 수 있다.

표 4-1 R/C 호텔의 교육 훈련 사례

주요 교육명	대상	시기
신입 직원 훈련	신입 직원	수시
Day 21 Orientation(재교육)	신입 직원 교육 수료자 및 기타 직원	수시
Daily Line-up 교육	전 직원	매일
직무 교육(OJT)	전 직원	매일
친절/서비스 교육(1)	영업 직원	3회 이상/주
친절/서비스 교육(2)	관리 직원	3회 이상/주

주요 교육명	대상	시기
친절/서비스 강사 양성 교육	Qualified trainers(사내 강사)	4회/연
Train the trainer(강사 양성 과정)	Qualified trainers(사내 강사)	12회/연
중간 관리자 직무 능력 개발 교육	신입 및 기존 중간 관리자	1회 이상/주
초급 관리자 교육	초급 관리자	수시
외국어 교육(영어, 일어)	전 직원(대상 희망자)	매일
TQM(Total Quality Management) 교육	전 직원	5회/주
부서별 트레이너 자기 교육 계발	Qualified trainers(사내강사)	1회 이상/월
Training Certification (R/C 호텔 전문가 양성 과정)	전 직원	초기 : 입사 후 30일 이내 추가 교육은 이후 매일 실시
소방 교육	전 직원	2회/월
산업 안전 교육	전 직원	4회/연
조리사 보수 교육	해당 직원	1회/연
전화 예절 교육	전 직원	수시
보건 위생 교육	전 직원	4회/연
성공하는 사람들의 7가지 습관 3일 워크숍	전 직원	1회/월
해외 연수 교육	해당 직원	필요시
서비스 성공 사례 발표회	전 직원	1회/연
직원 경력 개발 워크숍	전 직원	1회 이상/연
전산 시스템 실무 교육	해당 직원	필요시
전문 직능 교육	해당 직원	필요시
사외 법정 교육 및 사외 전문 연구 과정	해당 직원	필요시
실습생 직무 능력 개발 교육 및 산학 실습생 실습 교육	실습생	수시
복장 교육	전 직원	수시

자료 : 호텔 리츠칼튼 서울

4) 규모의 대형화

현대의 호텔은 객실 규모를 대규모화하여 객실의 경쟁적 우위를 확보하려는 경향을 보이고 있다. 이러한 경향은 Chain화 혹은 Franchise 계약을 통하여 실현하고 있는 실정이며, 많은 독립 호텔의 경우도 객실 규모를 확대하여 ' 규모의 경제(Economy of Scale)' 를 실현하려는 특성을 보이고 있다. 우리나라의 경우는 Inter-continental 호텔과 롯데 호텔, 하얏트 호텔 등이 대표적이며, 대기업에서 운영하는 콘도와 같은 숙박 시설 등도 이러한 '규모의 경제' 를 실현하는 훌륭한 실례라고 할 수 있다.

객실 규모의 대규모화는 한 지역에 커다란 규모의 호텔을 건축하는 것에 그치지 않고, 관광 지역 혹은 특정 대도시 지역 등에 동일한 이름을 가진 몇 개의 호텔을 건설하기도 한다. 그리고 이를 통하여 호텔의 인지도를 넓히고, 객실의 매출 원가를 낮추는 등의 효과를 기대하는 것이다.

5) Amenity의 다양성

현대의 호텔은 객실 내에 비치되어 있는 Amenity를 다양하게 구성하고 있다. Amenity란 욕실 내에 비치되어 있는 작은 물건을 의미하는 데, 예를 들어 비누, 칫솔, 치약, 샴푸, 린스, 목욕 젤리, 바디 로션, 헤어 드라이, 빗, 스킨, 로션 등을 말하고, 이 Amenity를 다양하고 고급스럽게 구성하고 있는 것이다. 이러한 물건들은 상황에 따라서는 고객이 사용하지 않는 경우도 있으나 Amenity의 다양성은 호텔 서비스를 유형화시키는 데 중요한 역할을 할 뿐 아니라 높은 품질의 Amenity를 객실에 비치함으로써 고급화 이미지에 대한 유형성도 증대시키는 것이다.

6) EFL

EFL은 Business Man을 위한 전용 층의 객실을 의미한다. EFL은 국제 무역이 활성화됨에 따라 무역에 관계되는 사람들의 이동이 많아지면서 그 필요성이 크게 증대되었다. 그렇기 때문에 각 호텔은 주요 잠재고객이 되는 Business Man의 유치에 많은 관심을 갖게 되었고, 이들의 유치를 위한 구체적인 실천 방안으로 EFL을 설치하여 운영하게 된 것이다. 그러므로 EFL은 상용 여행을 목적으로 투숙하는 고객의 편의와 업무 수행에 필요한 설비와 시설을 갖추고 고객을 유인하려는 차별화 전략의 결과로 받아들일 수 있다. 이와 같이 EFL의 운영은 능동적인 차별화 전략을 실행하는 과정에서 자연스럽게 나타난 것이다.

EFL은 비즈니스를 위하여 이동하는 고객의 유치를 목적으로 하기 때문에 사업 수행에 필요한 집기 혹은 비품을 우선하여 비치하고, 비즈니스를 지원하는 기타의 서비스를 제공하며, 이들이 조용하게 업무를 처리할 수 있는 분위기 연출 등 비즈니스 여행객의 욕구를 반영하는 방식으로 운영되는 객실이라고 하겠다. 〈그림 4-1〉은 서울 C 호텔의 객실에 비즈니스 업무를 지원하기 위하여 설치된 Desk이다.

그림 4-1 호텔 객실의 Desk

자료 : 조선호텔 Home Page.

따라서 EFL은 순수한 관광 목적으로 여행하는 투숙객과는 차별화하여 상용 여행객에 대한 경쟁적 우위를 확보하고, 객실 점유율을 확대하려는 목적으로 오늘날 도심 지역에 입지하고 있는 대부분의 호텔들이 지정·설치하였다고 할 수 있다. 또한 EFL을 운영하는 호텔은 비즈니스 업무에 수반되는 문서 작성, 팩스 송·수신 등과 같은 문서 수발, 번역 혹은 기타 업무 지원과 같은 비서 업무 등에 대하여 포괄적인 지원 서비스를 제공할 수 있는 비즈니스 센터(Business Center)를 설치하여 운영하고 있다.

제2절 객실의 종류

1. 침대의 구분

1) 침대의 크기

(1) 싱글 베드(Single bed)

1인용 침대로 그 크기는 대개 세로 195㎝~200㎝, 가로 85㎝~100㎝, 높이 35㎝~48㎝ 정도이면 적당하다. 얼마 전까지에는 비즈니스 호텔에 Single Bed Room이 많았지만, 요즈음에는 여행객 중에 동반자 여행이 많아 싱글 룸이 줄어들고 있는 상황이다.

(2) 더블 베드(Double Bed)

2인용 단일 침대로 주로 부부가 흔히 사용하는 침대인 것이다. 그 크기는 대개 세로 195㎝~200㎝, 가로 140㎝~160㎝, 높이 35㎝~48㎝이다. 이러한 침대는 휴양지 호텔(Resort Hotel)에 많이 설치되어 있다.

(3) 세미-더블 베드(Semi-double Bed)

더블 베드의 약 4분의 3 크기의 침대로 Three-quarter Bed라고도 한다. 일반적으로 크기는 세로 195㎝~200㎝, 가로 110㎝~130㎝, 높이 35㎝~48㎝가 적당하다.

(4) 트윈 베드(Twin Bed)

보통의 경우에는 싱글 베드의 크기로 사용되나 때로는 싱글 베드보다 약간 작은 크기의 베드를 두 개 나란히 놓일 수도 있다.

2) 침대의 구조 및 용도

(1) 컨벤셔널 베드(Conventional Bed)

재래식 구조로 된 침대로 헤드 보드(Head Board)와 풋 보드(Foot Board)가 붙어 있다. 이것은 침대의 프레임(Frame)에서 약간 낮게 매트리스(Mattress)가 꼭 끼어 들어가게 되어 있는 침대이다.

(2) 헐리웃 베드(Holly-wood Bed)

일반적인 호텔의 침대로 풋 보드만 없고 매트리스를 프레임 속에 끼워 넣지 않고 프레임과 같은 넓이로 만들어 위에 올려놓게 된 침대이다. 이것은 걸터앉기가 편리하고, 그 높이를 조정하여 소파 대용으로 이용하기도 하며, 두 개를 이어 놓으면 더블 베드가 된다.

(3) 킹-사이즈 베드(King Size Bed)

일부의 큰 사람을 위해서 만들어진 침대로 보통 침대보다 크다. 즉 세미-더블 베드를 두 개 맞붙여 놓은 크기이며, 이와 비슷한 여자용은 퀸 사이즈 베드(Queen Size Bed)라고 부른다.

(4) 소파 베드(Sofa Bed)

주간에는 긴 안락의자(Sofa)로 활용할 수가 있고, 야간에는 1인용 침대로 사용할 수 있는 수동식 침대이다. 사용하기엔 다소 불편이 있으나 좁은 객실의 공간을 활용하기에 좋은 침대이다. 이를 데이 베드(Day Bed)라고도 한다.

(5) 스튜디오 베드(Studio Bed)

미국의 스타틀러 호텔에서 처음으로 시도하여 사용했다 하여 스타틀러 베드라고도 부른다. 이것은 소파 베드의 결점을 보완한 침대로 객실의 벽에 부착시켜 놓고, 반쯤 밀어붙이면 소파가 되고, 침대로 이용할 때에는 완전히 끌어 잡아당겨 펼치면 되는 것이다. 이것 역시 상용 호텔에서 객실의 공간을 효과적으로 활용할 수 있기에 호평을 받는 침대이다.

(6) 엑스트라 베드(Extra bed)

트리플 룸(Tripple Room)에 이용될 수 있는 침대로 바퀴가 달린 이동식 침대이며 접었다 폈다 할 수가 있다. 물론 헤드 보드와 풋 보드가 없는 간편한 침대로 투숙객 한 사람이 추가되었을 때 비상용으로 쓰인다.

(7) 크립(Crib)

이것은 어린이용 침대(Baby Bed)로 코트(Cot)라고도 부른다. 어린이를 동반한 가족들이 사용하는 특수 침대이다. 침대의 사각 위에는 어린이가 떨어지지 않도록 가름대를 걸쳐놓아야 한다.

2. 객실의 구조

1) 가구 배치

객실은 우선 호텔 전체에 대한 설계가 이루어져 객실의 종류가 결정되고 난 후에 가구 배치를 확정하게 되는데, 가구 배치는 객실의 크기를 결정하는 것과 함께 대단히 중요하다. 그것은 호텔 경영에 우선되는 것이 고객을 숙박시키는데 있기 때문이며, 침대와 가구의 선택과 그 배치는 '고객에게 편안함과 안락함을 주는 대표적인 요소'이기 때문이다. 한편, 호텔 객실의 가구들을 구입할 때에는 무엇보다도 모양, 저렴한 가격, 융통성, 보수, 관리의 용이성 그리고 어디서나 구매가 가능한 것을 선택하는데, 우선 침구는 기본적으로 다음과 같이 구성된다.

(1) 침대(Bed Base)
(2) 매트리스(Mattress)
(3) 베드 패드(Bed Pad)
(4) 모포(Blanket)
(5) 시트(Sheet : 2장)
(6) 베개(Pillow & Case)
(7) 커버(Bed Spread)

그리고 가구 배치는 객실 공간의 효율적인 활용을 위하여 다음의 사항을 고려하여야 한다.

첫째, 침대 머리의 나이트 테이블(Night Table)은 라디오 세트(Radio Set)와 나이트 램프(Night Lamp)가 부착되고, 누워서 객실 내의 모든 전등과 TV를 조작할 수 있는 스위치 보드(Switch Board)를 설치하여 투숙객이 편리하게 이용할 수 있도록 한다.

둘째, 화장대(Writing Table)는 거울과 서랍을 겸비하여 다목적으로 사용할 수 있도록 한다.

셋째, 객실에는 천장 이외의 여러 개의 전등(Lamp)을 설치한다. 예를 들어 객실 구석에 놓고, 방 전체를 밝히는 Floor Lamp, 화장대나 책상 위에 놓는 Stand Lamp 및 침대 머리에 놓여지는 Night Lamp 등을 설치하여 고객이 필요한 등을 편리하게 이용할 수 있도록 한다.

넷째, 고객의 가방이나 수하물을 올려놓는 받침대는 옷장(Close) 옆에 설치하고(Baggage Stand 혹은 Trunk Stand라고 함) 의자로도 겸용할 수 있게 한다.

2) 객실 내의 인쇄물과 소모품

(1) 인쇄물(Stationeries)

- 봉투와 편지지(Envelope & Stationery)
- 그림엽서(Post Card)
- 전보 용지(Telegram Form)
- 설문서 또는 건의서(Suggestion Card)
- 메모 및 메시지 용지(Message Paper)
- 세탁물 의뢰 용지(Laundry Order)
- 입실 금지 표찰(Do Not Disturb Tag)
- 객실 가격표(Room Tariff)
- 숙박 약관(Hotel Regulation)
- 퇴숙 시간 표지판(Check-out Time)
- 금연 표지판(No Smoking)
- 호텔 안내서(Hotel Service Directory)
- 룸 서비스 차림표(Room Service Menu)
- 관광 지도 및 안내서(Tour Guide)
- 호텔 선전 책자(Brochure)
- 비상구 표시도(Fire Exit)
- 면도날 버리는 상자(Blade Box)
- 객실 점검표(Room Check List)

(2) 소모품(消耗品)

- 볼펜(필기류)
- 세탁물 주머니
- 구두닦이류
- 옷솔과 구두솔
- 바늘과 실
- 아침 식사 주문 표찰

- 성경 또는 불경
- 성냥
- 구두 주걱
- 옷걸이
- 실내화
- 화병
- 서류철
- 화장지
- 재떨이
- 보온 물통과 물 컵

(3) 욕실(Bath Room)의 주요 설비

욕실은 항상 물과 습기에 젖어 있으므로 바닥과 같은 재료는 도기, 철제, 아크릴제 및 타일 등을 쓰지 않으면 안 된다. 그리고 욕실의 전화기 또한 방수처리가 되는 재료로 만들어야 한다. 욕실에는 타월(Towel) 종류와 거울, 약품, 면도기 콘센트, 휴지, 비누, 휴지통 및 위생컵을 비치해야 한다.

3. 객실의 종류

김진섭은 호텔의 객실의 종류는 객실의 수용 인원과 객실에 딸린 욕실 또는 샤워의 유무로 구분된다고 하였고, 다음의 6종류가 세계의 공통적인 기본 객실이라고 하였다. 그리고 그는 이상의 6종류 가운데 욕실이 없고, 샤워 시설만 있는 객실은 유럽의 호텔에서는 얼마든지 있으나, 한국의 호텔에서는 거의 찾아볼 수 없다고 덧붙였다.

첫째, 1인용 객실(욕실 없음) Single Room(without Bath)이라 부르고, 약자로는 S 또는 S w/o B로 표시한다. 다시 말하면 1인용 객실로 욕실이나 샤워 시설이 있지 않은 방을 가리킨다.

둘째, 2인용 객실(욕실 없음) Double Room(without Bath)이라 부르고, 약자로는 D 또는 D w/o B로 표시한다. 이것 역시 욕실이나 샤워 시설이 있지 않은 객실을 가리킨다.

셋째, 샤워 시설을 갖춘 1인용 객실 Single with Shower 또는 Single and Shower라고 부르고, 약자로는 S w/Shower로 표시한다. 1인용 객실로 욕조는 없으나 샤워 시설이 설치되어 있는 방을 가리킨다.

넷째, 샤워 시설을 갖춘 2인용 객실 Double with Bath 또는 Double and Shower

라 부르고, 약자로는 D w/Shower로 표시한다. 2인용 객실로 욕실은 없으나 샤워 시설이 있는 방을 가리킨다.

다섯째, 욕실이 있는 1인용 객실 Single with Bath 또는 Single and Bath라 부르고, 약자로는 SB 또는 SWB, S w/B로 표시한다. 1인용 객실로 욕실이 있는 방을 가리킨다.

여섯째, 욕실이 있는 2인용 객실 Double with Bath 또는 Double and Bath라 부르고, 약자로는 DB 또는 DWB, D w/B로 표시한다. 2인용 객실로 욕실이 있는 방을 가리킨다.

현대의 호텔은 다양한 종류의 객실을 보유하고, 이들 객실의 판매를 통하여 수익을 창출한다. 호텔의 객실은 국가와 지역 등에 따라서 여러 가지 형태가 있을 수 있는데, 고급 호텔의 객실 종류를 크게 살펴보면, 스탠다드 룸(Standard Room : 표준실)과 스위트 룸(Suite Room : 귀빈실)으로 구분할 수 있다. 물론 이들 객실에는 대부분이 욕실을 갖추고 있다.

1) 표준 객실

Standard Room에는 Single Room, Twin Room, Double Room 등 여러 가지의 종류가 있는데, 이들의 특성을 간략히 설명하면 다음과 같다.

그림 4-2 Standard Room

(1) 싱글 룸(Single Room)은 객실에 1인용 침대를 설치하여 한 사람이 투숙하여 이용할 수 있는 형태의 객실을 가리킨다. 이 싱글 룸은 Single Bed Room with Bath, Single with Bath, S/B, SWB, SB 등으로 표시한다.

그림 4-3 Single Room

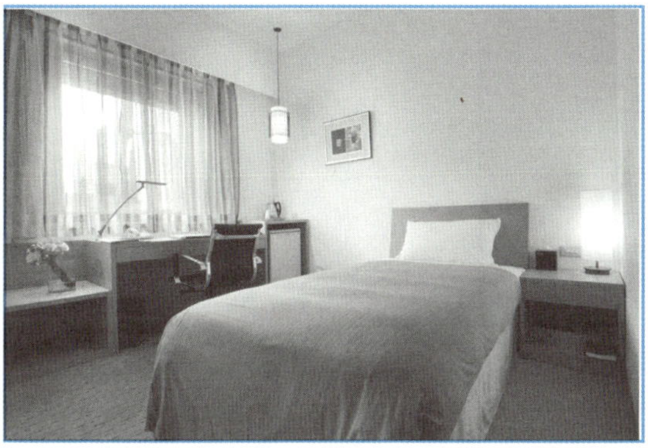

(2) 트윈 룸(Twin Room)은 객실에 1인용 침대를 2개 설치하여 두 사람이 동시에 투숙할 수 있는 형태의 객실을 가리킨다. 이 트윈 룸은 Twin Bed Room with Bath, Twin with Bath, T/B, TWB, TB 등으로 표시한다.

그림 4-4 Twin Room

(3) 더블 룸(Double Room)은 객실에 2인용 침대를 설치하여 두 사람이 투숙·이용할 수 있는 형태의 객실을 가리킨다. 이 더블 룸은 Double Bed Room with Bath, Double with Bath, D/B, DWB, DB 등으로 표시한다.

그림 4-5 Double Room

(4) 트리플 룸(Triple Room)은 객실에 1인용 침대를 3개 설치하여 세 사람이 동시에 투숙하여 이용할 수 있는 형태의 객실을 가리킨다. 이 트리플 룸은 Triple Bed Room with Bath, Triple with Bath, Tpl/B, TPWB, TPB 등으로 표시한다. 그러나 실제적으로는 트리플 룸을 보유하고 있는 호텔은 그리 많지 않으며, 대개의 경우 트윈 룸에 Extra Bed를 설치하여 트리플 룸으로 임시 사용하고 있는 경우가 많다. 이것은 트리플 룸을 이용하는 고객이 많지 않기 때문에 나타나는 자연적인 현상이라 할 수 있다. 또한 우리나라의 경우는 더블 베드와 싱글 베드 각 1개씩을 객실에 설치하여 트리플 룸으로 활용하는 사례를 많이 볼 수 있다.

(5) 스튜디오 룸(Studio Room)은 객실 내에 소파와 침대로 활용할 수 있는 스튜디오 침대가 설치된 객실을 가리킨다.

이러한 객실 이외에 여러 가지 형태로 객실을 구분할 수 있는데, 창문의 방향에 따라서 인사이드 룸(Inside Room)과 아웃사이드 룸(Outside Room)으로 나눌 수 있다. 인사이드 룸은 객실의 창문이 호텔의 안쪽을 향하고 있는 객실을 의미하며, 아웃사이드 룸은 객실의 창문이 호텔 외부로 향하고 있는 객실을 의미한다. 따라서 리조트 호텔의 경우는 투숙객이 아름다운 경치와 경관을 감상할 수 있는 아웃사이드 룸을 선호하는 경향이 있다. 그리고 인접해 있는 객실 연결문의 유·무에 따라서 커넥팅 룸(Connecting Room)과 어조이닝 룸(Adjoining Room)으로 구분할 수 있다. 커넥팅 룸은 인접해 있는 객실 사이에 연결 도어(Connecting Door)가 있는 객실을 말하며, 어조이닝 룸은 방이 인접해 있으나 객실 간에 연결 도어가 없는 객실을 말한다.

2) 특실

이러한 표준 객실 이외에 호텔마다 그 특성에 알맞은 여러 가지 형태의 특실을 보유하고 있는데, 이를 Suite Room이라고 한다. 일반적으로 Suite Room은 2개 이상의 객실로 구성된 특수한 객실을 의미하는데, 1실은 침실로 활용하고, 다른 하나의 방은 응접실 혹은 업무용 거실로 이용하는 경우가 대부분이다. 그리고 Suite Room은 호텔의 객실 운영 혹은 판매 전략에 따라서 여러 종류의 스위트 객실로 구성하여 운영하고 있다. 〈그림 4-6〉은 Suite Room의 한 종류이다.

그림 4-6 Suite Room

다음의 〈표 4-2〉는 R/C 호텔이 보유하고 있는 객실에 대하여 설명한 내용을 정리한 것이다.

표 4-2 호텔 리츠 칼튼 서울의 Suite Room

■ Prime Deluxe Room
10실이 마련되어 있으며 전통적 리츠 칼튼 분위기에서 탈피, 뉴밀니엄을 맞아 새롭게 초현대적 분위기로 탄생하였다. 욕실에는 스팀 사우나가 특별히 설치되어 있다.

■ Deluxe Suite
5실이 마련되어 있으며 침실과 거실이 있고, 침실에 딸린 넓은 욕실에는 기포 마사지용 욕조와 별도의 샤워 부스가 설치되어 있다. 거실에는 손님용 욕실이 따로 마련되어 있다.

■ Parlor Suites
27실이 마련되어 있으며 거실과 욕실, 침실로 이루어져 있다. 이 중 22실은 클럽 층에 위치하고 있다.

■ Junior Suites
15층에 위치한 독특한 스위트룸으로 침실과 욕실 사이에 거실이 있으며, 유리로 된 미닫이문을 열고 나가면 넓은 발코니가 있다.

■ Executive Suites
4실이 마련되어 있으며 침실과 거실이 있고, 침실에 딸린 넓은 욕실에는 기포 마사지용 욕조와 별도의 샤워 부스가 설치되어 있다. 거실에는 손님용 욕실이 따로 마련되어 있다.

■ Plaza Suites
7실이 마련되어 있으며 침실과 거실이 있고, 침실에 딸린 넓은 욕실에는 기포 마사지용 욕조와 별도의 샤워 부스가 설치되어 있다. 또한 넓은 발코니가 있어 강남 도심의 멋진 야경을 감상할 수 있다.

■ Presidential Suite
호텔 리츠 칼튼 서울의 최고급 스위트룸으로 17층에 위치해 있으며 그동안 케니 G. 클라우디아 쉬퍼, 아랑 드롱, 마이클 볼튼 등 한국을 방문했던 수많은 세계적 스타들이 투숙했던 방이다. 너무 화려하지 않으면서 격조 있고 편안한 분위기를 자랑하는 것이 그 특색인 리츠 칼튼 스위트는 거실과 주빈용 침실, 손님용 침실과 거실로 이루어져 있다.

거실에는 8인용 회의 탁자, 안락한 소파, 그리고 샹들리에가 천장을 화려하게 장식하고 있으며 손님용 욕실이 마련되어 있다. 주빈용 침실은 소파가 있는 넓은 침실과 멋진 야경을 감상할 수 있는 발코니 외에 커다란 욕실이 환상적인 분위기를 자아낸다.

자료 : 호텔 리츠 칼튼 서울 Home Page.

Suite Room은 그 형태에 있어서 호텔마다 많은 차이가 있으며, 명칭도 각기 다르게 사용하고 있다. 〈표 4-3〉은 한국의 R/C 호텔이 현재 운영하고 있는 표준 객실과 Suite Room을 정리한 것이다.

표 4-3 R/C 호텔의 객실의 종류

표준 객실			스위트 룸		
객실 명	면적(M^2)	객실 수	객실 명	면적(M^2)	객실 수
Double Room Twin Room Ondol	32.53 32.53 30.40	337	Junior Suite Parlor Suite Deluxe Suite Executive Suite Plaza Suite Presidential Suite	44.20 48.81 65.45 74.00 63.20 263.25	64

자료 : 호텔 리츠칼튼 서울

한편, 객실 침대 표준 규격과 담요의 표준 규격은 다음과 같다.

침대 Single : 길이 195cm×90cm 이상

Double : 길이 195cm×138cm 이상

담요 Single : 길이 230cm×넓이 170cm 이상

Double : 길이 230cm×넓이 200cm 이상

제3절 객실 요금의 종류

호텔의 객실 상품은 성수기와 비수기의 수요량 차이와 객실 상품의 비이동성, 고정 비용의 과다 등 상품 판매에 따른 여러 가지 제약 조건으로 판매 및 마케팅 활동에 많은 한계를 가지고 있다. 이러한 특성은 비수기에 객실 수요를 증대시키기 위한 어떠한 전략이 요구되며, 고객을 호텔이 입지해 있는 장소로 유인하기 위한 전략 또한 필요하다. 더욱이 판매하지 못한 객실 상품은 많은 고정 비용의 손실이 발생되는 특성을 가지고 있기 때문에 신뢰성, 서비스의 유형화 · 물체화, 판매 시점 관리 등 많은 전략과 전술을 이용하여 객실의 구매 욕구를 즉각적으로 불러일으키려는데 적지 않은 관심을 가지고 있다.

이러한 노력 중에서 빼놓을 수 없는 전략 중의 하나가 객실 가격 정책이다. 즉 호텔은 객실 가격의 차별화를 통한 고객의 구매 욕구를 자극하는 수단이 많이 활용되고 있는데, 이러한 객실 가격 정책은 여러 가지 측면에서 긍정적인 효과가 나타나는 것도 사실이다.

효율적인 객실 가격은 객실 점유율을 향상해줄 뿐만 아니라 성수기와 비수기의 객실 점유율 격차를 줄여주기 때문에 전반적인 경영 활동(인사, 재무, 생산 등)을 용이하게 해준다. 또한 합리적인 객실 가격 결정은 식음료 및 부대 시설 영업의 활성화에도 크게 영향을 미친다. 따라서 모든 호텔은 어떠한 가격으로 객실을 공급하느냐 하는 문제를 심각히 결정하지 않으면 안 된다. 다시 말하면 경영 방침, 이념 및 객실 상품 생산과 관련한 원가, 기술 등의 내부적인 요소와 호텔의 경영 환경에 영향을 미치는 외부 환경 요인 그리고 고객의 심리적인 요인 등을 고려하여 가격이 설정되고 제시되어야 한다.

호텔의 객실 요금은 다른 제품의 가격과는 다르게 매우 복잡하게 구성되어 있다. 즉 호텔의 객실 요금은 순수한 객실 요금(Net Price)과 서비스 요금, 부가세 등으로 구성되어, 실제적으로 고객이 지불하는 객실 요금은 순수한 객실 요금에 21%를 추가하여야 한다. 그러므로 고객에게 제시되는 가격이 순수한 객실 요금인지 혹은 서비스 요금과 부가세를 포함한 요금인지를 명확히 확인시켜주어야 한다.

전술한 바와 같이 호텔의 객실은 상황에 따라서 여러 가지 형태의 가격 전략을 채택하여 활용하고 있다. 호텔 객실 요금의 대표적인 내용을 살펴보면 다음과 같다.

1. 공표 요금

공표 요금이란 각각의 호텔에서 주무 관청에 신고하여 결정된 요금으로 Room Tariff(객실 요금표)에 공식적으로 공표한 요금을 말하는 것이다. 이 공표 요금은 원화로 표시하는 호텔도 있고, US Dollars로 표시하는 경우도 있다. 그리고 객실 요금을 원화로 표시하는 경우는 현재 우리나라가 변동 환율제를 채택하고 있기 때문에 객실 요금을 달러로 지불할 때는 그 지불 금액에 약간의 차이를 보일 수 있다.

한편, Room Tariff에 제시되는 요금은 Net(순수한 객실 요금)으로 표시되어 있는데, 이것은 객실 가격이 보다 저렴하다는 인식을 주기 위한 것이다. 그러므로 고객은 실제로 이 요금에 서비스 요금과 봉사료를 포함하여 순수한 객실 요금에 21%를 추가하여 계산하여야 한다. 〈표 4-4〉는 호텔의 Room Tariff에 제시된 공표 요금을 나타낸 예이다.

표 4-4 Room tariff

THE RITZ-CARLTON®
SEOUL

The Ritz-Carlton, Seoul
2000 Tariff(Jan~Dec)

	Single Occupancy	Double Occupancy
Deluxe	280,000	305,000
Ondol	280,000	305,000
Corner Deluxe	310,000	335,000
Parlor Suite	400,000	425,000

The Ritz-Carlton club

Deluxe	₩380,000	₩405,000
Corner Deluxe	₩400,000	₩425,000
Junior Suite	₩400,000	₩400,000
parlor Suite	₩500,000	₩525,000
Deluxe Suite	₩600,000	₩600,000
Executive Suite	₩600,000	₩600,000
Plaza Suite	₩600,000	₩600,000
Presidential Suite	₩5,000,000	₩5,000,000

* The above rates are subject to 10% service charge and 10% value added tax
* Additional person sharing room ₩25,000
  No charge for children under 12 years of age when occupying the same room with parents.
* Extra Bed ₩30,000
* Check-out time is 12:00 noon.

602 Yeoksam-Dong, Kangnam-Gu,
Seoul 135-080, Korea
Phone:(02)3451-8000 Fax:(02)3451-8188

2. 할인 및 특별 요금

1) Complimentary

Complimentary는 호텔의 VIP, 여행사 가이드, 호텔 수배 담당, 기타 객실 판매에 기여도가 높거나 높을 것으로 예상되는 고객에 대하여 마케팅 전략 또는 기타의 이유로 객실 요금을 받지 않고 무료로 제공하는 것을 말한다. 무료 객실은 객실부 혹은 마케팅 부문에서 고객 관리를 위하여 주로 이용하고 있으며, 기타 임원진들의 경영 활동의 과정에서 활용하고 있는 수단이다. 그리고 객실을 무료로 제공하고자 할 때에는 호텔의 내부 규칙에 의하여 제공하며, 무료 객실 제공에 대한 최종 결재는 호텔에 따라서 차이는 있으나 총지배인 혹은 객실부 지배인의 전결에 의하여 결정되는 사례가 많다.

또한 단체 투숙객의 경우에도 실무적으로는 무료 객실을 제공하고 있는데, 여행사 혹은 기타 단체 투숙객에 한하여 15객실 이상을 이용하는 경우 15객실 당 1실을 무료로 제공(호텔에 따라서 차이가 있음)하기도 한다. 그리고 객실을 무료로 제공하는 경우도 객실 요금만을 무료로 제공하는 방법과 식사 요금을 포함한 객실 요금을 무료로 제공하는 등의 두 가지 방법이 있다.

2) Season-off Rate

호텔은 성수기와 비수기의 이용객 차이로 인하여 객실 점유율에서 많은 차이를 보이게 된다. 특히 비수기에는 객실의 판매가 용이하지 않은 관계로 다양한 판매 방법을 강구하는데, 이때 판매의 활성화를 위하여 Season-off Rate를 적용하여 수요를 자극하는 것이다. 즉 객실 이용객이 많지 않은 비수기에 공표 요금의 가격을 일정 비율로 할인하여 저렴한 가격으로 판매하는 방법을 말한다.

우리나라는 지역에 따라서 성수기와 비수기가 구분되는데, 특히 서울 및 수도권 지역은 다른 지역과는 성 · 비수기가 반대의 현상이 나타나고 있다. 여름에는 대개의 관광 지역의 경우 휴가 · 휴양객들로 인하여 객실 점유율이 높은 반면에, 수도권 지역은 지역 주민의 이용이 현저하게 하락하고, 외국인 투숙객도 줄어드는 현상이 발생하여 어려움을 겪는다. 또한 수도권 지역에 입지하고 있는 호텔은 겨울에 가장 어려운 비수기를 맞게 된다.

관광 지역 및 기타 지역의 경우도 계절적인 차이는 있으나 비수기가 있기 마련이다. 이와 같이 호텔은 성수기와 비수기의 객실 점유율의 차이가 많이 발생한다. 따라서 비수기에 감소된 객실 수요량을 조금이라도 확보하려는 차원에서 비수기 요금을 적용하고 있는 것이다. 그러나 한편으로는 각 호텔의 비수기 객실 가격 인하는 지나친 경쟁을 촉발하기도 한다.

3) Commercial Rate

Commercial Rate는 특정 기업 혹은 이용 빈도가 높은 고객에 대하여 공표 요금에서 일정한 비율로 할인된 가격에 객실을 제공하는 요금을 말한다. 이 Commercial Rate는 호텔과 기업 혹은 고객과의 계약에 의하여 가격 협정이 이루어지게 되는데, Commercial Rate는 호텔과 기업 혹은 고객에게 모두 이익을 주는 요금 제도가 될 수 있다. 그 이유를 양자의 측면에서 검토하여 보면,

우선 호텔의 측면에서는 할인된 가격에 객실을 제공하기 때문에 단위당 이익은 낮을 수 있으나 지속적으로 고객을 유치할 수 있기 때문에 궁극적으로는 객실의 매출액을 신장시킬 수 있으며, 이용자들의 측면에서는 객실을 언제든지 확보할 수 있음을 물론, 보다 높은 수준의 서비스를 제공받을 수 있는 장점을 가지고 있다.

다음은 서울 강남에 입지하고 있는 R/C 호텔과 R 호텔의 Commercial Rate 적용과 관련한 협약서의 예이다.

표 4-5 R/C 호텔의 객실 협약서

THE RITZ-CARLTON®
SEOUL

November 8, 2000
REPRISENTATIVE NAME
COMPANY NAME
COMPANY' S ADDRESS
Tel:
Fax:
Dear Mr.,

Thank you for your interest in our Ritz Carlton Hotel, seoul preferred customer programs. We welcome the opportunity to serve you, COMPANY NAME and your associates. Our Executive Reservation Service(ERS) is designed to reward our repeat clients and prestige accounts with exclusive rates, value added service rates, special attention and personalized service.
The entire staff of Ritz Carlton Ladies and Gentlemen join me in supporting our international reputation and tradition pledging commitment to fulfill your requirements with our standards of excellence. We wish to create a partnership with COMPANY NAME so we may best serve your individual needs in recognition and appreciation for your values patronage and continued loyalty.
I look forward to working with you and welcoming you and COMPANY NAME to our ERS program extending our appreciation, quality products and personal service. Please sign the attached program description, indicating your understanding, agreement and wish to Participate and return a copy to me at facsimile number 822-3451-8282.

Thank you.

Sincerely,

SALES MANAGER' S NAME
TITLE

602 YEOKSAM-DONG, KANGNAM-GU, SEOUL 135-080, KOREA
PHONE:(02)3451 FAX:(02)3451-8188

〈COMPANY NAME〉
THE RITZ-CARLTON, SEOUL
EXECUTIVE RESERVATION SERVICE
RATE AND BENEFIT SERVICES AGREEMENT

1. General Benefit
- Preferred rates for The Ritz-Carlton Club and Executive Suite
- Priority wait list
- Sales manager to assist with personalized arrangement for your guests
- Newsletter and all direct mail specials
- Special events for members, corporate clients and guests

2. Room Rate

Room Type	Published Rate	Your ERS Rate
Deluxe corner Deluxe	KRW 280,000 KRW 310,000	**KRW 196,000** **KRW 217,000**
The Ritz-carlton Club		
Club Deluxe Club Corner Deluxe Junior Suite Club Parlor Suite Executive Suite Plaza Suite Presidential	KRW 380,000 KRW 400,000 KRW 400,000 KRW 500,000 KRW 600,000 KRW 600,000 KRW 5,000,000	**KRW 266,000** **KRW 280,000** **KRW 280,000** **KRW 350,000** **KRW 420,000** **KRW 420,000** **KRW 3,500,000**

- For your ERS Reservation: Please call direct (82)(2)3451-8000
- Effective: November 8, 2000
- ERS rates are non-commissionable and subject to 10% government tax and 10% service charge.

3. Club floor Guest Benefits
- Express Check-In/Check-Out service
- Use of The Ritz-Carlton Club Lounge and meeting room facilities
- Continuous food and beverage presentation
- Hand Phone and Pager use upon request
- Fitness Club Membership Privileges including Unlimited Free Use of Saunas
- Guest room upgrade upon availability
- Personalized business cards and stationary
- Airline Flight Bites at Departure
- Bvlgari Toiletries, soaps and bath Amenities
- Hard Paper Fax Machine & Speak Phone
- Unpacking & Pressing Service

Respectfully Submitted
Sincerely,

SALES MANAGER' S NAME
TITLE

DOSM NAME
TITLE

표 4-6 R 호텔의 객실 협약서

-----객 실 계 약 서-----

(이하 "갑"이라 칭한다)와

호텔 리베라(이하 "을"이라 칭한다)는 호텔 객실 이용에 있어서 상호 이익과 지속적이고 긴밀한 관계를 유지하기 위하여 아래와 같이 합의하여 계약을 체결한다.

1. 을은 객실요금의 %를 할인하여 제공한다. 이 할인율은 필요하다고 인정될 때에는 재조정 될 수 있다.

2. 갑은 여행사를 경유하지 않고 직접 을의 객실을 예약하되 가능한 한 연간 실 이상 사용하도록 상호 협조한다.

3. 을은 갑의 긴급한 상황에서의 예약 신청에 대하여 우선하여 접수한다.

4. 갑의 객실 예약이 되어 있는 상태에서 천재지변의 발생으로 객실 제공이 불가능할 경우 을은 타 숙박업소에 객실을 확보하도록 협조한다.

5. 이 계약은 서명한 날로부터 1년 동안 유효하며, 해지 통보하지 않을 경우 자동연장되는 것으로 한다.

6. 가입비 및 연회비는 별도로 지불하지 않는다.

7. 객실투숙객이 남 · 여 사우나를 이용할 시 50% 할인하여 제공한다.

본 계약의 원만한 이행을 위하여 양사가 날인하여 각각 1부씩 보관한다.

년 월 일

갑 :

을 : 호텔 리베라 서울
총지배인

회사명(영문) :
업 종 :
담 당 자 :
대 표 전 화 :
팩 시 필 리 :

호텔 R 서울 : TEL: FAX:

4) Single Rate

호텔의 객실 요금은 기본적으로 투숙 인원수에 의하여 객실 요금이 결정되는 것이 아니라 각 객실의 종류에 대한 요금으로 결정한다. 즉 객실의 종류에 따라 결정된 투숙 인원(싱글 룸은 1명, 더블과 트윈 룸은 2명, 트리플 룸은 3명 기준)이 투숙하면 되는 것이다.

고객이 싱글 룸을 예약하고 호텔에서 Confirm을 받았으나 투숙하는 당일에 호텔의 사정에 의하여 트윈 혹은 더블 룸을 제공하였다고 가정하자. 이때 고객에게 청구되는 요금은 트윈 룸 혹은 더블 룸의 객실 가격을 청구하는 것이 아니라 싱글 룸의 객실 가격을 적용하여 청구하는 것이다. 이와 같이 호텔의 사정에 의하여 Single Room을 제공하지 못하고 다른 객실을 제공하였다 하더라도 Single Room의 객실 요금을 청구하여야 하는데, 이것을 Single Rate라고 한다.

5) Group Discount Rate

호텔은 단체로 이용하는 투숙객에 내해서도 할인 요금을 적용하는데, 이러한 경우는 대개 여행사 기타 단체 투숙객을 송객하는 기업과의 계약에 의하여 요금이 결정된다. 즉 단체 할인 요금은 특정 여행 상품, 특정 여행사, 특정 세미나에 참석하는 단체 투숙객에 대하여 할인된 요금을 적용하여 객실을 제공하는 경우에 이용되는 요금을 밀하는 것이다. 이러한 단체 요금 적용은 이용하는 객실 수가 많고, 객실 매출액이 크기 때문에 보다 저렴한 요금을 적용해 주는 것이다.

여행사에 대한 호텔의 단체 할인 요금 적용은 크게 두 가지 방법을 활용할 수 있는데, 때에 따라서는 이 두 가지 요금 형태를 모두 적용하는 호텔도 있다. 그 적용 방법은 다음과 같다.

첫째, 호텔과 여행사와의 개별적인 계약에 의하여 단체 할인 요금이 결정되고, 이 요금으로 객실을 제공하는 방법이다. 그러므로 이러한 단체 할인 요금은 호텔과 여행사가 어떠한 요금으로 협정서를 교환하느냐에 따라 여행사마다 객실 이용에 대한 지불 가격이 달라질 수 있다. 그리고 보다 낮은 가격으로 객실 이용 계약을 체결한 여행사의 입장에서는 여행 상품 가격 면에서 차별적인 우위를 확보할 수 있기 때문에 경쟁적 우위를 점할 수 있다. 물론, 호텔에서 특정 여행사에 대하여 다른 경쟁 위치에 있는 여행사보다 객실 요금을 저렴하게 적용하는 것은 과거에 그 여행사가 호텔의 객실 매출액에 기여한 정도를 보고 결정을 하게 된다. 한편, 여행사와의 계약에서도 호텔은 여행사에서 기획한 특정 여행 상품에 대해서만 단체 할인 계약을 체결할 수도 있다. 이와 같이 여행사와 개별적으로 단체 할인 요금을 계약에 의하여 제공하는 호텔은 대부분의 경우, 객실 매출액의 많은 부분이 여행사에 의존하는 구조를 가지고 있다.

둘째, 호텔에서 특정 여행사와 계약에 의하여 단체 할인 요금을 적용하지 않고, 호텔에서 단체 할인 요금을 결정하여 모든 여행사에 일괄적으로 적용하는 경우이다. 이러한 동일한 단체 할인 요금을 적용하는 경우의 호텔은 객실 매출액에서 여행사가 차지하는 비중이 낮고, 개별 고객 위주의 객실 판매 전략을 구사하는 경우가 많다.

이외에 여행사에서 단체를 인솔하여 숙박하는 Guide 혹은 Tour Conductor에게 특별한 할인 요금을 제공(Guide Rate)하는 방식도 있다.

6) 기타 객실 요금

(1) Midnight Charge

Midnight Charge는 고객이 특정일에 예약을 한 상태에서 당일의 늦은 저녁이나 익일 새벽에 도착한 경우에 발생한다. 즉 호텔에서는 고객이 예약한 날짜에 고객을 위하여 객실을 준비하여 놓고 있었기 때문에 실제로 고객이 투숙하지 않았다고 하더라도 타 고객에게 판매할 수 없었으므로 1박에 해당하는 요금을 청구하게 되는 것이다. 이것을 Midnight Charge라고 한다.

(2) Hold Room Charge

Hold Room Charge는 투숙객이 호텔의 객실을 점유하고 있는 상태에서 타 지역 혹은 다른 지방을 여행하는 경우에 발생되는 요금이다. 즉 객실에서 잠은 자지 않으나 해당 고객의 짐이 객실을 점유하고 있어 호텔의 입장에서는 객실 이용과 같은 상황이기 때문에 객실 요금을 청구한다. 단, 청구되는 객실 요금은 각 호텔의 규정에 의하여 정해지는 경우가 많으며, 상황에 따라서는 이 요금을 청구하지 않는 경우도 있다.

(3) Over Charge

호텔의 Check-out 시간을 초과하였을 때 청구하는 요금을 말한다. 우리나라의 호텔은 Check-out 시간을 정오(12:00)로 하고 있는 경우가 많은데, 이 시간을 지나서 Check-out하는 경우에 호텔의 규정에 따라 Over Charge를 청구한다.

(4) Day Use

Day Use는 하루 중 특정한 시간만을 사용하는 경우에 발생되는 요금으로 주로 낮에 Day Use가 발생한다. Day Use의 발생 원인에는 여러 가지가 있으나 대표적으로 업무, 휴식 등을 주요 원인으로 들 수 있다. Day Use는 사용 시간에 따라서 청구되는 요금이 달라지며, 또한 호텔에서 사용 시간에 따라 규정한 지불 조건이 다르므로 이에 따라서도 요금 차이를 보일 수 있다.

기타 여러 가지의 요금 제도가 있으나, 우리가 보편적으로 접할 수 있는 객실 요금의 종류는 위에서 설명한 바와 같다. 이와 같이 객실 요금의 종류는 매우 복잡하고 다양한 양상을 보이고 있으며, 실무적으로는 이러한 요금들이 동시에 모두 활용되고 있기 때문에 객실의 요금에 대하여 정확히 이해하여야 한다.

제5장 | 현관

호텔 현관은 객실 판매와 관련한 업무를 수행하는 곳으로 호텔 현관에서는 객실 예약, 프런트 데스크, 도어와 벨 데스크의 업무에 대하여 세부적으로 직무에 따라 업무의 내용과 업무의 절차에 대하여 설명하였다. 본 내용의 기본적인 접근은 업무 담당자에 따라 어떠한 업무가 있으며, 그 업무의 내용이 무엇인지를 파악하는 것을 기본 목표로 하고 있다.

학습목표

1. 현관 부문의 주요 업무와 중요성에 대하여 이해하여야 한다.
2. 현관 부문의 각각의 업무 내용에 대하여 설명할 수 있어야 한다.

제1절 현관의 개요

현관(Front)은 사전적인 의미로 전방, 앞면, 최일선, 정면 등의 뜻을 가지고 있는 바와 같이 호텔의 현관 부문에 소속되어 있는 객실 예약 사무실과 프런트 데스크, 벨, 도어 등이 로비를 중심으로 배치되어 있고, 이들 부서는 고객에 대한 대 접객 서비스에 중추적인 역할을 담당한다. 그리고 현관이라는 말은 숙박 혹은 객실 부문에만 국한하여 생각하기 쉬운데 실제적으로 현관의 업무와 서비스는 객실에 투숙하는 고객과 관련해서만 그 업무와 서비스를 제공하는 곳이 아니라 호텔을 이용하는 전체 고객에 대하여 호텔을 대표하여 중개 역할의 기능을 담당하는 곳이라 할 수 있다.

이러한 연유로 호텔 현관 혹은 프런트를 '호텔의 꽃'이라고 표현하는데, 이것은 현관 종사원은 고객이 호텔에 들어와서 나갈 때까지 서비스와 정보를 제공하며, 고객은 또한 자신의 욕구 충족을 위해 현관 종사원에게 어떠한 요구와 문의를 하는 등 양자가 지속적으로 관계를 갖기 때문이다. 그리고 현관 종사원은 해당 국가의 언어는 물론, 업무의 숙련도가 높아야 하며, 훌륭하고 품위 있는 매너를 가지고 있어야 한다. 즉 현관은 업무의 중요성 때문에 대고객 서비스를 효과적으로 제공할 수 있는 능력과 상황에 대처하는 능력이 있는 종사원을 현관에 종사하기 때문에 호텔의 꽃이라고 칭하는 것이다.

위에서 설명한 바와 같이 현관은 그 기능과 업무의 특성상 매우 중요한 부문이다. 이러한 현관의 업무를 총괄하여 정리하면 다음과 같이 분류할 수 있다.

1. 현관은 호텔과 고객과의 Communication을 담당하여 중개하는 업무를 담당한다. 현관은 투숙객과 이용객은 물론, 전화와 팩스를 이용하여 문의하는 모든 고객과 Communication을 담당한다.
2. 객실 상품의 판매 및 이와 관련된 제반 서비스를 제공하는 업무를 담당한다. 현관은 객실 예약 및 판매 활동은 물론, 이와 관련한 각종 통계 자료와 정보 등을 산출하고 작성하여 관리한다.
3. 현관은 객실 판매와 관련하여 타 부서와의 협의 및 조정의 기능을 담당한다. 객실에 투숙하는 고객은 객실만을 이용하는 것이 아니라 투숙객의 필요에 따라서 식음료 영업장 혹은 부대 시설을 이용하게 되며, 나아가서는 연회장에서 세미나 혹은 기타 모임에 참여 또는 주최를 하게 된다. 이때 현관은 고객에게 필요한 정보와 내용을 알려주고 관련 부서와 협의 · 조정하는 기능을 담당하게 된다.
4. 현관은 투숙객의 History Card를 작성하여 고객 관리 업무를 담당한다. 현관은 고객 관리를 위하여 과거 호텔에 투숙했던 고객에 대한 History Card를 관리한다. History Card란 고객 관리 카드라고 하며, 이 카드에는 고객에 대한 신상 정보 및 호텔 이용 정보 등이 기록되어 있어 고객의 욕구와 취향 등을 쉽게 파악할 수 있다. 근래에 와서 이러한 고객 관리는 HIS(호텔 정보 시스템)를 통하여 이루어지고 있다.

이를 세분하여 업무 내용을 정리하면 다음과 같다.

1) 객실 예약 업무
2) 객실 판매 업무

3) 고객의 영접 및 환송 업무

4) 객실 배정 및 안내 업무

5) 호텔 시설물 및 주변 관광지, 기타 사항에 대한 정보 제공 업무

6) 귀중품 보관 업무

7) 현금의 출납 및 환전, 영수증 발행 업무

8) 우편물 혹은 Message 전달 업무

9) 투숙객의 안전 및 Complaint 처리 업무

10) 객실 고객 관리 업무

11) 객실 판촉 활동의 지원 업무

12) 식음료 · 연회 · 부대 시설의 판매 협조 및 조정 업무

13) 관련 부서와의 협력 체계의 유지 업무

이러한 업무 내용을 기초로 현관의 업무를 도식화하면 〈그림 5-1〉과 같다.

그림 5-1 현관의 업무

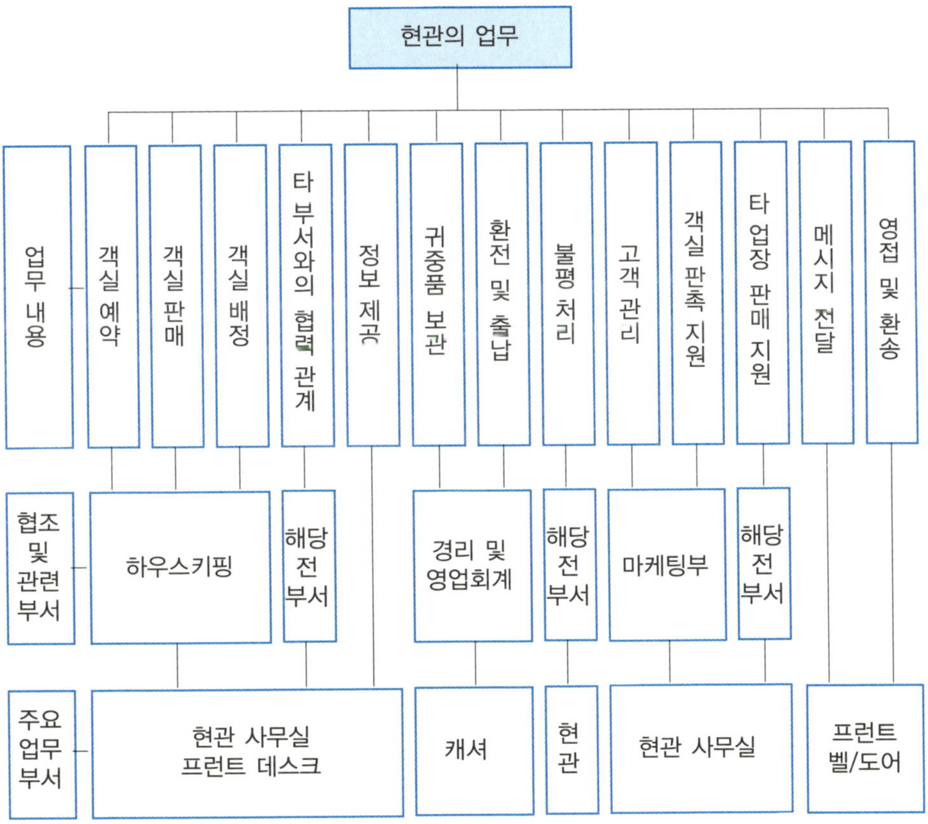

제2절 현관 관리자

1. 객실부 지배인(Room Director)

객실부 지배인은 특급 호텔의 경우, 대개 부장급 정도의 직책을 가지며, 이들은 객실에 관한 제반 사항에 대하여 총지배인(General Manager)에게 보고하게 된다.

객실부 지배인은 객실 업무를 총괄하는 직책으로 객실부 지배인의 능력과 역량은 객실부의 효율적인 운영과 성과에 직접적인 영향을 미치므로 이들의 능력은 경영 목표 달성에 크게 영향을 미친다. 그렇기 때문에 호텔의 최고 의사 결정권자는 유능한 객실부 지배인을 선발하고자 하는 것이다.

객실부 지배인에게 요구되는 직무를 개괄적으로 정리하면 다음과 같다.

1) 객실부 지배인은 타 부서와의 협력 관계를 잘 유지하여야 한다.
2) 객실부 지배인은 소속 종사원의 업무를 지휘 · 감독하여야 한다.
3) 객실부 지배인은 객실 상품에 대한 생산의 효율성과 매출의 극대화를 위하여야 한다.
4) 객실부 지배인은 객실의 시설과 설비 등에 대한 전문적인 지식과 기술을 습득하여 객실관리의 효율성을 제고하여야 한다.

이와 같이 객실부 지배인은 객실 전반에 걸친 폭넓은 지식과 기술이 요구되는 관리자로, 경영 이념 혹은 방침을 효과적으로 달성하기 위한 업무를 추진하여야 한다. 따라서 객실부 지배인은 어학 능력은 물론, 객실 관리, 고객 관리, 원가 관리, 종사원 관리 등의 전문적인 지식을 갖추어야 한다.

2. 프런트 지배인(Front Office Manager)

프런트 지배인은 프런트 데스크 및 벨 · 도어 데스크의 운영과 관리에 실무적인 책임과 권한을 가진 직책으로 객실부 지배인에게 현관과 관련한 사항에 대하여 보고할 의무를 가진다. 그리고 프런트 데스크는 투숙객들뿐만 아니라 호텔을 이용하는 모든 고객에게 정보와 서비스를 제공하게 됨으로 이와 관련한 업무를 효과적으로 수행할 수 있는 능력을 가지고 있어야 한다. 프런트 지배인은 특급 호텔의 경우 대개 과장급의 직책을 갖는 것이 보통이다.

이들이 수행하여야 할 직무를 개괄적으로 정리하면 다음과 같다.

1) 현관에 소속되어 있는 종사원을 관리하고, 이들의 교육과 지휘 · 감독한다.
2) 객실의 생산과 판매의 효율성을 제고한다.
3) 객실 정비 부문 및 기타 업무 수행과 관련이 있는 부서와 유기적인 협력 관계를 유지한다.
4) 객실의 시설과 설비 등에 대한 전문적인 지식과 기술을 습득하여 객실 관리의 효율성을 제고한다.

이와 같이 프런트 지배인은 객실부 지배인을 보좌하며, 객실의 생산과 판매와 관련한 전문적인 지식을 갖추고 있어야 한다. 또한 현관 부문 종사원들 간의 원만한 인간 관계가 유지되도록 하여야 하며, 타 부서와는 유기적인 협력 관계를 구축하여야 한다. 따라서 프런트 지배인은 어하 능력은 물론, 객실 관리, 종사원 관리, 시설 관리, 원가 관리 등의 지식과 기능을 습득하여 객실부 지배인과 함께 현관 관리의 직무를 수행하는 책임을 가진다.

제3절 객실 예약

1. 업무의 개요

Reservation Clerk은 객실 예약을 담당하여 처리하여야 하기 때문에 객실 예약과 관련한 전문적인 지식과 기술을 가지고 있어야 하는데, Reservation Clerk의 직무를 정리하면 다음과 같다.

1) 객실 예약을 접수하고, 예약 슬립(Reservation Slip)을 작성한다.
2) 연 · 월 · 일별 객실 예약 현황을 작성하고, 이와 관련한 현황을 객실부 지배인과 프런트 지배인에게 보고한다.
3) 기존 예약된 고객에 대하여 예약된 사항을 확인(Confirm)한다.

4) 객실 예약 및 판매 현황, 기타 객실과 관련한 각종 보고 서류 혹은 양식을 작성하여 관리하며 객실부 지배인과 프런트 지배인에게 보고한다.

5) 당일 Check-in하는 예약 슬립을 프런트 데스크에 인계하고, Check-out한 고객의 예약 슬립을 회수하여 정리 · 보관한다.

이와 같이 Reservation Clerk은 객실 예약과 관련한 업무를 수행하는데, 예약 업무는 현관 및 객실 부문 전체에 영향을 미치기 때문에 세심하게 다루어야 한다. 나아가서 예약의 정확성은 고객 만족 및 예약 과정에서 호텔에 대한 고객의 첫 이미지가 형성된다는 점에 유의하여야 한다.

한편, 위에서 직무를 정리한 바와 같이 예약 담당자는 사무실에서 근무하게 되므로 실무적으로는 Record Clerk과 함께 객실부 지배인 혹은 프런트 지배인의 의사 결정과 관련한 자료를 작성 · 보관하는 업무도 병행하여 수행하기도 한다.

2. 객실 예약의 개요

객실의 예약 업무는 예약 담당자의 숙련도에 따라서 호텔 전체의 수익 목표 달성에 많은 영향을 미친다. 그러므로 예약 담당자는 객실 상품에 대하여 많은 지식과 업무의 내용을 명확히 숙지하고 있어야 하며, 어학 능력은 물론, 친절한 서비스를 제공할 수 있는 마음 자세와 서비스 능력을 가지고 있어야 한다.

한편, 호텔의 객실은 비저장성 혹은 소멸성의 특성을 가지고 있으므로 당일 판매하지 못한 객실은 높은 고정비로 인하여 많은 손실을 감수할 수밖에 없는 특성을 가지고 있다. 그렇기 때문에 예약 담당자는 당일 보유 객실 수 전체를 판매하려는 마음 자세와 업무의 적극성이 무엇보다 중요하다. 즉 보유 객실 100%를 공표 요금으로 판매하고자 하는 적극적인 업무 자세가 요구되는 것이다.

호텔은 많은 수와 여러 종류의 객실을 보유하고 있다. 그리고 이들 객실은 연중 계속적으로 판매되어야만 하기 때문에 판매 가능한 객실 수와 객실의 종류를 확인하고, 매일매일의 예약 현황과 변경 내용을 수정하여 최신의 자료를 가지고 있어야 업무의 효율성을 제고할 수 있는 것이다. 물론, 이러한 데이터는 자동으로 정리되는 객실 예약 프로그램을 거의 모든 호텔이 가지고 있기 때문에 쉽게 다룰 수 있다. 그러나 자료의 입력 및 운영은 예약 담당이 주체적인 입장에서 활용하므로 주의를 게을리할 수는 없는 것이다. 또한 객실 예약 현황에 대해서도 객실 판매와 직 · 간접적으로 관련되는 모든 종사원이 숙지할 수 있도록 고지하여야 한다. 그렇게 함으로써 객실 운영과 판매의 효율성을 제고할 수 있다.

객실 예약은 매우 숙련된 기술과 지식을 필요로 한다. 예를 들어 호텔은 요일별, 월별 객실 수요량에 있어서 많은 차이가 발생하고 있는데, 객실 수요가 많은 시기와 수요가 발생하지 않는 시기를 정확히 알아야 한다. 즉 연간의 객실 소요량에 대하여 월별, 요일별, 기타 특정일(예, 일본 연휴)에 대하여 알고 있어야 하며, 또한 평균 Walk-in고객의 소요 객실 수, 객실 취소율 및 초과 예약의 범위 등과 같은 다소 불확실한 상황에 대하여도 통제를 할 수 있어야 예약 업무를 효율적으로 수행할 수 있는 것이다.

객실 예약은 그 시작과 종료가 매우 짧은 시간에 일어나기 때문에 위에서 언급한 지식과 기술은 고객의 예약 문의에 응대하는 과정에서 활용되어야 하는 어려움이 있다. 즉 예약 문의에 응대하는 순간에 예약 담당자는 객실 예약 날짜에 Walk-in고객에게 판매할 객실 수를 확보하고, 객실 취소율도 감안하여야 하며, 객실부 지배인 혹은 프런트 지배인이 가이드 라인으로 설정한 최저 객실 판매 요금을 적용하여야 하며, 요일 · 월별 평균 객실 점유율 등 객실 판매와 관련된 모든 사항이 정리된 상황에서 예약 고객을 응대하여야 하는 것이다. 그렇기 때문에 예약 업무는 풍부한 경험과 예리한 판단력, 판매 기술 및 지식 등이 집약되는 업무이며, 그러한 지식과 능력을 갖춘 객실 예약 전문가에 의해 다루어지는 것이다.

이와 같이 객실 예약은 고객에게 예약을 받아 기록해 놓는 것으로 끝나는 것이 아니라, 상황 변화에 따른 능동적인 판매 전략을 가지고 있어야 한다. 다음은 객실 예약과 관련한 업무의 주요 내용을 정리한 것이다.

1) 예약의 접수 및 예약 슬립 작성
2) 예약 사항의 전산 입 · 출력
3) 예약의 확인 및 변경

4) 예약의 취소

5) 예약금의 징수 및 처리

6) 객실 관련 회의 자료 작성

7) 예약 현황 파악

8) 객실 판촉 및 홍보, 해외 사무소와의 업무 협조

9) 예약 슬립의 프런트 인계

10) 귀빈의 예약 보고 및 기타 예약의 특이 사항 보고

11) 예약 슬립의 정리 및 분류

예약은 전화, 팩스, 텔렉스, 서신, 방문 등 여러 가지 형태로 이루어진다. 주로 이용되는 예약 형태를 간략히 정리하면 다음과 같다.

1) 전화 예약

전화 예약은 객실 예약 방법 중 가장 빈번하고 일상적으로 이용되는 수단이며, 예약이 신속하게 이루어지는 장점을 가지고 있다. 그러나 전화 예약은 고객과 간접 대면을 통한 구두로 이루어지는 것이므로 예약된 내용은 확인 과정을 거쳐 정확성을 기하여야 한다. 그리고 예약의 가능 여부는 전화 통화 즉시 확인하여 줄 수도 있으나 객실 상황이 여의치 않은 경우, Waiting List(대기자 명단)에 기입하고 예약의 가 · 부에 대해서는 가능한 한 신속하게 Confirm(확인)해 주어야 한다.

2) 팩스 예약

팩스에 의한 예약 또한 자주 이용되는 수단이다. 팩스로 예약을 처리하는 경우는 팩스에 기록된 내용을 확인하고, 이를 근거로 예약 슬립을 작성하며, 예약 가능 여부는 팩스 혹은 전화로 통보한다. 이때 예약 고객이 어떠한 수단으로 예약 확인을 하고 싶어 하는지는 팩스 내용을 확인하여 고객이 요구하는 수단으로 통보하여야 한다. 또한 팩스의 내용과 관련하여 미진한 부분이 있으면 확인하여 정리한다.

한편, 성수기와 같이 객실 수요량이 많은 경우에는 업무의 정확성과 예약 담당자와 고

객 간의 신뢰성을 증대시키기 위하여 상호 팩스로 예약을 하고 Confirm을 하는 경우가 많다.

3) 방문 예약

고객이 직접 호텔을 방문하여 객실 예약을 하는 경우이다. 방문 예약하는 것은 사용 객실 수가 많거나 혹은 식음료 또는 연회장을 동시에 이용하는 세미나 등이 함께 이루어지는 경우에 주로 이루어지는 형태로 사전 답사를 통한 수용 환경, 가격 등을 미리 점검하려는 것이다.

4) 기타

텔렉스, 서신, 전보 등을 통하여 예약을 하는 경우도 있으나 현대에는 정보 통신 기술의 발달로 인하여 거의 이용되지 않는 수단들이다.

3. 객실 예약의 절차

〈그림 5-2〉는 객실 예약의 과정의 일반적인 절차를 정리한 것이다. 〈그림 5-2〉에서 보는 바와 같이 예약 업무는 여행사, 협회 · 단체, 기업체, 개인 등의 객실 예약 원천으로부터 전화, 팩스, 직접 방문, 서신, 텔렉스 등의 수단으로 예약 요청이 발생하면서 시작되는 것이다. 예약 업무는 현관 사무실 소속인 예약 담당에 의하여 취급되며, 예약의 절차는 다음과 같다.

1단계 예약 가능 확인　　2단계 예약의 가부 결정
3단계 예약 슬립 작성　　4단계 전산 입력
5단계 예약 슬립 분류　　6단계 예약 슬립 보관
7단계 예약 완료

※ 당일 예약 리포트 출력 및 보고
※ 현재는 전산 시스템의 발달로 예약 슬립 없이 바로 전산 입력하는 호텔이 늘고 있다.

예약은 이와 같이 7단계의 과정을 거쳐서 완료된다고 할 수 있다. 그리고 당일 예약 업무는 예약 현황을 집계하여 객실부 지배인과 프런트 지배인에게 익일 보고하는 것으로 완전히 완료된다.

그림 5-2 **객실 예약의 흐름도**

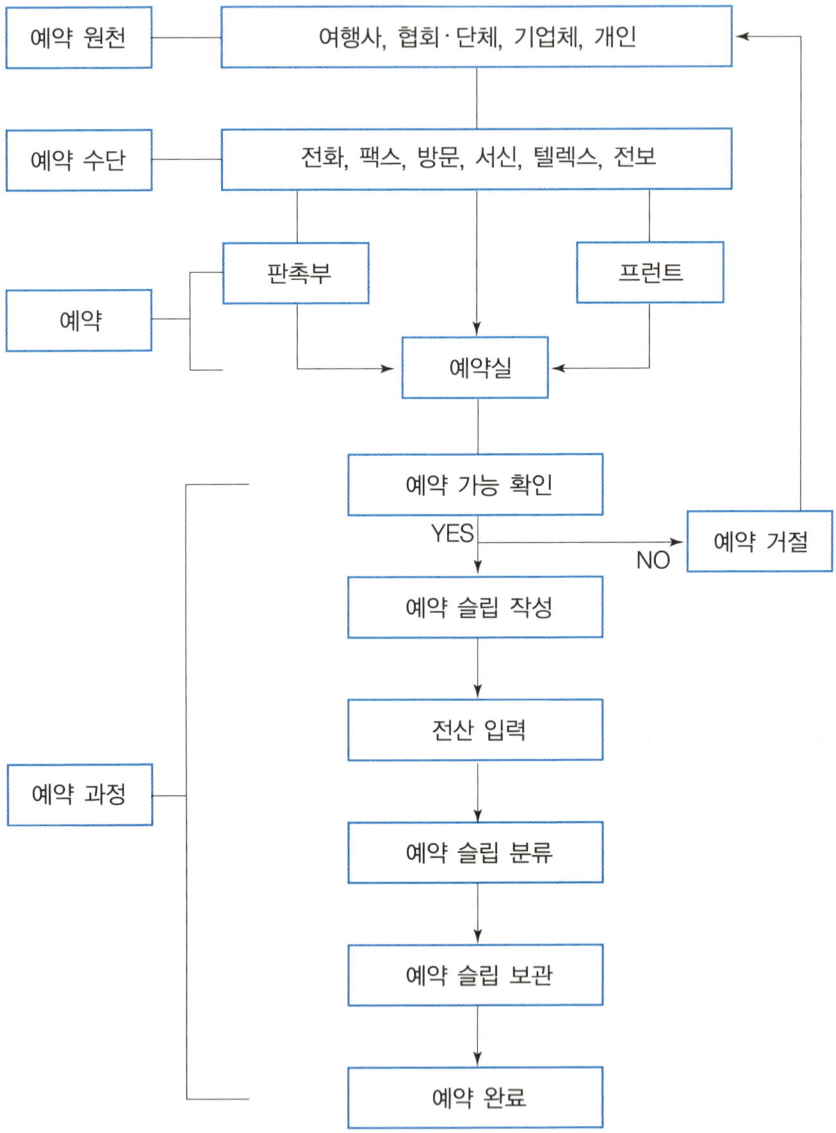

제4절 프런트 데스크

1. Room Clerk

1) 업무 내용

Room Clerk은 프런트 데스크에서 근무를 하는 직원으로 객실 판매 및 객실 배정과 관련한 업무를 주요 직무로 하고 있으며, 프런트 지배인의 지시에 따라 직무를 수행한다. 객실 판매 및 객실 배정은 단순한 업무인 것처럼 보이지만 매우 어려운 업무이다. 더욱이 객실 배정은 투숙객의 보이지 않는 성향, 예를 들면 직업, 여행 목적, 동반자 등에 따라서 세심한 주의를 기울여 객실을 배정하여야 고객의 만족을 높일 수 있다는 점에서 Room Clerk은 오랫동안의 경험과 경력을 필요로 하는 중요한 직무이기도 하다.

Room Clerk의 직무를 정리하면 다음과 같다.

(1) Room Clerk은 현관 사무실에서 당일 투숙하는 고객의 예약 슬립을 프런트 데스크로 인수한다.

(2) Check -in하는 투숙객의 등록 및 객실 배정한다.

(3) 객실 열쇠를 관리하며, 귀빈(VIP : Very Important Person) 의 투숙 시에 객실부 지배인에게 보고한다.

(4) 현관 서비스를 제공하는 종사원의 업무 지시 및 감독을 한다.

(5) 투숙객에게 우편물 전달 및 Complaint 사항에 대하여 보고하고 처리한다.

2) 등록 절차

Front하면 우선적으로 떠오르는 투숙객이 프런트에서 프런트 직원과 뭔가 이야기를 나누는 장면 혹은 고객 등록 카드를 작성하는 모습일 것이다. 이때 고객을 공식적으로 대면하는 프런트 직원이 Room Clerk인 것이다. 그러므로 Room Clerk은 고객과 공식적인 첫 대면을 하는 중요한 업무를 담당하고 있다고 할 수 있고, 바로 이 시점에서 호텔에 대한 이미지가 구체적으로 형상화되기도 한다. 따라서 프런트 데스크와 호텔의 로비는 Room Clerk이 어떻게 업무를 수행하느냐에 따라서 고객에게 호텔 분위기가 전혀 다른 모습으로 인식된다고 하여도 과언이 아니다. 이러한 이유로 Room Clerk의 직무는 궁극적으로 호텔 전체의 운영에 막대한 영향을 미친다고 할 수 있다.

Room Clerk의 업무 중 빼놓을 수 없는 것은 투숙객의 등록 카드를 작성하는 것인데, 고객이 등록하여 객실에 투숙하는 과정을 도식화하면 다음과 같다.

그림 5-3 **등록 및 입실 절차**

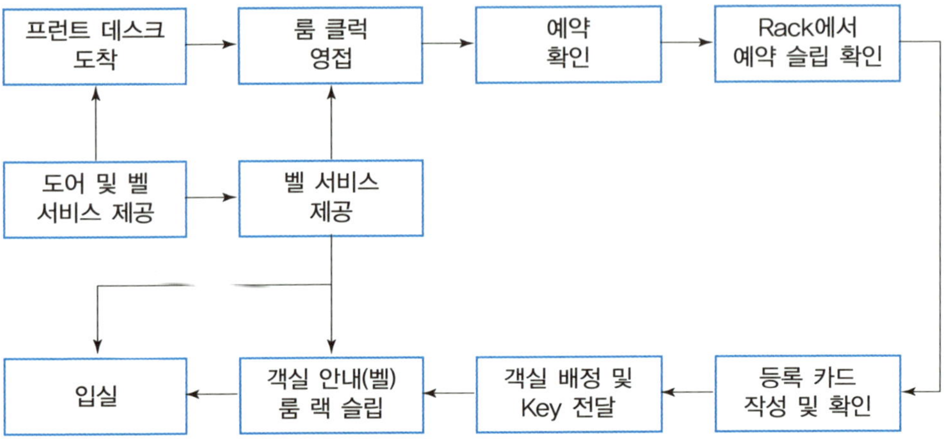

한편, Room Clerk은 전체 객실의 상황을 파악하고 있어야 하는데, 객실을 많이 보유하고 있는 호텔은 이 상황을 파악하기가 쉽지 않다. 그러한 관계로 Room Rack을 활용하여 전체 객실의 현황을 확인하게 된다. 즉 Room Rack은 객실의 판매, 정비, 공실이 객실별로 어떠한 상황에 있는지를 확인시켜주는 객실 현황 차트인 것이다.

오늘날은 이 Room Rack을 만드는 전자 기계 기술의 발달로 객실의 관리가 더욱 용이해졌는데, 전자 Room Rack은 객실의 상황에 따라서 각기 다른 색상의 불빛이 들어오도록 하여 프런트에 근무하는 전 직원이 이 Room Rack의 불빛을 보고 객실의 상황을 알 수 있도록 하였다. 즉 프런트 데스크의 Room Rack은 일반적으로 각기 다른 3가지의 불빛을 사용하여 객실 상황 전체를 파악할 수 있도록 하였는데, 예를 들면 고객이 투숙해 있는 객실에는 푸른색 전등, 객실 정비 중일 때는 황색 전등 그리고 판매되지 않은 객실인 경우에는 녹색 전등이 켜지도록 하여 보다 효율적으로 객실 관리를 할 수 있도록 하고 있다.

그림 5-4 등록 카드

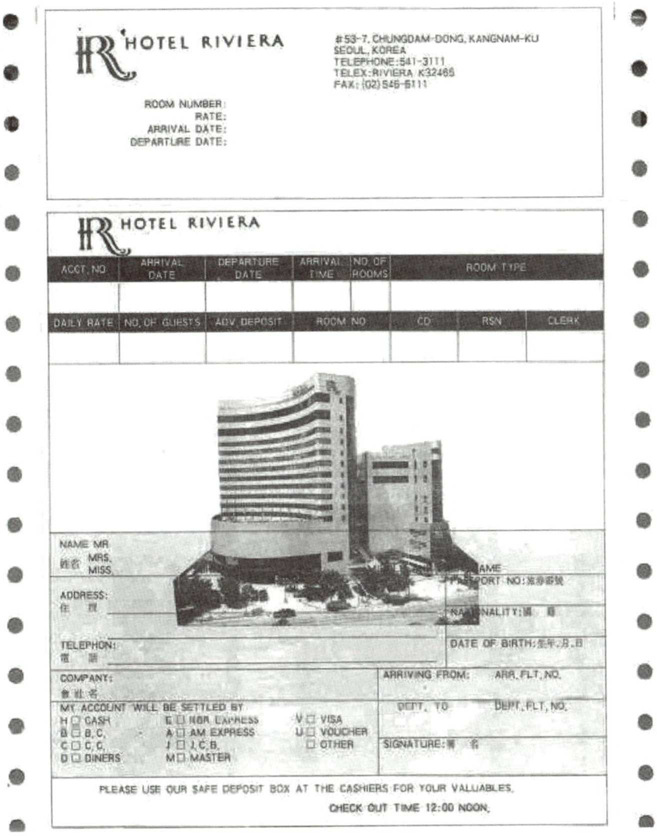
HOTEL RIVIERA

#53-7, CHUNGDAM-DONG, KANGNAM-KU
SEOUL, KOREA
TELEPHONE:541-3111
TELEX:RIVIERA K32465
FAX: (02) 546-6111

ROOM NUMBER:
RATE:
ARRIVAL DATE:
DEPARTURE DATE:

HOTEL RIVIERA

ACCT. NO	ARRIVAL DATE	DEPARTURE DATE	ARRIVAL TIME	NO. OF ROOMS	ROOM TYPE	
DAILY RATE	NO. OF GUESTS	ADV DEPOSIT	ROOM NO	CD	RSN	CLERK

NAME MR. / MRS. / MISS 姓名

ADDRESS: 住所

TELEPHON: 電話

PASSPORT NO: 旅券番號

NATIONALITY: 國籍

DATE OF BIRTH: 生年.月.日

COMPANY: 會社名

ARRIVING FROM: ARR. FLT. NO.

DEPT. TO DEPT. FLT. NO.

MY ACCOUNT WILL BE SETTLED BY
H □ CASH　E □ NBR EXPRESS　V □ VISA
B □ B.C.　A □ AM EXPRESS　U □ VOUCHER
C □ C.C.　J □ J.C.B.　□ OTHER
D □ DINERS　M □ MASTER

SIGNATURE: 署名

PLEASE USE OUR SAFE DEPOSIT BOX AT THE CASHIERS FOR YOUR VALUABLES.
CHECK OUT TIME 12:00 NOON.

3) 기본 지식

(1) 제품 분석

Room Clerk은 제품에 대한 지식을 확실히 가지고 있어야 한다. 즉 객실의 규모, 위치, 각 객실의 비품, 실내 장식 및 요금에 관하여 정확하고 새로운 사항을 알고 있어야 하는 것이다. 이러한 최신 사항을 알고 제품을 판매하기 위하여 Room Clerk은 수시로 객실을 순회할 필요가 있으며, 특히 객실 수리를 마친 후에는 반드시 돌아보고 확실히 파악을 해두어야 한다. 또한 경영주나 관리자의 경영 정책을 숙지하여 동일 목적을 향하여 호텔 경영에 협력하여야 하며, 객실 제품 이외에도 다른 식음료 제품을 정확하게 파악하여 고객의 인포메이션 요청에 응하여야 한다.

(2) 경쟁 분석

어느 기업이라도 경쟁자는 항시 존재한다. 훌륭한 룸 클락은 자기 경쟁 업체의 객실 및 부대 시설의 내용에 관해서도 숙지하고 있어야 한다. 고객이 경쟁 호텔의 객실 요금 등이 저렴하다고 항의를 제기하는 경우에도 그 이유와 장 · 단점 등에 관하여 납득이 갈 수 있는 설명 자료로 대처할 줄도 알아야 하는 것이다. 현명한 고객은 자기 스스로 제품의 우열을 판단할 줄 아는 것이다.

(3) 고객 분석

호텔의 고객에 관하여 충분한 지식을 가져야 하는 것은 단지 고객의 이름이나 안다는 것이 아니다. 고객의 인간성과 심성을 충분히 파악할 줄 알아야 한다는 점이다. 찾아온 고객이 여행에서 무척 지쳐 있을 때, Room Clerk은 등록하는 과정에서 얼마든지 훌륭한 몇 마디로 고객이 갈망하고 있는 동조자적 친구로서 깊이 또는 좋은 인상을 심어 줄 수 있는 일이다. 훌륭한 Room Clerk은 가장 훌륭한 상담역의 기능도 아울러 가질 수 있는 것이므로 부단히 인간의 전반적인 심성과 심리를 관찰하고 자기의 직무에 이용할 줄 알아야 한다.

(4) 객실 판매 착안점

❶ 고객에게 고가의 객실을 팔려는 장사꾼의 근성을 상대방에게 보이지 않도록 노력하고 주의하라.

❷ 고객이 호텔 객실 제품에 관해 충분한 지식을 가지고 있는 경우에는 제품 판매의 소구점(Selling Points)에 관해 충분한 설명과 강조를 잊지 말아야 한다.

❸ 복잡한 설명과 가격의 제시는 오히려 고객을 혼미하게 하거나 나쁜 인상을 줄 우려가 있다.

❹ 외관상으로 고객의 경제적 능력을 일차적으로 판단한 후 가능한 고가의 객실을 제시하는 경우에는 객실의 이점에 역점을 두어 판매하여야 한다.

❺ 장기 체재를 원하는 고객에 대해서는 각별한 주의로 객실 판매에 임하여야 한다.

❻ 다정한 친구를 맞이하듯 정중하게 객실의 선택을 위해 고객에게 일임하고 객실에

담긴 사연이나 귀중한 비품 · 설비 등에 관해 착실히 설명해 주어 구매 의욕을 유발토록 한다.

7. 고객이 원하는 객실을 갖고 있지 못할 때는 정중히 사과하는 어조로 미안함을 표시함과 더불어 다른 종류의 객실을 설명해 주어야 한다.

(5) 고객의 기본 불만 내용

- 예의를 모르고 불친절할 때
- 서비스가 신속하지 않을 때
- 반응이 없거나 지연될 때
- 냉정하거나 무관심을 표할 때
- 약속대로 이행되지 않을 때
- 지나치게 회사의 영리만을 추구할 때
- 간부라고 해서 거만을 부리거나 만나자고 해도 만나주지 않을 때
- 서비스 및 국적의 차별을 받을 때
- 고객의 인격이 무시당하였을 때
- 과거의 숙박 당시와 현재의 제반 숙박 조건이 일치되지 않을 때 등이다.

Room Clerk은 투숙 중인 고객이 Room Change의 요청이 있을 때 객실 현황을 파악하여 가능한 한 고객이 원하는 객실로 Room Change를 해주는 것을 원칙으로 하는데, 이때 Room Clerk은 Room Change Slip을 작성하고, Bell Man에 연락하여 고객을 안내하도록 지시한다. 〈표 5-1〉은 Room Change Slip의 예이다.

표 5-1 CHANGE SLIP의 예

CHANGE SLIP

(ROOM, RATE, PERSON, DATE) DATE. 19

. . .

ITEM	GUEST NAME	RM NO.	RATE	PERS	C/OUT DATE	RM NO.	RATE	PERS	C/OUT DATE	REMARK

NAME : TIME :

FRONT CLERK : APPROVED BY:

RO-35(180×125mm) 호텔리베라

자료 : 서울 리베라 호텔

2. Mail Clerk

1) 업무 내용

Mail Clerk은 우편물 송달업무와 Front Clerk 업무 협조를 주요 직무로 하고 있으며, 프런트 지배인의 지시를 받아 업무를 수행한다. Mail Clerk의 주요 직무를 정리하면 다음과 같다.

(1) 숙박객 혹은 프런트로 전달된 메시지 · 우편물을 취급하여 고객에게 송달한다.

(2) Room Clerk의 업무를 지원 · 협조한다.

(3) 타 부서와의 협력 관계를 유지한다.

이와 같이 Mail Clerk은 우편물 송달 업무를 주요 직무로 하고 있는데, 고객에게 전달되는 우편물 · 메시지는 상황에 따라서 긴급을 요하고 중요한 내용일 수도 있다. 따라서 메시지 · 우편물을 정확하게 전달하는 것은 중요한 업무에 해당한다. 그리고 Room Clerk의 업무를 지원하는 것을 주요 업무로 하고 있으므로 이와 관련한 지식과 기술 습득에 노력하여야 한다.

2) 업무 절차

Mail Clerk은 고객과 직원 등 호텔에 유입되는 모든 우편물의 분류와 송달의 책임을 지고 있으며, 호텔의 규모에 따라서 우편물이 양에 차이가 있을 수 있다. 특히 고객에게 전달되는 우편물은 그 내용이 매우 중요할 수도 있기 때문에 전달에 만전을 기울여야 하며, 고객이 보내는 송달 우편물도 차질 없이 송달될 수 있도록 주의를 기울여야 한다.

우편물의 종류는 대개 편지, 전보 등이 있을 수 있으며, 이들 우편물의 접수, 분류, 보관 및 발송 등과 관련한 업무가 Mail Clerk의 중요한 직무이다. 우편물 취급 업무를 발송과 접수 등으로 나누어 설명하면 다음과 같다.

(1) 고객이 가지고 온 우편물은 Front Desk의 저울에 달아 규정된 요금을 받고, 우표를 내수어 고객이 직접 Mail Box에 넣도록 한다. Fax와 Telex의 발송은 기본적으로 비즈니스 센터를 이용하여 보내도록 한다. 그러나 고객의 Fax내용이 긴급을 요하는 경우는 프런트 데스크에서 보내주고 규정된 요금을 청구한다. 그리고 Fax원본은 고객에게 전달한다. Telex의 경우는 익일 비즈니스 센터가 Open하면 인계한다.

(2) 도착 우편물은 고객 혹은 호텔 내의 직원에게 오는 우편물로 나눌 수 있는데, 이것을 우선 분류한다. 그리고 고객에게 오는 우편물은 우편물 접수 대장에 접수 날짜와 시간을 기록하고, Lamp를 켜서 우편물이 왔음을 고객에게 알리거나 혹은 Key Rack에 보관하였다가 고객에게 전달한다. 〈그림 5-6〉은 도착 우편물의 처리 과정을 도식화한 것이다.

(3) 반송될 우편물의 경우에는 반송될 사유를 적어 우체국으로 돌려보낸다.

그림 5-6 도착 우편물의 처리 과정

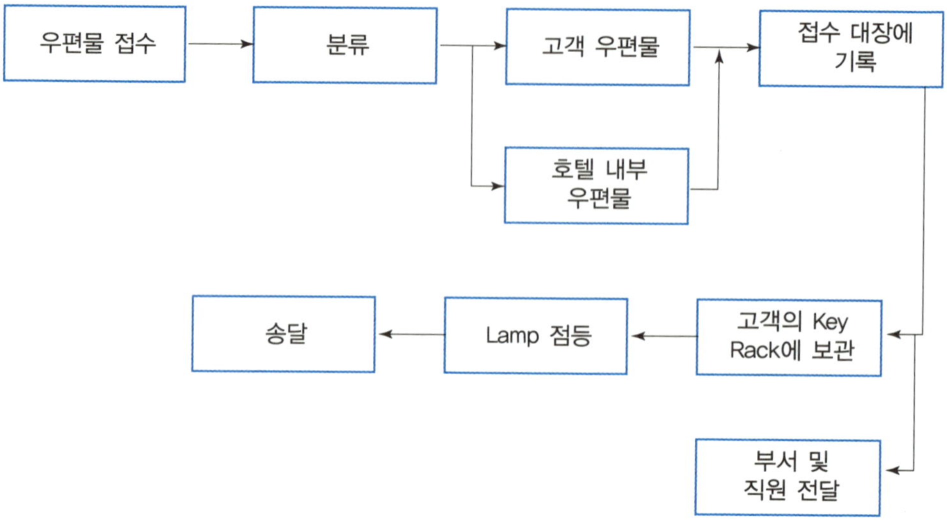

3. Information Clerk

1) 업무 내용

투숙객은 관광, 사업, 지리, 풍습, 문화 등 다양한 방면에서 많은 질문이 있을 수 있으며, 이러한 질문에 효과적으로 응대함으로써 고객의 만족을 증대시킬 수 있다는 차원에서 그 중요성이 대두되고 있는 것은 사실이다. 그러나 고객은 의문 사항에 대하여 프런트 데스크에서만 정보 욕구를 해소하는 것이 아니라 벨과 도어, 당직 데스크 혹은 교환실, 비즈니스 센터 등 다양한 부서에 문의를 하게 되며, 또한 이러한 물음에 효과적인 응대를 위하여 전체 직원에 대하여 많은 교육을 시키고 있다.

이러한 이유로 현대의 호텔들은 Information Clerk을 별도로 두어 운영하는 경우는 흔하지 않다. 단지 프런트 데스크에서 정보 욕구를 해소하려는 고객이 많으므로 프런트 데스크에서 종사하는 직원 전체를 대상으로 교육을 통한 효과적인 정보 제공에 보다 많은 노력을 기울이고 있는 것이 현실이다. 그것은 질문의 내용에 있어서도 어떤 전문적인 지식을 요하는 문의보다는 일상적이고 평범한 문의가 많다는 것에서도 프런트 전체 직원에 대한 Information 교육이 보다 효과적임을 알 수 있다.

Information Clerk은 고객 안내 업무 및 정보를 제공하는 것을 주요 직무로 하며, 프런트 지배인의 지시 하에 업무를 수행한다. Information Clerk이 제공하는 안내 서비스 및 정보 제공 서비스는 고객의 만족을 높여주는 중요한 수단이 되기 때문에 호텔과 관련하여 고객에게 요구되는 정보 · 서비스는 물론 주변 지역의 교통 관계, 관광지 등에 관한 내용을 숙지하고 있어야 한다.

Information Clerk의 직무를 정리하면 다음과 같다.

1) 호텔 이용객의 질문과 요구하는 정보에 대하여 응답한다.
2) Room Clerk이 업무가 많을 경우, Room Clerk의 업무를 지원한다.
3) 호텔을 이용하는 고객의 안내요구가 있을 경우 안내하여야 한다.

이와 같이 Information Clerk은 고객이 요구하는 정보와 서비스에 대한 안내를 주요 업무로 하기 때문에 이와 관련된 지식은 물론, 청결하고 단아한 복장을 하여야 하며, 언어에 각별한 주의를 기울여야 한다. 또한 자신이 모르는 질문이 있었을 경우에도 고객과 같이 문제를 해결하려는 자세를 갖추어야 한다.

2) 기본 지식

Information Clerk은 다음과 같은 기본적인 내용을 숙지하고 있어야 한다.

(1) 호텔 상품과 서비스

❶ 호텔 객실에 관한 사항

전체 객실 수, 객실의 종류, 객실 요금, 객실의 시설물, Check-in/out 시간, 객실 이용 시 준수 사항 및 서비스에 관한 전반적인 지식을 갖추고 있어야 한다.

❷ 식음료 시설에 관한 사항

식음료 영업장의 종류, 규모, 이용 시간, 각 식음료 영업장의 특성, 식음료 메뉴의 가격 및 특성에 관한 기본적인 내용, 식음료 영업장 지배인의 이름, 각 식음료 영업장의 주방장 이름 등 식음료 시설 이용에 부수되는 제반 사항 및 서비스의 특성에 관한 지식을 갖추고 있어야 한다.

❸ 부대 시설에 관한 사항

부대 시설의 종류, 규모, 이용 시간, 각 부대 시설의 특성, 이용 방법 및 호텔 임대 매장의 종류와 판매 상품에 관한 기본적인 지식 및 이에 부수되는 서비스 내용에 관하여 숙지하고 있어야 한다.

❹ 기타 호텔에 관한 사항

총지배인을 비롯한 간부들의 이름, 고객이 요구하는 호텔 정보를 확인할 수 있는 Route, Membership 제도 및 이와 관련한 서비스 등을 숙지하고 있어야 한다.

(2) 호텔 외부 정보

❶ 교통 · 지리

항공기, 지하철, 대중교통 노선, 렌터카 이용 방법을 숙지하고 있어야 하며, 주변 지역의 교통 노선 지도를 가지고 고객의 문의에 응대하여야 한다.

❷ 비즈니스 업무와 관련된 사항

각국의 대사관 위치 및 전화 번호, 주요 관공서의 위치 및 전화 번호, 상공 회의소, 은행, 무역 대리점 협회, 환율, 기타 비즈니스 활동에 요구되는 정보를 요구할 때, 이 욕구를 충족시켜줄 수 있는 지식과 정보를 확인할 수 있는 Route에 관한 제반 사항을 숙지한다.

❸ 주변 관광 자원

호텔 주변 혹은 인근 지역의 관광 자원 및 자원의 특성, 이용 시간, 이용 방법, 접근 교통 노선, 주요 음식점 등에 관한 정보를 숙지하여야 한다.

❹ 기타 사항

국가의 사회, 문화, 교육, 경제 등과 관련한 기본적인 지식 및 공통적인 지식, 세계적인 이슈가 되는 내용에 관한 사항, 인근 지역 종합 병원의 전화 번호 등과 관련한 내용을 숙지하여야 한다.

이와 같이 Information Clerk은 고객이 요구할 수 있는 정보의 내용을 알고 있어야 하며, 자신이 모르고 있더라도, 이를 확인하여 줄 수 있는 Route에 대해서 숙지하여야 한다. 고객이 요구하는 정보에는 어떠한 범위가 없다. 따라서 Information Clerk은 고객이 요구할 수 있는 정보에 관심을 기울여 이를 습득하는 데 많은 노력을 아끼지 않아야 하며, 다방면의 책과 잡지 혹은 신문 기사를 가까이 하여 교양을 쌓아야 한다.

(3) Message 취급

Message는 고객과 상대방이 직접 대면할 수 없는 경우에 긴급을 요하는 사항이나 기타의 이유에 의하여 사용되는 수단이다. 특히 메시지는 그 내용에 따라서 시간의 제약을 요하는 것도 있고, 중요한 내용일 수도 있기 때문에 정확하게 처리되지 않으면, 상황에 따라서는 고객에게 심각한 정신적 · 육체적 긴장 혹은 물질적 손실까지도 발생할 수 있다. 그렇기 때문에 Message는 중요하게 다루어져야 하며, 정확한 전달을 위하여 세심한 주의를 기울여야 한다.

메시지는 전화, 호텔의 프런트 데스크 방문, Fax, 기타 통신 수단 등 여러 가지 경로로 프런트 데스크에 전달되는데 이를 처리하는 방법은 다음과 같이 정리할 수 있다.

❶ 외부에서 고객에게 전달하는 메시지

선화, 팩스, 방문객 메시지는 메시지를 전달하려는 사람의 메시지 내용을 듣고 이를 확인하여 기입한다. 그리고 그 메시지를 메시지용 봉투에 넣고, 봉투에 고객의 Room No.와 성명을 기입한 다음 해당 객실 번호의 Key Rack에 넣고 Message Lamp를 켜서 메시지가 와 있음을 알린다.

이때 주의할 사항은 고객의 성명과 객실 번호를 명확히 확인하여야 하며, 외국인인 경우는 가능한 한 Full Name을 받아 다른 사람과 혼돈하지 않도록 주의하여야 한다. 또한 메시지 내용을 잘 듣지 못하였을 경우에는 다시 물어서 확인하여 정확하게 내용이 전달될 수 있도록 한다. 〈표 5-2〉는 Message 양식의 한 예이다.

표 5-2 MESSAGE

Message

객실 번호
Room No. ____________

TO : ______________________ 님

日 時 : 　　　　　時 間
DATE 　　　　　　TIME

While you were out, you had a phone call from :

FROM : ____________

連絡處 : 　　　　　電話番號 :
PLACE 　　　　　TEL. NO.

ㅁ전화왔었습니다.(お電話がございましだ゚)
• Telephoned
ㅁ다시 電話드리겠습니다.(又, お到しまず゚)
• Will call you again.
ㅁ電話주시기 바랍니다.(お電話下さぃませ゚)
• Want you call back(Immediately)
ㅁ訪問했었습니다.(ご訪問になりましだ゚)
• Visited

內 容 :
MESSAGE ____________

감사합니다(ありがとうございまず゚)
THANK YOU.

접 수 자 :
CLEAK

자료 : 리베라 호텔

❷ 숙박 고객이 방문객에게 전달하는 메시지

숙박 고객이 호텔에서 방문객을 만나기로 하였다든지 혹은 기타의 이유로 메시지를 전달할 수 있는데, 고객은 방문이 예정된 고객에게 메시지를 전달하려는 경우는 대개 객실 외의 다른 영업장에 있어 그 영업장으로 안내해 달라는 것이다. Information Clerk은 고객이 방문객에게 전달하려는 내용을 정리하여 보관하였다가 방문객에게 전달한다. 고객이 방문객과의 약속을 피치 못할 이유로 취소하는 경우도 마찬가지 방법으로 방문객에게 전달한다. 숙박 고객이 외부 방문객에게 남기는 메시지는 WHERE AM I 에 작성한다. WHERE AM I의 양식은 〈표 5-3〉와 같다.

표 5-3 WHERE AM I

WHERE AM I!

ROOM NO. : ________________ NAME : ________________

DATE : ____________ TIME : ________________

* Expecting Tel. Call or Visitor : ________________________

* Gone For : ________________ TEL. ________________

* Will Be Back By : ________________________

B2	1st
□ Swimming Pool	□ Coffee Shop
□ Beauty Shop	□ Lobby Lounge
□ Woman' s Sauna	□ French Rest.

B1	2nd
□ Night Club	□ Japanese Rest.
□ Game Room	□ Chinese Rest.
□ Barber Shop	
□ Health Club	14th
□ Korean Rest.	□ Sky Lounge
□ Men' s Sauna	□ Buffet Rest.

MESSAGE

In case you are expecting any message or visitor after leaving your room. Please fill in and leave this slip at the FRONT DESK.

Clerk ________________

자료 : 리베라 호텔

한편, 고객이 Check-out한 후에 메시지가 프런트 데스크에 전달되는 경우는 가능한 접수하지 않고, 부득이 호텔에서 전달하여야 하는 경우에는 방문객이 요구하는 지정된 경로로 전달하는 것이 바람직하다. 그리고 고객이 Check-in하기 전에 메시지가 전달되는 경우에는 고객이 프런트 데스크에서 등록할 때 전달한다.

(4) Will Call For 취급

Will Call For는 고객이 호텔 밖으로 외출 또는 Check-out하면서 외부의 다른 사람에게 전달해 달라고 맡기는 전달 물건을 말한다.

고객이 물건 전달을 요청할 때는 다음과 같은 사항에 주의하여 처리한다.

❶ 투숙객의 성명, 객실 번호 그리고 찾아갈 사람의 이름과 전화 번호 혹은 연락처를 확인한다.
❷ 접수한 물건의 품명과 수량을 확인한다.
❸ 물건을 전달할 때는 Will Call For 기록 대장의 기재 사항과 상이한 점이 없는지 사전에 확인한 후에 서명을 받고 전달한다.
❹ 전달할 기간이 지난 후에도 물건을 찾으러 오지 않는 경우는 연락하여 찾아가도록 조치한다.

4. Night Clerk

1) 업무 내용

Night Clerk은 야간 프런트 데스크의 업무를 총괄하는 직무를 수행하는데, 야간에는 객실부 지배인 혹은 프런트 지배인 등이 부재 중인 관계로 이들을 대신하여 야간 프런트 업무를 총괄하기 때문에 상황에 따른 대처 능력과 프런트 데스크 업무에 숙련도가 높아야 한다. Night Clerk의 직무를 정리하면 다음과 같다

(1) Night Clerk은 야간의 프런트 데스크 업무를 총괄하는 직무를 갖는다. 즉 야간에 근무하는 프런트 데스크 및 벨과 도어 등의 접객 종사원을 관리 · 감독한다.

(2) 객실 판매 현황을 작성하고, 객실 열쇠(Room Key)를 관리 · 점검한다.

이와 관련한 Night Clerk의 직무를 구체적인 내용은 다음과 같다.

❶ Night Clerk은 주간 근무자로부터 업무를 인수받아 객실의 판매 및 객실 판매와 관련된 각종 보고서를 작성한다.

❷ 그 날 투숙한 VIP Guest의 Check-in이 완료되면, 투숙 중인 VIP의 현황을 파악하고, 이들의 욕구가 무엇인지를 확인하여 이에 대응하여야 한다.

❸ Night Clerk은 Walk-in Guest를 위한 객실 확보 및 객실 매출을 극대화하기 위하여 투숙 예정 시간이 지난 고객에 대해서도 정리하여야 한다. 즉 예약슬립에 기재된 연락처로 객실 투숙 여부를 확인하고, 변동이 생기면 바로 예약을 취소하고 Walk-in Guest에게 객실을 판매할 수 있도록 준비한다. 그리고 No-Show가 발생하는 경우 역시 마찬가지이다. 또한 비어있는 객실(Vacant Room)과 투숙 중인 객실(Occupied Room)의 Key 유 · 무를 확인한다.

❹ Key Rack에 있는 Message 혹은 우편물 등을 확인하여 전달되지 않은 것은 Bell Man 등을 시켜 투숙 중인 고객에게 전달한다.

❺ 각종 보고서를 작성한다.

❻ Sleep Out Room을 Check한다(Sleep Out Room이란 판매된 객실로 되었으나 Key가 Key Rack에 그대로 있고, 고객이 없는 객실을 말한다). Sleep Out Room은 대체로 두 가지 상황으로 나누어 설명할 수 있는데, 하나는 객실에 고객도 짐도 없고 고객이 다시 들어오지 않는 경우이다. 이때는 그때까지의 계산을 확인한 다음 Check-out 처리를 한다. 그리고 고객이 Deposit을 한 금액 중 남은 금액이 있으면 이것으로 정산 처리를 하며, 만일 남은 금액이 없다면 고객의 연락처로 연락하여 정산할 수 있도록 조치한다.

다음으로 객실에 고객은 없고 짐만 그대로 남아 있는 경우인데, 이때는 다시 Key를 회수하여 Key Rack에 보관한다. 그 이후에도 고객이 들어오지 않으면 일단 고객의 Deposit 여부를 확인한다. 그 결과 사전 지불(Advance Pay)을 하였거나 Credit Card를 Open(카드에 서명만 하는 경우)한 상황이라면 숙박 고객으로 마감을 하지만 그렇지 않을 경우는 야간 당직 지배인에게 보고하여 일단 당일 판매하지 않은 것으로 처리한 후 프런트 지배인에게 보고한다.

(3) 야간 투숙객의 불평 사항 처리 및 화재 예방의 직무를 갖는다.

(4) 야간 투숙객을 환송하는 직무를 담당한다.

이와 같이 Night Clerk은 프런트 지배인을 대신하여 프런트 데스크의 업무를 총괄하여 관리하는 중요한 직무를 담당하는 것이다.

2) 보고서 작성

Night Clerk은 자정 0시를 기준으로 각종 보고서를 작성하게 된다.

Night Clerk이 작성하는 객실 판매 일보(Daily Room Report)는 당일 객실 판매에 대한 종합 보고서로 객실 부문의 영업 내용을 분석하는데 중요한 자료가 된다. 이 보고서에는 객실별 판매 객실 수, 객실별 판매 단가, 객실별 평균 판매 단가, 총판매 객실 수, 객실 점유율, 전체 객실의 평균 판매 단가 및 투숙 고객의 수 등이 기록되어 있으며, 컴퓨터에 프로그램 된 내용에 따라 전년, 전월 등의 기록과 비교할 수도 있다.

이외에 Night Clerk이 작성하는 Report의 예를 정리하면 다음의 〈표 5-4〉와 같다.

표 5-4 **객실 판매와 관련된 Report**

구분	Report명	내용	비고
1	Guest Registration	이미 Guest History에 등록된 사람이면 도착일 하루 전 숙박 기록부를 찍어 손님으로부터 다시 작성하는 불편을 덜어준다.	
2	Room Status	Rm No.별로 객실 현황을 일목요연하게 객실 종류, 국적, 이용 객실 수, 객실 요금 등을 기록	
3	Daily Room Report	객실 종류별 연, 월, 일별 통계 보고서	
4	Actual Arrival List	익일 도착할 Guest의 명부	
5	Departure List	Check-out할 Guest의 명부	
6	In-house Guest List	투숙객 총 명부	
7	In-house Group Break-down	Group 투숙객의 객실별 집계표	

구분	Report명	내용	비고
8	Country of Origin	국적별 Guest 현황	
9	No-show List	당일 투숙 중인 Guest 중 아직 도착하지 않은 인원	
10	Group Movement Status	Group 투숙객의 Morning Call Time 및 식사 시간 등을 발췌하는 Report	
11	Long Term Guest	15일 이상 장기 투숙객 명부	
12	A/R Daily Transfer Report	후불이 발생한 내용에 대한 보고서	
13	Transaction Code Summery Report	객실 현황에 대한 요약보고서	
14	Room Revenue Report	객실 매출 보고서	
15	Cash Received Report	고객이 현금으로 정산한 금액에 대한 보고서	
16	Exchange Report	환전 보고서	

자료 : 원융희, 호텔실무론, 백산출판사, 1997. 참고 재구성

〈표 5-4〉에 제시된 보고서 이외에 Balance Check Report, Open Balance Report by Room, Payment Report, Posting Correction & Adjustment Report, Tax Exemption Report, Deposit Paid Today 등 약 20여 가지의 보고서를 작성한다.

5. Door Desk

1) 업무 내용

Door Man은 호텔 현관 외부에 위치하여 고객의 영접 및 주차 관리를 주요 직무로 하고 있으며, 현관 서비스 캡틴의 지시를 받아 업무를 수행한다. Door Man은 Bell Man과 같이 현관에서 대 접객 서비스를 제공하는 업무를 담당하고 있기 때문에 호텔의 첫 이미지를 형상화시키는 데 중요한 영향을 미친다.

Door Man의 직무를 정리하면 다음과 같다.

첫째, 고객을 영접하고 차량 유도 및 주 · 정차 관리를 한다.

둘째, 고객을 환송하고 차량 호출 혹은 Valet(Parking) Service를 제공한다.

2) 업무 절차

도어 데스크는 고객이 호텔에 도착하면 최초로 영접을 하고, 고객이 투숙 후 마지막으로 호텔 직원이 환송하는 곳으로 호텔의 상징적인 역할을 하는 중요한 업무를 수행하는 곳이다. 이곳에서 근무하는 도어 맨의 구체적인 업무의 내용은 다음과 같다.

(1) 투숙객 영접 서비스

도어 맨은 호텔에 도착하는 고객의 차량 문을 열어주어 영접하면서 고객의 하차를 도와주며, 고객의 짐을 내린다. 그리고 Bell Man에 연락하여 고객을 안내하도록 한다.

영접 서비스의 절차는 다음과 같다.

첫째, 고객의 차량이 도착하면 정중히 인사하고, 차량의 문을 열고 하차를 도와주며 영접한다.

둘째, 고객이 차량에서 하차 시에 화물의 유 · 무를 확인하여 화물이 있는 경우, 화물을 내리고 현관으로 안내한다.

셋째, 고객의 도착을 Bell Man에 알려 고객을 인계한다. 이때 Bell Man이 바쁘거나 자리에 없어 현관으로 나오지 못하는 경우는 로비까지 고객을 안내하여 벨 데스크에서 Bell Man에게 인계한다.

넷째, 고객이 주차 서비스를 원하는 경우는 고객에게 차량의 Key를 받아 주차하고 키를 보관한다.

도어 맨의 영접 서비스를 도식화하면 다음과 같다.

그림 5-7 투숙객 영접 서비스

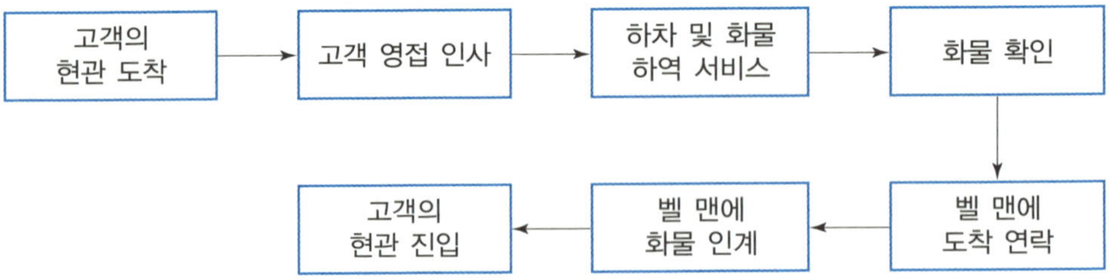

(2) 투숙객의 환송 서비스

고객이 Check-out 절차를 마치고, Bell Man의 안내를 받아 현관에 나오면서 환송 업무가 시작된다.

환송 업무는 다음과 같은 절차에 의하여 진행된다.

첫째, 고객에게 다가가 정중히 인사를 건넨 후 화물의 유 · 무를 확인한다.

둘째, 고객에게 대기 차량의 유 · 무를 확인한다. 대기 차량이 있는 경우는 방송을 통하여 차량 번호를 불러 호텔 로비로 진입할 것을 알린다. 차량이 없을 경우 Call Tax 혹은 기타 교통 수단의 이용 여부를 확인하고, 이용을 원하면 차량을 수배하여 현관으로 진입시킨다.

셋째, 자동차가 도착하면 화물을 차량에 싣고, 화물이 정확히 차량에 적재되었는지를 고객에게 확인한다.

넷째, 자동차의 문을 열어 고객을 승차시키고, 정중히 인사한다.

그림 5_8 **투숙객 환송 서비스**

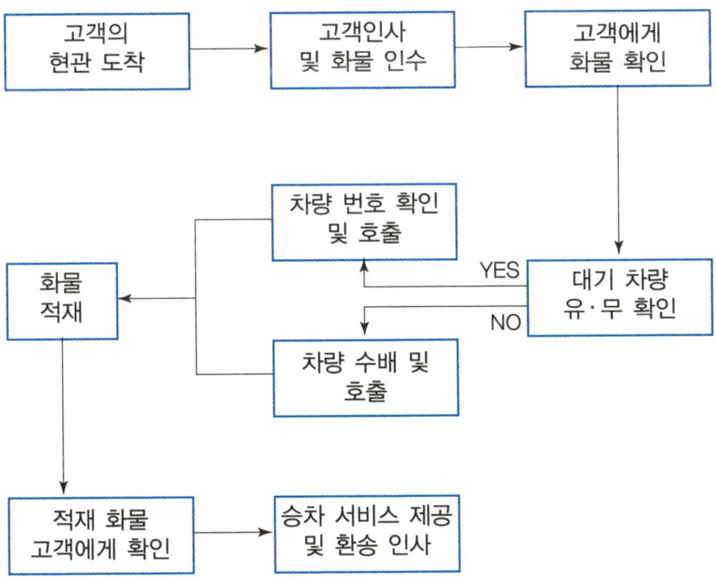

만일 투숙 중인 고객이 외부의 다른 지역을 방문하여야 할 경우 그리고 그 지역의 지리 및 교통 수단에 사전 지식이 없을 경우에 호텔의 Front Desk 혹은 Door Desk에서 안내를 요청하는 상황도 많이 발생한다. 이때 Call Tax 기사 또는 고객에게 다음과 같은 양식을 작성하여 전달하면 고객은 안전하게 목표 지역에 이를 수 있을 것이다. 〈그림 5-9〉는 고객을 목적지까지 안내하는 Guide Map이다.

그림 5-9 Guide Map

호텔리베라	이 분을 아래로 안내하여 주십시오. 감사합니다. Please Guide Our Guest to The Following Place. Thank You. 下記の場所へ ご案内下さい
53-7 Chongdam-Dong, Kangnam-Ku, Seoul, Korea. Tel:(02)514-3111 Fax:(02)546-6111 · E-mail:riviera@users.unitel.co.kr	

出 發 豫 定

Rm No.	M
Date	Time
Add.	
RO-30(155×80mm)	
	호텔리베라

자료 : 서울 리베라 호텔

(3) Valet Service

고객의 편의를 위하여 주차 대행 서비스를 제공하는 것을 Valet Service라고 한다.

Valet Service는 차량 인수와 인도의 두 가지 경우가 있는데, 다음의 절차에 의하여 수행한다.

❶ 자동차 인수 Valet Service

- 자동차가 도착하면 고객의 운전석 옆문으로 간다.
- 왼손으로 문을 열고, 밝은 표정으로 인사한다.
- Tag을 발부하여 고객에게 전달하고, 자동차의 외부 상태를 확인한다. 이때 자동차에 이상이 있는 경우는 고객에게 확인시킨다.
- 자동차 내에 귀중품의 유 · 무를 고객에게 확인한다.
- 자동차를 주차장에 주차하고, 주차 위치 및 차량 번호를 기록하여 key와 함께 도어 데스크에 보관한다.

그림 5-10 **자동차 인수 Valet Service**

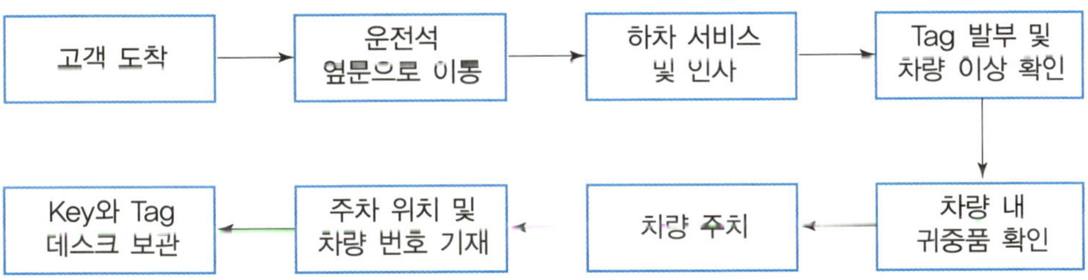

❷ 자동차 인도 Valet Service

- 고객에게 인사하고, Tag를 받고 차량번호를 확인한다.
- 도어 데스크에서 Tag를 받아 Key와 차량 번호를 고객에게 확인한다.
- 주차장에서 차량을 운전하여 현관에 주차한다.
- 키는 자동차에 꽂아두고 자동차에서 내린 후 고객을 자동차로 안내한다. 그리고 자동차의 이상 유 · 무를 확인한다.
- 운전석의 문을 왼손으로 열고, 고객을 승차 서비스를 제공한다.
- 환송 인사와 함께 자동차의 문을 가볍게 닫는다.

그림 5-11 자동차 인도 Valet Service

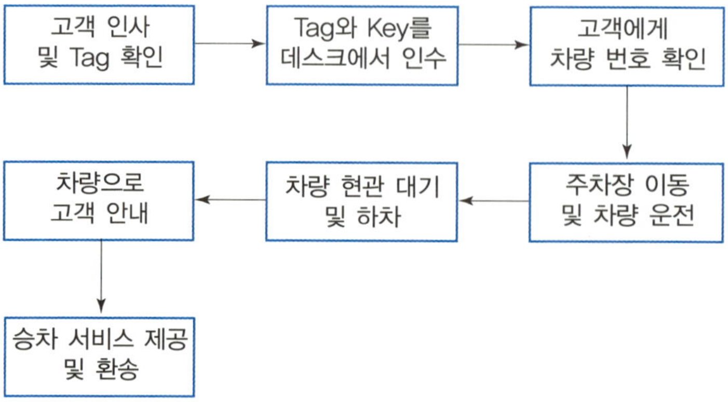

이와 같이 도어 맨은 투숙객과 일반 영업장 이용객에 대한 영접 및 환송 서비스와 Valet Service를 주요 업무로 하고 있다. 이외에 현관의 차량 질서 유지 및 주차 안내 서비스를 제공하며, 현관의 청결을 유지하는 직무를 수행한다.

오늘날 대도시 지역에 있는 대부분의 호텔들은 투숙객과 이용객을 제외한 고객에게 주차 요금을 징수하고 있는 관계로 도어 맨이 주차 티켓을 발행하지 않고 있는 실정이며, 자주 이용하는 고객에게 무료 주차 티켓을 제공하고 있다.

6. Bell Desk

1) 업무 내용

Bell Man은 현관의 로비 안쪽에 위치하여 로비에서 호텔의 방문객 혹은 투숙객에게 서비스를 제공하는 것을 주요 직무로 하고 있으며, 현관 서비스 캡틴에게 지시를 받아 업무를 수행한다. Bell Man의 직무는 다음과 같이 정리할 수 있다.

(1) 방문객 혹은 투숙객들이 요구하는 서비스를 로비에서 제공하는 직무를 담당한다.

(2) 투숙객의 객실 등록이 끝나면 고객을 객실까지 안내하고, 수하물을 운반한다.

(3) 프런트 데스크 혹은 현관 서비스 캡틴으로부터 받은 메시지와 우편물을 (객실)고객에게 전달한다.

(4) 로비의 청결 상태를 유지한다.

이와 같이 Bell Man은 로비에서 대 접객 서비스를 담당하는 주요 직무를 갖는다. 따라서 고객의 욕구에 부합하는 서비스를 제공할 수 있는 능력과 기술을 보유하고 있어야 하며, 항상 신체를 정결하게 하여 고객으로 하여금 우호적인 인상을 줄 수 있도록 하여야 한다.

일반적으로는 Bell Man 중에서 포터(Porter) 업무를 담당하게 되는데, 포터는 화물을 운반하는 사람을 의미하는 것으로 현관 서비스 캡틴의 지시를 받아 업무를 수행한다. 따라서 포터는 고객의 화물 운반 및 안내 등 현관 서비스 업무가 원활히 이루어지도록 하는 직무를 담당한다. 이와 같이 Bell Man은 호텔 로비에서 유니폼 서비스를 제공하는 것을 주요 업무로 하고 있다. 즉 호텔을 출입하는 모든 고객에게 안내, 수하물 운송 및 보관, 우편물 · Message 전달, 호텔 로비의 정리 정돈 등을 하며, 실무적으로는 현관 서비스 지배인 혹은 캡틴의 지시를 받아 업무에 임한다. 이들의 업무 내용을 요약하여 도식화하면 〈그림 5-12〉와 같다.

2) 업무 절차

Bell Man은 호텔 로비의 지정된 장소에서 바른 자세, 밝은 표정으로 대기하면서 고객이 요구하는 서비스를 제공한다. 특히 Bell Man은 고객이 호텔 내부로 진입하였을 때, 처음으로 대면하는 최일선 종사원으로 Bell Man의 서비스 숙련도와 매너는 고객에게 전체 호텔 종사원의 서비스 수준을 판단하게 하는 결정적인 요소가 된다는 것을 잊지 말아야 한다.

Bell Man의 업무와 관련한 실무적인 내용을 정리하면 다음과 같다.

(1) Check-in Service

Bell Man의 투숙객에 대한 안내 서비스는 다음과 같은 절차에 의하여 진행된다.

첫째, 투숙객이 도착하면 현관 안쪽에서 대기하고 있던 Bell Man은 고객을 정중한 인사로 맞이하고, 고객의 짐의 유 · 무와 짐의 크기 등을 확인한다.

둘째, 고객의 수하물을 확인하고 고객의 짐을 받아 든다. 이때 짐의 중량이 많이 나간다든지 혹은 짐의 수가 많은 경우는 Wagon 혹은 Cart에 짐을 조심스럽게 싣는다. 그리

그림 5-12 Bell Man의 업무

자료 : 원융희, 호텔실무론, 백산출판사, 1997. 참고 재구성

고 만일 수하물이 작고 가벼운 경우는 고객에게 정중히 손에 들고 있는 것을 '도와 드리겠습니다' 라고 말하고, 고객이 이에 응하는 경우에만 짐을 받아 든다.

셋째, 짐을 받아 들고 고객보다 2~3보 앞장서서 프런트 데스크로 안내한다.

넷째, 고객이 프런트 데스크에서 숙박 등록 카드를 작성할 때까지 2~3보 뒤에서 Baggage Tag를 부착하고 등록 절차가 끝날 때까지 대기한다.

다섯째, 등록이 끝나면 Room Clerk으로부터 Name Card와 Room Key를 받아 객실 번호를 말하고 엘리베이터로 안내한다.

여섯째, 엘리베이터가 오면 엘리베이터 안의 고객이 나올 때 가볍게 인사하고, 고객이 다 내린 후 고객을 먼저 안내하고 엘리베이터에 오른다. 그리고 엘리베이터에 오를 때나 내릴 때는 가려는 층을 고객에게 알려준다. 엘리베이터 안에서는 호텔의 시설이나 이용 방법, 기타 가벼운 정보를 제공하고, 고객의 관심사에 대해서 정보를 제공해주는 것이 좋으며, 이때 이름을 불러주면 더욱 친밀감을 형성해 주어 좋은 인상을 남길 수 있다.

일곱째, 엘리베이터의 문이 열리면 객실의 방향을 고객에게 알려주고, 고객보다 2~3보 앞장서서 객실로 안내한다.

여덟째, 객실 앞에 도착하면 Bell은 2번 정도 누른 후 아무런 응답이 없을 때 Room Key를 이용하여 문을 열고 먼저 객실에 들어간 후 고객을 객실로 안내한다.

아홉째, 수하물을 고객이 원하는 장소에 놓고, 객실 커튼을 열고 객실의 정비 상태를 확인한다. 만일 객실 비품 및 설비에 이상이 있을 경우는 즉시 프런트 데스크에 알리고, 이에 상응하는 조치를 취한다. 그리고 고객에게 객실의 설비와 비품의 이용 방법을 알려준다.

열째, 마지막으로 편히 쉬라는 말과 함께 불편한 점이 있으면 연락해 줄 것을 부탁하고 객실 문을 조용히 닫고 나온다.

이러한 Check-in 서비스 업무를 간략히 도식화하면 다음과 같다.

그림 5-13 Check-in Service

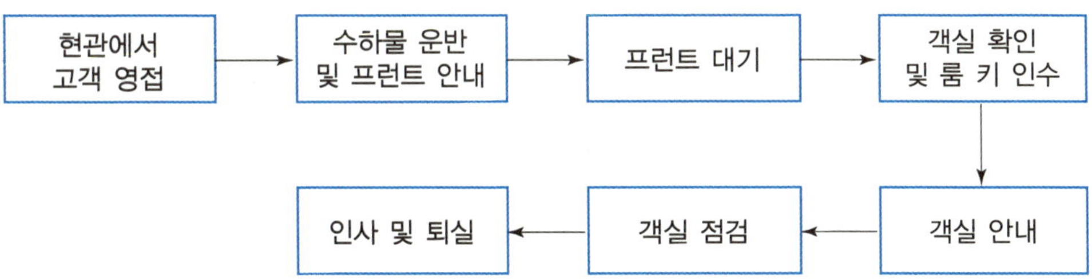

Check-in 서비스를 제공할 때 고객이 VIP인 경우는 벨 캡틴이 하는 것이 좋으며, 단체 고객이 투숙할 경우는 짐이 많으므로 운반 시 파손에 주의를 기울여야 한다.

(2) Check-out Service

Check-out 서비스는 고객이 Baggage Down을 요청하면, Bell Captain은 객실 번호와 짐의 수량을 확인하여 Slip을 작성하고 Bell Man에게 Baggage Down을 지시한다.

Bell Man은 다음과 같은 절차에 의하여 Check-out 서비스를 제공한다.

첫째, Bell Captain으로부터 객실 번호와 짐의 수량이 적혀 있는 Slip을 받는다.

둘째, Slip에 적혀 있는 객실로 가서 Bell을 누른다.

셋째, 고객에게 Check-out 하는지를 확인하다.

넷째, 고객의 짐을 확인하고, 혹시 고객이 두고 가는 물건이 없도록 객실을 살핀다.

다섯째, Wagon에 고객의 짐을 싣고 프런트 캐셔(Cashier)에게로 안내하여 정산하도록 한다. 안내하는 동안 호텔에서 불편한 점이 없었는지를 확인하는 것도 좋은 일이다.

여섯째, 고객이 정산이 완료될 때까지 2~3보 뒤에서 대기한다.

일곱째, 정산이 끝나면 현관으로 안내하여 고객의 차량에 짐을 싣고, 정중한 환송 인사를 한다.

이상과 같은 Check-out Service를 간략히 도식화하면 다음과 같다.

그림 5-14 Check-out Service

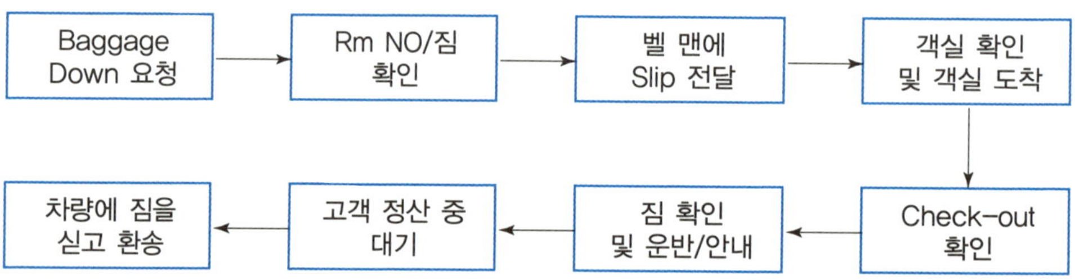

(3) 수하물 보관 서비스

투숙객이 짐을 보관해 달라는 요청이 오면, 고객의 짐을 보관하는 서비스를 제공하게 된다. 고객의 짐은 일반적으로 24시간을 기준으로 구별하여 정리할 수 있다. 그리고 고객의 짐 보관은 투숙객에 한하여 보관해주는 것을 원칙으로 한다. 단 Check-out을 하면서 짐 보관을 요청하는 경우도 있는데, 이때는 Baggage Tag에 객실번호, 내용물, 성명, 수량, 담당자 서명, 날짜 등을 상단과 하단에 기입하고, 하단을 고객에게 전하고 상단은 짐에 부착하여 보관한다.

물품을 보관할 때, 다음의 사항에 유의하여 수하물 보관 업무를 수행한다.

첫째, 물품 보관 시 Baggage Check에 물품의 입고일, 수량, 색상 등을 기록하고, 화물에는 화물에 부착할 Baggage Tag를 상 · 하단에 상세히 기록하고, 취급자의 서명 후 고객에게 Tag하단을 전달한다.

둘째, 물품 보관 시 보관 기간을 확인하여 보관 기간에 따라 단기 보관 장소와 장기 보관 장소를 구분하여 보관한다.

셋째, 깨지거나 파손의 위험이 있는 물건에는 Fragile Tag을 부착하여, 취급 시 주의한다.

넷째, 현금, 귀중품, 여권 등과 같이 보관금지 물품은 정중히 거절하고, Safety Deposit Box를 이용하도록 권유한다.

다섯째, 보관 기간이 지나도록 찾아가지 않는 물건이라 하더라도 상사의 지시가 없이는 처분할 수 없다. 수하물 보관 서비스의 절차는 〈그림 5-15〉와 같다.

그림 5-15 **수하물 보관 서비스**

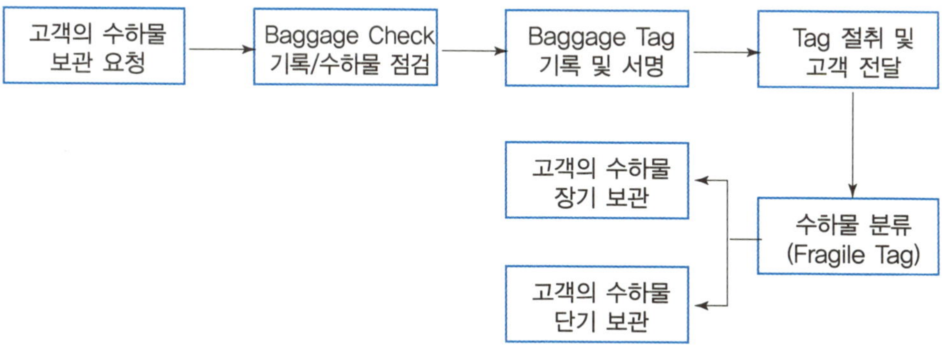

Baggage Tag은 다음과 같이 예시할 수 있다.

표 5-5 Baggage Tag

DATE : ____________
NAME : ____________
RM. NO : ____________
NO. OF ITEM : ____________
SIGNATURE : ____________
- - - - - - - - - - - - - -
DATE : ____________
NAME : ____________
RM. NO : ____________
NO. OF ITEM : ____________
SIGNATURE : ____________

(4) Paging Service

Paging Service는 고객의 요청에 의하여 호텔을 방문하고 있는 사람을 찾거나 메시지를 전달하는 것으로 투숙객과 방문객이 메시지 전달 혹은 사람을 찾아달라는 요청이 있을 때 제공되는 서비스이다. 페이징 서비스를 제공할 때는 찾고자 하는 사람의 성명, 성별, 연령 등을 확인하고 Paging Board에 고객의 이름을 정확히 적고, 요란하지 않게 종소리를 내어 고객의 시선을 끌어 찾는다. 그러나 요즈음은 실내방송을 통하여 찾는 경우도 흔하다.

한편, 고객의 요청에 의하여 호텔 외부에 있는 사람에게 메시지 서비스를 제공하기도 하는데, 이것은 고객이 원하는 곳으로 가서 전달하려는 사람에게 물품이나 서류 등을 전달하거나 수령하는 것을 말한다.

(5) Pick-up Service

Pick-up Service는 고객을 공항이나 혹은 터미널 기타 고객이 원하는 장소까지 교통편을 제공하여 환영 또는 환송하는 서비스를 말한다. 이 Pick-up Service는 고객의 요청에 의하여 제공하기도 하고 혹은 VIP 고객에게는 호텔에서 자발적으로 제공하기도 한다.

그러나 오늘날 대부분의 호텔은 호텔이 입지하고 있는 지역에 Shuttle Bus를 운행하고 있거나 필요하면 리무진 서비스를 제공하는데, 리무진 서비스는 이를 운전하는 직원을 별도로 두고 있기 때문에 Bell Man의 서비스는 많이 사라진 것이 현실이다. 〈표 5-6〉은 Pick-up Service Slip의 예이다. 한편 Pock-up Service를 위해서는 총무 혹은 관리 부서의 협조를 구한 후 시행되기 때문에 배차 신청서를 작성하게 되는데, 배차 신청서 및 배차 승인서 양식은 〈표 5-7〉과 같다.

표 5-6 Pick-up Service Slip

<table>
<tr><td colspan="4" rowspan="2">PICK-UP SERVICE</td><td>Clerk</td><td>Cap' t</td><td>Asst.M</td><td>MGR</td></tr>
<tr><td></td><td></td><td></td><td></td></tr>
<tr><td colspan="8">Guest Name :
Room No. :
Arrival Date : FLT. NO. :
Departure Date : FLT. NO. :</td></tr>
<tr><td rowspan="3">Vehicle</td><td>Bus</td><td colspan="4"></td><td colspan="2" rowspan="5">Rcmark</td></tr>
<tr><td>Limousine</td><td colspan="4"></td></tr>
<tr><td>Others</td><td colspan="4"></td></tr>
<tr><td rowspan="2">Time</td><td>Date</td><td>Time</td><td>Place</td><td colspan="2"></td></tr>
<tr><td></td><td></td><td></td><td colspan="2"></td></tr>
</table>

표 5-7 배차신청서 및 배차승인서

배차신청서	배차승인서
차량번호: 호	차량번호: 호
사용시간: 20 . . .(편도 · 왕복) 20 . . .	운행시간: 월 일 ~ 운행구간: (편도 · 왕복)
운행구간:	신청부서: 과 계
담당자:	
사용목적:	담 당 자: 과 계
상기와 같이 배차를 신청하오니 허가하여 주시기 바랍니다. 20 . . .	상기와 같이 배차를 승인함. 20 . . .
신청인 : 인	總 務 課 長
소속부서: 주임 | 대리 | 과장 | 부장 — 담당 | 대리 | 과장	◎ 이 면에 약도 및 연락처 명기

자료 : 서울 리베라 호텔

(6) Check Room Service

Check Room Service는 호텔을 방문하는 고객의 소지품이나 모자 혹은 외투 등을 맡아서 보관할 수 있도록 하는 서비스를 말하는 것으로 현대의 호텔에서는 보편화된 서비스이다.

체크 룸은 일반적으로 호텔 현관의 프런트 데스크 주변이나 연회장 혹은 식당의 입구에 설치하여 고객이 이용하기 편한 장소에 위치하는 것이 일반적이다. 그러나 현대의 호텔은 그 규모가 커지고, 많은 부대 시설을 운영하고 있기 때문에 몇 개의 Check Room을 운영하고 있으며, 대부분 프런트 데스크 옆, 전문 레스토랑 입구, 연회장 입구 등에 설치하여 운영하고 있다. 따라서 현대의 호텔에서 제공되는 Check Room Service는 꼭 Bell Man에 의해서만 제공되는 것이 아니라 전문 레스토랑 혹은 연회장의 Waiter와 Waitress에 의해서도 제공된다.

Check Room Service를 제공할 때 주의할 점은 다음과 같다.

첫째, 고객이 소지품 보관을 요청하는 경우 Tag를 준비하여 소지품을 확인한 후 고객의 성명, 호텔의 이용 장소, 보관 위탁 시간, 소지품의 내용 등을 상 · 하단에 적고, 하단을 절취하여 고객에게 전달한다.

둘째, 젖은 물건의 경우는 다른 소지품과 분리하여 보관한다. 물론 취급상 주의를 요하는 경우도 Fragile Tag를 부착하여 주의한다.

셋째, 고객이 Tag를 분실한 경우 가능한 확인 방법을 동원하여 확인해 주며, 이때 필요하다면 고객의 성명과 연락처를 확인하고 전달한다.

넷째, 고객이 보관한 소지품을 내어 줄 경우 Tag를 확인하여 신속하고, 정확하게 전달한다.

다섯째, 고객은 소지품 보관을 요청하면서 호텔시설 및 이용방법에 대하여 많은 질문이 있으므로 이에 대한 충분한 응답을 할 수 있도록 준비하여야 한다.

이 밖에 Bell Man은 객실 내에 신문을 배달하는 서비스를 제공하며, 로비 관리를 위한 오물 제거, 휴지통 정리, 로비에 비치된 의자 혹은 탁자 정리, 기타 물품의 정리 등과 같은 업무를 수행한다.

7. 현관 서비스 캡틴

현관 서비스 캡틴은 로비에서 현관 서비스를 제공하는 종사원을 지휘 · 감독하는 직무를 수행하는 종사원으로 프런트 지배인의 지시를 받아 업무를 수행한다.

현관 서비스 캡틴의 직무를 정리하면 다음과 같다.

첫째, 현관 서비스 부문의 책임자로서의 직무를 갖는다.

둘째, 룸 클락으로부터 실무적인 업무 지시를 받아 현관 서비스한다.

넷째, 현관 서비스와 관련한 업무에 대하여 프런트 지배인에게 보고한다.

다섯째, 현관 및 로비의 청결을 유지한다.

이와 같이 현관 서비스 캡틴은 현관 및 로비에서 대 접객 서비스 종사원의 관리 및 서비스를 제공하는 기본적인 직무를 수행한다.

한편, 벨(Bell)과 도어(Door)에서 종사하는 종사원은 현관 서비스를 담당하는 최일선 종사원으로 호텔을 방문하는 고객과 투숙객에게 서비스를 제공하는 업무를 주요 직무로 하고 있다. 따라서 이들의 업무는 최일선 현장에서 고객과 직접적으로 대면하는 상황에서 서비스가 제공되기 때문에 호텔의 이미지를 형상화시키는 데 결정적인 역할을 하게 된다. 현관 서비스를 제공하는 직무별 종사원을 보면 일반적으로 현관 서비스 캡틴, 벨맨, 도어 맨, 포터, 엘리베이터 안내원 등으로 구성되어 있다.

제6장 | 하우스 키핑(House Keeping)

하우스 키핑은 객실 정비 부서라고 하며, 객실을 항상 판매 가능한 상태로 유지·보수하는 업무를 주요 직무로 하고 있다. 또한 고객의 생명과 재산을 보호하는 업무도 빼 놓을 없는 중요한 업무이다. 이러한 하우스 키핑은 관리하는 시설과 장비 그리고 린넨, 소모품 등 매우 많은 것을 관리하고 있다. 따라서 하우스 키핑의 업무 효율성은 수익에 크게 영향을 미치게 된다. 그러므로 하우스 키핑의 기능과 중요성 그리고 직무에 따른 업무 내용의 이해를 고려한 측면에서 본 장이 구성되었다.

학습목표

1. 하우스 키핑의 기능과 중요성에 대하여 설명할 수 있어야 한다.
2. 하우스 키핑의 업무 내용을 이해하여야 한다.

제1절 House Keeping의 개요

1. 하우스 키핑의 의의

하우스 키핑은 건물은 물론 각 식음료 영업장, 연회장, 부대 시설, 공공 서비스 장소, 기타 호텔의 모든 시설물과 설비, 비품 등을 유지·관리하여 경영의 효율성과 고객 만족을 위한 중요한 역할을 담당하는 부서이다. 또한 하우스 키핑은 많은 시설과 설비를 유지·관리·보수를 위하여 많은 비용과 인원·장비 등이 소요되기 때문에 계획적인 관리와 운영을 위한 지식과 기능이 필요한 부문이기도 하다.

한편, 호텔을 이용하는 고객들은 호텔을 선택하는 데 있어서 중요도 요인 중에서 우선하는 것이 청결과 쾌적한 분위기라는 것은 많은 연구를 통하여 입증이 되어 왔다. 즉 관광객은 여행에 피곤해진 심신을 안정과 자신의 여행 목적에 적합하게 이용할 수 있는 그러한 만족을 주는 호텔을 우선적으로 선택하여 투숙하려는 속성을 보이고 있다는 것이다. 따라서 청결과 쾌적한 분위기를 조성하기 위한 업무를 총괄하는 하우스 키핑은 그 중요성을 아무리 강조하여도 지나치지 않는다.

하우스 키핑(House keeping)은 객실의 청소와 객실 시설 · 설비 · 비품의 유지 관리뿐만 아니라 식당, 회의실, 복도, 현관, 화장실, 라운지, 주방 등의 호텔 전역에 걸친 공공장소(Public Area)는 물론, 각종 린넨(Linen) 종류와 종업원 유니폼의 보급과 수선에 이르기까지 광활한 업무를 수행하여야 하는 부서로 그 영향력은 호텔 전 부문에 걸쳐 나타나는 중요한 부서이다.

호텔의 객실 부문은 담당하는 업무 기능에 따라서 제조업에 그것과 비유하여 설명한다면 객실부의 프런트 오피스(Front Office) 부문은 호텔의 객실 상품을 판매하는 판매부서의 성격을 가지고 있다고 할 수 있으며, 하우스 키핑(House Keeping)은 호텔의 상품인 객실을 생산하는 생산 부서라고 말할 수 있다. 그렇기 때문에 하우스 키핑은 판매를 전제로 한 객실 상품은 생산하는 곳으로 객실의 효율적인 판매에 없어서는 안 되는 중요한 기능을 담당하고 있다고 하는 것이다.

결론적으로 하우스 키핑은 객실에서 고객이 편히 쉴 수 있도록 청소, 침구의 정리, 가구 및 소모품의 조달 · 배치를 하며, 손님의 안전 관리와 재산을 보호 하는 업무를 주요 내용으로 하고 있다. 이러한 의미에서 하우스 키핑은 객실 상품을 효율적으로 생산하여 객실 경영 목표를 달성하는 데 없어서는 안 되는 부서이다. 그러므로 하우스 키핑은 업무의 기능적인 성격상 많은 부서와 협조 · 조정 또는 협력 관계가 유지되어야 하는 데 그 내용은 다음과 같이 정리할 수 있다.

1) 하우스 키핑은 현관 부문과 유기적인 협력 관계가 유지되어야 하는데, 그 내용은 투숙객의 고객 현황 파악, 예산 계획 및 객실의 개 · 보수 등에서 특히 협력 관계가 유지되어야 한다.
2) 하우스 키핑은 식음료 부서와의 협력 관계가 유지되어야 하는데, 그 내용은 Room Service에서의 식음료 판매와 영업장 종사원의 유니폼 세탁 혹은 수선, Linen 종류의 보급과 세탁 등에서 특히 협력 관계가 유지되어야 한다.

3) 하우스 키핑은 구매 부서와 협력 관계가 유지되어야 하는데, 그 내용은 장비의 구입과 Amenity류 및 Linen 등의 구매 계획 등에서 특히 협력 관계가 유지되어야 한다.

기타 총무 · 인사 부문, 시설 관리 부문 등과도 업무가 연계되어 있는 부문이 많아 직 · 간접적으로 연계되어 있는 이들 부서들과의 유기적인 관계는 업무의 효율성을 제고하는데 중요하게 영향을 미친다.

2. 하우스 키핑의 중요성

하우스 키핑은 객실 상품을 생산하는 업무를 담당하는 중요한 부서로 객실의 원가 관리는 물론, 고객의 만족에도 직접적으로 영향을 미치게 된다. 따라서 하우스 키핑의 운영 결과는 객실 부서뿐만 아니라 호텔 전체의 경영 성과를 결정한다고 하여도 과언이 아니다. 더욱이 오늘날의 객실 판매는 그 경쟁이 매우 치열한 환경에 놓여 있고, 원가에 많은 압박을 받고 있는 실정을 고려할 때 하우스 키핑의 중요성은 더욱 강화되고 있다. 이러한 측면에서 하우스 키핑의 중요성을 다음과 같이 크게 구분하여 설명하였다.

1) 수익의 증대

하우스 키핑의 가장 기본적인 업무는 호텔의 청결(Cleanliness), 정결(Neatness) 및 질서(Orderliness)를 유지하는 것이라 할 수 있다.

고객은 자신이 지불하는 대가에 관해 지극히 민감한 반응을 보인다. 특히 고객은 로비나 복도 등의 청소 및 청결의 유지에 관해서는 다소 관용을 보이지만, 자신이 투숙하고 있는 객실의 청소 및 청결 문제에 관해서는 즉각적으로 그 시정 및 불평을 토로하고, 한 번 이들 부문에서 나타난 불편 사항은 쉽사리 잊지 않는 습관을 가지고 있다는 점이다. 이 점을 감안할 때, '고객은 객실의 청결 유지를 무엇보다 중요시하고 있다' 는 사실은 새삼 강조되고 있는 부문이 아니라 오랫동안 경험을 통하여 확인된 사항이라고 할 수 있다.

결론적으로 하우스 키핑에서 담당하고 있는 청결의 문제는 고객의 기본적이고 최소한의 욕구를 충족시키는 행위이며, 이것은 근본적으로 객실 판매와 객실 점유율에 영향을 미쳐 호텔 수익의 증감에 중요한 변수가 된다는 것이다. 그러므로 하우스 키핑의 주요 임무 중의 하나인 객실의 청결의 유지와 관리는 호텔 수익의 증감에 민감한 상관 관계가 있다는 것을 알 수 있다.

높은 객실 점유율을 유지하고 호텔 수익을 증대시키려면 호텔 제품 가운데 가장 중요한 수입원인 객실에 대한 청결 및 질서가 우선적으로 유지되어야 할 것은 당연한 일이다. 불결한 객실을 비싼 요금으로 지불하면서 이용할 고객도 없을 뿐더러 만약 모르고 이용했다면, 다음 기회에 다시 찾아 올 것이라는 것을 기대한다는 것은 상식 밖의 일이다. 객실은 호텔 제품 중 가장 중요한 것의 하나이며, 여기에서 산출되는 객실 수익은 주요한 원천 수익이 되는 것이다. 이런 점을 미루어 객실 관리를 그 주요 임무로 하는 호텔의 하우스 키핑의 중요성은 매우 큰 것이다.

2) 운영 경비의 절감

호텔의 운영 경비는 크게 두 가지로 나눌 수 있다. 하나는 고객의 증감과 관계없이 일정한 비용이 꾸준히 지출되는 고정 비용(Fixed Expenses)이고, 다른 하나는 고객의 증감에 따라 그 지출이 증감되는 변동 비용(Variable Expenses)인 것이다. 그리고 호텔 기업은 운영에 있어서 궁극적으로 두 가지 방법에 의하여 이익의 극대화라는 목표를 달성하고자 한다. 그 하나는 판매를 극대화하는 것이고, 또 한 가지 방법은 비용을 극소화하여 이익의 극대화를 실현하려는 것이다. 만일 어떠한 호텔 기업이 이 두 가지 방법을 조화롭게 활용하여 운영한다면, 그 기업의 이익은 극대화될 수 있을 것이다. 그렇기 때문에 오늘날 호텔 기업은 경영 활동의 과정에서 판매 활동의 강화와 더불어 비용 절감을 위해 모든 방법을 동원하고 있는 것이다.

하우스 키핑은 객실 및 호텔의 설비 및 비품, 소모품 등을 관리하기 때문에 호텔 운영 경비 중에서 많은 비중을 차지하고 있다고 할 수 있다. 그러므로 객실 및 호텔 내의 모든 비품 · 설비의 관리를 책임지고 있는 하우스 키핑의 부서는 보다 세심한 관찰, 주의와 손질로 비용 절감이라는 목표에 우선 관심을 가져야 하며, 이의 실현을 위하여 노력하여야 한다. 다시 말하면 객실의 비품이나 설비 등을 세심하게, 그리고 즉시 수리를 하여 당초의 수명을 연장시켜 호텔 비용의 절감을 실현하여야 하며, 효과적인 작업 추진으로 인건비의 절감을 위하여 노력하여야 한다는 것이다. 만일 이와 반대로 무책임하고 무성의한 종업원이 청소 부주의로 고가의 욕조를 훼손시킨다던가 물이 새는 수도꼭지의 불성실한 조치로 막대한 수도 요금의 비용 지출을 가져온다면, 호텔의 경영에 어떠한 결과가 초래되는지 쉽게 생각할 수 있을 것이다.

3) 예산의 관리

호텔의 자산을 크게 두 가지로 나눌 수 있다. 하나는 유동 자산(Current Assets)이고, 다른 하나는 고정 자산(Fixed Assets)이다. 전자는 현금 · 당좌 예금을 말하며, 후자는 토지 · 건물 · 시설 · 기계 등을 구성된 자산을 말하는 것이다.

호텔은 그 주요 자산이 고정 자산으로 구성되어 있다고 하여도 과언은 아니다. 왜냐하면 호텔 기업에 있어서 고정 자산이 전체 자산 중에서 차지하고 있는 구성 비율이 약 70%~80%에 달하고 있기 때문이다.

한편, 호텔 기업은 제품을 구성하는 요인이 건물 사제를 비롯하여 기계, 설비, 비품, 집기 등 어느 하나 이에 해당되지 않는 것이 없을 정도로 방대한 모습을 보여주고 있다. 그만큼 고정 자산의 비중이 높다는 것을 반증하는 것이며, 고정 자산 또한 그 자체가 호텔의 상품을 구성하는데 결정적인 역할을 하고 있다는 것이다. 그렇기 때문에 이러한 호텔 기업의 고정 자산을 유지하고 관리하는 책임을 지는 업무 부서로 하우스 키핑의 중요성은 더욱 새롭고 크게 인식될 것이다.

호텔의 기계 시설에 관한 관리 책임을 통상적으로 기계부에서 담당하고 있으나 시설 및 비품 등에 관해서는 하우스 키핑 부문에서 책임을 맡고 있는 것이다. 그러므로 하우스 키핑은 이러한 막중한 호텔의 재산을 관리할 기본 임무로 말미암아 그 중요성은 어느 부문 못지않게 높은 것이다. 때때로 호텔의 조직도 상에 객실 정비 지배인(House Keeper)을 통상적으로 대규모 호텔에서 부총지배인(Assistant Manager)과 동격으로 그 지위를 강화하는 이유가 여기에 있다.

4) 제품의 생산

호텔의 제품으로써 객실은 당초에 건설한 그 자체로서 제품의 효용을 갖고 있지만, 이것만으로는 고객의 욕구를 충족시켜줄 수 있는 제품이 될 수가 없다. 즉 호텔은 객실의 청소와 세심한 관리로 투숙객에게 절대 안정을 주어야 하고, Check-out과 더불어 재판매를 위한 준비를 서둘러 객실 판매의 회전을 가속화하는 노력을 통하여 제품의 효용성을 증대시켜야 하는 것이다. 그리고 이러한 호텔 상품의 창조와 노력에 중심적인 역할을 하여야 하는 일이 하우스 키핑의 본분인 것이다.

하우스 키핑은 객실을 판매 가능한 상태로 유지시키는 일을 기본으로 하고 있다. 이것은 호텔 제품의 생산 내지 창조적 기능을 갖고 있다는 관점에서 하우스 키핑의 의의를 강조한 것이라고 할 수 있다. 그리고 판매 가능한 상태의 객실은 청소가 완료되고, 정비가 완료된 것만을 의미하는 것은 아니다. 즉 고객이 원하는 시설과 설비를 객실에 비치하고, 고객이 원하는 분위기를 창조하여야 한다. 따라서 호텔 제품의 생산과 창조라고 하는 것은 고객의 욕구를 반영한 품질 관리를 포함하고 있는 개념이기 때문에 이를 담당하는 하우스 키핑은 중요하다.

제2절 하우스 키핑의 기능과 직무

1. 하우스 키핑의 기능

하우스 키핑은 많은 인력과 장비로 호텔 건물 및 시설물의 유지 · 관리 등을 위한 객실 정비를 주요 업무로 하고 있다. 그리고 그와 관련된 세부적인 기능을 정리하면 다음과 같다.

1) 하우스 키핑은 객실 고객이 요구하는 정보를 제공하는 업무를 수행한다. 객실 고객은 교통편, 주요 관광 자원, 호텔의 시설과 서비스 내용과 이용 방법 등에 관한 질문이 있을 수 있으며, 이러한 질문에 대하여 성실하게 정보를 제공하여야 한다.
2) 하우스 키핑은 공실, 투숙 중인 객실, Check-out한 객실 등 호텔이 보유하고 있는 모든 객실에 대하여 정리 · 정돈한다. 즉 호텔이 보유하고 있는 객실 상품을 판

매 가능한 상태로 유지하고 관리하여 투숙 고객의 불편이 없도록 최선을 다하여야 한다.

3) 하우스 키핑은 객실에 비품과 소모품을 보급하여야 한다. 객실에는 많은 비품과 소모품이 호텔의 규정에 의하여 일정한 양이 비치되어야 한다. 그렇게 함으로써 서비스에 만전을 기할 수 있다.

4) 하우스 키핑은 객실을 유지 · 보수하여야 한다. 호텔 객실은 불특정 다수인이 이용하는 관계로 설비 혹은 시설의 고장이 있을 수 있다. 이와 같이 객실의 시설 혹은 설비 등에 고장이 발생하면, 고객에게 불편을 초래할 수 있음으로 항상 정상적으로 이용이 가능하도록 시설을 정비하고 보수하여야 한다.

5) 하우스 키핑은 투숙객에게 제반 서비스를 제공하여야 한다. 하우스 키핑에서 고객에게 제공되는 서비스 내용은 대표적으로 Room Service에서 제공하는 식음료 주문 서비스, 객실 용품의 보급 서비스, 객실의 정리 정돈 서비스, Turn-down Service, Night Service 등이 고객에게 직접적으로 제공된다.

6) 하우스 키핑은 객실용 비품과 소모품, Linen 등의 객실 부문과 식음료 부문에서 이용되는 비품과 소모품의 적정량을 구매하여 저장 · 관리하고 공급한다. 따라서 이러한 원재료의 관리는 변동 비용 부문에서의 증감이 크게 나타날 수 있기 때문에 효율적인 관리 방법이 모색되어야 한다.

7) 하우스 키핑은 공공장소의 청소 및 관리를 관리한다. 호텔은 고객의 서비스를 위하여 혹은 접객 종사원의 서비스를 위한 동선 등 많은 공공장소를 갖는 구조를 가지고 있다. 특히 고객이 이동하는 엘리베이터 혹은 복도 등은 그 호텔의 청결 정도를 확인할 수 있는 중요한 부분이 되기도 한다.

8) 하우스 키핑은 객실 현황을 파악하여 프런트 데스크와 유기적인 관계를 유지하여야 한다. 즉 하우스 키핑은 투숙 고객에 대한 서비스의 만전을 기하기 위하여 투숙객의 동향을 정확하게 파악하여야 한다. 그리고 변동 사항 등은 프런트 데스크와 긴밀히 협조하는 관계를 유지하여야 한다.

9) 하우스 키핑은 호텔의 시설과 설비를 유지 · 관리하고 있기 때문에 호텔의 전체 부

서와 밀접한 관계가 있다. 따라서 업무 수행과 관련하여 많은 부서들과 협력 관계를 원활하게 유지하여야 한다.

10) 하우스 키핑은 고객의 불만 사항이 접수되면, 가능한 한 이를 해결해 주어야 하며, 만일 다른 부서와 관련된 부문이라면 이를 해당 부서에 통보하여 신속하게 고객의 불평이 해소될 수 있도록 조치하여야 한다.

하우스 키핑은 이와 같이 크게 분류하여 그 기능을 할 수 있다. 이외에서 화재 방지, 소독 등 호텔과 투숙객의 안전을 확보하기 위한 업무를 수행하며, 하우스 키핑의 각종 보고서를 작성하여 호텔 운영에 필요한 자료를 산출하여야 한다.

그림 6-1 **하우스 키핑의 기능**

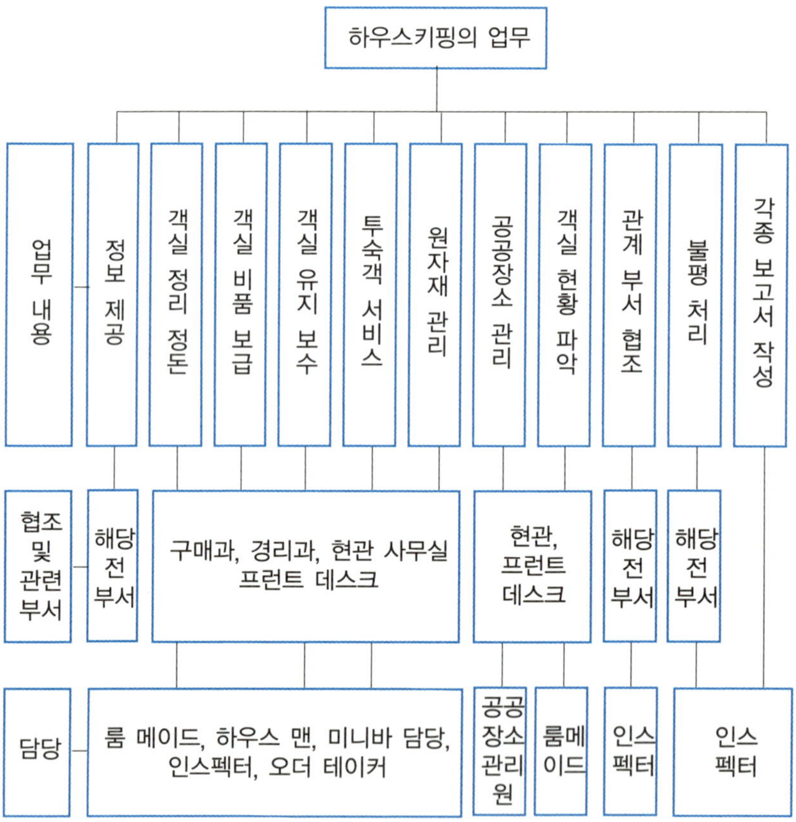

2. 하우스 키핑의 직무

1) 객실 정비 지배인(Housekeeper)

객실 정비 지배인은 호텔이 수립한 경영 정책과 목표, 기준, 지침에 따라 객실 정비 부서를 유지 · 발전시키며, 호텔 전체에 걸쳐 청소와 청결의 유지를 위한 계획 · 조직 · 감독에 주력하여야 한다. 그리고 하우스 키핑 부서에서 청결을 유지하여야 하는 구체적인 책임 구역은 객실, 공공장소, 식음료 영업장, 부대 시설, 사무실 및 기타 서비스 지역 등이라고 할 수 있다. 그렇기 때문에 업무의 성격상 하우스 키핑은 많은 인원으로 구성되어 있다. 따라서 객실 정비 지배인은 소속 종사원 전원이 호텔 기업의 철학과 정책 및 방침을 알 수 있도록 교육하고, 주기적으로 간부 회의, 전체 직원 회의 등을 소집하여 부서원이 질 높은 서비스를 제공할 수 있도록 동기 부여하고 독려하여야 한다.

이와 같이 객실 정비 지배인은 호텔의 재산을 관리하고, 청소 및 고객의 생명과 재산을 보호하며, 호텔 객실 상품을 생산하는 중요한 직무를 담당하고 있다. 이러한 점에서 객실 정비 지배인은 호텔의 이론과 실무에 능한 지식과 기술을 가지고 있는 사람이 담당하게 되는데, 객실 정비 지배인에게 요구되는 자질을 정리하면 나음과 같다.

첫째, 객실 정비 지배인은 하우스 키핑 직원들을 통솔하는 능력과 아울러 채용, 교육, 평가, 능력 계발 같은 대인 관계의 기술을 체득하고 있어야 한다.

둘째, 건물의 청소 기술뿐만 아니라, 건물의 구조와 관리 방법도 익히고 있어야 한다. 그리고 간단한 엔지니어링의 원칙을 하우스 키핑 업무에 응용할 수 있어야 한다.

셋째, 호텔 조직 전반 관리 관련성에 대해 알고 있어야 하며, 타 부서와의 효과적 업무 협조가 이루어질 수 있도록 조치할 수 있어야 한다.

넷째, 원가 관리에 대한 지식과 서비스 기업의 마케팅에 대해서도 명확한 지식을 갖고 있어야 한다. 생산과 판매는 기업의 존속과 관계되는 기본적인 문제이며 이에 대한 적극적인 역할 수행을 필요로 하기 때문이다.

무엇보다도 객실 정비 지배인은 충분한 외국어의 실력은 물론, 심리학, 회계학, 경영학, 화학 및 디자인(Design)에 관한 상당한 지식을 가지고 있지 않으면 안 된다.

〈그림 6-2〉는 객실 정비 지배인의 직무를 정리한 것이다.

그림 6-2 House Keeper의 직무

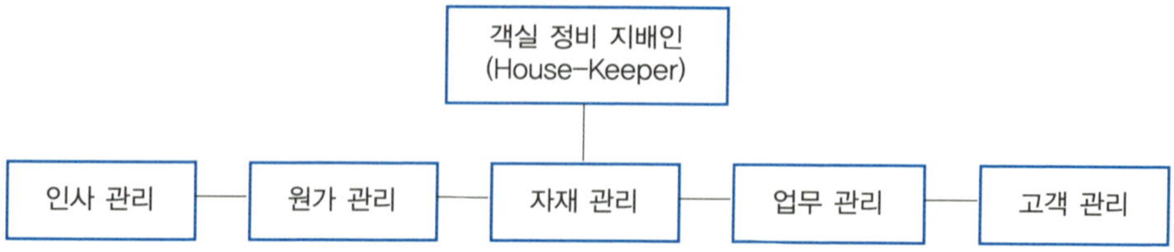

〈그림 6-2〉에서 보는 바와 같이 객실 정비 지배인은 크게 5가지의 직무를 수행하게 되는데, 이를 세분하여 정리하면 다음과 같다.

(1) 인사 관리

첫째, 적정수의 직원을 유지 · 관리한다.

둘째, 신입 사원의 채용 및 교육 훈련을 한다.

셋째, 부하 직원의 후생 및 복지를 관리한다.

넷째, 업무 계획의 작성 및 할당한다.

(2) 원가 관리

첫째, 예산을 수립한다.

둘째, 가격의 적정 여부를 확인한다.

셋째, 각종 기록을 유지 및 분석한다.

넷째, 적정 소요 물품의 계산 및 집행을 한다.

(3) 자재 관리

첫째, 각종 물품의 이용 가능성 파악한다.

둘째, 재고 조사 및 확인을 한다.

셋째, 장비에 관한 주문 및 수리를 한다.

(4) 업무 관리

첫째, 청소의 감독 및 청결을 유지한다.

둘째, Key의 취급 및 관리감독을 한다.

셋째, 분실물 및 습득물(Lost & Found)의 처리감독을 한다.

넷째, 안전 및 화재예방을 위한 관리를 한다.

다섯째, 타 부서와의 업무 협조를 한다.

위의 내용을 정리하면 〈그림 6-3〉와 같다.

그림 6-3 House Keeper의 세부 업무

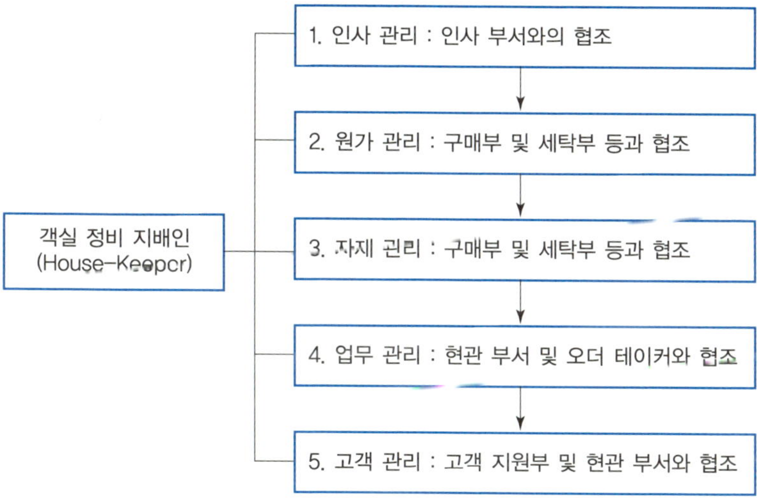

2) Room Inspector

(1) 업무 내용

Room Inspector는 객실 점검원을 의미하며, 객실 점검원은 완전한 상태로의 객실 상품을 만들기 위한 객실 점검이 주요 업무이다. 그렇기 때문에 Room Maid의 객실 청소 상태나 소모품 비치 상태, 근무 상태, 객실 기능의 이상 유·무 등을 점검하고, 잘못된 점을 지시하여 완전한 객실 상품이 되도록 관리할 직무를 갖는다. 이러한 중요한 업무를 담당하고 있는 Room Inspector는 매일 객실을 점검하여 〈표 6-1〉과 같은 DAILY

REPORT를 작성하여 객실의 현황에 대하여 보고서를 작성하는데, 이것은 기본적으로 객실 서비스 품질의 보증과 고객의 욕구를 반영하려는데 그 의의가 있다고 할 수 있다.

표 6-1 INSPECTOR'S DAILY REPORT

<table>
<tr><td colspan="10" rowspan="2">INSPECTOR'S DAILY REPORT</td><td rowspan="2">결재</td><td>담당</td><td>계장</td><td>대리</td><td>과장</td></tr>
<tr><td></td><td></td><td></td><td></td></tr>
<tr><td colspan="7">GUEST INFORMATION</td><td rowspan="2">TYPE</td><td rowspan="2">INSPECTION TIME</td><td rowspan="2">점검사항</td><td colspan="2">특이사항</td><td colspan="2">Special Guest Room</td><td rowspan="2">RE-MARK</td></tr>
<tr><td>RM NO.</td><td>GUEST/ NAME</td><td>PAX</td><td>GRP NO.</td><td>C/I</td><td>C/O</td><td>OUT *</td><td>내용</td><td>결과</td><td>구분</td><td>SET 품목</td></tr>
<tr><td></td><td></td><td></td><td></td><td></td><td></td><td></td><td></td><td></td><td></td><td></td><td></td><td></td><td></td><td></td></tr>
<tr><td></td><td></td><td></td><td></td><td></td><td></td><td></td><td></td><td></td><td></td><td></td><td></td><td></td><td></td><td></td></tr>
<tr><td></td><td></td><td></td><td></td><td></td><td></td><td></td><td></td><td></td><td></td><td></td><td></td><td></td><td></td><td></td></tr>
<tr><td></td><td></td><td></td><td></td><td></td><td></td><td></td><td></td><td></td><td></td><td></td><td></td><td></td><td></td><td></td></tr>
<tr><td></td><td></td><td></td><td></td><td></td><td></td><td></td><td></td><td></td><td></td><td></td><td></td><td></td><td></td><td></td></tr>
</table>

자료 : 김영준 외, 호텔 현관 · 객실실무론, 대왕사, 2000.

Room Inspector의 주요 점검 내용은 다음과 같다.

1. 창문과 커튼의 점검 상태
2. TV와 서랍 속의 청결 상태
3. 휴지통, 재떨이, 탁자, 카펫 바닥의 점검
4. 옷장과 옷걸이의 수, 벽지 및 세탁대
5. 침대 및 침구의 상태, 전기 및 라디오 등의 스위치 상태
6. 냉 · 온수 및 배수의 상태
7. 욕실과 변기 및 타일 벽면의 청소 상태
8. 공공장소(공공 화장실 및 복도 등)의 청결 상태
9. 비품 · 소모품 타월 종류의 비치 상태

특히 Room Inspector는 Room Maid가 정리 · 정돈한 객실은 점검하여 객실이 판매 가능한 상태의 여부를 확인하는 것이 중요한 직무 중의 하나인데, Room Maid의 객실 정비와 완료되면 즉시 체크하고, 이상이 없으면 Indicator Plug를 빼고 점검 시간을 기록한 후, 프런트 데스크에 통보하여야 한다. Room Maid가 정리 · 정돈한 객실을 점검할 때는 다음의 사항에 유의하여 점검하여야 한다.

❶ 청소 상태 및 비품의 정리 정돈 상태
❷ 객실 내에 비치되어 있는 소모품의 종류와 수량
❸ 전기 시설의 상태
❹ 창문, 화장대, 거울 등의 청소 상태
❺ 라디오 · TV 등이 정상적으로 작동하는지에 대한 여부 확인
❻ 책상 서랍 속 혹은 옷장 내 등의 청소 상태
❼ 창문 커튼의 작동 상태
❽ 에어컨의 가동 상태
❾ 욕실 및 욕소의 청소 상태
❿ 욕조 및 변기의 배수 상태

(2) 업무 절차

그림 6-4 Room Inspector의 업무 절차

인스펙터 (Inspector)

1. 출근 : 근무 시간 20분 전에 유니폼을 입고 사무실에 도착
2. 열쇠 수령 : Order Taker로부터 Floor Master 열쇠를 수령하고 열쇠 List에 필요 사항을 기재
3. 전일 야간 업무 인수 인계 : 야간에 발생된 상황과 미처리된 사항을 접수
4. 린넨류 및 보급품 확인 : 룸 메이드가 보유하고 Linen 및 보급품의 적정량 여부 확인
5. 룸 상태 확인 : Occupied, Vacan, Sleep Out, Skipper, Lost & Damage, Lost & Found, Baggage의 유무 상태, 이상한 손님이나 물건에 관한 보고 (To Order Taker)
6. 객실의 점검 : 청소 상태, 인쇄물, 소모품 및 비품의 정리 정돈, 시설 점검 (고장 유무 파악) 등 완성된 객실의 점검
7. 미니바 점검 및 보충 : 냉장고 음료수 점검 및 보충
8. 복도, 각 층 창고 점검 : Room Maid가 청소한 복도 및 Maid 창고를 점검
9. 열쇠의 반납 : 객실 열쇠와 Floor Master 열쇠를 Order Taker에게 반납
10. 익일 업무 수행 준비 : 각종 일일 보고서 또는 월말 보고서를 작성

〈그림 6-4〉는 Room Inspector의 업무 절차를 정리한 것이다. 이를 설명하면 다음과 같다.

❶ **출근** 근무시간 20분 전에 유니폼을 입고 사무실에 도착한다.

❷ **KEY 수령** Order Taker로부터 Floor Master를 수령하고 Key List에 필요사항을 기재한다.

❸ 전일 야간 House man으로부터 야간에 발생된 상황과 미처리된 사항을 접수한다(Daily Report 참조).

❹ Room Maid가 보유하고 Linen 및 보급품의 적정량 여부 확인한다.

❺ Room Check List를 작성하고 보고한다.

가. Occupied, Vacant, Sleep Out, Skipper 등을 파악한다.

나. Lost & Damage를 파악한다.

다. Lost & Found를 파악한다.

라. Baggage의 유무 상태 점검한다.

마. 이상한 손님이나 물건을 보고(To Order Taker) 한다.

바. 객실의 청소 상태, 인쇄물, 소모품 및 비품의 정리 정돈, 시설 점검(고장 유 · 무 파악) 등의 점검한다. 이때 Room Inspector는 〈표 6-2〉와 같은 객실 점검 작업표를 지참하여 점검하고 그 내용을 기록한다.

표 6-2 Inspector의 객실 점검 작업표

객실점검자의 작업표
(Supervisor's Worksheet)

객실번호	OD	OC	VC	VD	OS	SO	비고

날짜(Date) : ______________ 객실점검자(Supervisor) 서명 : ______________

〈약어표〉

OD : Occupied Dirty VD : Vacant Dirty OC : Occupied Cleaned
OS : Out of Service VC : Vacant Cleaned SO : Sleep Out

❻ 당일에 발생된 업무 사항을 Daily Report에 기록한다.

❼ 냉장고 음료수 점검 및 보충한다.

❽ 익일 업무 수행을 위한 준비한다.

❾ Room Maid가 청소한 복도 및 Maid 창고를 점검한다.

❿ 객실 Key와 Floor Master Key를 Order Taker에게 반납한다.

⓫ 각종 일일 보고서 또는 월말 보고서를 작성한다. Inspector의 일일 보고서 중 객실 점검 보고서의 양식은 〈표 6-3〉과 같다.

표 6-3 Inspector의 객실 점검 보고서

객실점검 보고서

(Room Inspection Report)

객실번호 : ____________________　　점검일/시간 : ____________________

점검결과 : 매우 양호 (　　) 양호 (　　) 불량 (　　) 매우 불량 (　　)

침실			욕실		
항목	상태	비고	항목	상태	비고
문, 잠금장치			문, 손잡이		
전구, 스위치			전구, 스위치		
천장, 환기구			천장, 환기구		
벽			욕실 소모품		
창문, 커튼			변기		
안내책자			수도꼭지		
홍보물			비누, 타월		
TV			욕실 매트		
온(냉)방기			티슈(화장지)		

기타 : ____

____

____

승인자 서명 : ____________

3) Room Maid

(1) 업무 내용

Room Maid는 House Man의 도움을 받고 Room Inspector의 지시에 따라 객실의 청소를 담당한다. 글자 그대로 Room Maid는 여성의 직종으로서 대개 35~45세 정도의 여자로 구성되는 것이 바람직하며, 건강하고 정직한 사람이어야 하겠다. 주로 객실의 청소와 관리를 담당하나 소규모의 호텔에서는 욕실과 공공 지역에까지 청소 관리를 담당한다.

Room Maid는 신속한 동작으로 작업에 임하여야 할 것이며, 객실을 재판매하여 판매율의 회전 속도를 가속화하기 위하여 빠른 동작으로 작업을 수행하여야 한다. 보통 이들의 작업량을 1일 8시간으로 표준으로 하여 12실 내지 14실 정도로 1실 청소에 걸리는 시간을 30분 정도로 정하는 것이 가장 합리적이다.

객실 청소는 무엇보다도 방금 Check-out한 객실을 우선적으로 하고, 다음에 손님이 사용 중인 방(Bed-used Room)을 청소한 후 공실(Vacant Room)을 다시 손질하여 판매에 차질이 없도록 해야 한다. 손님이 초과 투숙(Over Booking)되는 경우에는 별 문제가 없겠지만 빈 객실이 남는 경우에는 객실을 회전시켜 사용토록 하여야만 한다. 왜냐하면 한 객실을 계속 쓰지 않는다면 객실의 감가상각이 가중되기 때문이다.

Room Maid가 청소를 시작하면서 끝날 때까지의 작업상의 주의할 점을 간략하게 요약하면 다음과 같다.

❶ 청소 도구 및 객실 용품을 준비한다.
❷ 창문을 열고 객실 비품 및 소모품의 점검과 파악 · 보고한다.
❸ 분실물(Lost & Found)을 확인하고 사무실에 보고한다.
❹ 린넨(linen)의 교체 및 고객의 세탁물(Laundry)을 수거하여 처리한다.
❺ 객실 청소 및 침대 정리(Bed Making)를 한다.
❻ 타월(Towel), 로브(Lobe) 등의 용품을 조달한다.
❼ 완전 정리 후 프런트(또는 객실 정비 지배인)에 보고한다.

또한 고객이 야간에 불편함 없이 객실에서 숙면을 할 수 있도록 하기 위한 야간 객실 서비스(Night Service)를 제공하기도 하는데, Night Service를 간략하게 요약하면 다음과 같다.

❶ 객실 내의 공기를 환기시켜준다.
❷ 탁자 및 재떨이 등을 정리한다.
❸ 사용한 타월(Towel) 및 더러워진 린넨류를 교체한다.
❹ 턴다운 서비스(Turn-down Service)로 고객이 침대를 쉽게 사용할 수 있도록 침대의

쪽 모서리를 접어놓는 서비스이다. 요즘은 '부수적 서비스(Second Service)' 라고도 일컬어진다.

❺ 헤드 커튼(Head Curtain) 등을 쳐서 외부의 빛이 객실 내로 비치는 것을 차단시켜 준다.

❻ 나이트 스탠드(Night Stand)의 불을 켠다.

❼ Ice Box에 얼음을 채워놓는다.

❽ 추운 밤에는 여분의 이불(Top Sheet)을 준비하여 둔다.

(2) 업무 절차

〈그림 6-5〉는 Room Maid 업무 절차를 나타낸 것이다. 〈그림 6-5〉에서 보는 바와 같이 Room Maid는 정확한 시간에 출근하여 옷을 갈아입고, 객실 정비 지배인에게 당일의 작업 내용과 그날의 특수한 유의할 점에 대해서 지시를 받아 작업 도구를 갖춘다. 작업 도구를 준비할 때 Room Maid는 Floor Supervisor 혹은 Room Inspector에게 마스터 키(Master Key)를 수령하고, Master Key의 관리 대장에 서명한다.

그림 6-5 Room Maid의 업무 절차

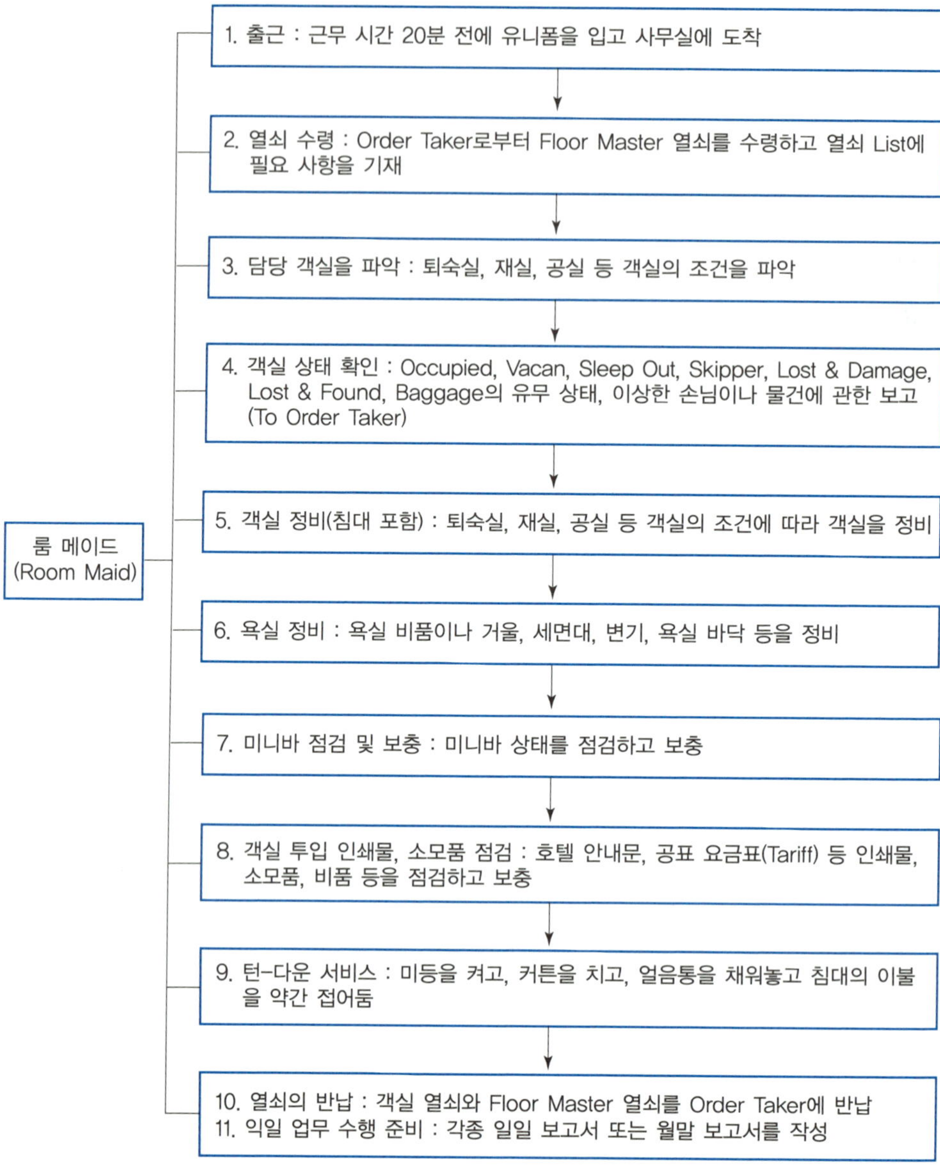

4) House Man

(1) 업무 내용

House Man은 호텔의 성격과 규모에 따라 주어진 직무의 내용이 다르며, 또한 직무의 성격에 따라서도 여러 가지 직명으로 불린다. ① 객실, 로비, 연회실에 종사하는 하우스 맨 ② 집기의 손질과 운반을 전담하는 하우스 맨 ③ 청소를 맡은 하우스 맨 ④ 유리, 도어, 커튼 등의 손질을 주요 임무로 하는 하우스 맨 등 건물 전체의 구석구석 손질을 보는 데 따라 그 불리는 명칭도 다양하다.

House Man은 한 마디로 보통 여자가 감당하기에는 힘든 일이나 궂은 일들을 담당하며, 다른 사람의 업무를 보조하기도 하는데, House Man의 작업 지시 및 감독은 객실 정비 지배인이 책임을 진다. 규모가 큰 호텔에서는 각 층, 혹은 분야별로 한 사람씩의 House Man이 있어, 이들은 직접적인 작업 지시를 직속 상사인 헤드 하우스 맨(Head House Man)으로부터 받고 또한 결과 보고를 한다. House Man의 업무일지는 다음과 같다.

표 6-4 House Man의 업무일지

(앞면)

<table>
<tr><td colspan="2" rowspan="2">H/K 업무일지
20 . .</td><td rowspan="2">결재</td><td>담당</td><td>주임</td><td>대리</td><td>팀장</td></tr>
<tr><td></td><td></td><td></td><td></td></tr>
<tr><td>보고사항</td><td colspan="2"></td><td></td><td></td><td></td><td></td></tr>
<tr><td rowspan="10">인계사항</td><td colspan="2">1. FLOWER</td><td></td><td></td><td></td><td></td></tr>
<tr><td colspan="2">2. FRUIT</td><td></td><td></td><td></td><td></td></tr>
<tr><td colspan="2">3. LAUNDRY</td><td></td><td></td><td></td><td></td></tr>
<tr><td colspan="2">4. EXT BED</td><td></td><td></td><td></td><td></td></tr>
<tr><td colspan="2">5. BLANKET</td><td></td><td></td><td></td><td></td></tr>
<tr><td colspan="2">6. DAY USE</td><td></td><td></td><td></td><td></td></tr>
<tr><td colspan="2">7. 이불</td><td></td><td></td><td></td><td></td></tr>
<tr><td colspan="2">8. HOUSE USE</td><td></td><td></td><td></td><td></td></tr>
<tr><td colspan="2">9. OUT OF ORDER</td><td></td><td></td><td></td><td></td></tr>
<tr><td colspan="2">10.</td><td></td><td></td><td></td><td></td></tr>
<tr><td>지시사항</td><td colspan="6"></td></tr>
<tr><td>야근</td><td colspan="2">1.
2.
3.</td><td>근무시간</td><td colspan="3"></td></tr>
</table>

(뒷면)

음료인계사항

호실	시간	작업내용	호실	시간	작업내용

작업인계사항

자료 : 김영준 외, 호텔 현관 · 객실 실무론, 대왕사, 2000.

(2) 업무 절차

그림 6-6 House Man의 업무 절차

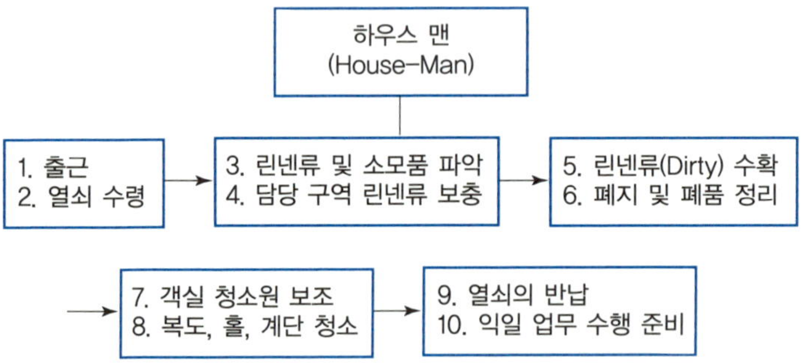

〈그림 6-6〉을 좀 더 세분화하여 설명한 것이 〈그림 6-7〉이다. 〈그림 6-6〉에서 보는 바와 같이 House Man은 객실 정비 지배인의 지시에 따라 키 관리대장에 서명하고 담당 구역의 열쇠를 수령하는 것으로 업무가 시작된다. 열쇠를 수령한 House Man은 담당구

역의 린넨류와 소모품의 소요량을 파악하여 이들을 보충하며, 수거한 린넨류는 모두 수거하여 Order Taker와 함께 수량을 확인한 후 세탁소로 전달하도록 한다. 그리고 객실 내의 폐지나 폐품은 정리하여 처리한다.

또한 공공장소 관리원을 도와 복도, 홀, 계단 등의 청소를 지원하며, 업무가 끝나면 열쇠를 반납하고, 익일의 업무 준비를 하는 것으로 끝나게 된다.

그림 6-7 House Man의 세부 업무 절차

하우스 맨 (House-Man)

1. 출근 : 근무 시간 20분 전에 유니폼을 입고 사무실에 도착
2. 열쇠 수령 : Order Taker로부터 Floor Master 열쇠를 수령하고 열쇠 List에 필요 사항을 기재
3. 린넨류 및 소모품 파악 : 담당 층이나 구역의 룸 메이드 보관실의 재고를 파악
4. 담당 구역 린넨류 보충 : 세탁부에 가서 일정 수준의 린넨류를 공급받아 보충
5. 린넨류(Dirty) 수합 : 룸 메이드가 청소하고 난 후 더러워진 린넨류(Dirty)를 수합하여 그 수를 파악한 후 세탁부로 운반
6. 폐지 및 폐품 정리 : 린네류와 마찬가지로 고객 등이 버린 것을 수집하여 소각장으로 운반
7. 객실 청소원 보조 : 룸 메이드가 하기 힘든 일 등을 도움
8. 복도, 홀, 계단 청소 : 복도, 홀, 게단, 엘리베이터, 모래통 등 청소
9. 열쇠의 반납 : 객실 열쇠와 Floor Master 열쇠를 Order Taker에게 반납
10. 익일 업무 수행 준비 : 각종 일일 보고서 또는 월말 보고서를 작성

5) Linen Clerk

(1) 업무 내용

린넨(Linen)이란 의미는 마직류를 말하는데, 호텔에서 Linen이란 면 종류 혹은 화학 섬유로 만들어진 타월(Towel), 냅킨(Napkins), 시트(Sheets), 담요(Blankets), 유니폼(Uniforms), 커튼(Curtains) 등을 통칭하여 말하고 있다. 이는 모두 소모품이므로 매일 세탁하여 교체하지 않으면 안 되기 때문에 이를 보관 불출하는 장소(Linen Room)를 비롯하여 그 관리 과정이 무엇보다도 중요하다.

한편, Linen은 그 특성상 쉽게 손상되는 성격을 가지고 있기 때문에 세탁 및 수선하는데 있어 세심한 주의를 필요로 한다. 그렇기 때문에 Linen 종류의 보관 및 관리는 특별한 장을 짜서 각 함 속에 종류별로 통풍이 잘되는 곳에서 위생적으로 보관 · 관리하지 않으면 안 된다.

Linen은 보통 네 종류로 구분하여 사용하는데, 그것은 사용 중인 것, 세탁 중인 것, 예비용 및 보관용 등으로 분류하는 것이다. 이것은 원가 절감의 노력에 일환일 수 있으며, 또한 사용 과정에서 발생될 수 있는 문제를 사전에 예방하려는 점도 있다.

(2) 업무 절차

Linen Clerk은 Linen 종류를 보관 · 관리하여 Room Maid 등이 객실의 정리 혹은 정비를 하는데 필요한 물품을 구입하고, 불출하는 업무를 주요 직무로 하고 있다. Linen Clerk은 Room Maid가 사용한 더렵혀진 Linen 종류를 구분하고, 수량을 정확히 파악하여 세탁소에 이관한다. 이때 Linen Clerk은 Room Maid와 세탁소 쌍방이 다음 양식에 의하여 서명하게 하여 업무에 정확을 기하게 한다.

그림 6-8 Linen Clerk의 업무 절차

린넨 담당 (Linen-Clerk)

1. 출근 : 근무 시간 20분 전에 유니폼을 입고 사무실에 도착
2. 열쇠 수령 : Order Taker로부터 Floor Master 열쇠를 수령하고 열쇠 List에 필요 사항을 기재
3. 린넨류 교체 룸 파악 : 린넨류 상태를 파악하여 당일 사용분 파악
4. 린넨류 보충 및 보고 : 린넨류 상태를 파악하여 당일 사용분 보충하고 보고
5. 린넨류 숫자 파악 : 새로 구입한 것, 세탁한 것, 더러운 것 등 파악
6. 린넨류 구입 정리 : Linen류 상태를 파악하여 부족분 구입하고 정리
7. 린넨류의 수선 : 수선하여 사용이 가능하면 수선
8. 린넨 룸 청소 : 항상 깨끗하게 관리
9. 열쇠의 반납 : 객실 열쇠와 Floor Master 열쇠를 Order Taker에게 반납
10. 익일 업무 수행 준비 : 각종 일일 보고서 또는 월말 보고서를 작성

6) Order Taker

(1) 업무 내용

Order Taker는 근래에 와서는 보통 코디(Codi)라고도 칭하고 있는 종사원으로 주된 업무는 고객으로부터 각종 주문을 접수 · 처리하는 것이다. 그리고 직원의 근무 상태 파악 및 업무 감독, 직원의 근무 일정표 작성 및 출 · 퇴근, 외출, 조퇴 등을 파악이며, 부수적으로는 고객 세탁물, 소모품, 각종 재고 조사 등의 업무를 취급하기도 한다.

Order Taker의 주요 업무는 고객으로부터의 각종 주문을 접수 처리하는 것이다. Order Taker가 고객으로부터의 주문을 처리함에 있어 주의하여야 할 사항은 다음과 같다.

첫째, 고객으로부터 주문이 있을 때는 객실 번호와 주문하는 내용을 정확히 확인하여 기록하여야 한다.

둘째, 고객의 주문이 완료되면 '감사합니다.' 라는 인사를 반듯이 하며, 주문한 내용이 언제 혹은 몇 시까지 어떻게 해드리겠다는 답변을 정확히 하여야 한다.

셋째, 주문된 내용은 주문 접수 장부에 기록하고, 관련 영업장으로 통보하여 처리한다.

넷째, 다른 영업장에 의뢰를 하는 일은 인수자가 누구인지를 확인하여야 한다.

다섯째, 고객이 의뢰한 내용이 약속한 시간까지 이루어지지 않을 경우는 미리 전화하여 그 이유를 납득할 수 있게 하여야 한다.

여섯째, Order Taker는 Room Rack Slip을 신속히 정리하여야 하며, 객실의 변경이 있을 시에도 신속하게 정리하여 업무가 원활히 이루어질 수 있도록 하여야 한다.

(2) 업무 절차

그림 6-9 Order Taker의 업무 절차

오더 테이커 (Order-Taker)

1. 직원 출근 점검 : 하우스 맨, 룸 메이드 등 직원의 출근을 점검하여 하우스 키퍼를 도움

↓

2. 지시 사항 전달 : 호텔 및 하우스 키퍼 등의 지시사항을 부서 직원들에 전달

↓

3. 고객 의뢰 사항 파악 : 하우스 맨이나 룸 메이드 등에게 고객이 의뢰한 것 또는 고객에게 직접 의뢰받은 것을 파악

↓

4. 보급품 지급 : 객실 정비에 필요한 물품이나 비품, 소모품 등을 담당 직원에게 지급

↓

5. 객실 수리 사항 접수 : 하우스 맨이나 룸 메이드 등에게서 의뢰한 객실 수리 사항을 접수

↓

6. 고객 의뢰 사항 처리 : 하우스 맨이나 룸 메이드 등에게 고객이 의뢰한 것 또는 고객에게 직접 의뢰받은 것을 파악을 신속하게 처리

↓

7. 타 부서와 협조 문제 처리 : 하우스 맨이나 룸 메이드 등이 의뢰한 객실 수리 사항 및 타 부서와 협조 문제를 처리

↓

8. 야간 청소 지시 : 야간에 의뢰받은 청소 및 지시 사항을 담당 직원에게 지시

↓

9. 열쇠의 반납 확인 : 객실 열쇠와 Floor Master 열쇠를 House Man, Room Maid 등이 반납하는 것을 확인

↓

10. 익일 업무 수행 준비 : 각종 일일 보고서 또는 월말 보고서를 작성

제7장 | 호텔 식음료

호텔 식음료는 객실과 함께 호텔 운영에 중요한 부문 중에 하나이다. 특히 호텔의 3대 수익원 중에 하나이기 때문에 수익성에서 차지하는 비중이 매우 크다. 그러나 이에 수반되는 비용도 많이 차지하기 때문에 효율적인 운영을 위한 노력이 다른 무엇보다 강조가 되고 있다. 그러므로 호텔 식음료의 기능과 성격을 이해하고, 식음료 상품은 어떠한 특성이 있는지를 확인하는 것은 효율적인 경영의 출발점이 된다고 믿는다. 그러한 관점에서 호텔 식음료의 내용이 구성되어 있다.

학습목표

1. 호텔 식음료 업장에 영향을 미치는 요소를 이해하여야 한다.
2. 호텔 식음료 업장의 변화 방향을 설명할 수 있어야 한다.
3. 호텔 식음료 상품의 특성을 이해하여야 한다.

제1절 호텔 식음료의 의의

1. 호텔 식음료의 이해

오늘날 호텔 경영에 있어 식음료 부문은 객실 및 부대업장과 함께 주요 수익원이 되고 있다. 실제로 우리나라 특급 호텔의 경우는 식음료 매출액이 전체 매출액의 50%~60% 이상을 차지하는 경우가 많다. 이러한 이유로 호텔 경영에서 식음료 업장의 운영은 필수적인 요소로 인식이 되고 있다(그러나 현대의 경제 사회에서는 인건비의 상승과 식재료 원가의 상승으로 인하여 식음료 업장의 운영을 최소화하는 경향도 나타나고 있다).

호텔 식음료 산업은 그 산업의 환경 변화에 의해 영향을 크게 받는 특성을 보이기도 하는데 호텔 식음료 산업에 영향을 미치는 요소를 설명하면 다음과 같다.

1) 국민 소득의 증가

국민 소득의 증가는 호텔 식음료 산업에 많은 영향을 미친다. 특히 소득의 증가는 소비 행태에 변화를 주는데 그 중 가처분 소득의 증가는 문화 생활을 위한 소비 활동을 촉진시키면서 외식의 참여 기회를 자연스럽게 증가시키게 된다. 그리고 소득의 증가는 소비 지출의 증가로 연결되면서 소비의 고급화가 이루어지게 되어 호텔 식음료 산업을 활성화시킨다.

2) 인구 통계적 변화

인구 통계적 변화 또한 호텔 식음료 산업에 많은 영향을 미친다. 여기에 해당하는 요소는 직업, 나이 등이 대표적인 요소라고 할 수 있다. 직업은 소비 패턴에 특히 영향을 미치는 중요한 변수로 인식되고 있다. 현대 사회는 서비스 산업의 비중이 커지면서 이에 종사하는 사람이 증대하게 되면서 호텔의 이용객도 자연히 증가하는 현상이 나타나고 있다. 또한 중요 변수로 나이를 들 수 있다. 나이는 욕구, 선호, 구매 능력에 큰 차이를 보이게 하는 주요 요인 중의 하나이다.

3) 가족 규모

가족 규모 또한 호텔 식음료 산업에 많은 영향을 미친다. 가족 규모는 외식 비용의 지출과 밀접한 상관 관계를 가지고 있는데 가족의 규모가 감소할수록 외식의 빈도와 소비 비용이 증가하게 되는 현상이 나타나고 있다. 이러한 현상 역시 호텔 식음료 산업에 영향을 미치는 주요한 요인이 되고 있다.

4) 여성 지위의 향상

여성의 지위 향상 또한 호텔 식음료 산업에 많은 영향을 미친다. 여성의 사회 진출 기회가 확대되고, 경제적으로 독립이 가능한 사회가 되었다. 특히 여성의 고학력화와 경제 능력은 호텔 식음료 산업에 영향을 미치는 주요 세분 변수가 될 수 있다.

5) 기술적 진보

기술적 환경의 변화 또한 호텔 식음료 산업의 성장에 매우 긍정적인 역할을 하고 있다. 기술적 진보는 다양한 조리 방법과 조리 형태로 고객의 입맛을 충족시키는 주요 요인이 되고 있다. 또한 센트럴 키친의 발전은 고품질 메뉴를 개발할 수 있게 해 주었고, 컴퓨터의 발달은 단골 고객 관리를 통한 개별 마케팅을 가능하게 하였으며, 인건비 절감과 원가 절감을 통한 과학적인 경영을 가능하게 하였다.

이러한 측면에서 볼 때 호텔 식음료 산업은 향후 발전의 가능성은 매우 높다고 하겠다. 따라서 호텔 식음료 사업을 하는 운영자의 입장에서는 고객에게 적절한 식도락의 즐거움과 욕구를 충족시킬 수 있는 노력이 지속되어야 할 것이다. 이러한 노력은 결국 호텔 식음료 사업의 활성화와 동시에 호텔 전체의 수익을 개선할 수 있는 중요한 원인이 된다고 하겠다.

한편, 호텔 식음료는 식사와 음료를 제조하여 제공하게 되는데 이때 해당 식사와 음료에 적합한 서비스를 표준화하여 고객에게 제공하게 된다. 따라서 제조의 기능과 서비스의 기능이 복합되어 고객의 욕구를 충족시키는 복합적인 사업 영역이기도 하다. 그리고 호텔 식음료 부문은 단순하게 식음료 서비스와 휴식을 제공하는 지역 사회의 문화 활동에 보다 긍정적인 역할을 함으로써 사회적 순기능의 역할도 하고 있다고 할 수 있다.

2. 호텔 식음료의 추세

호텔 식음료 부문은 다른 산업과 마찬가지로 IMF 이후 많은 변화가 나타나기 시작하였으며, 최근에도 사회 · 경제 · 문화 · 기술적인 환경 변화로 인하여 식음료 경영도 이러한 변화의 움직임이 감지되고 있다. 이러한 변화의 내용을 살펴보면 다음과 같다.

1) 식음료 업장 및 주방의 통합

최근 호텔업계에서 대표적으로 나타나고 있는 것은 식음료 업장과 주방의 통합 현상이다. 이 내용은 앞에서도 간략히 언급한 바와 같이 근래에 새로 지어지는 호텔의 경우 식음료 업장을 양식당 · 일식당 · 중식당 등 기타 업장을 분리하여 운영하지 않고 이 모두를 통합하여 운영하는 현상이 두드러지게 나타나고 있는 것이다. 따라서 고객은 통합된 레스토랑에서 양식과 일식, 중식 모두를 한자리에서 맛을 볼 수 있는 상황이다.

이러한 레스토랑의 통합과 함께 주방도 통합되는 현상이 나타나고 있다. 과거에는 각 전문 식당마다 주방이 있고 각각의 주방에 조리사가 근무하는 형태였다면, 현재는 주방이 통합과 함께 다양한 기능을 가진 조리사들이 같은 주방에서 근무하는 형태로 변화된 것이다.

이것은 인건비 상승과 함께 건축 비용 혹은 시설과 설비 투자와 같은 고정 자산이 많이 소요되는 호텔의 입장에서는 당연한 변화의 과정으로 받아들여지고 있다. 즉 주방을 통합하여 인건비를 절감하고, 비영업 면적을 축소하여 초기 투자비용을 줄이려는 노력의 일환으로 나타난 현상이라고 할 수 있다.

2) 마케팅 활동의 강화

마케팅 활동을 강화하는 추세가 나타나고 있다는 점이다. 최근 호텔 간에 경쟁이 매우 치열하게 진행되고 있다. 그리고 추가적으로 호텔에 견줄만한 시설과 설비를 보유하고 고품질의 서비스를 제공하는 전문적인 외식업체가 등장하고 있어 이러한 상황은 호텔 식음료 부문에 위협이 되고 있다. 따라서 호텔은 다양한 마케팅 전략과 전술을 구사하여 고객을 유치하고 만족시키려는 노력이 집중되고 있다.

3) 웰빙 메뉴의 개발

고객이 건강에 대한 관심이 높아지면서 이른 반영하듯이 고객의 건강과 미용에 도움이 되는 메뉴를 개발하고 판매하고 있다는 점이다. 즉 고객의 건강과 미용에 도움이 되는 식자재로 구성된 메뉴 개발과 조리 방법, 그리고 식자재 관리 등 많은 분야에서 건강 지향형의 차별화된 메뉴를 개발하고 이를 고객에게 제시하고 있는 상황이다.

4) 레시피의 공유

메뉴에 대한 조리 과정과 방법에 대한 레시피(Recipe)를 공유하고 있다는 점이다. 과거에 호텔의 조리사들은 자신이 가지고 있는 조리 기술 또는 방법을 공유하지 않는 경향이 있었다. 그런데 이러한 현상은 누가 조리를 하느냐에 따라 맛이 달라지는 현상으로 인하여 호텔 식음료의 품질 관리에 많은 문제가 있었던 것이 사실이다. 이러한 문제점을 개선하는 차원에서 호텔에서는 메뉴에 대한 조리 방법이나 기술 등을 체계화하고 이를 공유하여 품질의 개선은 물론, 유지 관리에 만전을 기하려는 노력이 가속화되고 있다.

5) 시설과 설비의 기계화

호텔 식음료 조리 기구나 설비 등을 가능한 한 자동화 장비로 대체하고 있는 현상이 지속적으로 나타나고 있는 점이다. 음식을 요리하는 것은 사람이 하는 일이기는 하나 가능한 범위 내에서 운영의 효율성을 높이기 위하여 사람이 하던 일을 자동화 혹은 기계화를 통하여 표준화하려는 움직임이 나타나고 있는 것이다.

6) 운영 및 관리의 효율화

호텔 식음료의 경우 과거부터 일정 부문 독립된 경영 활동이 이루어져 왔다. 즉 해당 업장의 전문 경영인에게 운영과 경영에 대한 권한을 주고, 결과에 대해 책임을 지게 하는 운영 방식이 진행되어 왔다. 그러나 수익과 비용 간의 관계를 명확하게 인식하지 못하는 현상은 효율성을 저해하는 요인으로 지적되어 왔다. 그러나 최근 전산화된 운영 시스템으로 생산 관리, 식자재 관리, 고객 관리, 메뉴 관리, 종사원 관리, 시설 관리 등 운영과 관련된 모든 활동에 대한 피드백을 할 수 있는 컴퓨터 프로그램을 활용하여 운영과 관리의 효율성을 증대시키는 노력이 지속되고 있다.

제2절 호텔 식음료 상품의 특성

호텔 식음료 상품은 호텔에 있어서 주요 수익원 중에 하나이면서 호텔 전체의 서비스 이미지를 형성하는데 많은 영향을 미치는 중요한 요소이다. 그리고 호텔 식음료 상품은 서비스 상품이면서 제조의 성격도 가지고 있는 특성을 보이기도 한다. 즉 호텔 상품은 서비스가 가지고 있는 속성을 보이기도 하면서 음식물을 제조하는 성격도 가지고 있다는 것이다. 이러한 측면에서 호텔 식음료 상품의 특성을 간략히 살펴보면 다음과 같다.

1. 서비스의 속성에 따른 특성

1) 동시성

호텔의 식음료 상품은 주문과 동시에 생산이 시작되고, 주문과 동시에 소비자는 소비를 시작하는 특성이 있다. 즉 생산과 소비의 동시성을 말하는 것으로 이는 유형재에서 볼 수 있는 생산과 소비의 분리와는 다른 특성을 설명하고 있는 것이다.

이러한 동시성은 소비자와 생산자가 동시에 같은 장소에 있을 때, 주문과 함께 생산과 소비가 동시에 일어난다는 것을 말하는 것으로 이것을 다르게 표현하면, 호텔 식음료는 생산자와 소비자가 같은 장소와 같은 시간에 존재할 때에 한하여 생산과 소비가 일어남을 의미한다. 따라서 소비자는 자신이 제공받을 식음료를 최대한 향유하며 즐기기 위하여 생산 과정에 참여하게 되는 현상이 나타난다고 하겠다.

2) 계획 생산의 불가능성

호텔 식음료 상품은 고객의 주문에 의해 판매가 되는 특성을 가지고 있다. 즉 유형재는 예측되는 수요량과 수요 시기에 맞추어 생산 일정과 생산 계획을 수립하여 효과적으로 수요에 대응할 수 있다. 그러나 호텔 식음료 상품은 고객이 음식을 주문한 후에 조리 활동이 진행되고, 판매가 되기 때문에 수요에 능동적으로 대응할 수 없는 것이다.

그렇다고 음식을 미리 만들어서 재고화시켜 판매할 수도 없는 특징을 가지고 있다. 따라서 수요에 능동적으로 대응할 수 없고, 계획적인 생산 관리가 불가능한 특성을 가지고 있다.

3) 장소와 시간의 제한

호텔 식음료 상품은 그 상품을 원하는 고객이 생산 현장으로 이동하여야 하는 특성을 가지고 있다. 즉 특별한 경우가 아니면, 고객이 생산 현장으로 이동하여 상품을 구매하여 이용할 수 있는 특성을 가지고 있다. 또한 식음료 업장이 보유하고 있는 좌석 이상으로 동시에 고객을 유치할 수도 없는 특성을 가지고 있다.

2. 상품 속성에 의한 특성

1) 상품의 부패성

호텔 식음료 상품은 고객의 주문과 함께 생산되어 바로 소비가 되어야 상품으로써 가치가 있다. 그리고 식재료의 특성상 시간이 지나면 식재료에 변질 혹은 부패로 인하여 요리를 할 수 없는 상태가 되는 것이다. 따라서 오랫동안 운영하면서 획득된 자료를 기초로 평균 수요량을 예측하여 적정한 규격과 양의 식재료를 구입하여 생산하지 않으면 안 된다.

2) 인적인 서비스 의존성

호텔 식음료는 종사원에 의해 조리되고 서비스가 제공되어서 고객에게 판매되는 특성을 가지고 있다. 즉 식음료 상품은 그것을 조리하는 과정과 음식이 제공되는 과정, 모두에서 인적인 서비스에 의존하는 특성을 가지고 있는 것이다. 이러한 측면에서 서비스의 표준화 혹은 차별화 등이 요구되고 고객의 욕구에 충실한 메뉴와 서비스가 제공될 수 있도록 교육이 강화되는 현상이 나타나는 것이다.

3) 고객 만족의 이질성

호텔 식음료 상품은 '맛' 이라고 하는 특정한 영역이 있으며, 이 맛은 고객의 취향에 따라 차이를 보일 수밖에 없는 특성을 가지고 있다. 즉 동일한 식자재와 레시피에 의해서 요리된 음식이라고 할지라도 맛에 대한 개인적인 취향에 따라 만족도에 차이를 보일 수밖에 없다는 것이다.

그리고 개인의 맛에 대한 느낌은 매우 미묘한 차이를 보이고 있다. 따라서 모든 고객에게 동일한 만족을 주는 것도 불가능하다. 그러나 메뉴와 서비스에 대한 표준화 · 규격화 · 차별화를 통하여 고객의 만족을 높이고 유지하려는 노력이 지속되어야 할 것이다.

제3절 호텔 식음료 조직의 직무

1. 호텔 식음료 조직의 직무

1) 식음료 부장(F&B Director)

호텔 식음료 부문의 책임자로 영업에 관한 생산 관리, 인적 자원 관리, 서비스 관리, 마케팅 관리, 판매 관리, 고객 관리, 손익 관리 등 식음료 경영과 관련된 전반적인 운영 관리를 책임진다. 따라서 식음료 부장은 경영과 관련한 생산, 인사, 마케팅, 원가 관리 등 경영 및 운영과 관련한 전문적인 다양한 지식을 갖추고 있어야 한다.

2) 식음료 과장(F&B Manager)

식음료 부장을 보좌하면서 각 레스토랑의 운영과 관련한 실무적인 책임과 권한을 가지고 있다. 따라서 레스토랑의 경영 상태 혹은 인력 관리, 영업 관리, 고객 관리 등을 담당하게 된다. 그러므로 식음료 부장에게 요구되는 지식을 갖추고 있어야 한다.

3) 식음료 업장 지배인(Outlet Manager)

식음료 과정의 지시를 받고 업무를 수행하며, 자신이 맡고 있는 식음료 업장의 책임자로서 고객 관리 및 종사원 관리, 종사원 교육, 메뉴 개발, 서비스 관리 등의 업무를 수행한다. 또한 자신이 맡고 있는 영업장의 결과에 대하여 1차적인 책임을 진다.

4) 캡틴(Captain)

캡틴은 접객수장이라고도 한며, 식음료 업장 지배인의 지시를 받아 업무를 수행한다. 따라서 영업을 시작하기 전의 준비, 종사원의 배치, 고객 응대, 서비스 점검 등의 업무를 수행한다.

5) 웨이터(Waiter & Waitress)

캡틴의 지시에 따라 대고객 서비스를 제공하는 업무를 담당한다. 따라서 영업 준비와 청결 유지, 서비스 제공, 메뉴 제공 등 최일선에서 접객 업무를 담당하는 업무를 수행한다.

이 외에 접객 보조원(Busboy), 안내원(Greeter & Greetress), 식당 수납원(Cashier)의 업무를 수행하는 종사원이 있으며, 소믈리에와 바리스타 등의 특수한 업무에 종사하는 종사원이 있다.

2. 호텔 식음료 부문의 특성

호텔 식음료 부문의 여러 가지 특성이 있을 수 있으나 대표적인 특성을 요약하여 정리하면 다음과 같다.

1) 완전히 다른 형태(Bar, 식당, 연회, 라운지, Room 서비스 등)의 운영 영업장을 갖는다.
2) 상당히 많은 수의 고객들이 객실과는 달리 지역 주민이므로 그 상품은 다른 지역 식음료 운영과 경쟁적이다.
3) 식음료 서비스에 대한 수요는 조식을 위한 이른 아침부터 나이트클럽을 위한 이른 새벽까지 항상 오랫동안 영업이 계속된다.
4) 상품은 대단히 복잡하며 표준화되어 있지 않은 경우도 있다.
5) 조리되지 않은 원재료의 질, 조리사의 자세, 웨이터의 자세 그리고 고객의 취향과 식욕은 고객에게 상품과 태도에 영향을 줄 수 있다.

제8장 | 호텔 식음료 원가 관리

호텔 식음료 부문의 원가 관리는 식재료의 특성상 다른 분야의 관리 영역보다 어려운 것이 사실이다. 그러나 식재료 원가 관리의 의미와 목적을 정확히 이해하고, 식음료 원가 분석 방법을 이해한다면 식음료 경영에 효율성을 기할 수 있을 것이다. 이러한 측면에서 식재료 원가 관리의 기본적인 내용과 방법을 기술하고자 노력하였다.

학습목표

1. 식음료 원가 관리의 목적과 방법을 이해하여야 한다.
2. 표준 원가의 의미를 설명할 수 있어야 한다.
3. 식음료 원가의 차이를 분석할 수 있어야 한다.

제1절 원가 관리의 의의

1. 원가 관리의 정의

호텔 식음료 경영자는 현재 운영하고 있는 업장의 이익과 손실에 대한 정확한 기준 매출액과 관련 원가 구성비를 설정하고 있어야만 효과적인 운영을 할 수 있다. 식음료 원가 관리는 단순히 식음료 원가율(%)을 계산하는 자체가 목적이라기보다는 원가율의 흐름을 지표로 하여 영업의 내용을 이미 결정된 경영 방침에 부응하도록 관리하는데 그 목적이 있다고 본다. 그러므로 단순한 사후 통제적인 원가 계산을 위한 관리가 아니라 식음료의 경영 내용이 원가 관리의 내용에 의하여 관리가 가능하도록 하는 제도적 운영의 원가 관리가 되어야만 효과를 얻을 수 있다.

식음료 원가 관리는 식음료 부문에 관한 식음료 재료비 원가 관리를 중심으로 한 일련의 경영 관리 기술로서 원가의 발생이 계획 또는 표준으로부터 벗어나지 않도록 통제하며, 기업의 경영 의사 결정에 유용한 원가 정보를 제공하는 경영 관리 활동이다.

이러한 관점에서 원가 관리는 구매 과정을 통해 유입된 원재료가 조리 과정을 거쳐 판매 원가(Cost of Goods sold)로 이전하는 원가 흐름을 계산하는 제품 원가를 측정하는 단계로부터 실제 원가와 표준 원가를 비교하여 원가 차이를 분석하는 단계 그리고 궁극적으로는 고객 만족과 기업 경영 목적을 달성하기 위한 종합 경영 관리 활동 등으로 요약할 수 있다.

2. 원가 관리의 목적

1) 재무제표 자료 제공

원가 관리의 우선 목적은 재무제표 작성에 필요한 원가 자료를 제공하는데 있다. 기업 경영의 재무 상태를 표시한 대차대조표와 기업 경영 성과를 표시한 손익계산서 등 재무상태 작성에 필요한 계수적인 원가 자료를 제공하는 기능을 수행한다.

2) 가격 계산 자료 제공

원가 관리의 목적은 가격 계산에 필요한 원가 자료를 제공하는데 있다. 그리고 원가 관리는 합리적인 가격으로 구매하고자 하는 고객의 가격에 대한 심리적 부담감의 제거 목적과 가능한 서비스 수준을 극대화하면서도 일정한 가격에 판매하고자 하는 합리적인 조합을 형성하기 위한 필요한 자료를 산출하려는 목적이 있다. 그리고 이외에도 신 메뉴 개발에 있어 판매가격을 결정하기 전에 표준 양 목표에 의한 사전 원가 계산을 함으로써 식음료 가격 결정에 도움이 되는 원가 자료를 제공하는 기능이다.

3) 원가 자료 제공

원가 관리의 목적은 원가 관리에 필요한 원가 자료를 제공하는데 있다. 이것은 관리자의 의사 결정에 필요한 회계 정보를 제공하는 목적이기도 하다. 또한 실제 원가 계산에 대한 합리적 판단을 위한 도구로 식음료 직접 재료비에 대한 표준 원가 계산 제도의 활용을 통한 과학적 원가 관리를 달성하려는 목적이 있다.

4) 예산 통제 자료 제공

원가 관리의 목적은 예산 편성 및 예산 통제에 필요한 원가 자료를 제공하는데 있다. 경영 관리의 도구로써 차기 업적 수행을 위한 예산을 설정함에 있어 체계적 · 논리적인 재무 계획의 기준을 정하는 정보를 제공하는 목적이 있다.

5) 경영 기본 계획 정보 제공

원가 관리의 목적은 경영의 기본 계획 설정에 필요한 원가 정보를 제공하는데 있다. 이것은 경영의 구조적 변화를 가져오게 하는 장기적 · 단기적 의사 결정에 대한 정보를 제공해 주는 역할을 말한다. 즉 메뉴 디자인, 조리, 판매, 매출 구성, 재고 수준 등과 계획 설정과 관련된 영업 활동 진행 과정에서의 의사 결정을 할 수 있도록 정보를 제공해 주는 것을 포함한다.

3. 원가 관리의 필요성과 특수성

식음료 원가 관리 목적이 일정 수준의 품질과 양을 유지시키면서 원가를 최소화하려는 관리 활동이기 때문에 원가 차이 발생 시 그 원인을 파악하여 불합리한 원가 요소를 제거하고 식음료 경영의 합리화를 도모해야 하는데, 다음과 같은 필요성의 제기 때문이다.

1) 식음료의 원가 절감
2) 식료품 표준 원가의 공정한 계산
3) 변동 원가 계산의 편리
4) 메뉴 및 표준 원가 카드의 작성
5) 합리적인 노무비의 계산
6) 원가 보고서의 작성
7) 경영 성과 분석에 따른 이익 관리

제2절 원가 분석 방법

재화나 서비스를 창출하는 과정에서 소비되는 경제적 가치가 원가이다. 원가는 소비되는 가치를 일 단위 또는 월 단위, 특정 회계 기간 동안 집계 계산하여 원가 관리 기초 자료로 사용한다. 그리고 원가 분석은 최고 경영자의 의사 결정에 유익한 자료를 산출한다는데 의의가 있다. 일반적으로 식음료 경영에서 사용되는 계산 방법은 실제 원가 계산 방식과 표준 원가 계산 방식이 대표적이며, 회사의 정책이나 일부 영업장의 특성에 따라 개별 혹은 혼용하고 있다. 또한 식음료 원가 계산은 노무비나 관리비를 제외한 직접 재료비에 국한하는 것이 통례이며 특징이다.

1. 식음료의 원가 계산

실제 원가 계산이란 실제로 발생한 원가를 계산하는 것으로 일반적으로 사용하고 있는 원가 계산 방법은 사후 원가 계산이 된다,

식재료의 실제 원가 계산은 일 단위 또는 월 단위로 계산되며, 실제 재고 조사를 기초로 해서 계산되는 원가는 월말 손익 계산서에 이용되며, 관리 회계의 목적으로 계산된 일별 원가 계산은 그 산출 방법에 특별한 이상이 없는 한 월말의 실제 원가 계산의 결과와 근접된 결과로 나타나게 될 것이다. 그리고 실제 원가 계산은 기업의 달성 목표로 정한 표준 원가와 비교함으로써 현재의 원가가 적정선에 있었는지를 평가하는데 그 목적이 있다

2. 원가 계산 절차

1) 총매출액 산출

운영하고 있는 식음료 업장에서 판매한 매출액에 대한 수입 현황이 최종 확정되면, 이용객 수, 평균 객단가, 식음료 수입 현황, 전년 대비, 예산 대비 실적 등의 내용이 담긴 일일 수입 보고서가 작성되어 일별과 누계치로 작성되며, 월말이 되면 당월의 총 식음료 매출액이 산출된다.

2) 총 소비 식음료 원가

모든 식자재에 대한 원가로서 판매 적 또는 기타의 제 목적으로 사용한 총 원가이다. 계산 공식은 다음과 같다.

기초 재고량(opening inventiry)
+ 당기 구입액(purchasing)
− 기말 재고량(closing inventiry)

총 원가

3) 순 판매 식음료 원가

고객에게 판매된 식자재 원가의 화폐 가치의 금액을 말한다. 즉 총 소비 식자재가 원가에서 음료 판매를 위한 이체분 원가와 판매 목적 외의 용도로 소비된 식자재 원가를 제한 금액이 된다.

총 원가
− 종업원 급식비
− 이체 재료비
− 기타 차감비용

순 판매 식음료 원가

4) 재고 금액 계산

창고에서 보유하고 있는 재고 금액에 영업장에서 보유하고 있는 금액을 합계한 것을 말한다.

5) 총 구매 금액

6) 식음료 재료비 비율(%)

$$\text{식음료 재료비 비율} = \frac{\text{순 판매 식음료 원가}}{\text{총 매출액}} \times 100$$

7) 일별 식음료 원가 계산

일별 식음료 원가 보고서는 그 날의 매출액 및 매출 원가 등이 총체적으로 나타나는 자료로서 각 단위 영업장별 매출액(food and beverage revenue), 원가(cost), 이용객 수(cover), 고객 일인당 평균 소비액(average check), 원가 비율(cost percentage), 누계(month-to-date) 등이 기록된다. 따라서 원가 관리 부문에 의해 산출된 각 단위 영업장별 총 재료비를 기초로 영업 회계 부문(daily revenue report)에서 원가율을 산정하는데, 이 원가 비율은 단위 영업장별 원가 관리 업무를 수행하는 데 가장 기초적인 자료가 된다.

일별 식음료 원가 계산은 월 누계, 예산과의 비교, 표준 원가와의 비교, 전년 대비 등을 통해서 영업 상태를 정확히 파악할 수 있고, 각 단위 영업장의 경영 상태를 개략적이나마 파악할 수 있으므로 최고 경영자가 의사 결정을 하는 데 도움이 되는 지침서의 역할을 수행하는 장점을 지닌다.

원가 일보의 구성은

첫째, 식음료 매출(F/B revenue)과 이용 고객 수, 객실 투숙객의 식음료 이용률, 고객 1인당 소비 금액(average check) 그리고 이들에 대한 누계(month-to-date) 등을 나타내는 매출 부문

둘째, 각 단위 영업장의 출고(issuing) 현황, 단위 영업장 간의 식재료 이동, 식재료 재고 자산의 타 계정 대체, 종업원 식당의 원가 현황 그리고 원가 비율과 그들의 누계를 나타내는 매출 원가 부문으로 이루어진다.

셋째, 재고 금액은 월말에 가서 조정해 주어야 한다. 즉 영업장의 재고가 항상 일정하다고 가정하고, 식음료 자재가 영업장으로 불출되는 시점에서 재료비로 계산된다. 그리고 이러한 방법은 일별 식음료 수입과 재료 소모에 대한 현황이 나타나는 관리 회계의 성격을 띤 원가 계산 방법이며, 효율적인 원가 관리를 위한 중요한 방법이다.

8) 월말 식음료 원가 계산

일별 식음료 원가 계산은 재고 자산 금액이 제외된 입고 시점의 영업장 직접 인도 품목과 출고 시점의 창고 불출분에 대한 금액을 주요 원천으로 이루어졌다. 그러나 월말 실제 원가 계산은 창고 및 영업장 재고 금액의 확정 및 월별 기간 손익을 산출하기 위한 매출 원가의 측정을 위해 실제 재고 조사를 한다. 매출 원가의 계산에서 중요한 것은 기말 재고 조사이다. 왜냐하면 재고 금액을 평가하는 기준 여하에 따라 매출 원가의 금액이 변동하며 당기의 이익이 달라지기 때문이다.

매출 원가의 계산을 위해서 소비된 수량 또는 기말 재고 수량 또는 기말 재고 수량을 파악하는데, 계속 기록법(perpetual inventory method) 또는 실제 재고 조사법(physical inventory method)을 이용할 수 있다. 또한 금액에 대한 계산을 위해서 물량 흐름(physical flow)에 대한 전제에 따라 개별법(specific identification method), 선입 선출법(first in, first out: FIFO), 후입 선출법(last in , first out:LIFO), 총 평균법(weighted average method), 이동 평균법(moving average method) 등의 방법이 이용될 수 있다. 매출 원가 산출 공식은 다음과 같다.

매출 원가=기초 재고액+당기 매입액-기말 재고액

위의 산출 방법에 의해 결정된 재고 금액과 일별 원가 계산에서 이루어진 금액의 합계액이 최종 각 단위 영업장의 매출 원가로 확정된다. 월말 식음료 원가 계산은 부문별 단위 영업장 매출 원가를 확정함과 동시에 매출과는 상관없이 발생된 비용은 그 발생 원천에 따라 명확하게 분류하고 처리해야 일정 기간 기업 경영 성과를 합리적으로 나타낼 수 있다.

원가 계산의 공식은 〈표 8-1〉과 같이 원가를 계산한 후 이것을 계산하는 방법을 구체적으로 설명하면 다음과 같다.

표 8-1 **월말 식음료 원가 계산**

총 매출액 −매출액 공제액
1) =순 매출액 2) 기초 재고액(opening inventory) 3) +당기 구매액(기간 중 구매액)
4) =총 가용 원가 5) −기말 재고액(closing inventory)
6) =총 식료 소비액 7) +조리에 사용된 음료의 총액 8) + 타 업장에서 공급받은 식료(대체)
9) =총 매출 원가 10) −바에 공급한 식료(대체) 11) −타 업장에 공급한 식료(대체)
12) =총 매출 원가 13) −각종 대기(credits) 14) =순 매출 원가

(1) 총 매출액에서 매출 조정을 차감하면 순 매출액이 계산된다.

(2) 전월에 실제 재고 조사를 거쳐서 확정한 금액이 당월의 기초 재고 금액이다.

(3) 한 달 동안에 각 업장에서 직접 구매한 식료의 총계를 계산한다.

(4) 위 (1), (2), (3)항의 합이 특정 업장의 한 달 동안 총 판매 가능 금액 혹은 총 가용 원가이다.

(5) 기말 재고 금액을 조사한다(실사에 의한 재고 조사를 토대로 재고 가치를 평가). 특정 업자의 주방에 남아 있는 식자재에 대해서 실사한다.

(6) (4)항에서 (5)을 차감하여 총 식료 소비액을 계산한다. 여기까지의 원가율은 대체나 각종 대기를 고려하지 않은, 즉 사용한 모든 식료에 대한 원가이다.

(7) 주방에서 음식을 만드는 데 사용한 음료의 총계를 기록한다. 여기에서 사용한 음료는 음료 저장 창고에서 공급받는 것이다. 음료이지만 음식을 만드는데 사용하였으므로 식료로 간주하고 식료에 더한다.

(8) 타 업장 주방에서 식료를 공급받은 금액으로 대체전표 상에 나타난다. 타 업장 주방에서 식료를 공급받았기 때문에 더하여야 한다.

(9) (6)항과 (7)항 그리고 (8)항을 합한 것이 특정 업장의 주방에서 사용한 총매출 원가가 된다.

(10) 업장 주방에서 바로 식료를 전달하는 경우가 있는데, 이것은 대체에 의해서 확인된다. 업장 주방에서 바로 식료를 주었으므로 식료 원가에서 대체한 금액만큼 차감하여야 한다.

(11) 타 업장에서 식료를 받은 것과 마찬가지로 타 업장으로 식료를 공급하는 경우도 있다. 이 경우는 타 업장으로 식료를 주었으므로 식료 원가에서 대체한 금액만큼을 차감하여야 한다.

(12) (9)항에서 (10)항과 (11)항을 차감한 것이 총 매출 원가가 된다. 여기까지가 대체를 고려한 원가이다.

(13) (12)항에서 각종 대기(CREDITS : 종업원의 식사 및 간부용 식사 등)를 차감하면, 순 매출 원가가 된다. 즉 고객이 소비한 몫이 되는 것이다.

제3절 표준 원가

표준 원가 계산은 직접 재료비, 직접 노무비, 제조 간접비 등의 모든 원가 요소를 미리 정해 놓은 표준 원가로 측정하는 방법이다. 즉 표준 원가 계산은 실제 원가 계산의 단점을 보완하기 위하여 정상적이고 효율적인 영업 상태에서 예상되는 표준 원가로 제품 원가를 알 수 있고, 기간별로 제품 원가가 변동하지 않도록 하는 원가 계산 제도이다. 따라서 표준 원가는 특정한 상황에서 발생할 원가의 예측치라고 할 수 있다.

1. 표준 원가 계산의 목적

표준 원가를 계산하는 목적은 여러 가지가 있을 수 있다. 그러나 대표적인 사항을 정리하면 다음과 같다.

1) 제품의 표준화, 작업 방법의 표준화 및 공정의 표준화를 도와준다.

2) 표준 원가와 실제 원가의 차이를 통하여 경영자들의 주의를 집중한다.

3) 차이의 분석을 위한 하나의 수단을 제공한다.

4) 원가 계산 절차를 간소화함으로써 원가 계산 제도의 운영비를 절감한다.

5) 가격 결정 및 기타 경영 계획 수립에 필요한 기초 자료를 제공한다.

2. 표준의 설정 기준

식음료 사업 경영에 있어서 원가 표준의 기준 중 노무비 표준, 제조 간접비 표준 등은 식음료 사업의 특수성을 고려하여 제외하고, 직접 재료비 표준에 의한 표준 원가를 산정하는 것이 일반적이다.

1) 재료 소비량의 표준 설정 기준

식음료 상품을 생산하는데 소요되는 재료의 수량을 결정하기 위해 재료에 대한 화학적 · 물리적 분석, 산출률, 표준 조리법에 의한 재료의 명세, 과거의 평균 재료 소모량, 품질에 대한 표준, 표준 단위의 크기에 따라 수량을 결정하며, 정상적인 생산 활동에서 발생되는 손실량을 인정하여 표준으로 정하게 된다.

2) 재료의 가격 표준 설정

식음료 재료 가격의 표준은 재료의 구매, 운반, 취급 등이 일정 수준의 양호한 능률을 지속할 때, 달성 가능한 수치로 결정되어야 한다. 이는 과거의 구매 가격을 원가법에 의해 산정하거나 최근 구매 가격의 통계적 방법에 의한 추세 예측에 의존하기도 한다. 산정된 재료의 표준 가격과 실제 가격의 차이는 시장 상황, 구매 관습, 수급 상황, 계절적 요인, 경기 변동 등에 기인하는 경우가 많으며, 대량 구매 다량 저장 관리 방법 등을 통해 재료 가격의 인하 내지 안정에 힘써야 한다.

3. 표준 원가 계산 및 절차

식음료 부문의 원가 관리가 차지하는 역할은 매우 중요하며, 특히 컴퓨터의 이용으로 관리 기술과 분석 기법에 있어 혁신적인 변혁이 이루어지고 있다.

표준 원가 계산이란 미리 재료비를 결정하여 사전 원가를 결정하는 것으로 표준 원가 관리를 위한 기초 자료가 되는 것이다. 표준 원가의 계산을 위해서는 다음과 같은 분석 자료가 필요하다.

첫째, 표준 구매 명세표(Standard Purchase Specification)

둘째, 표준 양 목표(Standard Recipe)

셋째, 표준 조리 산출량(Standard Yield)

넷째, 1인분 몫의 표준 단위 크기(Standard Portion Size)

다섯째, 1인분 몫의 표준 원가(Standard Portion Cost)

4. 표준 구매 명세표(Standard Purchase Specifications)

표준 구매 명세표란 구입하고자 하는 품목에 대한 품질, 규격, 무게, 수량, 기타 질적 특성을 간략하게 기술한 명세표이다. 작성 목적은 구매의 일관성 및 표준 설정, 재고 관리의 최적화, 메뉴의 질적 관리(Menu Quality Control), 검수 절차의 간소화, 구매 원가 절감에 있다.

표준 양 목표란 정해진 메뉴 품목에 소요되는 재료의 종류 및 소요량이 기재되어 있는 일조의 재료 명세서이며, 표준 조리법이란 정해진 표준 양 목표의 내용대로 재료를 넣어 조리하는 방법 및 음식을 담는 방법까지 자세히 규정해 놓은 조리 지침서를 말한다. 이러한 표준 양 목표를 사용함으로써 기대되는 효과로는

1) 통일된 메뉴의 품질과 맛(Uniform Quality and Taste)
2) 예측할 수 있는 조리된 산출량(Predictable Yields)
3) 감독 업무의 축소(Less Supervision)
4) 미숙련 업무자에 대한 도움(Less Trained Help)
5) 원가 관리의 확립(Established Food Cost Control)
6) 독립성(Create Independence)

표준 양 목표(Standard Recipe)를 통해 산출된 표준 원가는 메뉴 품목별 가격 결정의 기초 자료로 사용되며, 표준 원가와 실제 원가의 차이 분석을 위한 원인 규명에 직접적인 영향을 미치므로 원가 관리를 위한 표준으로 이용된다. 그리고 합리적인 원가 관리를 지속적으로 유지하기 위해서는 표준 양 목표의 원가 수정을 하게 될 경우가 발생하는데, 이러한 요인으로는 표준 양 목표, 수량의 변경, 시장 가격의 변동, 상품 명세의 변경, 메뉴 판매 가격 변동 등의 경우와 정기적 원가 수정의 기간이 도래할 때 등이다. 이렇게 정기적 · 비정기적으로 원가 수정을 함으로써 표준 양 목표 관리를 효율적으로 유지해 갈 수 있다.

5. 표준 조리 산출량(Standard Yields)

표준 조리 산출량이란 조리나 준비 과정상의 감손이나 낭비를 최소화하여 재료비 원가를 관리하려는 목적에서 수립되는 능률적인 생산량 표준이다.

산출량이란 구매했거나 저장고에서 인출해 온 일정 수량이나 중량의 식료 원재료를 조리하여 판매할 수 있는 완제품의 상태로 만들었을 때의 수량이나 중량을 지칭한다. 그리고 산출량은 생산 관리의 능률 여하에 따라 상당히 달라질 수 있다. 높은 산출량을 위해서는 무엇보다도 양질의 재료와 숙련된 노동력 및 제조사의 관리 등이 요구된다. 여기서 언급된 조리란 다음과 같은 단계에 의한 식료의 생산을 말한다.

1) 조리를 하기 전에 예비적으로 준비하는 단계로 육류를 각각의 목적 또는 부위별로 자르는 작업이나 야채를 다듬고 깨끗이 씻는다든가 하는 작업이 포함된다.
2) 본격적으로 요리를 하는 단계
3) 본 요리(Main dish items)의 경우에는 몫을 나누는 단계나 식료를 보기 좋게 자르는 단계(Portioning or carving)가 포함된다. 이때 조리된 식료와 원재료 상태였을 때의 식료의 수량이나 중량 차이는 곧 조리에 의한 손실(Loss)인 것이다. 표준 산출량이란 수립된 표준, 예비 조리 및 표준 조리 방법과 자르는 방법이 모두 그대로 준수되었을 경우에 산출된다.

4) 1인분 몫의 표준 단위 크기(Standard Portion Size)

고객들에게 판매되고 서브될 각각의 메뉴 품목별로 1인분에 대한 단위 크기, 수량, 무게 등을 나타내는 명세서이다. 그러므로 1인당 몫의 표준 단위 크기는 어떠한 메뉴 품목에 대해서도 모두 설정해야 한다. 즉 크게 구분하여 전채(Appetizer), 야채(Vegetables), 빵(Breads), 샐러드(Salads), 후식(Desserts), 음료(Beverages) 등 모든 품목에 대하여 서브할 양을 결정해야 한다. 1인당 몫의 크기에 대한 필요성을 요약하면 다음과 같다.

첫째, 고객이 지불한 가치의 대가로 고객에게 제공할 양을 결정하여 적량의 식음료를 제공하여 고객의 권익을 보호하는 것이다.

둘째, 경영 관리적 측면에서 결정된 표준 크기가 정확히 준수되는 가운데 식료가 제공되고 있는가를 관리할 수 있다. 또한 효과적인 표준 분량 크기에는 다음의 절차가 요구된다.

(1) 분량(Portion)당 예상 크기 결정

(2) 전 종업원에 대한 주지와 숙련

(3) 표준 구매 명세표에 의한 동일 규격 제품의 구매

(4) 계량화된 분량(Portion)의 준비

(5) 표준 분량의 지속적인 조리와 준수 여부에 대한 확인

5) 1인분 몫의 표준 단위 원가(Standard Portion Cost)

표준 양 목표, 표준 조리 산출량 등을 근거로 하여 산출된 표준 양 목표 금액을 사람 수로 나눈 것이 1인분 몫의 표준 단위 원가가 된다.

지금까지 표준 원가 계산을 산출하는 5가지 기본적인 방법은 효율적인 식음료 원가 관리를 위한 표준 원가 계산을 과학적으로 수행하는 내용으로 실무적으로 유용하게 설명하였다.

제4절 원가 차이 분석

원가 차이란 실제 원가와 표준 원가의 차액을 말하며, 표준 원가 차이(Standard cost variance) 라고도 한다.

실제 원가 > 표준 원가 = 불리한 차이
실제 원가 < 표준 원가 = 유리한 차이

원가 관리 및 성과 평가 등에 유용한 회계 정보를 얻기 위해 원가 차이를 세부적으로 분석하는 것을 원가 차이 분석이라고 한다. 원가 차이는 제품 단위당의 원가 표준과 실제 원가를 비교하는 것이다. 원가 차이는 실제 원가가 표준 원가를 초과하는 경우의 불리한 차이(Unfavorable variance : U)와 실제 원가가 표준 원가에 미달하는 경우의 유리한 차이(Favorable variance : F)를 구분한다.

식음료 재료 원가는 소비된 식음료의 수량과 가격에 의하여 결정된다. 즉 식음료 재료의 표준은 수량 표준과 가격 표준에 의하여 결정된다. 식음료 재료비의 원가 차이는 실제 재료비와 표준 재료비의 가격차이이다. 이는 순수 수량 차이, 순수 가격 차이, 결합 차이로 구분된다. 결합 차이는 가격 차이로 취급하는 것이 보통인데, 그 이유는 가격 차이는 통제 불가능한 내부 요인에 의하여 발생하기 되므로 원가 통제에서 소비량 차이는 엄격하게 계산할 필요가 있어 이를 가격 차이에 포함시키게 되는 것이다.

그림 8-1 **식음료 원가 차이**

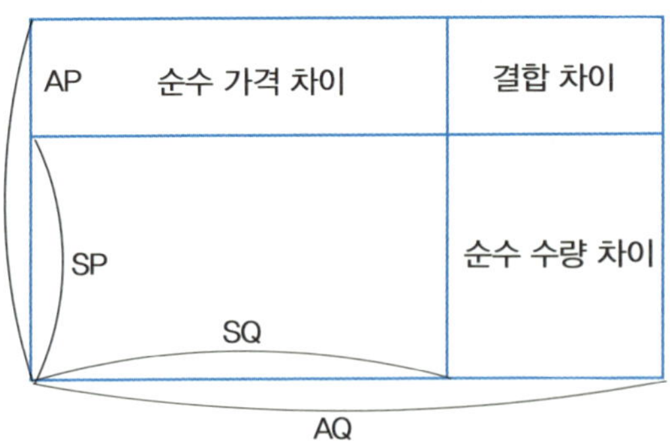

주) AP : 실제 가격, AQ : 실제 수량, SP : 표준 가격, SQ : 표준 수량

1. 수량 차이

수량 차이는 식음 재료의 실제 소비량과 표준 소비량의 차이에 기인하는 것이다. 수량 차이는 순수 수량 차이를 의미한다. 수량 차이는 능률 차이 또는 사용 차이라고도 하며, 다음 식으로 계산한다.

수량 차이=(실제 소비량-표준 소비량)×표준 가격

수량 차이 계산 시 표준 소비량은 식음 재료의 제품 1단위당 표준 소비량, 즉 표준 분량에 식음 제품의 실제 생산량을 곱하여 계산한다. 이러한 수량 차이는 통제할 수 있는 내부적 요인에 의하여 발생하는 것이 일반적이다.

2. 가격 차이

가격 차이는 식음 재료의 표준 가격과 실제 가격의 차이로 발생하는데 아래와 같이 순수가격 차이와 결합 차이를 합한 것이다.

가격 차이=순수 가격 차이+결합 치이=(실제 가격-표준 가격)×실제 수량

제9장 | 메뉴 관리

호텔의 식음료 업장에서 메뉴의 선정과 관리는 중요한 이슈가 되고 있다. 특히 메뉴는 레스토랑의 얼굴이며 상징성을 가지고 있고, 서비스에도 영향을 미치며, 수익성과도 직결되는 문제이기 때문이다. 따라서 기업이 경영 효율성을 제고하고, 변화하는 고객의 욕구를 충족시키기 위해서는 끊임없는 메뉴 관리를 위한 전략이 요구된다고 하겠다. 이러한 점에서 본 장에서는 메뉴 관리의 이해를 도모하기 위하여 메뉴 관리의 중요성과 메뉴 가격 결정 방법, 메뉴 가격 결정에 영향을 미치는 요인도 함께 정리하였다.

학습목표

1. 메뉴 관리의 개념과 중요성에 대하여 이해하여야 한다.
2. 메뉴 가격 결정 방법을 설명할 수 있어야 한다.
3. 메뉴 가격 결정에 영향을 미치는 요인이 무엇인지를 설명할 수 있어야 한다.

제1절 메뉴 관리의 의의

1. 메뉴의 개념

메뉴(menu)라는 말의 어원은 라틴어의 'Minutus' 영어로는 'minute'의 뜻으로 '축소하다(diminished)'는 의미이다. 이 말은 조리사(史)에서 나오는 요리의 원료로부터 조리 방법까지를 먹는 사람에게 상세히 기록하여 소개하는 방법으로부터 생겨난 것이라고 한다. 메뉴는 우리말로 차림표 또는 식단이라는 말로 사용되고 있다.

메뉴에 대한 정의도 시대에 따라 변화한다. 60년대에는 메뉴가 '차림표'의 개념으로 정의되었다면, 70년대부터는 '마케팅과 관리'의 개념이 가미된 '차림표'로 정의되었고, 80년대부터는 '차림표'의 개념이 삭제된 강력한 '마케팅과 내부 통제 도구'로 정의되고 있다. 또한 60년대와 70년대에 메뉴의 계획과 디자인에 관한 저서, 논문도 주로 주방에서 일하던 조리사와 식품 영양학을 전공한 식자(識者)들에 의해서 주도되었기 때문에 영양적인 측면과 조리 방식과 레시피를 중심으로 한 생산 지향적인 측면이 강조되었다.

80년대에 들어서는 실무와 이론을 겸비한 식자들에 의해 메뉴를 보는 시각이 레시피 중심에서 관리와 마케팅 중심으로 변화하였다. 그 결과 메뉴에 대한 정의도 '마케팅'과 '관리적'인 양면이 강조되어 정의되고 있다. 즉 음식물을 판매하는 사업장에서 고객에게 음식물을 판매하기 위하여 준비한 각종의 음식 이름과 가격 그리고 고객이 음식을 주문하는데 필요한 안내 절차와 조건을 적은 목록표라고 할 수 있다. 따라서 메뉴란 고객과의 의사소통에 사용되는 중요한 마케팅 도구이며, 상품화의 중요한 수단으로 인식되며 영업장의 상징이 되기도 한다.

〈표 9-1〉과 같이 메뉴와 관련한 여러 학자들의 정의는 다음과 같다.

표 9-1 메뉴의 정의

학자	정의
Judy L. Miller(1998) Jack E. Miller(1992) Mahmood A. Khan(1991) Edward A. Kazarian(1989) John W. Stokes(1982) Lendal H. Kotschevar(1975)	메뉴는 식음 운영에 있어서 가장 중추적인 역할을 담당하는 관리 도구이며 통제 도구이다.
Bernard Davis & Sally Stone(1991) Donald E. Lunberg(1989) Judi Radice(1987) William L. Kahrl(1978) Douglas C. Keister(1977)	메뉴는 판매 도구이다.
Robert A. Brymer(1987) Anthony M Rey & Ferdinand Wieland(1985)	메뉴는 가장 중요한 마케팅 도구이다.
Hrayr Berberoglu(1987)	메뉴는 정보의 제공자이다.
Lothar A. Kreck(1984) Leonard F. Fellman(1981)	메뉴는 레스토랑과 고객을 연결하는 대화의 고리이다. 메뉴는 커뮤니케이션 도구이다.
Albin G. Seaberg(1991) David V. Pavesic(1989) Nancy Loman Scanlon(1990)	메뉴는 레스토랑의 대화, 판매 그리고 PR 도구이며, 가장 중요한 내부의 마케팅 도구이다.

자료 : 나정기, "메뉴계획과 디자인의 평가에 관한 연구" 박사학위 논문, 경기대학대학원. 1994.

2. 메뉴의 중요성

일반적으로 레스토랑은 그들이 제시하고 있는 메뉴에 의해서 평가된다고 말할 수 있다. 메뉴 전문가는 특정 레스토랑의 메뉴를 통하여 레스토랑의 전체적인 개념(concept)을 어느 정도 이해할 수 있다. 그러나 아직도 많은 사람들이 메뉴를 단지 레스토랑에서 제공하는 식료와 음료를 기록하여 고객에게 알리는 단순한 역할을 수행하는 수단으로만 생각한다.

메뉴는 내용에 따라서 물품의 구매, 저장, 재고 관리, 식료의 조리 등 식음료 원가 관리에 커다란 영향을 미치게 된다. 또한 메뉴의 대상과 범위에 따라서 주방에 필요한 시설 및 장비의 배치 등 필요한 시설 구조와 공간, 입지를 결정한다. 그리고 메뉴의 종류에 따라서 구매 대상의 식자재 종류와 양을 항목별로 결정할 수 있으며, 주방에서 필요한 인력 등을 담당할 인원수를 결정하기도 한다. 또한 메뉴에 의해 조리 준비에 대한 작업의 흐름과 준비 시간 및 제공 시간과 수량 등을 결정하며, 고객에게 제공되는 음식에 따라서 서비스 요건을 결정한다. 그리고 메뉴는 관리(control)와 마케팅의 관점, 즉 관리자와 고객의 입장에서 관리와 통제자의 역할을 하고, 이 두 역할이 통합되는 하나의 시스템을 관리하고 통제하는 역할을 한다.

3. 메뉴의 분류

메뉴는 일반적으로 정식 메뉴(Table d' hote menu), 일품 요리 메뉴(A la Carte menu), 컴비네이션 메뉴(Combination menu) 등으로 나누어진다.

정식 메뉴(Table d' hote menu)는 순차적으로 단계별로 고객에게 제공되는 메뉴로 정해진 가격과 순서에 의해 제공되는 요리를 말한다. 미각, 영양, 분량의 균형을 고려한 한 끼분의 식사로 고객의 선택이 용이하다. 정식 요리 메뉴의 특징을 정리하면 다음과 같다.

1) 신속한 서비스로 좌석 회전율을 높일 수 있다.
2) 가격이 저렴하다.
3) 식자재의 관리가 용이하다.
4) 원가가 절감된다.

5) 메뉴 관리가 용이하다.

6) 고객의 입장에서 선택의 폭이 좁다.

7) 가격의 변화에 유연성이 결여되어 있다.

8) 메뉴에 대한 지식이 없어도 주문이 용이하다.

일품 요리는 여러 종류의 메뉴를 나열해 놓고 기호에 따라 자유롭게 주문하여 선택할 수 있으며, 고객이 선택한 요리에 대해서만 요금을 지불하면 되는 것이다. 이 메뉴는 한 번 작성되면 오랜 동안 판매하게 되고, 요리 준비나 재료 구매를 단순화시킬 수 있기 때문에 효율적이라고 할 수 있으나 원가가 상승하면, 이익이 감소할 수도 있고, 단골 고객에게는 메뉴에 대한 선호도를 하락시킬 수 있는 단점도 있다. 일품 요리는 다음과 같은 특징을 가지고 있다.

1) 고객의 선택 폭이 넓은 특징이 있다.

2) 고객 단가를 높일 수 있다.

3) 가격이 비싸다.

4) 인건비가 높다.

5) 낭비의 요소가 많을 수 있다.

6) 식자재의 관리가 쉽지 않다.

7) 메뉴 관리가 쉽지 않다.

8) 메뉴에 대한 지식이 없는 고객에게는 주문에 어려움을 겪을 수 있는 단점이 있다.

컴비네이션 메뉴는 정식 메뉴와 일품 요리 메뉴의 장점만을 혼합한 메뉴로 최근에 많이 선호하는 퓨전 메뉴라고 할 수 있다. 일반적으로 컴비네이션 메뉴는 세트 메뉴 등으로 알려져 있으며, 식재료의 내용 구성에 따라 고객의 취향과 선호에 능동적으로 대처할 수 있고, 고객의 입장에서는 선택의 폭이 다양하여 일반적으로 많이 채택하고 있는 방식이다. 이 메뉴의 특징을 정리하면 다음과 같다.

1) 메뉴의 구성을 통하여 고객의 식사 패턴의 변화에 유연하게 대처할 수 있다.

2) 메뉴의 가격과 구성의 조정으로 식재료 원가의 상승에 대처할 수 있다.

3) 고객 단가를 높일 수 있다.

4) 고객에서 선택의 폭을 넓게 가지고 갈 수 있다.

5) 식자재 관리가 용이하다.

6) 대다수의 레스토랑에서도 활용하기 적합한 메뉴이다.

〈표 9-2〉는 메뉴 분류 기준을 정리한 것이다.

표 9-2 **메뉴 분류 기준**

학자	분류기준
Douglas C. Keister (1979)	모든 메뉴는 기본적으로 타블 도트 메뉴(table d' hote menu), 알 라 카르트 메뉴(al la carte menu), 혼합 메뉴(combination menu)로 나누고, 이것은 다시 식료와 음료와 제공되는 시간(아침, 점심, 저녁…등)과 장소에 따라(일식, 중식, 한식, 양식, 커피숍…등) 나눌 수 있다는 기준을 제시하였다.
Franz K. Lemoin (1970)	모든 메뉴는 타블 도트(table d' hote menu), 수정된 타블 도트(modified table d' hote menu), 알 라 카르트 메뉴(al la carte menu)와 세마이 알 라 카르트 메뉴(semi-al la carte menu)로 대분류하였다.
Jack E. Miller(1992)	모든 메뉴를 고정 메뉴(static menu)와 주기적으로 바뀌는 메뉴(cycle menu), 그리고 식자재의 공급 시장의 조건에 따라 변하하는 시상 메뉴(market menu)로 분류할 수도 있다는 기준을 제시했다.
Anthony M. Rey and Ferdinand Wieland (1985)	메뉴는 여러 가지의 기준에 의해서 분류될 수 있다. 예를 들어 레스토랑의 형태 또는 식사가 제공되는 때에 따라 분류할 수도 있고, 또는 고정되어 있느냐, 아니면 주기적으로 교체되느냐에 따라서 분류할 수 있다. 또 다른 분류 기준은 메뉴 가격의 구조에 따라 알 라 카르트(al la carte menu), 타블 도드 메뉴(table d' hote menu), 그리고 혼합 메뉴(combination menu)로도 분류할 수 있는 기준을 제시하였다.
Jack D. Ninemeier (1990)	메뉴는 타블 도트(table d' hote menu), 알 라 카르트(al la carte menu), 타블 도트와 알라 카르트 메뉴가 혼합된 메뉴(combination table d' hote menu/al la carte menu)로 분류할 수 있다. 또한 고정 메뉴와 주기적인 메뉴로 분류하기도 하며, 아침, 점심, 저녁 그리고 특별 메뉴(specialty menu)와 같이 메뉴의 타입에 의해서도 분류할 수 있다는 기준을 제시하였다.

자료 : 나정기, 메뉴관리론, 백산출판사. 1998.

4. 메뉴 계획과 분석

1) 메뉴 계획 시 고려 사항

메뉴 계획이란 제공할 음식의 종류와 내용을 결정하는 과정으로 고객의 욕구 파악과 수익과 비용과의 관계, 식자재 구매 가능 여부, 조리 시설의 수용력 그리고 기업의 목표를 달성하도록 계획되어야 한다. 따라서 효과적인 메뉴 계획이라는 것은 정확한 표적 시장을 선정하여야 하며 다음과 같은 사항을 고려해야 한다.

(1) 메뉴는 마케팅 목표를 갖고 있어야 한다. 즉 고객의 욕구를 만족시킬 수 있는 측면에서 고객 지향적인 시각으로 구성하고 운영되어야 한다.
(2) 메뉴는 원가에 대한 통제가 효율적으로 이루어질 수 있도록 구성해야 한다. 즉 메뉴와 관련된 식자재 원가에 대해 관심에 관심을 기울여 수익을 보장받을 수 있도록 구성하여야 한다.
(3) 메뉴는 구성에 따라 고객에게 제공되는 서비스 품질에 영향을 미치므로 마케팅 관리의 관점에서 구성되어 고객 만족에 긍정적인 역할을 할 수 있어야 한다.

2) 메뉴 계획 모형

메뉴를 계획함에 있어서 과정 및 계획 단계에서 고려되어야 할 변수들은 수없이 많지만, 몇 가지 모형을 인용하여 메뉴 계획 과정에서 고려해야 하는 변수들을 살펴보고자 한다.

(1) Ninemeier의 모형

이 모형은 관리자와 고객을 중심으로 메뉴 계획 시 고려해야 할 변수들을 구체화한 것으로 먼저 고객의 관점에서 8개의 변수를, 음식 자체에 대한 8개의 변수와 그 음식을 생산하는 고려하는 6개의 변수를 메뉴 계획 시 아이템의 선정에 고려하는 변수로 구성하여 만들어진 모형이다.

그림 9-1 Ninemeier 모형

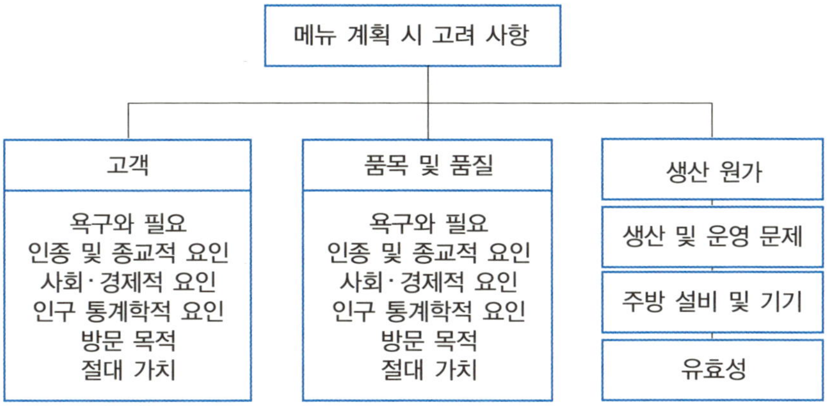

자료 : Jack D. Ninemeier. Principle of Food and Beverage Operations, AH & MA. 1984. p.115.

(2) Mahmood의 모형

이 모형은 관리자의 관점과 고객의 관점에서 다룬 모형으로 고객의 관점을 더욱 구체화했다고 평가하고 있다.

그림 9-2 Mahmood의 모형

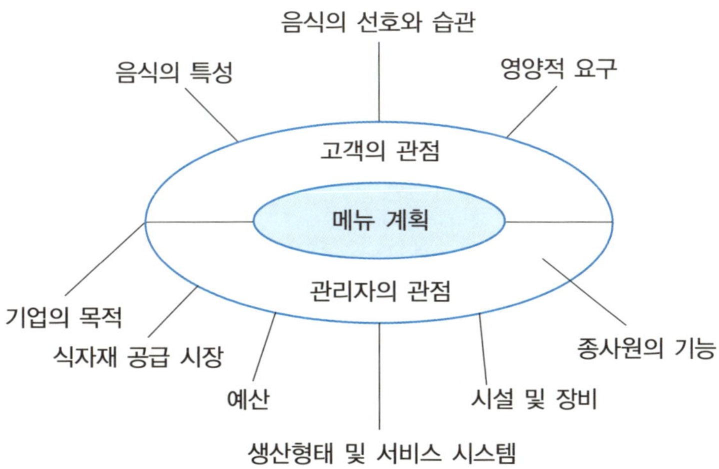

자료 : Mahmood A. Khan, "Menu and Menu Planning". 1993.

(3) Kreck의 모형

이 모형은 메뉴 계획 모형을 식음 부분의 운영에 요구되는 전체적인 시스템의 하부로 간주하여 전개하였다. 전체적인 시스템이란 호텔 식음 부분의 운영에 요구되는 모든 자원과 자원을 이용하여 수익성 있는 식음 부문으로 구성되는 모형을 말한다.

이 모형은 투입, 과정, 산출의 세 개의 부분으로 구성되었으며, 메뉴 계획 모형에 투입되는 요소는 식음 부분의 운영에 요구되는 전체적인 시스템 모형에서 얻어지는 정보에 의해 결정되며, 이러한 정보를 이용하여 성공적인 메뉴가 계획되는 것이다.

그림 9-3 Kreck의 모형

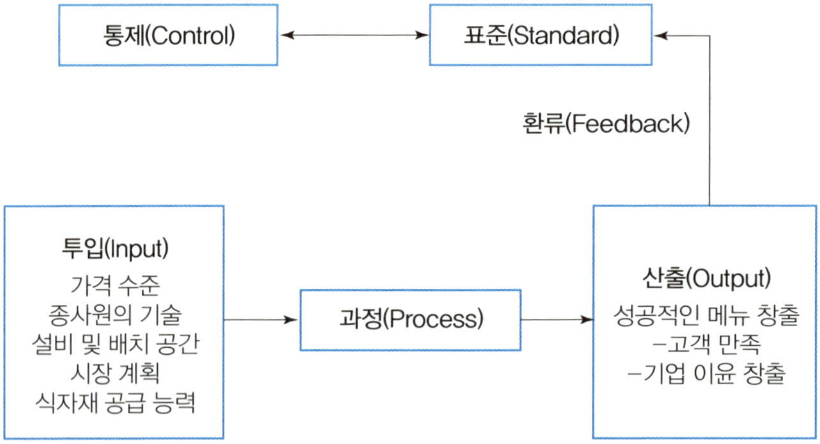

자료 : Lother A. Kreck, *Menu; Analysis and Planning, 2nd ed,* CHI Book, 1984.

3) 메뉴 분석

메뉴 분석은 기존의 메뉴를 구성하고 있는 음식들을 분석하는 것으로 일반적으로 메뉴 엔지니어링의 방법을 이용한다. 이것은 재무제표 중 손익 계산서를 이용한 손익 자료를 통하여 메뉴의 제 음식을 분석하여 개별 음식의 수익성과 고객으로부터 인기를 반영한 구조이다. 분석의 대상은 메뉴를 구성하고 있는 개별 음식에 대한 것이다. 다음은 메뉴 엔지니어링의 일반적 매트릭스 구조이다.

그림 9-4 **메뉴 엔지니어링 구조**

Plowhores군 고 인기성 저 수익성	Star군 음식 고 인기성 고 수익성
Dog군 음식 저 인기성 저 수익성	Puzzle군 음식 저 인기성 고 수익성

자료 : James Keiser, opcit, p.64

즉 메뉴 엔지니어링은 메뉴 믹스와 공헌 이익의 두 가지 요소에 초점을 둔다. 메뉴 믹스는 특정 음식의 판매된 수와 메뉴에 들어 있는 다른 음식의 총 매출과 비교한 비율인 것이다. 평균 음식 판매 믹스는 총 매출을 메뉴의 음식의 수로 나누고, 그 결과를 0.7로 곱하면 평균 매출이 계산된다. 여기서 계산된 결과에 의해 메뉴의 제 음식에 대한 인기성의 높고 낮음을 평가한다.

공헌 이익은 음식 가격과 원가의 차이를 말하는 것으로 차이는 평균 공헌 이익과 비교되어 수익성의 높고 낮음을 결정하게 된다. 평균 공헌 이익은 총 공헌 이익을 메뉴의 음식 수로 나누어 계산한다. 메뉴 엔지니어링은 평균 음식 판매 믹스와 평균 공헌 이익에 의해 4개 부분으로 구분하여 메뉴 전략을 강구하는 것이다.

메뉴를 구성하는 매트릭스는 Boston Consulting Group에 의해 개발된 것으로 Star, Plowhorse, Puzzle 그리고 Dog 등으로 분류되어 메뉴 해석이 이루어진다.

(1) Star

Star군의 음식은 인기성과 수익성이 모두 높아 메뉴에서 특별히 강조되는 것들이며 다음과 같은 조치가 요구된다.

❶ 시장의 규모, 제품의 품질, 메뉴의 이미지 등을 현재 수준에서 유지하도록 하는 것이다.

❷ 가격 변화에 고객이 민감하지 않기 때문에 가격 인상을 고려할 필요가 있다.

❸ 메뉴 배열을 최상의 위치에 한다.

(2) Plowhorse

Plowhorse의 경우에는 인기성은 높으나 수익성이 낮은 것으로 매출액은 증가하지만, 공헌 이익은 상대적으로 수익률보다 낮다고 할 수 있다. 주로 중간 이하의 가격을 형성하는 것으로 품목에 따른 가격 변화에 민감한 반응을 보인다고 할 수 있다.

❶ 선호도가 높기 때문에 고객의 시선이 덜 집중되는 곳으로 배치한다.

❷ 식자재에 대한 원가가 높은 메뉴 품목과 낮은 메뉴 품목과의 조화를 통해서 전체적인 원가를 줄이면서 공헌 이익을 높일 수 있도록 한다.

(3) Puzzle

Puzzle의 경우에는 수익성은 높으나 인기가 낮음을 의미한다. 즉 음식 가격이 높아 수익성은 좋지만 판매하기가 쉽지 않음을 알 수 있다. 만약 이 품목들의 판매가 많다면, 메뉴의 평균 기여 이익은 높아질 것이다. 따라서 다음과 같은 대응전략이 요구된다.

❶ 메뉴에서 삭제한다.

❷ 메뉴의 이름을 변경한다.

❸ 메뉴의 재료를 바꾸어 가격 인하를 통해 선호도를 높인다.

❹ 판매 촉진을 통해 선호도를 높인다.

❺ 메뉴 품목의 수를 축소시킨다.

(4) Dog

Dog군의 경우에는 인기성과 수익성 모두가 낮은 것으로 메뉴에서 제거할 필요가 있다. 다음은 모 호텔의 메뉴 엔지니어링을 통한 메뉴 분석표이다.

표 9-3 **메뉴 분석표**

ITEM	Menu C.M	Menu Mix Score	C.M. Score	Classification
Chinese noodle soup	109,252	L	L	DOG
Dolsot bibimbab	769,693	H	L	PLHORSE
Bean paste stew	568,484	H	H	STAR
Beef short rib	247,852	L	H	PUZZLE
Kori gomtang	2,066,757	H	H	STAR
BBQ spare ribs	0	L	H	PUZZLE
OB lager small	29,108	L	L	DOG
Hite midium	152,361	H	L	PLHORSE

제2절 메뉴 가격 결정 방법

1. 메뉴 가격 결정 목표

가격을 설정할 때에는 무엇보다 먼저 가격 설정의 목표를 명확히 해야 한다. 왜냐하면 기업의 이익, 판매 수익 그리고 시장 점유율 등에 상당한 영향을 미칠 수 있기 때문이다. 또한 기업의 전체 목표와도 조화를 이루어야 한다. 따라서 메뉴 가격을 결정하기 이전에 메뉴 가격이 달성하여야 하는 구체적인 목표를 설정하여야 하며, 이것은 기업이 추구하는 목표와 상호 조화를 이루어야 한다. 이와 같은 관점에서 메뉴 가격 결정 목표는 다음과 같다.

1) 목표 매출액

메뉴 가격을 결정을 통하여 목표 매출액 또는 이익률에 대한 목표를 달성하고자 하는 목표를 설정할 수 있다. 이러한 경우, 판매가에는 정확한 전체 비용 즉 인건비, 재료비 그리고 기타 비용에 대한 것과 달성하고자 하는 이익률을 계산하여 정한다.

2) 가격 안전성

수요가 이탈하지 않도록 하는 측면에서 메뉴 가격을 설정할 수 있다. 즉 가격 변화에 따라 수요의 민감도가 높은 메뉴라면 가격의 안정을 통하여 수요가 이탈하지 않도록 가격 안정성을 우선하여 메뉴 가격을 결정할 수 있다.

3) 잠재 시장 점유율

메뉴 가격을 결정하는데 있어서 고려할 점은 잠재 시장 점유율의 확보, 유지 및 점진적 확대 목표가 있을 수 있다. 예를 들어 잠재 시장 점유율을 향상시키기 위해서는 가격을 보다 저렴하게 하여 수요를 증대시킬 수 있으며, 가격을 인상함으로써 수요를 제한하거나 축소시킬 수 있다. 따라서 시장 점유율을 확대할 것인지, 유지할 것인지 혹은 축소할 것인지에 따라 메뉴 가격이 달라질 수 있다는 것이다. 이와 같이 시장 점유율과 관계하여 메뉴 가격을 설정할 수 있다.

4) 가격 침투 억제

메뉴 가격 결정에 있어서 또 한 가지 고려할 사항은 경쟁사에 대한 가격 침투 억제 목표이다. 이것은 경쟁 상대가 자신이 운영하고 있는 메뉴와 유사한 경쟁 메뉴를 새롭게 출시하였을 때, 경쟁 업체의 메뉴가 시장에 안정적으로 침투하지 못하도록 하는 차원에서 가격을 결정하는 것이다. 이러한 경우는 대부분이 경쟁 업체보다 현저히 낮은 가격으로 메뉴를 제시하여 경쟁 우위를 확보하는 방법이 유효할 수 있다.

2. 메뉴 가격 결정 영향 요인

1) 원가

상품의 가격 결정에 있어서 상품의 원가는 가장 기본적으로 영향을 미치는 요소라고 할 수 있다. 상품의 원가는 해당 상품의 생산에 투입되는 재료비, 인건비, 간접비를 총괄적으로 지칭하는 것으로 이들의 합계액이 제품의 제조 원가가 된다. 원가에 의한 가격 결정 방법은 원가 총액에 일정 부문의 이익을 더하여 판매 가격을 결정한다.

2) 수요

수요의 경우에는 시장의 규모나 위치, 유동 인구 그리고 구매 빈도나 구매 관습 등의 특수성은 가격 결정에 많은 영향을 미친다. 즉 시장에 수요가 많을 때는 메뉴 가격을 높게 책정할 수 있으나 수요가 적을 때는 메뉴 가격을 높게 책정하기 어려울 것이다. 이러한 측면에서 시장의 수요에 가격이 영향을 많이 받는다. 그러므로 시장 수요를 고려하여 메뉴 가격을 결정한다.

3) 가격

제품의 가격 결정은 외부 기업의 가격 전략에 따라서도 변경되거나 수정되기도 한다. 즉 가격이라고 하는 것은 시장 상황에서 동종 업체들 간의 피할 수 없는 경쟁이 뒤따르기 때문에 경쟁 업체의 가격을 고려하지 않을 수 없다.

4) 유통

식자재 유통 과정은 일반 제품에 비해서 유통 과정이 훨씬 복잡하다. 그리고 유통 과정 중 도매상이나 소매상 등 중간 과정이 많은 경우 제품의 가격은 상승될 수밖에 없다.

3. 가격 기능 요인

1) 가치 척도 기능

가격은 제품의 가치 척도로 이용되고 있다. 하지만 반드시 제품의 품질과 가격 사이가 비례하는 것은 아니다. 따라서 가격을 제품 구매의 유일한 가치 판단 기준으로 보기보다는 여러 가지 요소를 고려하여 상품 구매를 하여야 한다.

2) 수요 · 공급 조절 기능

시장에서 수요와 공급 원리에 따라 가격을 통해서 자동적으로 수급을 조절하고 자원을 배분하는 것을 말한다.

3) 상품화 기능

제품에 들어가는 생산원가나 판매비로 나타나는 가격과 소비자 가격과는 상당한 차이가 있을 수 있는데 이는 시장에서의 독점적 위치나 전략적인 차원에서 고객의 인식에 따라 정해지기도 한다.

제10장 | 구매 · 재고 관리

식음료 원재료는 요구되는 품질과 수량 그리고 시기 등에 적합하게 구매되어야 한다. 그리고 식음료 원재료는 구매-검수-재고-출고의 과정을 거쳐 식음료 상품이 생산된다. 따라서 이러한 전 과정이 효율적으로 관리되어야 경영의 효율성은 물론, 고객의 만족도 기대할 수 있는 것이다. 이러한 점에서 본 장은 구매에서 출고에 이르는 전 과정에 대하여 그 의미와 목적, 기능 그리고 방법에 대하여 설명하였다.

학습목표

1. 구매에서 출고에 이르는 전 과정을 이해하여야 한다
2. 구매 방법과 재고 관리 방법을 설명할 수 있어야 한다.

제1절 구매 관리

1. 구매 관리의 정의

구매란 소비자가 제품 또는 원재료를 구입하기 위하여 생산자 또는 판매자와 상담을 하고 유형 · 무형의 계약을 통해서 제품을 인도받고, 그 대금을 지불하는 모든 과정을 말한다.

구매 관리란 생산 활동 과정에서 생산 계획을 달성할 수 있도록 생산에 필요한 양호한 자재를 협력 업체로부터 확보하여 적절한 시기에 필요한 수량만큼을 최소의 비용으로 구입하기 위한 관리 활동을 의미한다. 이를 좀 더 세분화하여 살펴보면,

첫째, 관리상 필요로 하는 조건과 규격에 맞는 품질의 물품을 선정한다.

둘째, 필요로 하는 구매량을 결정한다.

셋째, 시장 조사를 통해 최적의 공급자를 선정한다.

넷째, 유리한 조건으로 구매할 수 있도록 협상한다.

다섯째, 필요한 시점에 필요한 수량이 납품되도록 관리한다.

여섯째, 구매 활동에 관계되는 검수, 저장, 입 · 출고, 원가 관리 등의 사무 처리를 명료하게 하는 활동이다.

2. 식자재 구매의 형태

식자재는 야채, 생선, 과일, 계육, 유제품과 같이 신선함을 유지하여 단기간에 사용해야 하는 부패성 재료와 밀가루, 설탕, 오일 등 캔이나 박스 등의 저장 용기에 보관되어 장기 보관할 수 있는 저장성 재료로 대표적으로 나눌 수 있다. 따라서 식자재의 구매 형태는 제품의 특성에 따라 조금씩 다르기 때문에 각각에 맞는 시스템을 구축해서 운영해야 한다.

1) 일일 식자재 구매

일일 식자재 구매는 주방에서 익일 소모될 비저장성 재료의 사용량을 예측하여 일일 발주 요구서(Daily Market List)를 통해 구매 요청하며, 최상의 신선도를 유지해야 하기 때문에 납품 시간 및 보관 기간에도 주의를 기울여야 한다. 또한 관련 주방 부서에서 구매 주문량을 결정하면 기본적인 적정 재고 수량(Par stock)을 체크하고 예약된 행사(Function)를 합리적으로 계산하여 책임감 있게 구매 요청을 하여야만 원가를 줄일 수 있다.

일일 품목의 재료들은 날씨와 기온 계절에 따라 가격의 변동과 품질의 차이가 심하기 때문에 구매자는 수시로 관련 부서와의 협조를 해나가야 할 것이다.

2) 저장성 식자재 구매

저장성 식자재 구매는 재료 특성상 특정 기간에만 생산되는 계절성 재료, 자재 조달상 수입 자재와 같이 인도 기일이 긴 재료, 대량 구매를 통해 저렴한 단가로 구매가 가능한 재료, 특정 소비 계절의 단가 상승에 대비하기 위해 저장하는 재료, 인플레이션으로 인해 단가가 상승할 우려가 있는 재료 등으로서 냉동 식품류, 건조 식품류, 조제 과일류, 향신류, 오일 등의 자재들이 포함된다.

따라서 구매 담당자는 빠르고 정확한 정보를 입수하여 사전에 단가가 상승할 우려가 있는 제품들에 한에서는 신속하게 구매하여 사전에 원가 상승 요인을 차단하도록 노력해야 할 것이다.

3. 구매 시장 조사

시장 조사는 상품 조사, 판매 조사, 소비자 조사, 광고 조사, 잠재 수요 조사 등 각 분야가 모두 포괄되지만, 식자재 구매를 위한 시장 조사는 품목, 품질, 수량, 가격 등 구매 시장의 실태를 파악하여 적절한 구매 방법을 찾아내어 비용 절감과 이익 증대를 추구하기 위한 것이다. 특히나 구매를 위한 시장 조사에서는 가격과 관련한 조사가 가장 선행되어야 할 것이다.

식자재 구매 가격 결정은 모든 조건을 합리적으로 고려한 후 정해야 한다. 가령, 구매 담당자가 제품의 가격만을 고려하여 물건을 구매할 경우에는 원하는 규격과 질 좋은 제품을 공급받기가 어려울 것이다. 또한 희소 가치가 있는 제품이 필요할 경우 협력 업체들의 도움을 전혀 받을 수 없을 것이다. 따라서 구매 담당자는 단지 가격만을 가지고 제품을 판단할 것이 아니라 품질, 수량, 납기, 가격 그리고 시장 상황 등 전체적인 요소들을 고려해야 한다.

4. 식자재 구매 방법

1) 집중 구매

집중 구매는 본사 또는 중추적인 곳에서 일괄적으로 조직 전체에서 필요로 하는 물품을 집중시켜 구매하는 방법이다. 즉 그룹사의 총괄 구매를 담당하는 부서가 모든 구매 업무를 수행하는 것을 말한다. 이러한 구매 방법은 대량 구매를 함에 따라서 원가를 절감할 수 있을 뿐만 아니라 구매 물품에 대한 효과적인 관리도 가능해진다.

(1) 장점

첫째, 전체 조직의 필요 물량을 집중시킴으로써 대량 구매를 할 수 있고, 구매 가격을 인하시킬 수 있다.

둘째, 구매 조직이 하나이기 때문에 유기적으로 움직일 수 있어 구매 방침과 업무 절차의 효율성이 극대화될 수 있다.

셋째, 협력 업체와 유기적인 관계를 통해 품질 관리를 최상으로 유지할 수 있다.

넷째, 불필요한 제품 구매를 방지할 수 있어 원가 절감에 기여할 수 있다.

다섯째, 제품 구매에 있어 구매 직원의 업무 효율성을 높일 수 있어 구매 기능이 향상될 수 있다.

(2) 단점

첫째, 중앙 집권식 구매 방법은 구매 규격을 통일시키기 때문에 각각의 지점마다 독창적 메뉴를 기대하기가 어렵고, 다양성을 추구할 수 없다.

둘째, 한 곳에서 모든 구매 업무를 진행시키기 때문에 먼 거리에 위치한 지점의 경우에는 급 발주 시 적재 적소에 제품 수령이 불가능할 수 있다.

2) 분산 구매

현장 구매라고도 하며 각 조직 내 부문별로 필요한 물품을 분산하여 독자적으로 구매하도록 하는 방법으로 조직 내 특성에 의해서 필요한 물품을 구매하기 위한 방법이다. 이러한 분산 구매 방법은 다음과 같은 장점과 단점이 있다.

(1) 장점

첫째, 구매 절차가 간단하고 능률적이다. 즉 현장에서 필요한 물품에 대해 소액 현금 제도에 따라 구매하기 때문에 구매 절차가 간편하다. 그리고 소액 현금 제도라는 것은 일정 금액 이하의 것은 정규 절차에 의하지 않고 담당 부서가 직접 물건을 구매하고 처리하는 것을 말한다.

둘째, 독립적 구매가 가능하다. 구매 부서가 아닌 담당 부서에서 필요한 물품을 구매하기 때문에 독립적 구매가 가능하다고 할 수 있다.

셋째, 급 발주 시 유리하다. 구매 부서를 통해서 구매 절차가 이루어지는 경우에는 사전 구매 계획이 필요하지만, 분산 구매의 경우에는 해당 부서의 판단에 따라 진행되기 때문에 긴급하게 필요한 물품 구매를 하는 경우에는 효율적일 수 있다.

(2) 단점

첫째, 집중 구매에 비하여 비용이 많이 들고 구입 원가가 비싸진다. 즉 구매 부서를 거치지 않고 사전 계획 없이 구매를 하기 때문에 가격이 인상될 수도 있는 것이다.

둘째, 제품을 배송해주는 협력 업체의 위치에 따라 구매 가능 여부가 좌우된다. 다시 말하면, 구매 가격은 유통 경로에 의해 결정되는 변수가 크기 때문에 협력 업체의 위치가 중요하다.

3) 정기 구매

반복적으로 사용되는 제품의 구입 시에 이용되는 구매 방법으로 표준 재고량(Par Stock)에 제품 수량이 미달되었을 경우 또는 생산 계획에 따라 정기적으로 구입하는 경우가 있다. 정기 구매의 장점으로는 사전 계획을 할 수 있어 원가 절감을 위한 장기 계획을 수립할 수 있다.

4) 수시 구매

관련 부서에서 긴급하게 구매 요청할 경우 비정상적으로 긴급하게 구매가 이루어지는 방법이다. 수시 구매의 장점으로는 필요 시 긴급하게 구매를 진행할 수 있다는 장점이 있지만, 사전에 구매 계획을 세우지 않기 때문에 가격에 대한 적정성을 판단할 수 있는 시간적 여력이 없다는 단점이 있다.

5. 계약의 유형

1) 일반 경쟁 계약

입찰 및 계약에 관한 사항을 신문 또는 기타 방송 매체를 통해서 널리 공고하여 응찰자를 모집하고 상호 경쟁시켜 가장 타당성 있는 입찰 가격과 조건들을 제시한 입찰자에게 낙찰시키는 계약 방법이다.

(1) 계약 절차

공고→입찰→개찰→업체 조사→낙찰 및 계약 체결

(2) 공고

구매 입찰을 하기 위해서는 보통 공고 기간을 10일에서 20일 정도인데 다음과 같은 내용을 포함한다.

첫째, 계약 조건은 기본적인 사항이다. 따라서 사전에 입찰자로 하여금 계약 조건을 통해서 구매하고자 하는 방향을 정해준다.

둘째, 입찰 참여자에 대한 자격 조건을 명시하여 경쟁력 있는 입찰자들만 선별할 수 있다.

셋째, 계약 조건 및 입찰 진행의 절차와 일시 그리고 장소 등을 사전 공지하고, 입찰자에게 정확한 정보를 제시하여 입찰에 참여할 수 있게 유도한다.

넷째, 입찰 보증금 및 입찰 시효에 대한 사항을 기재함으로써 경쟁력 있는 입찰자들과 빠른 구매 계약을 진행시킬 수 있다.

다섯째, 기타 입찰 내용에 따라 추가적으로 필요한 사항, 추가적인 사항을 통해서 원하는 구매 조건을 제시한다.

(3) 입찰

참여자 본인이 직접 가져오거나 입찰 조건이 명시된 방법으로 우편을 통해서도 가능하다. 입찰 자격에 대해서는 원칙적으로 제한이 없다는 것이 제한 경쟁 계약이나 지명 경쟁에 의한 계약과 차이점이다.

(4) 일반 경쟁 계약의 장점 및 단점

① 장점

첫째, 기회를 균등하게 부여할 수 있다. 이것은 경쟁력을 갖춘 다수의 업체가 참여할 수 있기 때문이다.

둘째, 새로운 거래처를 발견할 수 있다. 자유 경쟁을 하기 때문에 새로운 업체를 발굴할 수 있는 기회를 가진다.

셋째, 불법적인 거래를 배제할 수 있다. 고정 업체를 통해서 만연할 수 있는 부정 거래를 방지할 수 있다.

② 단점

첫째, 입증되지 않는 거래처의 참여를 배제할 수 없다. 기존 거래가 없어 새로운 업체에 대해 정보가 없기 때문이다.

둘째, 절차가 복잡할 가능성이 있다. 이 계약 방법은 경험하지 못한 업체들을 선별해야 하기 때문에 절차가 까다로울 수밖에 없다

셋째, 입찰자들끼리 담합을 도모할 가능성이 있다. 업체에 대한 정보가 부족할 수 있기 때문에 모르는 업체들끼리 사전 담합을 할 가능성도 배제할 수없다.

2) 제한 경쟁 계약

계약 공고 시 일정한 자격 요건을 구비한 상대만이 경쟁 입찰에 참가할 수 있도록 제한하고, 유자격만으로 경쟁하여 가장 경쟁력이 있는 입찰자만을 선정, 계약을 체결하는 방법이다.

(1) 장점

불성실한 협력 업체의 참가를 배제할 수 있다. 즉 자격 조건을 까다롭게 하기 때문에 경쟁력 있는 업체만이 참여할 수 있기 때문이다. 그리고 제한되지만 자격이 있는 협력 업체만이 참가하기 때문에 경비가 절감되고 절차가 간소화될 수 있다.

(2) 단점

계약의 독단성을 조성할 여지가 있다. 이는 입찰자의 입장에서 계약을 진행하지 않기 때문이며 회사의 입장에서만 필요한 계약 조건을 내걸기 때문이다. 그리고 협력 업체 간 담합의 소지가 있다.

3) 수의 계약

계약 내용을 잘 이해하고 수행할 수 있을 것이라고 판단되는 자격을 가진 특정인과 계약을 체결하는 방법이다. 특정 거래처와의 계약이 유리하다고 판단될 때 경쟁 입찰 시 낙찰자가 없어 유찰될 때에도 보통 이 방법에 의한다.

(1) 수의 계약의 요건

첫째, 계약의 목적 또는 특성상 경쟁이 되지 않는 경우에 수의 계약을 하는 경우가 발생한다. 즉 제품에 대해 자유 경쟁을 통한 구매 계약이 아닌 경우에는 독점 계약을 할 수 있기 때문이다.

둘째, 급한 사정으로 인해 경쟁에 의할 수 없을 경우에 수의 계약을 하는 경우가 발생한다. 즉 급박한 시점에 있어 자유 경쟁을 통해서 진행시킬 수 있는 시간적 여유가 없기 때문이다.

셋째, 소액 구매의 경우(호텔에 따라서는 소액 현금 제도(petty cash)가 실시되는데 보통 10만원 미만인 경우가 대부분이다). 이는 추가 견적을 통한 정식 구매를 진행할 수 없기 때문에 해당 부서가 필요에 의해 구매를 진행하기 때문이다.

(2) 장점

첫째, 절차가 간소하여 경비 절감이 가능하다. 왜냐하면 정식 구매 절차를 진행하지 않기 때문이다.

둘째, 협력 업체와의 사정을 알고 있으므로 안정된 거래가 가능하다.

(3) 단점

첫째, 새로운 협력 업체를 찾는 것이 어려울 수 있다. 즉 자유 경쟁에 바탕을 두지 않기 때문에 한정된 업체를 통해서만이 구매를 진행하기 때문이다.

둘째, 자유 경쟁이 아니기 때문에 공정성이 결여될 수도 있다.

제2절 검수 관리

1. 검수 관리의 정의

검수란 구매 명세서에 의해서 주문되어 배달된 물품의 수량, 규격, 품질, 수율 등이 구매하려는 해당 식재료와 일치 여부를 검사하고 일치할 경우 받아들이는 일련의 관리 활동이다. 따라서 검수 요원은 식재료에 대한 표준 구매 명세서를 정확히 숙지하고 있어야 하며, 품질, 규격, 수량 등을 해당 검수 기준표에 의해서 정확히 검사하고, 기타 가격, 계약 조건 등 제반 조건을 검토 평가하며 반입시킬 것인지, 반품할 것인지에 대하여 신속히 결정하는 능력을 갖추어야 한다.

식음료 원가 요소 중에서 최대의 원가 요소가 직접 재료비라는 것을 감안할 때, 기준 미달의 식재료를 인수함은 곧 낮은 수율(Yield)이나 식음료의 품질 저하가 초래되어 궁극적으로 비용의 상승을 가져와 식음료 원가 관리의 효율성을 떨어뜨리며 호텔 경영 성과에 차질을 가져오게 된다는 점에서 중요한 의의를 갖게 된다.

2. 검수법의 종류

호텔의 납품된 식재료는 검수라는 첫 관문을 통과해야 한다. 그러나 호텔에 납품되는 전체 품목을 일일이 검사한다는 것은 시간과 비용의 낭비일 수도 있는 것이다. 따라서 품목에 따라서 적절한 검수법을 이용하는 것이 필요하다.

1) 송장 검수법

가장 흔히 또 널리 사용되는 검수법은 "송장 검수법(invoice receiving)"이다. 기본적인 모든 여타의 검수법은 이 송장 검수법을 기본으로 하고 있다.

송장(invoice)은 각각의 품목 수량, 가격과 기타 사항들을 기록하고 있는 문서이며, 앞에서 본 바 있는 구매 주문서(purchase order)와 비슷하다. 송장은 배달된 식자재와 함께 보내지는 것이 일반적이다. 검수원은 송장을 보고 배달된 품목들의 수량, 품질, 특성, 가격 등을 대조한다. 또한 구매 주문서와 송장을 대비하여 더욱 확실히 검수 사항을 확인할 수 있다. 송장 검수법에 따르는 일반적인 절차는 다음과 같다.

첫째, 납품 업체로부터 배달원이 도착하면, 우선 검수 도크(receiving dock)를 열고 송장과 구매 주문서를 통해 정확한 수량을 파악한다.

둘째, 배달된 식자재의 품질을 검사한다.

셋째, 각 품목의 단가와 총액을 납품 업자의 견적서와 송장을 비교하여 조사한다.

넷째, 수량이나 품질 또는 가격 등이 주문과 다를 경우 즉시 구매 담당자를 소환하여 납품 업자와 이와 같은 사항을 처리하도록 한다. 가격의 차이는 가급적이면 빨리 전화로 납품 업체에 알린다. 때때로 납품 업자는 견적서에 제시한 가격과 다른 가격을 송장에 기입하는 실수를 범할 수도 있기 때문이다.

다섯째, 모든 품목에 검수 날짜를 기입할 수는 없지만, 모든 품목마다 검수 날짜를 기입해 두면 오래된 식자재를 우선적으로 사용할 수 있어 식자재가 변질되어 폐기하는 낭비를 줄일 수 있다.

2) 표준 순위 검수법(Standing order receiving)

이는 송장 검수법과 거의 흡사한 방법이지만, 검수 절차가 전자에 비해 비교적 간편하다. 송장 대신 배달 티켓이 물품과 함께 검사원에게 보내진다. 이 방법은 주로 동일한 물품을 정기적으로 같은 납품 업체로부터 공급받을 때 사용한다.

3) 무표식 검수법(Blind receiving)

물품의 정보 외는 다른 정보가 없어 품목별 이름, 가격, 수량, 특징 등만을 기록하여 보내진 자료를 보고 검수하는 방법이다.

4) 크레디트 메모(Credit Memorandum)

크레디트 메모란 배달된 식음료 재료의 품질이나 수량 등에 차질이 발견되었을 경우 반품하지 않더라도 그것이 올바른 수량, 가격이나 품질 또는 구매 명세서에 의한 것이 아님을 명확히 함으로써 호텔이 납품 업자에 대한 신용 관리를 도모하려는 목적으로 작성하여 이용되는 서식이다.

3. 일일 검수 보고서

검수 지점에서는 특정일에 호텔로 납품되는 모든 식재료의 내력을 취합하여 일일 검수 보고서를 작성한다. 검수 담당자는 정확한 기록을 통한 당일의 식음료 자재 구매 및 수령 과정에 대한 확인과 평가 그리고 매입 원가의 산정에 없어서는 안 될 중요한 자료인 관계로 각각에 나타난 세부적인 사항을 하나도 빠뜨리지 않고 정확히 기입할 의무를 가지고 있다.

제3절 재고 관리

호텔 식재료의 재고 관리란 조리 및 판매에 필요한 재고를 어떤 품목으로 얼마나 보유할 것인가를 결정하고 효과적인 자본효율을 달성할 수 있도록 적정 수준을 운영하며 구매한 자재를 적기, 적소, 적격품으로 공급이 가능하도록 저축 · 분배하는 과학적 관리 기술이라고 정의할 수도 있을 것이다.

1. 재고 관리의 목적과 기능

재고 관리는 수요와 공급 사이의 불일치에 대한 완충 작용을 도모하여 원활하게 작업이 이루어지도록 하는 것으로 그 효과는 비용을 절감하고, 잉여 운영 자본을 조성 및 투자 수익 향상과 고객 만족을 증진시키는 데 있다.

2. 재고 관리의 방법

1) 경제적 주문량(EOQ)

수요가 확정적이며 균일 품목에 대한 가장 기본적인 재고 모델이며, 수요가 균일하다는 의미는 수요가 연속적이며 항상 동일한 수요율을 가짐을 말한다. 이 모델은 역사가 오래되었지만 아직까지 애용하고 있다. 하지만 EOQ 모델은 매우 제한된 가정을 바탕으로 하고 있으므로 아주 단순하고 실제 문제에 있어서는 이들 가정을 변형하거나 일부 삭제할 필요성이 제기되고 있다. EOQ 모델은 〈그림 10-1〉과 같다.

- 수요량은 알려져 있고, 일정하며 계속적이다.
- 납품 기한은 알려져 있고 일정하다.
- 주문량은 일시에 배달된다.
- 재고 부족이 허용되지 않는다.
- 비용 구성이 고정적이다.
- 원하는 물량만큼의 공간, 능력 그리고 자본이 충분하다.
- 품목은 단일 품목이다.

그림 10-1 EOQ 모델

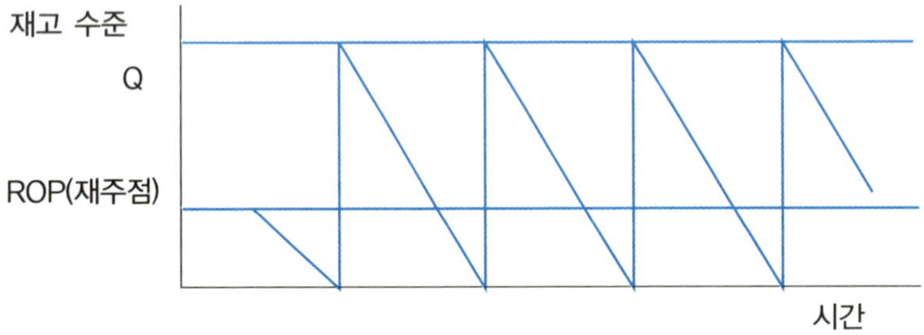

이상과 같은 가정 아래 발주 비용의 경우, 발주량이 적으면 주문 횟수가 늘게 되어 발주량이 증가하는데 반하여, 재고 유지비는 발주량이 커지면 평균 재고량이 증가할 뿐 아니라 그 비용도 늘어나므로 결국, 이들 비용의 합계가 최소가 되는 발주량이 가장 경제적이라는 논리가 된다.

이들 내용을 그림으로 나타내면 〈그림 10-2〉와 같다.

그림 10-2 **경제적 발주량의 결정 모델**

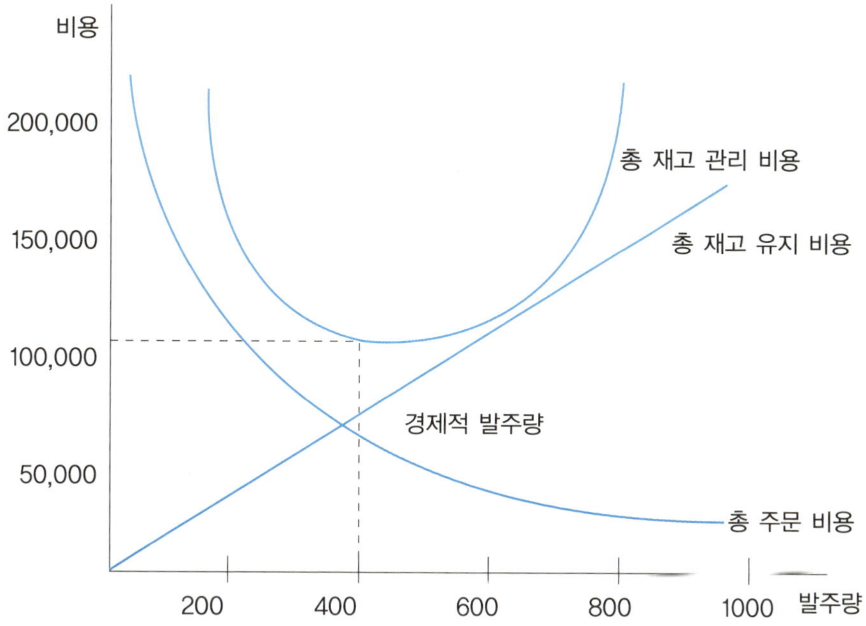

2) 80/20 관리 기법

80/20 관리 기법(80/20 inventory control method)은 구매품의 20%가 매출 원가의 80%를 차지한다는 법칙으로 20%를 차지하고 있는 구매 물품은 나머지 80%를 차지하고 있는 구매 물품에 비해 구매 활동의 전체 과정에 있어서 집중적으로 관리하자는 내용이다.

3) ABC 관리 기법

ABC 재고 관리 기법은 딕키(H.F. Dickie)에 의해 개발된 것으로 다수의 재고 품목을 그 수량과 금액에 따라서 ABC의 3가지 그룹으로 분류하여 보다 중요한 품목에 재고 관리의 중점을 두고자 하는 방식이다. 다시 말해서 ABC 이론은 구매 및 물품에 대해 연간 사용액을 산출해서 사용액별로 A등급, B등급, C등급으로 분류하고, 구매 및 재고 물품의 중요도나 가치에 따라 차등적으로 관리하는 방법을 의미한다.

A품목은 총 재고 품목의 15~20%에 해당하는 수량으로 60~70%의 가치를 지닌 품목이다. C품목은 수량이 재고 품목의 60%나 되지만, 가치는 10%에 불과한 품목을 말한다. B품목을 A품목과 C품목의 중간에 해당하는 품목이다. ABC 등급을 표로 나타내면, 〈표 10-1〉과 같다.

표 10-1 품목에 대한 ABC 등급

등급	내용	전 품목에 대한 비율	총 가치에 대한 비율
A	고가치품	10~20%	70~80%
B	중가치품	20~40%	15~20%
C	저가치품	40~60%	5~10%

식자재의 경우 A품목의 경우 고가치, 고가품으로 육류, 생선류, 어패류가 이에 해당하며, 이 품목들은 소요량과 보유량을 정확히 산출하고 발주량을 계획하는 것이 중요하다. B품목의 경우는 중가치, 중가품으로 과일류 및 채소류가 이에 해당하며, A등급에 비해 중요도가 낮은 품목들이다. C품목의 경우 저가치, 저가품으로 밀가루, 설탕, 유제품 등이 해당하며, 이 품목들은 재고량이 많기 때문에 안전 재고를 고려한 경제적 수준에서 유효 기간을 검토한 후 수개월 분을 대량으로 일괄 구입하는 품목들이다.

4) MRP 기법

1970년 이후부터 전통적인 재고 관리 시스템에 의문을 제기하기 시작하였고, 재고를 보유하지 않고도 재고를 보유하고 있는 것과 똑같은 효과를 거둘 수 있는 시스템이 고안·설계되었는데 이것이 자재 소요 계획(Material Requirement Planning : MRP)이다. 이 기법은 제품 수요의 변화나 설계 변경을 전 생산 시스템에 즉시 Feed-Back하여 여러 가지 변화에 모든 관련 부서가 생산 계획과 대비하여 진척 관리할 수 있으므로 재고 투자를 최소한으로 줄일 수 있다. 그리고 생산 변화에 적절하게 대처할 수 있고, 재고 품목별로 장래에 관한 소요량을 산정할 수 있으며, 재고 관리가 장부보다는 조치 지향적인 이점을 가지게 한다.

5) JIT 기법

적시 생산 기법은 1970년대 중반에 일본의 도요다 자동차 회사에서 개발하여 사용한 생산 방식으로 생산에 필요한 제품과 부품을 적시 적소에 공급하는 것을 원칙으로 하는 개념이다. 적시 생산 기법은 생산에 불필요한 내용은 낭비라고 보고, 이러한 낭비를 원천적으로 제거하려는 생산 관리 기법이다. 생산에서 낭비라고 하면, 과잉 생산, 대기, 수송, 공정 재고, 동작과 노력 및 제품 결점을 말한다. 이 기법은 근본적으로 손실의 배제에 있으며 불필요 · 불합리 · 불균형을 추방하는데 있다.

제4절 출고 관리

1. 출고 관리의 의의

출고란 구매나 여타의 경로를 거쳐 업장에 입수된 물품을 조리 부서나 사용자에게 공급하는 일련의 과정을 말한다. 또한 이 과정에서는 조리 부서에 보내진 식자재에 대한 통제와 관리를 수반하며, 원가 관리에 필요한 정보를 제공하는 수단이 된다. 일부 식자재는 상황과 종류에 따라서 검수 도크에서 창고를 거치지 않고 직접 출고되는 경우도 있다. 이와 같이 즉각적으로 출고되는 것을 저장 출고(storeroom issue)에 대비하여 직접 출고(direct issue)라 한다. 직접 출고는 구입한 날에 소모될 식자재에 해당하는 경우가 많다. 따라서 구입한 날에 소모되지 않는 모든 식자재는 저장 출고에 의한다.

2. 출고재의 종류

식품에 따라서는 검수 구역에서 직접 출고되는 비저장품의 출고와 건조, 냉장 및 냉저장 상태에 있던 물품이 출고되는 저장품의 출고가 있다.

1) 비저장품의 출고

비저장품은 매우 상하기 쉬워서 필요한 시점 직전에 구입해야 할 경우가 대부분이다. 이러한 식자재는 짧은 시간 내에 부패하기 쉽고, 구매 후 보관 시간이 경과할수록 그 가치는 하락해 결국 사용 시점에 가서는 사용 불능이 될 수도 있다. 대개 이러한 물품으로는 신선한 과일, 채소, 빵류 및 유제품 등이 이에 속한다. 그리고 정확한 원가 정보를 얻어 효율적인 원가 관리를 달성하기 위해서는 비저장품 출고재는 반드시 구입한 날에 소모되도록 한다. 만일 구입한 날에 그 자재를 사용하지 않을 경우 구입한 날의 기록된 식자재 원가가 비정상적으로 높은 결과를 낳게 되기 때문이다.

2) 저장품의 출고

저장품은 창고에 보유되어 1일 이상 재고로 유지되는 품목을 말하며, 즉각적으로 소모되지 않아도 어느 한도 내에서는 그 품질의 현격한 저하가 염려되지 않는 식자재들이다. 이들은 하루 이상, 종류에 따라서는 수개월간 재고로써 보유될 수 있는 것들이며, 일례로 적정한 상태에서 보관만 된다면 육류는 꽤 오랜 기간 동안 보관할 수 있다. 이 모든 식자재들은 예측 수요에 따라 구매하여 필요가 발생되는 시점에서 사용한다. 이때 출고된 양의 구매 가격은 사용 당일의 비용으로 계산된다.

3. 출고 요청서 및 출고 절차

출고 요청서는 주방 직원에 의해 신청되는 양식이며, 저장실로부터 필요한 식자재의 품목과 수량 등을 기록한다. 모든 출고 요청서는 주방장이 사전에 점검하여 과연 필요한 자재가 정확한 양이나 수량으로 요청되는지 살펴보아야 한다. 적절하다고 판단되면 총주방장의 최종 승인을 얻어 주문에 응할 저장 관리 담당 직원에게 양식을 보낸다. 공급 요청서에는 이를 신청하는 부서명, 직원명을 날짜와 함께 기입한다. 이 요청서에는 한 장 이상의 사본이 부착되어 요청서를 내는 부서와 더불어 원가 관리자와 재고 관리 담당자에게도 각각의 사본을 보내준다.

III

제3편

호텔 마케팅

제11장 | 호텔 마케팅

현대 사회는 치열한 경쟁 관계 속에서 경영 활동이 이루어지는 상황에 놓여 있다. 그러므로 마케팅 활동은 기업의 생존에 직결되는 중요한 문제로 호텔에서도 마케팅의 기능이 확대되고 있는 실정이다, 이러한 이유로 본 장에서는 마케팅의 기본적인 의미와 시장 세분화, 표적 마케팅 전략 등에 대하여 설명하였다. 이는 현대 사회에서 기업의 성장에 근본이 되는 요소이기 때문이다.

학습목표

1. 마케팅과 호텔 마케팅의 차이를 이해하여야 한다.
2. 호텔 시장 세분화의 의미와 세분화 변수에 대하여 알고 있어야 한다.
3. 표적 마케팅 전략이 무엇인지 설명할 수 있어야 한다.

제1절 호텔 마케팅의 의의

1. 마케팅의 의의

1) 마케팅의 개념

현대 사회에서 기업들은 생존을 위한 치열한 경쟁 환경에 노출되어 있다. 기업이 이러한 치열한 경쟁 환경에 노출되고 있는 가장 근본적인 원인은 생산이 소비를 초과하는 현상에서 기인된 것이라 할 수 있다. 생산이 소비를 초과한다는 것은 소비자의 입장에서는 자기 자신의 욕구를 최대한으로 충족시킬 수 있는 상품을 선택하여 구매할 수 있다는 것을 의미하기 때문에 기업의 입장에서는 다른 경쟁 기업보다 우월한 어떤 것을 제공하여야 한다는 것은 너무도 당연한 논리이다. 이러한 논리에서 경쟁이 촉발되는 것이다. 그렇기 때문에 다양한 상품의 생산과 생산된 상품의 소비 초과 현상은 결국 생산자 주도 시장에서 소비자 주도 시장으로 그 시장의 성격을 근본적으로 바꾸어 놓았다고 할 수 있다.

또한 소비자는 과거와는 다른 소비 패턴을 보이고 있다. 그 소비 패턴을 한 마디로 표현하면, 소비자는 물질적인 충족에서 정신적인 충족으로 가치관이 변화하고, 여유와 감동, 정신적인 고양이라 할 수 있는 이른바 추상적인 가치를 높이 평가하는 경향이 더욱 심화되고 있다고 할 수 있다. 그렇기 때문에 현대의 기업은 전사적인 차원에서 고객의 욕구 충족을 위한 활동에 많은 노력과 시간을 투입하고 있는데, 마케팅 활동에서 고객 욕구 충족이라는 단순한 논리는 다양한 고객의 욕구 확인 및 그러한 욕구를 충족시키기 위한 기업의 자원들의 제약으로 인하여 쉽게 접근할 수 있는 문제는 아니다.

한편, 기업의 근본적인 목적은 영속성을 유지하는 것이다. 영속성을 유지한다는 것은 기업은 계속적으로 운영되고, 지속적으로 존재하는 것을 의미하는 것으로 수익 창출과는 그 의미에 있어서 많은 차이를 보인다. 수익 창출은 영속성을 유지하기 위한 수단일 뿐 궁극적인 목적을 될 수 없다. 그러므로 기업은 이 영속성의 유지를 위하여 제품 생산, 인사 관리, 재무 관리 등의 경영과 관련한 세부적인 하위 목표를 설정하고, 이의 달성을 위한 노력을 기울이게 되는 것이다.

우리는 위에서 치열한 경쟁, 소비자의 변화, 영속성 유지라는 기업이 당면한 3가지 문제점에 대하여 언급하였다.

그러면 기업이 당면하고 있는 이 3가지 문제는 무엇에 기인한 것이며, 이 문제를 해결하기 위한 근본적인 방안은 무엇인가? 그것은 기업 환경에 기인한 것이며, 기업 환경에 의하여 발생한 문제이므로 기업 환경에서 그 해결 방안을 찾아야만 한다. 그러므로 기업 환경의 변화는 지속적으로 관찰되어야 하며, 환경의 변화에 적합한 경영 활동은 유지되어야 한다. 기업 환경은 상황에 따라서는 기업에 심각한 손실을 가져올 수도 있으며, 한편으로는 기업의 성장에 긍정적으로 영향을 미칠 수도 있다.

마케팅은 기업 환경 요인들을 추정하고, 그 환경의 변화를 통제하여 마케팅 목표를 효율적으로 달성하기 위한 기업에서 행해지는 활동이다. 전술한 바와 같이 기업 환경 요인은 기업의 운명을 좌우할 정도로 그 영향력이 매우 크다. 이러한 관점에서 기업 환경 요인의 검토와 평가를 통한 고객과의 교환을 위한 커뮤니케이션을 하는 마케팅 활동은 매우 중요한 활동이라고 아니할 수 없다. 마케팅과 관련한 내 · 외부 환경의 변화에 대한 기업의 능동적이고, 적극적인 적응과 순응은 기업의 영속성을 유지하는데 중요한 영향을 미친다.

예를 들어 내부 환경의 변화는 기업의 경영 또는 운영의 변화를 요구하게 되며, 외부 환경의 변화는 고객의 소비와 구매 행동의 변화를 가져오게 하므로, 상품의 가격, 유통, 생산, 촉진 등을 통제하는 마케팅 활동은 가치가 있는 활동이며, 그 활동의 효율성은 기업의 성패를 좌우한다하여도 과언이 아니다. 따라서 기업의 마케팅 활동은 기업의 수익성과 안정성은 물론, 영속 기업으로 존재하려는 궁극적인 목적에 영향을 주는 중요한 기업 활동 중의 하나라고 할 수 있다.

이러한 관점에서 내 · 외부 환경의 변화에 능동적이고, 효율적인 대응 전략을 수립 · 실행하고, 나아가서 기업의 효율적인 목표 달성의 수단인 마케팅 활동의 중요성은 아무리 강조하여도 지나치지 않는다고 볼 수 있다.

그러면 마케팅이란 무엇인가? 그 개념과 의의를 살펴보기로 하자.

마케팅의 개념에 관하여, Kotler는 '교환 과정을 통하여 소비자의 욕구(Needs)와 욕망(필요, Wants)을 충족시키는 인간 활동' 이라고 정의하였고, 미국마케팅협회(AMA)는 이전의 정의를 수정하여 '마케팅이란 개인이나 조직의 목표를 충족시키는 교환을 창출하기 위하여 아이디어, 재화 및 서비스의 개념화, 가격 결정, 촉진, 유통을 계획하고 실행하는 과정(AMA Board, 1985)' 이라고 정의하였다. 이들 정의에 의하면, 마케팅은 생산자와 소비자 간의 교환을 촉진시키기 위한 기업의 활동이라고 할 수 있다. 그리고 그 내용은 고객에게 제공될 마케팅 믹스를 계획하고, 실행하고 평가를 하는 것이다.

따라서 마케팅은 제품이 생산되기 이전부터 그 활동이 시작되며, 이 활동은 생산이 완료되고 판매된 이후까지 지속적으로 수행되는 것이다. 그러므로 판매의 개념과는 근본적으로 차이가 있다. 한편, 위의 마케팅 정의를 살펴보면, 중요한 몇 개의 개념을 포함하고 있는데 그 내용은 다음과 같다.

욕구란 신체적 · 정신적 항상성을 유지하기 위하여 충족되어야 하는 조건으로 이해할 수 있다. 즉 욕구는 자연적으로 발생하는 인간의 기본적인 결핍 상태가 마음 속에 내재되어 있는 것을 의미한다. 이러한 결핍 상태는 신체적 · 정신적 항상성에 문제가 일어남에 따라 욕구 해소를 위한 행동을 촉발시키게 된다.

욕망(필요)란 욕구를 충족시키기 위한 구체적인 수단에 대하여 보이는 열망을 말하는 것으로 개인의 특성(연령, 소득, 성별, 학력)과 개인 행동에 영향을 미치는 외부 요인(문화, 사회계층, 가족, 준거 집단)에 영향을 받게 된다. 예를 들어 한국 사람은 배가 고프면 된장국에 밥을 먹고 싶다는 욕망을 가지게 되며, 서양 사람과 욕구 충족의 수단이 다르게 나타난다. 따라서 욕망은 욕구 해소를 위한 수단과 관계된 것이기 때문에 마케터는 욕구보다는 욕망에 관심을 기울여야 한다.

인간이 자신의 욕구와 욕망을 충족시키기 위하여 특정 제품에 대하여 구매력을 수반하게 될 때, 이것을 수요(Demands)라고 한다. 인간은 끝없는 욕망의 소유자이다. 그러나 인간은 이러한 욕망을 충족하기 위한 구매에 소비되는 '어떠한 가치 있는 자원'은 한계를 갖는다. 상품은 인간의 욕망을 충족시키는 구체적인 대상으로서 표현될 수 있다. 그러므로 상품이 인간의 욕구 충족의 대상이 되기 위해서는 욕구 충족을 위한 어느 정도의 가치를 내재하고 있어야 하며, 이러한 조건이 충족될 때 시장에서 거래의 대상이 되는 것이다.

교환은 '상호 간에 가지고 있는 가치 있는 대상의 거래'를 의미하는 것이라 할 수 있다. 이러한 교환이 성립되기 위해서는 몇 가지 기본적인 조건이 충족되어야 하는데, 그 기본적인 조건이란 구매자와 판매자 등 거래 상대자 2인 이상이 존재하여야 하며, 각 당사자들은 상대방에게 가치가 있는 재화 혹은 자원을 가지고 있어야 하며, 각 당사자는 커뮤니케이션과 소유권 이전 능력을 갖추고 있어야 하고, 또한 각 당사자는 교환 제의에 자유롭게 수락 혹은 거부할 수 있어야 한다는 조건이 바로 그것이다.

2) 현대적 마케팅의 의의

마케팅의 변천 과정은 크게 4단계로 분류할 수 있다.

첫째, 생산 지향적 마케팅 시기(1900~1930)로 이 시기의 기본적으로 생산에 비하여 수요가 많았던 시기이므로 적정한 가격으로 생산하면 수요는 존재하기 때문에 별도의 마케팅 활동이 존재하지 않았던 시기이다.

둘째, 판매 지향적 시기(1930~1950)는 기술 혁신이 이루어지면서 생산이 증대하고, 1930년대에 대공황(Great Depression)이 발생하여 생산 중심의 사고에서 판매 중심의 사고로 전환되었던 시기이다. 즉 생산량의 증대는 제품을 신속하게 유통시키지 않으면 안 되는 상황으로 변화되어 판매 활동이 강화될 수밖에 없었으며, 이에 따라 기업에서는 제품의 판매를 전담하는 부서를 신설하게 되었다.

셋째, 마케팅 지향적 시기(1950~1970)는 판매 지향 시기에 나타난 강매 혹은 끼워 팔기와 같은 판매 방식이 소비자에게 추가적인 비용을 부담시키는 결과를 초래하여 소비자 보호 운동이 나타났고, 이에 따라 기업은 단순한 판매에서 벗어나 광범위한 활동으로 마케팅의 중요성이 대두되었던 시기이다. 이 시기에 있어서 중요한 관점은 고객의 욕구충족을 통한 기업 목표 달성이라는 것인데, 이러한 사고는 오늘날에도 마케팅 활동에 중요한 기본 개념으로 이해가 되고 있다.

넷째, 사회적 책임의 구현 시기(1970~현재)로 기업은 목표 달성을 위하여 기업의 사회적 유대 관계를 강조하게 되었다. 예를 들어 기업의 생산 활동은 고객의 욕구에 부응하는 상품을 제공하는 긍정적인 역할을 하는 반면에, 생산 활동에 의한 환경 오염과 같은 부(負)의 효과는 인간의 생활의 질을 저해하는 요인이 되기도 한다. 이러한 이유로 인하여 소비자는 기업에게 사회에서의 긍정적인 역할을 기대하게 되었고, 기업은 목표 달성을 위하여 이러한 욕구를 적극적으로 수용하는 측면에서 마케팅 활동을 전개하고 있다.

이와 같이 사회 · 경제 · 문화 · 환경적 요인의 변화는 마케팅 활동에 직 · 간접적으로 영향을 미치게 되었는데, 현대 사회에서 강조되고 있는 마케팅의 중요한 관점은 고객 지향적인 사고, 적정한 이윤의 추구, 통합적 마케팅 시스템의 구축, 사회적 책임의 구현 등이라 할 수 있다. 이것을 간략하게 설명하면 다음 〈표 11-1〉과 같다.

표 11-1 **현대적 관점에서 마케팅의 주요 관점**

주요관점	주요내용
고객 지향적인 사고	기업의 관점은 고객 욕구 충족에 무엇보다도 우선하여야 한다는 것으로 고객 만족을 통한 기업 목표를 달성이라는 가치를 반영한 것이다. 따라서 기업은 고객의 문제 해결을 위한 노력에 관심을 집중하여야 한다는 점을 강조한 사고
적정한 이윤 추구	기업은 그들이 생산하는 상품 또는 서비스의 판매를 통하여 이윤을 추구하고, 발전을 기대하게 되는데, 이때 상품 또는 서비스를 통한 이윤은 고객이 합리적으로 인정할 수 있는 수준에서의 적정한 이윤을 창조하여야 한다는 의미
통합적 마케팅 시스템의 구축	치열한 경쟁 환경에 노출되어 있는 현대의 기업은 경쟁적 우위를 확보하기 위하여 노력하는데 이 노력은 마케팅 부서만의 노력에 의하여 달성되는 것이 아니라, 기업 내 모든 부서가 마케팅 활동을 지원할 수 있도록 전사적인 차원에서 마케팅 시스템을 구축하여야 한다는 의미
사회적 책임의 구현	기업 활동을 통하여 창출된 이익의 일부는 고객의 삶의 질을 향상시키는 차원에서 사회에 환원한다는 전제 아래 기업은 사회적 · 환경적 문제에 보다 적극적으로 긍정적인 역할을 하여야 한다는 의미

2. 호텔 마케팅의 의의

1) 호텔 마케팅의 개념

우리는 앞에서 마케팅의 개념과 중요성에 대하여 살펴보았다. 전술한 마케팅의 개념을 보면, 마케팅은 단순한 판매만을 의미하는 것이 아니며, 제품의 생산 이전부터 판매 이후 사후 관리에 이르기까지 전 과정에 있어서 기업의 목적과 고객의 욕구를 충족시키기 위한 교환을 창조하기 위해 수행되는 기업의 계획, 실행, 평가 등의 관리 과정인 것이다.

미국마케팅협회에서 마케팅이란 '개인이나 조직의 목적을 충족시키기 위한 교환을 창출하기 위하여 제품과 아이디어, 가격, 촉진, 유통을 계획하고 실행하는 과정'이라고 하였다. 이 마케팅 개념의 특성은 교환을 창출하기 위한 과정을 마케팅이라고 하였고, 교환을 촉진시키기 위한 도구로 마케팅 믹스 요소를 구체적으로 제시하였다는데 그 의의가 있다고 하겠다.

호텔 마케팅 역시 이러한 마케팅의 의미에 충실할 수밖에 없다. 그러나 호텔 마케팅은 호텔 상품과 서비스를 대상으로 이루어지는 활동이므로 마케팅 대상물의 특성(무형성, 동시성, 계절성, 비보존성, 독특성, 모방성 등)에 따른 차이와 고객이 호텔 상품의 구매를 통하여 기대하는 가치 등이 일반 상품의 구매에 의한 그것과는 엄격한 차이가 있기 때문에 마케팅 활동에 차이를 보이게 되는 것이다.

일반적으로 상품은 유형적인 요소와 무형적인 요소가 결합되어 구성된다. 제조업에서 생산되는 유형적 상품은 유형적인 제품 자체와 품질 보증, 운송, A/S 등 서비스적인 무형적인 요소가 결합되어 하나의 상품이 구성되는 것이다. 그러나 제품의 품질은 기본적으로 유형적인 요소에 기인하여 소비자가 구매 의사 결정을 하게 된다. 그리고 품질 또한 유형적인 요소에 의해서 결정되는 경우가 대다수이다. 호텔 상품도 유형적인 요소와 무형적인 요소가 결합되어 하나의 상품으로 구성된다. 이것은 객실과 식음료, 연회 · 이벤트 상품 등 대다수의 상품이 그러하다. 그러나 호텔 상품은 제조업에서 생산되는 상품과는 대조적으로 고객의 만족과 불만족 그리고 상품에 대한 평가에 있어서도 무형적인 요소에 의해서 결정되는 경우가 대다수이다. 이러한 점에서 호텔 상품은 다른 제조업의 상품과는 차이를 보이게 된다.

호텔 상품은 유형적인 요소와 함께 고객과 종사원의 소통하는 과정에서의 일련의 행위를 포함한다. 그리고 이 일련의 행위를 우리는 서비스라고 부르고, 이 서비스가 얼마나 고객의 욕구를 충족시키고 있으며, 차별화되어 있는지가 상품의 만족도와 평가에 크게 영향을 미치는 것이다.

위에서 살펴본 바와 같이 호텔 마케팅은 전통적인 마케팅과 때로는 공통점을 가지고 있으면서도 약간의 차이를 보이게 되는데 그 차이를 살펴보면 다음과 같다.

첫째, 마케팅 대상물이 무형적인 요소이며, 이 무형적인 요소를 호텔 기업이 고객과 교환을 창출하려는 것이다. 따라서 형태가 없는 상태에서 교환을 촉진하는 활동이 전개되는 것이다.

둘째, 교환은 기본적으로 호텔 기업의 종사자와 고객이 동시에 같은 장소에 있을 때(동시성)에만 교환이 가능하다는 것이다. 그러므로 대량 생산에 의한 대량 소비는 많은 한계가 있기 마련이다.

셋째, 형체가 없는 무형의 것(무형성)을 교환하기 때문에 교환을 촉진하는 방법과 수단이 유형재와는 차이를 보일 수밖에 없다.

넷째, 호텔 마케팅은 고객 접점 관리가 다른 어떠한 상품보다 중요하다는 점이다. 일반적으로 고객은 자신이 지불한 대가와 동일하거나 혹은 그 이상의 대가를 기대한다. 그런데 호텔 상품의 생산 현장에 소비자가 동시에 소비하고 있는 특성을 보이고 있다. 이러한 관계로 소비자는 대단히 세밀하면서도 많은 요구 사항을 종사원에게 제시하게 된다. 이것 또한 커다란 차이라고 볼 수 있다.

위에서 대표적으로 호텔 마케팅이 전통적인 마케팅과는 다른 차이점을 간략하게 살펴보았다. 이러한 관점에서 호텔 마케팅은 '호텔 기업이 소비자에게 제시하는 유·무형의 서비스를 대상으로 상호 만족한 교환을 창출하기 위한 일련의 과정'이라고 할 수 있을 것이다. 이와 같은 개념은 기본적으로 전통적인 마케팅의 개념에서 출발한 것이기는 하지만, 상품의 특성이 유형적인 제품과는 많은 차이를 보이고 있으므로 이것을 기초로 함축적으로 정의한 개념이라고 할 수 있다.

2) 호텔 마케팅의 체계와 방향

호텔 마케팅을 시스템 이론에 입각하여 본다면 개방적 시스템의 구조를 가지고 있다고 할 수 있다. 그러므로 호텔 기업은 기업을 둘러싸고 있는 사회·문화·정치·경제·법률·환경적 요인과 같은 외부 환경 요인과, 생산, 유통, 가격, 촉진, 파트너십, 프로그래밍, 패키징 등의 마케팅 믹스 요소 등의 내부 환경 요인 등에 영향을 주고받는 특성을 가지고 있다. 즉 호텔 마케팅 활동은 기업의 외부 환경 요인에 순응하여야 하며, 내부 환경 요인에 대해서는 이용 가능한 제 자원을 활용하여 최선의 적응을 하여야 한다는 것이다. 〈그림 11-1〉은 호텔 마케팅의 의사 결정 문제를 명확히 이해하기 위한 틀을 제시한 것이다.

그림 11-1 호텔 마케팅의 체계

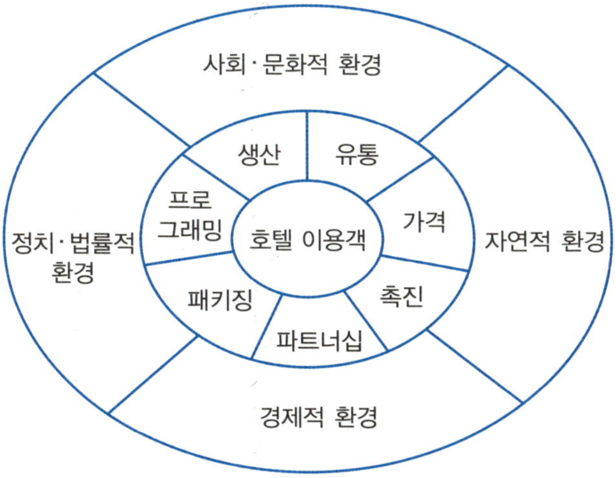

호텔 마케팅의 특징은 다음과 같다.

첫째, 호텔 기업이 소비자를 대상으로 교환 관리를 하는 활동이다.

둘째, 전통적 마케팅 믹스 요소와는 다른 마케팅 수단을 통합적으로 관리한다.

셋째, 호텔 기업은 기업의 평판 및 이미지 제고를 위한 통합적 마케팅 관리를 하며, 단기적인 교환 촉진을 위한 마케팅 전략을 구사하는 것이 효과적이다.

넷째, 호텔 마케팅은 전통적인 마케팅에서 흔히 언급되는 4P, 즉 제품, 가격결정, 유통, 촉신 이외에 패키징(Packaging), 프로그래밍(Programming) 및 협동(Partnership)의 새로운 3P가 추가되어야 마케팅 성과가 높아질 수 있다.

제2절 호텔 시장 세분화

1. 시장의 의의

시장이란 여러 가지의 의미를 가지고 있으나 수요와 공급이 만나는 장소라고 할 수 있다. 이러한 의미에서 '시장이란 구매자와 소비자가 만나는 장소'이기 때문에, 시장은 어떠한 욕망을 충족시키기 위한 사람들로 구성된다.

한편, 호텔 시장은 호텔 이용객의 욕구를 충족시킬 수 있는 상품 또는 서비스의 판매자와 이들 상품을 구매하려는 소비자들로 구성되는 것이다. 그리고 시장은 생산자와 구매자의 욕구가 균형을 이루는 점에서 교환이 일어나는 것이다. 호텔 시장은 여러 가지의 추상적인 시장으로 분류할 수 있는데, 외국인 객실 시장, 내국인 객실 시장 혹은 식음료 시장, 연회 · 이벤트 시장 등이 그것이다. 이와 같이 시장은 앞에서 열거했듯이 여러 개의 시장으로 나눌 수가 있다.

호텔의 수요를 창출하는 전체 시장은 여러 개의 하위 시장으로 구성되기도 한다. 그리고 외국인 객실 시장은 외국인을 대상으로 객실 상품을 생산하는 생산자(판매자)와 호텔 객실을 구매하려는 외국인에 의해서 형성된다. 또한 연회 · 이벤트 시장은 연회 · 이벤트 행사를 수용할 수 있는 시설을 갖추고 이를 수용하려는 사람(생산자)과 이것을 구매하기 원하는 사람들로 구성되는 것이다. 그러므로 객실 시장과 연회 · 이벤트 시장은 각각 욕구가 다른 소비자로 구성되어 있다.

이러한 차이는 결국 상품 내용의 구성을 달리하는 원인이 된다. 그렇기 때문에 마케팅 담당자는 시장을 구성하고 있는 고객의 속성과 특성에 따라서 그들의 욕구를 충족시키기 위한 차별화된 마케팅 활동을 하게 되는 것이다. 특히 호텔 시장의 경우는 다른 유형재 상품의 시장에 비하여 이러한 노력에 대한 필요성이 더욱 크다고 하겠다. 그러므로 호텔 시장 세분화는 호텔 기업이 그 무엇보다도 우선하여야 할 과제이며, 효율적인 호텔 시장 세분화 결과는 호텔 기업의 마케팅 목표를 효율적으로 달성하는 초석이 되는 것이다.

2. 호텔 시장 세분화의 의의

1) 호텔 시장 세분화의 개념

현대의 호텔 수요 시장의 중요한 특성은 시장이 여러 개로 분리될 수 있다는 것이다. 호텔(수요) 시장이 분리되는 이유는 호텔 수요 시장에서 제공하고 있는 제품이나 서비스에 대한 호텔 이용객의 욕구와 욕망, 태도에 기인한다. 호텔 이용객의 차이는 욕구의 차이를 가져온다. 이용객은 동일한 제품이나 서비스를 요구하지도 않고, 또한 동일한 제품이나 서비스의 편익(Benefit)도 요구하지 않는다. 그리고 동일한 이유로 그 제품이나 서비스를 구매하지도 않는다.

호텔(수요) 시장은 다른 어떠한 시장보다도 정신적인 만족을 우선하여 추구하는 시장이다. 이는 현대 사회가 물질적인 충족보다는 정신적인 만족을 더욱 요구하는 현상이 나타나고 있기 때문이다. 또한 관광객 욕구의 다양화 · 개성화 현상은 제품 혹은 서비스 구매 행동과 구매 후 만족에도 커다란 차이를 보이고 있고, 미래에는 이러한 현상이 더욱 강화될 것으로 예측된다. 만일 전체의 호텔 수요 시장을 이용객의 특별한 기호에 의하여 좀 더 작은 몇 개의 시장으로 나눌 수가 있다면, 결과적으로 호텔 수요 시장에서 요구하는 것과 호텔 수요 시장에서 제공하는 것과의 차이를 감소시킬 수 있기 때문에 시장에서 경쟁력을 개선하거나 우위를 확보할 수 있을 것이다.

호텔 시장 세분화는 경쟁 환경 속에서 경쟁적 우위를 확보하는 데 중요한 마케팅의 수단으로 활용되고 있기 때문에 매우 중요한 의미를 갖는다. 일반적으로 시장 세분화는 어떤 마케팅 믹스 요소에 대하여 유사한 반응을 나타내는 잠재적인 고객을 분류하는 것을 말하며, 이렇게 나누어진 각각의 시장을 세분 시장이라고 한다.

세분 시장은 세분 시장 내의 구성원들이 공통의 속성을 지닌 고객 집단이라고 한다. 그리고 동일한 세분 시장 내의 고객은 공통의 욕망을 가지고 있으며, 유사한 속성을 지닌 상품을 요구하고, 유사한 이유로 상품을 구매하게 된다. 그러므로 시장 세분화를 통한 세분 시장의 속성을 규명하는 일은 마케팅 활동에 유익한 수단을 제공하지만 시장 세분화는 복잡성과 다양성을 가지고 있어서 매우 어려운 일이기도 하다. 다행스럽게도 시장 세분화를 위한 기본적인 접근 방법은 많은 학자에 의하여 제시되었다. 특히 그레햄은 고객 특성의 배경(Background), 고객의 태도, 고객의 행동 등의 규명을 제시하였다. 한편, 멜드럼은 고객의 반응(Responses)과 행동(Behaviour) 분석, 고객의 특성(Characteristics)과 태도(Attitude) 등의 규명을 접근 방법으로 언급하였다.

이러한 관점에서 볼 때 호텔 시장 세분화의 접근은 기본적으로 관광객의 태도와 행동 특성에 초점을 맞추어 이를 확인할 수 있도록 전개되어야 할 것이다.

2) 호텔 시장 세분화의 조건

시장 세분화는 동질적인 속성을 가진 고객 집단으로 나누는 일이기 때문에 시장 세분화의 방법은 현대의 마케팅 활동에 있어서 매우 중요한 과제이다. 시장 세분화는 기업의 마케팅 믹스를 효과적으로 제시하는 데 기본적인 목적이 있다. 이러한 목적을 달성하기 위한 조건은 다음과 같다.

첫째, 시장 세분화는 세분 시장의 실질적인 규모가 최소한 이익을 창출할 수 있을 정도의 크기를 가져야 한다는 것이다. 세분 시장에서 목표 시장을 설정한 후 구체적으로 고객에게 제공하려는 특정 상품이나 서비스는 많은 비용을 수반하게 된다. 그러므로 목표 시장에는 마케터가 제공하는 특정 상품이나 서비스를 구매할 충분한 소비자가 존재하여야 하고, 이들 소비자들이 상품이나 서비스를 구매함에 따른 이익이 보장될 수 있는 규모이어야 한다.

둘째, 각각의 세분 시장은 세분 시장 내의 고객들이 동질적인 속성을 가지고 있어야 하며, 각 세분 시장 간에는 상호 이질적인 속성의 차이가 나타나야 한다. 즉 마케터가 목표 시장의 고객들이 동질적인 속성을 보이지 않고, 상품이나 서비스에 대하여 각기 다양한 선호 패턴을 보인다면 효과적인 마케팅 활동에 문제가 일어난다. 예를 들어 단체 객실 상품을 판매하려는 호텔에서 목표 시장으로 하고 있는 시장의 구성이 중 · 소규모의 무역 회사가 포함된 시장이라면 단체 객실 상품의 판매에 문제가 일어나는 것이다.

셋째, 기업 혹은 마케터는 자신들이 제공하려는 마케팅 믹스가 고객에게 접근이 가능하여야 한다. 예를 들어 마케터가 마케팅 노력을 집중하려는 목표 시장에 대하여 유통 경로를 효과적으로 관리할 수 없고, 판매 촉진 전략을 수행할 수 없는 상황은 수요를 창출하는 데 커다란 문제가 발생된다. 자연 경관이 우수한 낙도 지역에 훌륭한 호텔을 설치하였다 하더라도 관광객이 그 섬에 들어갈 수 있는 교통편이 제공되지 않는다거나 혹은 인터넷 시설을 설치할 수 없어 고객이 직접 예약할 수 없는 상황이라면 시장 세분화의 의미가 없는 것이다.

넷째, 각 세분 시장은 세분 시장의 규모와 구매력 등이 계량적으로 측정이 가능하여야 한다. 예를 들어 목표 시장의 인구의 규모, 구매력 등에 관하여 확인이 불가능하다면 효율적인 마케팅 계획을 수립 및 실행하는데 곤란을 겪게 된다.

시장 세분화는 위에서 열거한 요건뿐만 아니라 마케팅 믹스를 제공할 능력과 자원을 가지고 있어야 한다. 목표 시장이 확인되었다고 할지라도 마케팅 믹스를 제공할 자원이 없다든지 혹은 능력이 없으면 시장 세분화에 그 의미를 둘 수 없다.

3) 호텔 시장 세분화의 효과

전술한 멜드럼은 시장 세분화 목적을 다음과 같이 정리하였다. 이러한 시장 세분화 목적은 결국 시장 세분화가 합리적으로 시행되었다면 그것은 시장 세분화 효과로 나타나게 되는 것이다.

첫째, 시장 세분화의 목적은 구매자 행동과 추세(Trends) 분석과 이해를 통하여 마케팅 자원의 관리와 결정(Determine)하기 위한 것이다. 그러므로 호텔 시장 세분화와 표적시장의 선정에서 이용객의 프로파일을 작성하는 것은 무엇보다 중요하며, 세분 시장 고객 프로파일의 작성은 세분 시장 고객의 욕구를 확인하는 일인 것이다. 만일 호텔 기업이 관광객의 욕구를 확인하고, 그 경향을 확인할 수 있다면, 기업은 그들의 마케팅 믹스 자원을 효율적으로 활용할 수 있을 것이다. 예를 들어 고객의 구매 행동 패턴은 호텔 상품의 구매 방법과 구매량 그리고 구매 시기를 확인시켜준다. 따라서 유한한 마케팅 믹스 자원을 언제, 어디서, 어떻게 사용할 것인지를 결정할 수 있다. 그러므로 호텔 시장 세분화는 마케팅 자원의 효율적인 관리 효과를 제공한다.

둘째, 시장 세분화의 목적은 현실적이고 유효한 마케팅 목적을 결정할 수 있다. 고객의 욕구 확인은 고객 만족을 위한 효율성이 제고된 마케팅 믹스를 제공하게 되고, 이를 구매하는 고객은 만족을 느끼게 된다. 따라서 마케터는 시장 세분화에 의해 그들이 제공하는 상품이나 서비스로 고객 만족을 효과적으로 관리할 수 있으며, 이를 통하여 마케팅 목표를 보다 효율적으로 달성할 수 있다.

셋째, 시장 세분화는 마케팅 우위를 확보하기 위한 수단을 창출할 수 있다. 시장 세분화는 목표 시장에 집중적인 마케팅 노력을 하기 위한 활동이다. 그렇기 때문에 동질적인 세분 시장 혹은 목표 시장 고객의 변화에 능동적으로 대응할 수 있는 장점을 가지고 있다. 예를 들어 전체 호텔 시장에서 고객 욕구 확인 및 구매 행동 특성을 파악하는 일은 목표 시장의 그것보다는 어려운 일이며, 전체 호텔 시장의 다양한 욕구를 파악하였다 하더라도 마케팅 믹스 자원의 한계로 인하여 모두를 만족시킬 수는 없는 일이다. 그러나 동일 집단에 속해 있는 세분 시장의 고객은 유사한 속성과 그 속성의 추이를 용이하게 평가할 수 있기 때문에, 그들이 만족할 수 있는 마케팅 믹스를 효과적으로 창출할 수 있다. 그러므로 경쟁사 혹은 경쟁 제품에 대하여 마케팅 우위를 확보할 수 있는 것이다.

3. 호텔 시장 세분화 변수

시장 세분화의 변수는 매우 다양하다고 할 수 있다. 〈표 11-2〉는 일반적으로 사용되고 있는 변수이다.

표 11-2 **시장 세분화 변수**

시장세분화변수	관련 변수
지리적 변수	기후, 인구 밀도, 도시 규모, 지역
인구 통계적 변수	연령, 성, 직업, 교육 수준, 가족 규모, 소득, 종교, 인종
심리 분석적 변수	개인의 가치, 개성, 관심, 활동, 사회 계층
행동 분석적 변수	추구 편익, 사용량, 상표 충성도, 구매 계기, 중요시하는 마케팅 변수, 구매 횟수

1) 지리적 세분화 변수

지리적 변수는 시장 세분화에 있어서 매우 유용한 도구로 활용되고 있다. 지리적 세분화는 기후, 지역, 도시, 지방 등과 같은 요소에 의하여 세분화하는 것으로 관광 산업의 특성상 많이 이용되고 있는 세분화 변수이다. 예를 들어 수도권 등과 같은 도심지 지역에 거주하고 있는 사람이 관광을 계획하고 있다면, 이들이 관광 목적지를 선택하는 기준은 시골에 사는 사람과는 차이를 보일 것이다. 즉 도심 지역에 살고 있는 사람은 자연 환경에 대한 그리움과 선호도가 시골 사람과는 다를 것이고, 관광 소비에 있어서도 관광 소비 규모와 소비 패턴이 시골 사람의 그것과는 차이를 보일 수 있을 것이다. 즉 관광객이 어디에서 거주하고 있는가? 하는 문제는 고객의 호텔 선택 혹은 호텔 상품의 구매 패턴에 영향을 미치게 된다.

또한 호텔 산업에 있어서도 계절별 식음료 이벤트 행사를 할 때 인근 지역 주민을 상대로 마케팅 활동을 하는 것과 지역 외에 거주하는 주민을 대상으로 마케팅 활동을 하는 것은 차이를 보일 수밖에 없는 것이다. 이와 같이 호텔 산업에서 지리적 세분화 변수에 의한 시장 세분화는 유용한 수단으로 활용되고 있다.

한편 지리적 세분화는 비교적 시장 세분화 방법이 쉽고, 세분화된 시장의 규모와 경계를 확인하기가 매우 용이한 장점을 가지고 있다. 그러나 지리적 세분화는 세분 시장에 소속되어 있는 고객의 속성을 확인하기가 쉽지 않다는 단점도 가지고 있다. 그러므로 이러한 단점을 보완하기 위하여 다른 세분화 변수를 평행하여 이용해야 할 것이다.

2) 인구 통계적 세분화 변수

인구 통계적 변수는 인구 통계 수치에 근거한 세분화 변수로 성별, 연령별, 직업별, 교육 수준별, 가족 생활 주기 등의 요소에 의하여 세분화하는 방법이다. 이러한 세분화 방법은 지리적 세분화와 마찬가지로 세분화 방법이 쉽고, 사회적 혹은 경제적인 자료를 쉽게 획득하여 이용하기가 편리하다. 그리고 인구 통계적 세분화에 의한 각 세분 시장은 그 규모와 경계가 비교적 명확하다는 장점을 가지고 있다.

그러나 현대 사회에서 인구 통계적 변수는 시장 세분화 목적을 달성하기 어려운 경우가 많이 발생된다. 예를 들어 도심 지역과 시골 지역 등 두 지역에 거주하고 있는 동일한 연령층은 같은 세분 시장의 구성원으로 나타나지만, 이들 두 지역에 거주하는 사람들 간에는 호텔 상품의 구매 행동과 관광 목적지 선택 그리고 의사 결정 과정 등에 있어서 차이를 보일 수 있기 때문이다. 이러한 이유로 인구 통계적 변수는 때때로 다른 세분화 변수와 병행하여 활용되고 있다. 특히 지리적 세분화 변수와 병행하여 활동이 된다면 호텔 시장 세분화에 유용한 수단이 될 수 있다.

3) 심리 분석적 세분화 변수

심리 분석적 변수는 사회 계층, 생활 양식, 가치관, 개인의 가치 혹은 특성 등의 요소에 의하여 세분화하는 방법으로 비교적 최근에 응용되는 마케팅 기법이다. 심리 분석적 변수가 왜 마케팅에 이용되고 있는가? 하는 것은 이러한 요인들이 구매 동기와 구매 행동에 커다란 영향을 미치기 때문이다. 관광 상품의 구매 동기는 상품의 효익만 있는 것이 아니라 다분히 심리적인 요인도 작용하고 있는 것으로 알려져 있고, 관광 행동에 있어서도 역시 심리적 요인이 많이 작용하고 있기 때문에 관광 행동이 달라진다. 따라서 심리 분석적 변수에 의한 호텔 시장 세분화는 매우 의미가 있는 행위라고 할 수 있다. 예를 들어 제트 스키 혹은 요트와 같은 수단을 활용한 해양 스포츠는 개인의 특성에 많은 관련이 있다. 어떠한 관광객은 위험한 행동이라고 생각하는 사람이 있는가 하면, 또 다른 어떤 관광객은 스릴과 모험을 만끽할 수 있는 활동이라고 생각할 수도 있는 것이다.

사회 계층은 소득, 교육, 직업 등과 같은 사회 경제적 요인 등이 복합적으로 고려되어 분류할 수 있다. 예를 들어 사회 계층을 사회 상류층, 중류층, 하류층으로 어떠한 기준에 의하여 분류한다면, 사회 상류층의 관광 행동과 구매 행동은 다른 계층과는 차이를 보일 것이다. 즉 사회 상류층을 구성하고 있는 관광객은 관광의 빈도와 호텔 상품의 구매 성향, 이용하는 호텔 선정 등에 있어서 다른 사회 계층의 관광객과는 차이를 보인다는 것이다.

개인의 생활 양식 또한 심리 분석적 세분화에 중요하게 활용되는 변수인데, 생활 양식은 개인의 활동(Activity), 흥미(Interest), 의견(Opinion) 등에 의하여 결정된다고 볼 수 있다. 즉 개인이 호텔 이용에 어떠한 가치를 부여하고, 얼마나 적극적인 활동 성향을 보이느냐에 따라서 호텔 상품의 구매 행동에 차이를 보일 것이다.

이와 같이 심리 분석적 변수는 관광객 행동을 명확하게 설명해 줄 수 있기 때문에 호텔 시장 세분화에 매우 유용한 변수로 이용되고 있으나 지리적 세분화 혹은 인구통계적 세분화에 비하여 그 경계가 용이하지 않고, 측정이 어렵다는 문제점을 가지고 있다.

4) 행동 분석적 변수

행동 분석적 변수는 추구 편익, 사용량, 상표 충성도, 구매 계기, 중요시하는 마케팅 변수, 구매 횟수 등의 요소에 의하여 시장을 세분화하는 방법으로 이러한 변수들은 고객의 호텔 상품 구매 행동과 직접적인 관련이 있는 요소로 구성이 되어 있다. 그러므로 행동 분석적 세분화는 '이용객이 어떻게 행동하는가?' 에 초점을 맞춘 세분화 방법이라고 할 수 있다. 즉 구매 습관과 선호도, 관광 목적, 추구 편익 등의 행동에 근거하여 세분화하는 방법이다.

예를 들어 관광 목적에 따라 관광객은 순 목적 관광객과 겸 목적 관광객으로 분류할 수 있는데, 순 목적 관광객은 업무에 편리한 지역에 위치한 호텔과 객실을 겸 목적 관광객보다 더 원할 것이고, 겸 목적 관광객은 관광 행동에 있어서 비용보다는 시간 활용에 보다 많은 관심을 가지고 있을 것이다. 따라서 이러한 차이는 결국 호텔 구매 행동에 영향을 미치게 되는 것이다. 이와 같은 세분화 변수에 의하여 전체 시장을 몇 개의 세분 시장으로 분류하게 되며, 이들 세분 시장 중에서 기업 혹은 제품의 특성에 적합한 세분 시장을 선택하여 마케팅 전략을 수행하게 되는 것이다.

제3절 표적 마케팅 전략

호텔 기업은 서비스 상품에 대한 SWOT 분석을 통하여 시장의 기회 및 위협 그리고 장점 및 단점을 파악하여 시장 기회와 장점을 활용한 시장 세분화 전략을 개발해야 한다.

시장 세분화는 전체 시장이 몇 개의 다른 속성을 지닌 사람들로 구성되어 있어 동일한 마케팅 믹스의 제공이 불가능한 경우에 유용하게 이용되는 방법이다. 이것은 전체 시장의 구성원을 동질적인 속성을 지닌 사람들과 다른 속성을 지닌 사람들을 분리하여 마케팅 활동의 효과를 높이기 위한 것이다.

시장 세분화를 통하여 자신이 제공할 마케팅 믹스의 구매 가능성이 높은 집중할 표적 시장을 선정하게 되며, 선정된 표적 시장에 소속되어 있는 관광객의 속성에 따라 다양한 마케팅 믹스를 잠재 관광객 집단에게 제시하게 된다. 이때 수행되는 마케팅을 표적 마케팅이라고 한다. 표적 마케팅 전략은 크게 비차별적 마케팅 전략, 차별적 마케팅 전략, 집중적 마케팅 전략 등으로 분류할 수 있으며, 호텔 기업은 이들 세 가지 전략 중 하나를 채택하여 마케팅 전략을 수립하고 실행을 하게 된다. 그러므로 우리는 이 세 가지의 마케팅 전략에 대하여 검토할 필요성이 있다.

1. 비차별적 마케팅

비차별적 마케팅 전략은 시장의 특성을 무시하고 동일한 마케팅 믹스를 가지고 시장에 대응하려는 전략을 말한다. 즉 호텔 기업은 어떠한 특정한 한 가지 상품을 가지고 전체 시장에 접근하는 방법이다. 이러한 방법은 일반적으로 이용객이 가지고 있는 욕구의 차이점보다는 공통점이 무엇인가에 초점을 맞추려는 것이며, 따라서 대부분의 구매자에게 호소할 수 있는 제품과 마케팅 프로그램을 설계해야 한다. 그렇기 때문에 동일한 마케팅 프로그램을 활용하고, 상품도 특정한 상품만을 이용객에게 제공하기 때문에 생산

비용을 절감할 수 있는 효과가 있다. 그러나 호텔 서비스 상품은 다양한 욕구를 가지고 있는 이용객에게 의하여 구매되는 특성을 가지고 있으므로 비차별적 마케팅 전략은 현실적으로 그 효과를 기대하기 어려운 경우가 많다.

2. 차별적 마케팅

차별적 마케팅은 시장 세분화에 의하여 구분된 각 세분 시장에 대하여 각기 다른 서비스 상품과 마케팅 믹스를 제공하는 마케팅 전략을 말한다. 즉 각각의 세분 시장에 제공할 여러 가지 상품을 달리하고, 각 세분시장에 적합한 마케팅 믹스 전략을 수행하는 방법을 말한다. 따라서 이러한 마케팅 전략은 각 세분 시장에 소속되어 있는 호텔 이용객의 욕구를 중심으로 마케팅 활동을 수행하기 때문에 차별화에 따른 경쟁적 우위를 확보할 수 있는 장점을 가지고 있다. 반면에 비용이 많이 추가되는 단점을 가지고 있기도 하다.

3. 집중적 마케팅

집중적 마케팅 전략은 특정한 세분 시장만을 표적 시장으로 선정하여 호텔 기업이 제공하려는 서비스 상품과 마케팅 믹스를 이 시장에 집중하는 방법을 말한다. 이 방법은 특정 세분 시장만을 표적 시장으로 하고 있기 때문에 이 시장에 소속되어 있는 고객의 욕구와 특성을 명확히 이해할 수 있고, 그 결과 가장 적합한 마케팅 활동의 수행이 기대될 수 있다. 이러한 마케팅 전략은 마케팅 자원이 한계가 있는 소규모의 호텔 기업에서 주로 이용되고 있다.

제12장 | 호텔 마케팅 믹스

마케팅 믹스는 마케팅 전략 또는 전술을 수행하는데 필요한 도구라고 할 수 있다. 즉 마케팅 믹스 요소를 활용하여 고객에게 제시할 상품이나 서비스를 완성하여 시장에서 거래되도록 하는 것이다. 이러한 측면에서 마케팅 믹스 요소는 고객 만족과 직결되는 중요한 요소이며, 이 믹스의 기술이 결국 기업의 수익성을 비롯한 이미지 등의 개선이 기대되는 것이다. 그리고 이러한 요소에는 생산(Product), 가격(price), 유통(place), 촉진(Promotion) 등과 같은 4p 요소(마케팅 믹스 요소)가 있다. 그러나 호텔과 같은 서비스 상품은 유형재와는 달라서 또 다른 믹스 요소를 제시하는 학자도 많이 있다. 본 장에서는 위에서 제시한 마케팅 믹스 요소(4p)를 중심으로 설명하고자 한다.

학습목표

1. 마케팅 믹스에 의미를 이해하고 설명할 수 있어야 한다.
2. 마케팅 믹스 요소에 대하여 구체적인 이해하여야 한다.

제1절 마케팅 믹스의 의의

1. 마케팅 믹스의 개념

호텔 기업은 표적 시장이 선정되면, 마케팅 목표 설정 및 목표 포지션을 설정하여 이들의 목표를 효과적으로 달성하기에 적합한 마케팅 믹스를 개발하여야 한다. 표적 시장에 적합한 최적의 마케팅 믹스는 기업의 목표를 달성해 주는 척도일 뿐만 아니라 고객의 욕구도 충족시켜 주어, 궁극적으로 기업의 영속성을 유지시켜 주는 중요한 활동인 것이다.

마케팅 믹스는 보덴(N. H. Borden)에 의하여 제기된 개념으로 기업의 의사 결정권자가 기업을 효율적 · 수익적으로 경영하기 위해서는 시장 재력(Marketing Forces)과 마케팅 요소들을 분석하여 건전한 마케팅 요소들이 조합을 이루어야 한다고 주장한 데서 나온 것이다. 이후 Kotler는 '기업이 목표 시장에서 원하는 판매 목표를 달성하는데 이용하는 통제 가능한 마케팅 변수의 조합' 이라고 하였다.

마케팅 믹스 요소는 기업 활동에 영향을 미치는 요인들 중 통제 가능한 요소들을 의미하는데 기술, 자본, 조직, 인력, 생산, 판매 등과 같은 요인들을 말하는 것이다. 호텔 기업이 통제 불가능한 요소에 대하여는 순응 또는 적응을 하여야 하지만, 통제 가능한 요소에 대해서는 최적의 결합을 통하여 경쟁적 우위를 확보할 수 있는 수단을 창출하여야 하는 것은 너무도 당연한 것이다. 따라서 호텔 기업의 마케팅 활동에 있어서 우선적인 관심은 이들 통제 불가능한 요인에 적응하면서 통제 가능한 요소들의 조합을 통하여 호텔 상품의 경쟁적 우위를 창출하는 것이다.

이러한 관점에서 마케팅 믹스는 '기업이 표적 시장에서 마케팅 목표를 효과적으로 달성하기 위하여 마케팅 관리자에 의하여 수행되는 창조적인 마케팅 변수들의 조합' 이라고 정의할 수 있다. 따라서 마케팅 믹스는 기업 활동에 있어서 고객에게 통합적으로 제시되는 활동을 의미하는 것이며, 기업은 마케팅 믹스를 통하여 그들이 원하는 목표를 보다 효율적으로 달성할 수 있는 것이다.

그렇다면 기업 혹은 상품의 경쟁적 우위를 확보하기 위하여 조합되어야 하는 마케팅 믹스 요소는 구체적으로 무엇인가? 하는 점이다. 학자마다 약간의 개념의 차이는 있으나 전통적으로 4P를 의미한다. 즉 가격(Price), 제품(Product), 유통(Place), 촉진(Promotion)이 그것이다. 구체적으로 4P와 관련된 요소는 〈표 12-1〉과 같다.

표 12-1 전통적인 마케팅 믹스 요소

4P's	내용
Product(제품)	디자인, 품질, 상표명, 특성, 포장
Place(유통)	유통 경로, 유통 방법, 판매 범위, 위치
Promotion(촉진)	광고, 판매 촉진, 인적 판매, 홍보
Price(가격)	정액 요금, 할인 요금, 추가 요금, 계절 요금

그러나 호텔 기업은 서비스와 같은 무형재가 상품의 가치에 결정적인 영향을 미치는 관계로 4P를 연장하여 마케팅 믹스 요소를 설명하기도 한다. 즉 일반 상품을 대상으로 한 마케팅 믹스 요소만으로 고객에게 제공하는 것보다는 무형재의 특성을 감안한 서비스 마케팅 믹스가 더욱 효율적이라는 관점에서 마케팅 믹스 요소가 확대되었다고 볼 수 있다. 〈표 12-2〉는 각 학자들이 주장한 서비스 마케팅 믹스 요소에 대하여 정리한 것이다.

표 12-2 서비스 마케팅 믹스 요소

학자	구성 속성
코프만(Coffman)	상품 계획, 가격 결정, 상표화, 유통 경로, 인적 판매, 광고, 촉진, 구매, 제시, 서비스, 핸드링(수배), 시장 조사 · 분석
코웰(Cowell)	상품, 가격, 촉진, 유통, 인적 자원, 물적 증거, 절차
매킨토시(McIntosh)	적시성, 상표, 패키지, 가격, 유통 구조, 상품, 이미지, 광고, 판매, PR
모리슨(Morrison)	상품, 종사원, 패키징, 프로그램, 유통, 촉진, 제휴, 가격
파워스(Powers)	서비스 제안, 가격, 촉진
레이드(Reid)	상품-서비스, 제시, 커뮤니케이션
리니헌(Renaghan)	서비스, 제시, 커뮤니케이션

자료 : 박중환, 현대 호텔 마케팅론, 형설출판사, 1994.

2. 마케팅 믹스의 의의

마케팅 믹스의 가장 근본적인 목적은 기업의 마케팅 목표를 효율적으로 달성하기 위하여 기업에서 이용 가능한 마케팅 자원을 효과적으로 배분하여 조합하는 것이다. 그러므로 마케팅 믹스는 한정된 기업의 자원을 효율적으로 활용하여 생산자에게서 소비자에게로 소유권 이전을 원활하게 하기 위한 활동의 방향과 범위를 결정하고자 하는 기업 활동이다.

오늘날 마케팅 환경은 매우 복잡 다양하며, 급변하고 있는 것이 사실이다. 이렇게 변화하는 환경 속에서 마케팅 믹스를 효율적으로 수행한다는 것은 매우 어려운 일이다. 그러나 마케팅 믹스에서 근본적으로 생각하여야 할 점은 변화하는 환경 속에서 고객의 욕구를 확인하여 이를 충족시켜야 한다는 것이다. 다시 말하면 고객의 욕구 충족을 통한 기업의 목표 달성이라는 전제 아래 마케팅 믹스가 이루어져야 한다. 고객은 그들의 욕구가 충족될 수 있는 마케팅 믹스가 전달될 때 긍정적인 반응을 하게 되고, 그것은 결국 기업의 목표를 달성시켜 주는 중요한 수단이 되기 때문이다. 따라서 전통적인 관점에서 4P는 고객의 욕구 충족을 위한 측면에서 가격이 설정되고, 제품이 구성되고, 유통망이 구축되고, 촉진 방법이 계획되어야 한다.

한편, 이러한 마케팅 믹스의 각 구성 요소에 대한 수요, 수명 주기, 경쟁 관계 등에 따라 달라질 수 있다. 호텔 산업의 경우에 있어서도 마찬가지이다. 예를 들어 경쟁 관계에서 시장 선도 기업에 위치하고 있는 호텔의 경우는 그렇지 않은 호텔에 비하여 기업의 이미지 개선 혹은 향상을 위하여 마케팅 활동을 하게 되지만, 그렇지 않은 기업은 제품의 판매 촉진을 위한 마케팅 활동에 보다 많은 시간과 비용을 투자하게 될 것이다. 또한 제품의 명성(Name Value)이 낮은 상품을 생산하는 호텔은 그렇지 않은 호텔의 제품에 비하여 가격 할인 등의 방법을 통한 판매 촉진에 노력을 배가할 것이다. 그리고 제품 수명 주기단계상 성장기에 있는 테마 관광과 같은 상품은 제품의 수명 주기가 성숙기 혹은 쇠퇴기에 있는 상품에 비하여 제품의 특성을 알리고, 홍보하는 데 더욱 노력을 기울일 것이다.

그러므로 마케팅 믹스 활동은 여러 가지 요인들 검토하여 상대적으로 중요한 믹스 요소를 강조하여 수행할 것이며, 특히 고객의 욕구를 충분히 반영한 것이어야 한다는 점을 간과하여서는 안 된다. 그리고 고객은 통제 불가능한 요소임을 유념하여야 할 것이다. 호텔 상품을 구매하는 이용객은 일반 제품을 구매하는 구매 동기와 욕구가 일반 제품과는 다르다. 따라서 호텔 상품의 특성을 명확히 이해하고, 서비스 마케팅 믹스에 활용되는 요소가 무엇인지를 이해하여야 할 것이다.

결론적으로 서비스 마케팅 믹스는 한정된 자원으로 호텔 이용객의 욕구 충족을 위한 수단을 최적의 조합을 개발하고 관리 · 통제하는 활동이다. 그러므로 서비스 마케팅 믹스의 의의를 요약하면 다음과 같다.

첫째, 마케팅 믹스는 통제 가능한 요소들에 대한 조합이다.

둘째, 마케팅 믹스는 기업의 한정된 자원을 효과적으로 배분하여 기업의 자원 활용에 효율성을 제공한다.

셋째, 마케팅 믹스는 고객의 욕구 충족은 물론 기업의 마케팅 목표를 효율적으로 달성할 수 있는 수단이다.

넷째, 마케팅 믹스는 기업의 마케팅 관리자에 의하여 관광객 혹은 잠재 관광객에게 제시되는 기업 활동의 통합이다.

제2절 마케팅 믹스 요소

마케팅 믹스는 1950년대 후반에 일반 상품을 중심으로 그 이론이 전개되었다. 그리고 마케팅 믹스 요소에 대하여는 학자들 간에 약간의 차이는 존재하고 있다. 그러나 McCarthy와 미국마케팅협회(AMA), Kotler 등이 제시한 마케팅 믹스인 4P가 일반적으로 받아들여지고 있다. 호텔 산업에 있어서도 서비스 상품이라는 특성 때문에 믹스 요소에는 약간의 차이는 있기는 하지만, 4P의 중요성에 대하여 이의를 제기하는 사람은 없을 것이다. 따라서 서비스 마케팅 믹스에 있어서도 4P를 중심으로 하고 있으며, 필요에 의해서 몇 가지를 추가하여 그 효율성을 증진시키고자 하고 있다. 그 내용을 정리하면 다음과 같다.

1. 상품

1) 상품의 개념

제품은 마케팅 믹스에서 중요한 요소 중의 하나로 인식되고 있는데, 그것은 아무리 훌륭한 판매 촉진 전략과 가격 결정 전략, 유통 전략 등이 수행된다 하더라도 제품 자체가 고객의 욕구를 충분히 반영하고 있지 못하다면, 결국은 고객으로부터 외면을 당하기 때문이다.

제품이란 기업 혹은 단체에서 소비자에게 제시되는 제공물이다. 그리고 소비자의 욕구를 충족시켜 줄 수 있는 대상물로 소비자가 지불하는 대가의 반대급부로 소비 또는 사

■ 상품과 제품은 엄밀하게 말하면 그 개념에 차이가 있다. 일반적으로 제품은 '원래 의도한대로 원하는 기능과 성능이 발휘되는 하자가 없이 만들어진 물건이나 서비스'를 말한다. 그리고 상품은 '교환의 대상이 되는 물건이나 서비스'를 말한다. 따라서 상품은 가격이 책정되고, 소비자가 상품의 내용을 고지하고 있으며, 교환물이 존재하는 상황을 말하는 것이다. 그러나 본 교재에서는 호텔 상품의 특성을 고려하여 제품과 상품을 동일한 관점에서 보고 설명을 진행하겠다.

용될 수 있는 실체를 의미하는 것이다. 그러므로 제품은 소비자의 욕구를 충족시켜 줄 수 있는 유형재, 무형재, 장소, 사람, 조직, 아이디어 등 모든 것이 될 수 있으며, 제품은 재화 혹은 상품과 동의어로 사용되기도 한다.

제품은 개념별로 핵심 제품(Core Product), 실제 제품(Actual Product), 확장 제품(Augmented Product) 등으로 나눌 수 있다.

핵심 제품은 고객의 욕구를 충족시켜 주기 위하여 제공되는 가장 기본적인 편익의 조합(Bundle of Benefits)을 의미한다. 관광객은 가장 근본적인 수준의 편익을 얻기 위하여 특정 제품을 구매하게 된다. 예를 들어 래프팅을 즐기려는 관광객이 자신의 욕구를 해결하기 위한 수단으로 래프팅 상품을 구매하는 것이다. 따라서 무엇 때문에 관광객이 우리를 찾는가? 하는 관점에서 제품을 정의하여야 한다. 즉, 관광객들의 기본적인 욕구를 파악한 후 이러한 욕구를 충족시킬 수 있는 편익의 조합으로 제품을 구성해야 한다.

핵심 제품은 실제 제품으로 전환하여야 하는데, 실제 제품이란 잠재 고객들에게 바람직한 효익의 조합을 효과적으로 제공할 수 있도록 물리적 · 화학적 및 상징적 속성을 결합하는 것이다. 즉 핵심 제품이 전달될 때, 부수적으로 제공되는 편익의 조합을 의미하는 것이다. 예를 들어 상용 관광객이 숙박 장소로 호텔에 투숙할 때, 상용 관광객의 비즈니스 업무를 보조해 줄 수 있는 서비스의 제공과 그와 관련한 시설의 제공, 교통편의 제공 등을 결합함으로써 핵심 제품의 가치를 증대시켜주는 결과를 가져오게 된다. 이러한 관점에서 실제 제품은 품질 수준, 특성, 스타일, 상표명 및 포장 등 다섯 가지 특징을 포함하고 있으며, 이와 같은 속성들은 모두 핵심적인 이점을 소비자에게 전달할 수 있도록 하여야 한다.

확장 제품은 핵심 제품과 실제 제품이 결합된 것을 의미한다. 그러므로 확장 제품은 소비자가 제품의 구매로부터 그들의 욕구가 충분히 만족되도록 구매와 소비 활동과 관련한 여러 가지 부수적인 서비스와 이점을 결합한 상품을 말하는 것이다. 예를 들어 여행사에서 제공하는 여행 상품에 그 상품의 품질을 보증을 위해 계약 위반에 따른 위약금의 지불, 관광 활동에 있어서 주의 사항에 대한 교육, 불의의 사고에 대응 방법의 제공 및 출입국 수속 절차, 호텔의 Check In/Out 절차 및 기타 필요한 정보 제공 등을 결합한 상품을 말하는 것으로 이러한 것들은 제품의 가치를 증대시켜주는 중요한 요인이다.

한편, 호텔 상품은 무형적인 요소가 제품의 가치와 품질에 중요하게 영향을 미치게 된다. 일반 제품은 유형적인 제품에 부가적인 서비스가 결합되어 구성되지만, 호텔 상품은 유형적인 요소와 무형적인 서비스가 결합되어 하나의 상품으로 구성된다. 그리고 호텔 상품에 있어서 무형의 서비스는 일반 제품에서와 같이 부수적인 존재가 아니라 제품의 품질에 중요한 부분으로 존재하고 있다. 이러한 이유로 인하여 호텔 상품은 그 품질을 측정하기 곤란하고, 표준화하기가 대단히 어려운 면을 가지고 있다.

2) 호텔 상품의 특성

호텔 상품은 일반 상품과는 다른 특성을 가지고 있다. 이러한 호텔 상품의 특성은 호텔 기업에 상품 개발, 운영, 관리에 영향을 미치게 되는데, 호텔 상품이 가지고 있는 대표적인 특성은 무형성, 동시성, 소멸성, 계절성, 모방성, 동질성 및 이질성, 보완성 등이 있으며, 이것을 중심으로 간략히 설명하고자 한다.

(1) 무형성

호텔 상품의 대표적인 특성으로 무형성을 들 수 있다. 우리는 호텔 상품을 구매할 때, 그 상품의 실제적인 모습을 확인할 수 없다. 또한 상품의 실체를 확인할 수 없다는 무형성의 특성은 정신적으로도 상품의 구체적인 모습을 지각하기 힘들게 하는 것이 일반적이다. 예를 들어 여러분이 제주도 2박 3일 신혼 여행 상품을 구매하려고 여행사를 방문하였다고 하자. 이때 여러분은 제주도 2박 3일 상품에 대하여 브로슈어에 나타난 그림과 사진, 그리고 여행사 판매 담당의 설명만을 들을 수 있을 뿐이다. 실제로 여러분이 투숙하게 될 호텔을 볼 수 없으며, 제주도에 있는 관광 자원을 여행사로 옮겨 놓아 여러분에게 전시할 수도 없다. 따라서 여러분은 제주도 2박 3일의 신혼 여행의 상품을 인간의 5감(미각, 후각, 촉각, 시각, 청각)으로 느낄 수가 없는 것이다.

반면에 여러분이 다른 일반 제품, 예를 들어 자전거를 산다고 하자. 여러분은 자전거를 파는 대리점에 가서 여러 종류의 자전거를 직접 만져보고, 디자인을 감상하고, 시운전을 해 보는 등의 수단을 통하여 가장 자신의 욕구를 충족시킬 수 있는 제품을 구매하게 될 것이다.

이것이 호텔 상품과 일반 상품 간의 가장 근본적인 차이라고 할 수 있다. 이러한 무형적인 특성 때문에 호텔 상품은 그 품질에 대하여 측정이 곤란하게 된다. 그리고 무형성은 동시성, 이질성, 소멸성 등의 특성을 부수적으로 나타나게 하는 원인이 되고 있다. 이러한 무형성은 일반 제품의 마케팅 방법과는 다른 마케팅 활동 방법에 근본적인 차이를 보이는 원인이 되고 있으며, 호텔 기업은 상품이 가지는 이러한 무형성을 극복하기 위하여 정시 판매, 구전 등이 활용되고 있다.

(2) 동시성

호텔 상품은 동시성의 특성을 가지고 있다. 동시성이란 호텔 상품의 생산과 소비가 동시에 일어나는 특성을 말하는 것으로 일반적으로 생산과 소비의 동시성을 말하는 것이다.

일반 상품의 경우는 생산이 이루어지고, 그 상품이 유통 과정을 거쳐서 소비자가 상품을 소비하게 되기 때문에, 생산과 소비 시점에는 장소적인 차이와 시간적인 차이가 존재하게 된다. 그렇기 때문에 일반 상품에 있어서는 생산하는 현장에 소비자가 없고, 소비하는 현장에 생산자가 존재하지 않는 것이 일반적이다. 그러나 호텔 상품은 제품이 생산되기 이전에 판매가 되고, 생산과 소비가 동시에 일어나게 된다. 즉 호텔 상품은 생산 과정과 소비 과정에 있어서 장소적 · 시간적인 동일성을 가지게 되고, 이것은 필연적으로 호텔 상품의 생산자와 소비자가 동시에 같은 장소에서 같은 시간에 함께 존재하게 되는 현상이 발생하게 되는 것이다. 따라서 호텔 상품은 생산하는 과정에서 소비자가 상품의 생산에 직접 관여하게 되는 특성을 가진다.

이러한 생산과 소비의 동시성은 상품의 생산 현장 및 생산 과정에서 관광객은 자신의 욕구에 부합하지 않은 서비스 혹은 상품을 이용하게 되면, 그 상품과 서비스에 대하여 불만을 직접 토로하게 되는 현상이 빈번하게 발생하게 되는 것이다. 또한 호텔 상품의 동시성은 상품과 서비스의 품질 관리와 표준화를 더욱 어렵게 하는 원인이 되기도 한다. 이러한 동시성에 따른 문제를 해결하기 위한 방법으로 '진실의 순간(Moment of True)'을 이용하면 매우 효과적으로 대응할 수 있다.

(3) 소멸성

소멸성은 근본적으로 호텔 상품의 무형성에서 기인하는 것으로 비보존성이라고도 한다. 호텔 상품은 대부분의 경우에 사용 시간이 결정되어 있는 경우가 많다. 그리고 이 사용 시간이 경과되면, 상품이 재고의 형태로 남아 있는 것이 아니라 소멸된다는 것이다.

상품이 소멸된다는 것은 재고 관리를 하지 않는다는 긍정적인 면보다는 소멸로 인한 '손실의 발생' 과 같은 부정적인 측면이 더욱 커다란 문제점으로 대두된다. 예를 들어 총 객실을 500개 보유하고 있는 호텔이 금일 300개가 판매되고, 200객실이 미판매되었다고 하자. 이때 200객실이 재고가 되고, 내일 생산되는 500객실과 합하여 내일 700객실을 판매할 수 있는 것이 아니다. 200개의 객실은 금일 미판매로 자동 소멸되는 것이다. 반면에 객실의 판매 여부와는 관계없이 고정 비용은 일정하게 소요되기 때문에 미판매된 객실 수요만큼 고정 비용의 손실이 발생되는 것이다. 그렇기 때문에 소멸성의 특성에 의하여 발생하는 문제를 최소화하기 위하여 호텔 기업은 초과 예약과 같은 방법을 활용하기도 한다. 그러나 근본적으로 소멸성을 극복하기 위하여서는 잠재 관광객들이 '즉각적인 반응(Quick Response)' 을 보일 수 있는 마케팅 활동을 진개하여야 한다.

(4) 계절성

호텔 상품은 계절적인 영향에 따라 수요량의 크기가 심하게 변동하는 상품이다. 즉 성수기와 비수기에 따라 관광객의 유동이 심하게 나타난다. 반면에 호텔 상품은 수요량의 변동에 능동적으로 대응할 수 없기 때문에 경영에 어려움을 가중시키는 결과를 낳게 하는 주요 원인이 된다. 예를 들어 호텔 상품의 계절적인 수요량 변동의 차이는 성수기를 기준으로 조직과 인력을 운영할 수 없으며, 또한 비수기를 기준으로 조직과 인력을 운영할 수도 없는 어려움을 가진다. 이러한 문제는 상황에 따라서 생산 관리와 재무 관리 등 경영의 전 분야에 영향을 미치기도 한다.

이러한 계절적인 영향에 따른 수요량의 변동에 능동적으로 대처하기 위해서는 비수기에 이용할 수 있는 상품 개발과 가격 차별화 등의 마케팅 노력이 요구되기도 하며, 궁극적으로는 공급과 실제 수요의 크기를 모두 조정하여 양자의 시간적 차이를 일치시킬 수 있는 동시화 마케팅(Synchro marketing) 전략의 개발이 무엇보다 우선적으로 강구되어야 한다.

(5) 모방성

호텔 상품은 쉽게 모방할 수 있는 특성을 가지고 있다. 예를 들어 어느 호텔에서 추석 이벤트로 유명 가수의 디너쇼를 준비하였다고 하자. 이 디너쇼에는 유명 가수 섭외, 메뉴, 연화장 등을 이용하여 특별 상품으로 개발하였는데 이 상품은 고객들에게 매우 커다란 호응을 얻고 있는 상황이라고 가정하자. 이때 경쟁 관계에 있는 다른 호텔도 이러한 상황을 알고 있다면, 이 호텔도 이런 유형의 상품 개발의 욕구가 생길 것이고, 상품 개발은 이미 앞의 호텔에서 구성한 유사한 방법에 의하여 구성할 것이다.

이것이 가능한 이유는 우선 호텔 상품의 구성하고 있는 연회장이 있고, 메뉴를 개발할 수 있으며, 다른 하위 요소를 자체 생산할 수 있고, 유명한 다른 가수를 섭외하여 상품화할 수 있기 때문에 쉽게 모방이 가능하다. 또한 상품 개발은 많은 비용과 시간의 소비를 전제로 한다. 따라서 실패에 따른 위험을 줄이기 위하여 유사한 상품에 대한 모방의 욕구도 큰 것이 사실이다. 그리고 비즈니스 활동을 하는 투숙객이 증대되어 많은 호텔에서 EFL을 운영하고 있다. 그러나 각 호텔의 EFL 객실의 비품 및 설비는 동급의 호텔이라면 유사한 품질과 기능을 가지고 있는 것이다. 또한 어떠한 호텔은 봄철에 값싼 신선한 딸기 생즙을 제공하여 인기가 있다면, 다른 호텔에서도 신선한 딸기로 생즙을 내어 주스로 판매할 수 있듯이 모방이 쉬운 특성을 보이고 있다. 그리고 식사 메뉴도 어떠한 호텔에서 인기가 있는 메뉴가 등장하면 타 호텔에서도 유사한 재료와 비슷한 조리 기술로 동일한 메뉴를 개발하여 판매할 수 있고, 고객은 그 메뉴에 대하여 특별한 차이를 느낄 수 없다.

이러한 모방성을 극복할 수 있는 방법을 찾기는 쉽지 않다. 그러나 모방에 의한 상품 구성은 수익성이 낮고, 상품의 수명이 짧기 때문에 기업에 커다란 이익을 제공할 수 없다. 따라서 관광객의 욕구를 충족시킬 수 있는 상품을 경쟁 기업에 우선하여 개발하고, 타 기업이 모방이 시작된다면 또 다른 새로운 상품을 개발하는 등의 노력이 중요하다.

아울러 자사만이 자랑할 수 있는 차별화된 서비스를 개발하는 일도 중요하게 다루어져야 한다.

(6) 동질성 및 이질성

호텔 상품은 여러 가지의 관광 관련 하위 요소들의 결합에 의하여 상품으로 구성된다. 여러 개의 여행사에서 모방에 의하여 구성된 제주도 3박 4일의 여행 상품을 그 상품 간의 차이를 쉽게 확인할 수 없다. 모방성을 설명하면서 가정한 상황을 예로 든다면, 제주도에 있는 K, G, H 등의 특급 호텔에서의 3박은 호텔명만 다를 뿐이지, 특1급의 등록 기준을 준수하고 있는 호텔이기 때문에 시설이나 기대되는 서비스 수준 혹은 제공된 서비스 수준은 고객이 느끼기에 유사할 것이다. 또한 K. A 항공사의 동일 수준의 좌석을 이용했다면, 역시 그 차이는 미미하게 느껴질 것이고, 제주도에 있는 관광 자원 역시 누구에게나 같은 모습을 연출할 것이다. 그러므로 각 여행사에서 제공하고 있는 유사한 관광 상품은 동질적이라고 할 수 있다. 즉 유사한 관광 상품은 동질성을 가지고 있다는 것이다.

그러나 호텔 상품은 유형적인 것과 무형의 서비스가 함께 구성되어 상품이 되는 것이다. 그리고 무형적인 서비스는 각 여행사 혹은 호텔 기업마다 경영 이념 혹은 경영 철학, 기업의 역사 등 여러 가지 요인에 의하여 각각의 서비스는 동일할 수 없으며, 각각의 관광객 자신의 기준 등의 심리 상태에 의하여 관광 · 호텔 상품의 품질이 이질적으로 느껴질 것이다. 따라서 호텔 상품은 각각의 기업에서 제공하는 서비스로 인하여 이질성을 갖는다고 할 수 있다.

이와 같이 호텔 상품은 동질성과 이질성 등의 상호 상반된 특성을 동시에 가지고 있다. 이것이 의미하는 바는 자못 크다고 할 수 있다. 동질성의 부분은 다분히 호텔 상품의 유형적인 부분에서 나타나는 것이며, 이질성은 대개의 경우 무형의 서비스에서 나타나는 것이라고 해도 과언이 아니다. 그렇다면 호텔 상품의 차별화는 결국 무형의 서비스에서 이루어진다고 볼 수 있다. 따라서 경쟁적 우위를 확보할 수 있는 무형의 서비스 개발과 이러한 서비스의 표준화 등에 관심을 기울여야 할 것이다.

2. 가격

1) 가격의 개념

유통, 촉진, 생산 등의 마케팅 믹스는 비용을 수반하지만, 가격은 유일하게 수익을 창출하는 중요한 부분이다. 그렇기 때문에 가격은 중요하게 다루어지며, 어떠한 가격 전략을 수립하느냐에 따라 관광 · 호텔 기업의 수익성은 커다란 차이를 보이게 된다.

가격이란 판매자로부터 제공되는 서비스 혹은 재화에 대하여 구매자가 지급하는 금액을 말하는 것으로 여러 가지 명칭으로 불리고 있다. 즉 거래하는 과정에서 생기는 임대료, 수수료, 이자, 세금, 요금, 보험료, 통행료 등도 모두 가격을 의미하는 것이다.

소비자는 자신의 욕구와 필요를 해소하기 위하여 제품을 구매하는데, 이때 그에 상응하는 대가를 지불하게 된다. 이것을 가격이라고 하고, 이유재는 '가격은 시장에서의 제품의 교환 가치로 볼 수 있으며, 보다 구체적으로는 구매자들이 특정 제품을 구매함으로써 얻게 되는 효용에 부여된 가치' 라고 할 수 있다고 하였다.

서성한은 '가격은 제품 · 서비스의 시장 수요를 결정하는 요인의 하나이고, 또 기업의 경쟁 지위와 시장 점유율을 확보하는데도 영향을 미치는 요소이다. 뿐만 아니라 다른 마케팅 요소와는 달리 시장 조건의 변화에 따라 신속히 조정할 수 있는 요소이기도 하다' 고 하였다.

호텔 기업에 있어서도 역시 가격은 중요한 마케팅 믹스 요인이 되고 있다. 일반적으로 호텔 상품은 그것을 구매하는 관광객이 상품의 구매로부터 얻을 수 있는 효용의 크기 내에서 호텔 상품의 가격을 지불하려고 할 것이다. 그러나 호텔 상품은 그 특성상 개개인의 관광객이 호텔 상품에서 느끼는 효용의 가치에 차이를 보이게 된다. 왜냐하면 호텔 상품의 구매는 상품의 내재적인 효용의 가치뿐만 아니라 심리적인 요인이 크게 작용하기 때문이다. 예를 들어 서비스 품질이 좋은 호텔 상품에 대하여 높은 가격을 지불하려는 의도를 가지고 있는 관광객이 있는가 하면, 이러한 호텔 상품에 대하여 할인 가격으로 구매하려는 관광객이 있는 것이다.

이것은 서비스 가치에 대한 심리적인 요인이 작용하는 것으로 가치 지향적인 상품 구매가 이루어지는 호텔 상품에서 빈번하게 나타나는 현상이다. 그러므로 호텔 상품의 가격 결정은 다른 상품에 비하여 더욱 더 세심한 주의를 기울여야 함을 의미하는 것이기도 하다.

2) 가격 결정의 영향 요인

관광객이 특정한 호텔 상품을 구매할 때, 그들은 제한된 정보와 과거의 경험에 기초하여 상품에 대하여 지각하고 구매하게 된다. 따라서 가격 결정에서 가장 중요한 요소는 고객이 가격을 어떻게 인식하고 있으며, 그러한 인식이 어떻게 형성되는가를 파악하는 것은 중요하다.

호텔 상품의 가격 결정에 영향을 미치는 요인으로는 일반적으로 원가, 경쟁, 시장 수요, 가치 지향(고객 심리) 등 4가지 요인을 들 수 있다.

원가는 호텔 상품을 생산하는데 소요되는 고정비와 변동비의 합인 총비용을 의미하게 된다. 고정 비용은 제품의 생산과 관계없이 일정하게 소요되는 비용을 의미하며, 변동 비용은 제품 1단위를 생산하는데 추가되는 비용을 의미한다. 호텔 상품에 있어서 원가의 비중은 가격 정책을 탄력적으로 적용할 수 있는가? 혹은 할 수 없는가? 에 중요하게 영향을 미치는 요인이 되고 있다. 원가가 상대적으로 경쟁 기업보다 낮은 수준에 있다면, 가격 결정을 위한 폭이 넓어지게 되어 경쟁적 우위를 확보하는 데 중요한 요인이 되지만, 원가의 비중이 상대적으로 높은 기업은 가격의 탄력성을 확보하기 어렵기 때문에 경쟁에서 우위를 확보하기 어려운 요인으로 작용하게 된다.

따라서 합리적인 원가 관리의 노력이 필요하게 된다. 특히 호텔 상품은 상품에 따라 원가의 비중에 차이를 보이고 있으나 식음료는 고정비의 비중이 높은 경우가 많기 때문에 고정 비용을 절감하는 노력이 우선하여야 한다. 또한 표준화된 무형의 서비스 제공을 통한 원가 관리의 노력도 병행되어야 할 것이다.

한편, 호텔 상품은 일반 제품보다 비용 항목 구성이 복잡하여 원가 산출에 어려움을 주는 경향을 보이고 있으므로 정확한 원가 산출이 이루어지도록 하여야 한다.

경쟁은 시장에서 활동하는 여러 기업의 활동과 그 활동에 대한 대응으로 나타나며, 적절한 전략을 추구하여 경쟁적 우위의 포지션을 달성하기 위해 노력하는 기업에 의해서 나타난다. 그러므로 경쟁은 유사한 경쟁 기업 간에 전략적 우위를 확보하기 위한 포지셔닝 활동이라고 할 수 있다.

호텔 기업은 서비스 상품의 차별적 우위를 확보하기 위하여 경쟁 기업의 가격에 민감하게 반응하게 된다. 그러므로 호텔 상품의 가격 결정은 경쟁 기업의 가격 정책 혹은 전략을 평가하여 이를 고려하여야 한다. 경쟁 관계에 있어서 다른 호텔보다 선도적인 위치에 있는 호텔은 상품의 가격을 보다 높게 책정할 수 있지만, 후발 기업의 경우는 선도 기업을 추종하는 가격 전략 혹은 선도 기업과는 차별화된 할인 가격 정책 등이 이용된다.

호텔 상품은 계절적인 시장 수요에 많은 차이를 보이게 된다. 예를 들어 시장 수요가 많은 성수기의 경우는 보다 비싼 가격을 설정하여도 관광객의 필요에 의하여 호텔 상품을 구매하게 되지만, 비수기의 경우는 수요량이 성수기에 비하여 현격하게 차이를 보이게 됨으로써 보다 저렴한 가격을 설정되기도 한다. 이와 같이 호텔 상품은 시장 수요의 차이에 따라 가격 정책을 달리하여야 하는 경우가 많으므로 시장 수요에 대응한 적절한 가격 정책이 수립되어야 한다. 그러므로 시장 수요는 호텔 상품의 가격 결정에 중요하게 고려되는 요소이다.

고객 심리 또한 가격 결정에 중요한 고려 사항이 된다. 호텔 상품은 그 특성상 가치 지향적인 구매 활동이 이루어지는 특성을 가지고 있다. 즉 자신의 감정적인 측면에 기초한 구매 활동이 이루어지는 특성을 가지고 있다는 것이다. 예를 들어 호텔 상품이 동일한 서비스를 제공하는 것이라 할지라도 시간의 변화, 고객의 심리에 따라 각각의 고객에 지각되는 상품의 품질은 차이를 보이게 된다. 따라서 호텔 기업은 관광객이 상품에 대한 심리적 가치를 어떻게 부여하고 있는지를 확인하여야 하며, 관광객이 느끼는 심리적 효용의 범위에서 가격이 결정되어야 할 것이다. 그러므로 호텔 상품의 가격 결정은 상품의 가격과 관련하여 우선적으로 지각되는 속성이 무엇인지를 파악하여야 하며, 이러한 속성들이 가격에 어떻게 영향을 미치는지를 세밀하게 관찰하여야 한다.

이와 같이 호텔 상품의 가격 결정에 영향을 미치는 요인은 여러 가지가 있다. 그리고 가격 결정에 영향을 미치는 요인 중 어느 한 가지가 선택되는 것이 아니라 기업의 내부 환경과 외부 환경을 면밀히 탐사하여 4가지 요인 중 중요한 요소가 우선 선택되고, 부수적으로 나머지 요인이 충분히 고려된 측면에서 가격을 결정하여야 한다.

3. 유통

1) 유통의 의의

호텔 상품은 관광객이 구매에 필요한 장소와 구매의 필요성을 느끼는 시간에 획득할 수 없으면 아무런 가치가 없는 것이다. 유통은 필요한 장소와 시간에 관련된 것으로 판매자, 유통 관리자 및 중간상 등이 이 유통의 영역에서 활동을 하게 된다.

일반적으로 유통이란 '제품 혹은 서비스의 사용 혹은 소비를 위한 과정과 관련한 조직적 활동의 총체' 라고 말할 수 있으며, 유통 경로는 생산자에게서 소비자에게로 제품이나 서비스가 전달되는 경로를 의미한다고 하겠다. 그러므로 유통 경로에는 많은 중간상들로 구성되어 있다.

이화인은 유통은 그 유용성에서 거래의 효율성과 분업의 원리로 크게 두 가지로 설명할 수 있다고 하였다.

첫째, 유통업자의 존재는 총 거래수를 감소시킨다. 즉, 유통업자가 많은 생산자로부터 제품과 서비스를 수집하고, 수집된 제품이나 서비스를 보관하여 필요한 시기와 장소에서 소비자에게 분배하는 기능을 담당하게 된다. 따라서 소비자는 구매하려고 하는 제품이나 서비스를 생산하는 모든 생산자와 거래할 필요가 없으며, 유통 상인을 통하여 필요한 물품을 획득할 수 있다. 따라서 유통업자의 개입을 통하여 거래의 횟수가 감소되기 때문에 거래의 효율성을 높여준다.

둘째, 유통 경로는 위험 부담 기능, 정보 수집 기능, 수급 조절 기능, 고객 접촉 기능 등 다양한 기능들을 수행한다. 이를 생산업체가 직접 수행한다면 전문성이 결여될 수밖에 없으며, 고비용 · 저효율 체제가 될 가능성이 높다. 이러한 기능을 유통업체에게 전담시킴으로써 분업에서 얻을 수 있는 전문성과 능률의 효용이 창출될 수 있는 것이다.

2) 유통 경로

호텔 상품도 일반 상품의 유통 경로와는 약간의 차이는 있으나 유통 경로가 존재하고 있으며, 그 유통 경로는 일반적으로 〈그림 12-1〉과 같이 정리할 수 있다.

그림 12-1 우리나라 호텔 상품의 유통 경로

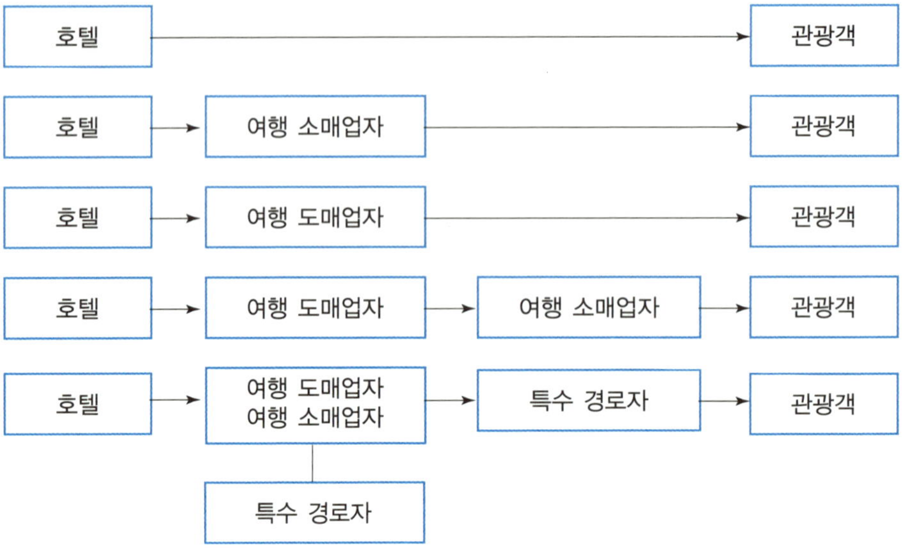

〈그림 12-1〉은 우리나라의 호텔 상품의 유통 경로를 중심으로 구성을 한 것이다. 우리나라는 여행 소매업과 여행 도매업의 기능이 명확히 구분되어 있지 않으며, 위와 같은 유통 경로가 존재하고 있다. 〈그림 12-1〉에서 보는 바와 같이 호텔 상품의 유통 경로는 크게 다섯 가지의 유통 경로를 가지고 있는데, 이들 유통 경로의 특성을 간략히 설명하면 다음과 같다.

첫째로 생각해 볼 수 있는 유통 경로는 호텔과 관광객이 직접 유통되는 경로를 생각해 볼 수 있다. 이러한 유통 경로를 직접 유통 경로라고 하기도 한다. 직접 유통 경로는 중간 유통업자가 개입되지 않는다. 현재의 호텔 기업은 Fax, 전화, 인터넷 등과 같은 정보통신 기술의 발달로 인하여 직접 유통 경로를 설계하고 운영하고 있으며, 그 중요성이 점차 증대하고 있는 실정이다. 이러한 직접 유통 경로는 예약의 신속성을 제공하여 줄 뿐만 아니라 고객에게 편리성을 제공하여 주기도 한다. 호텔 기업에서 자체의 예약 관리부를 운영하고 있는 것이 이러한 예이다.

둘째로 호텔 기업과 여행 소매업자(Retailer)라고 하는 중간상이 개입하는 경우이다. 여행 소매업자는 호텔과 판매 대행 계약을 체결하고, 위탁 판매를 하게 된다. 예를 들면 항공권 판매 대행사, 호텔 숙박권 판매 대행사와 같은 역할을 하고 있는 여행사가 이에 해당한다.

셋째로 여행 도매업자(Wholesaler, Tour Operator)가 호텔과 관광객 사이에 위치하여 경로는 구성하는 경우이다. 이러한 경우는 두 번째의 역할과 동일한 기능을 한다.

넷째로 호텔과 관광객 사이에 여행 도매업자와 여행 소매업자가 유통 경로를 구성하는 경우이다. 이러한 경우는 여행 도매업자와 여행 소매업자 간의 역할에 약간의 차이를 보이게 되는데, 여행 도매업자는 상품을 기획 · 구성하는 기능을 주로 담당하고, 여행 소매업자는 여행 도매업자가 구성한 상품을 대행하여 판매하는 역할을 담당한다.

다섯째로 두 번째와 세 번째의 유통 경로에 동일한 특수 경로자가 개입이 되는 유통 경로를 말한다. 특수 유통 경로자라 함은 국제 회의업과 이벤트 업체, 지상 수배업과 같이 유통 경로에서 특수한 기능을 담당하는 중간 상인을 의미한다.

4. 촉진

1) 촉진의 의의

제품 또는 서비스가 생산되어 가격이 결정되고, 유통 과정을 거치게 되면, 마케팅 관리자는 제품 혹은 서비스에서 보상받으려는 마케팅 목표를 달성하기 위하여 '촉진 믹스(Promotion Mix)' 요소들을 기업과 고객이 만족할 수 있는 조합으로 결합하게 된다. 즉 마케터는 마케팅 목표를 달성을 위해 표적 시장 내의 잠재 고객에게 정보를 제공하고, 설득하고, 구매를 촉진시키기 위하여 촉진 믹스를 구성하여 전달하는 것이다.

이와 같이 촉진이란 '판매자가 제품 혹은 서비스에 대하여 잠재 고객에게 그들의 태도나 구매 행동에 영향을 주기 위한 정보를 제공하여 기업이 목표로 하는 수요 수준으로 확대시키기 위한 고객과의 설득적인 커뮤니케이션' 이다. 그러므로 촉진은 제품이나 서비스에 대하여 수요를 환기시키려는 목적으로 고객과의 의사 소통(Communication)을 보다 효과적으로 하기 위한 활동이라고 할 수 있다.

호텔 상품에 있어서 촉진 믹스는 중요한 의미를 갖는다. 왜냐하면 호텔 상품은 무형성의 특성으로 인하여 상품에 대한 확신 혹은 신뢰성을 갖기가 어려우며, 무형성의 특성은 동시성, 비보전성 등과 같은 일반 제품과는 다른 특성을 보이는 원천이 된다. 이러한 특성은 관광객이 호텔 상품의 실체를 확인할 수 없을 뿐만 아니라 호텔 상품 생산 현장에 관광객이 공존하고 있으며 재고 없이 소멸하는 등의 문제가 나타난다. 따라서 호텔 상품의 촉진 믹스는 다른 제품의 촉진 믹스와는 차이를 보이게 되며, 수요를 환기시키기 위한 촉진 믹스의 중요성은 더해지는 것이다.

실체가 없는 호텔 상품은 그 상품이나 서비스에 대하여 신뢰성을 제공하기 어려운 특성을 가지고 있다. 그렇기 때문에 칼라 색상으로 제작한 브로슈어를 이용하고, 예약 또는 상품 안내 공간을 포근하게 하며, 정돈된 이미지를 창출할 수 있도록 연출하는 등의 정시 판매 방법 같은 촉진 활동을 활용하고, 또한 생산 현장에 존재하고 있는 관광객에게 상품 혹은 서비스의 품질을 보증하기 위하여 세련된 연출이 요구되며, 표준화된 인적인 서비스를 제공하고, 관광객이 상품의 구매에 즉각적인 반응이 나타날 수 있도록 하는 자극적인 메시지를 전달하는 등의 촉진 활동을 하게 되는 것이다.

마케팅 믹스 요소 중 촉진 믹스는 고객에게 호텔 상품의 특성과 차별화 혹은 기업의 이미지를 제공하는 데 중요한 역할을 수행하는 수단이기 때문에 매우 중요한 활동 중의 하나이다. 한편, 판매자와 고객과의 커뮤니케이션은 촉진 활동에 의해서만 이루어지는 것이 아니고, 모든 마케팅 믹스 요소가 커뮤니케이션 기능을 담당하고 있기 때문에 보다 효율적인 커뮤니케이션 효과를 얻기 위해서는 이러한 요소들이 잘 조정되고 통제되어야 한다.

2) 호텔 상품의 촉진 믹스

촉진은 호텔 상품의 판매와 관련한 상품의 가격, 판매의 장소 등에 관한 의사 전달과 관련되는 것으로 광고 · 인적 판매 · 홍보 활동 · 판매 촉진 등을 그 내용으로 한다. 이 네 가지 요소를 촉진 믹스(Promotion Mix)라고 하는데, 보다 효율적인 커뮤니케이션 효과를 얻기 위해서는 고객에게 이들 네 가지 요소가 최적의 상태로 믹스되어 제시하여야 그 효과를 기대할 수 있는 것이다. 촉진 믹스에 활용되는 네 가지 요소에 대하여 간략히 설명하면 다음과 같다.

광고(Advertising)는 광고주가 제품과 서비스를 대중 매체를 이용하여 제시하고 촉진하는 모든 형태의 커뮤니케이션 수단을 의미한다. 광고는 소비자에게 상품이나 서비스를 알리고, 설득하여 궁극적으로는 판매 증진을 꾀하려는데 그 목적이 있다고 하겠다.

호텔 기업은 호텔 상품이 가지고 있는 무형성, 비보존성, 동시성 등의 특성을 가지고 있기 때문에 촉진 방법에 있어서 일반 상품의 그것과는 차이를 보이고 있다. 모리슨은 기업의 촉진 목적을 정보 제공(Informing), 설득(Persuading) 및 회상(Reminding) 등으로 제시하였다. 예를 들어 호텔 상품은 일반 상품에 비하여 정보에 대한 필요성이 매우 높다. 즉 이용객은 호텔 상품을 구성하고 있는 호텔의 시설, 관광 자원에 대한 정보, 교통편 등에 관하여 많은 정보에 대한 욕구를 가지게 되는데, 호텔과 관련한 광고는 이용객의 이러한 정보 욕구를 충족시켜 주어야 한다.

또한 호텔 상품은 실체를 제시할 수 없는 특성 때문에 이용객에게 상품에 대한 신뢰성에 문제가 일어나기도 한다. 그러므로 이들에게 상품에 대한 신뢰성을 심어줄 수 있도록 설득하여야 한다. 설득을 위하여 브로슈어를 선명한 칼라 색상으로 제작한다든지 혹은 예약 및 안내 데스크를 정결하게 유지한다든지, 편안한 분위기 연출 등이 활용되고 있다. 또한 호텔 상품은 상품의 판매 범위와 시간적으로 제약받는 특성을 가지고 있다. 때문에 즉각적인 반응을 일으킬 수 있는 자극적인 문구 혹은 아름다운 자연 혹은 호텔의 외관, 관광지 등의 풍경을 제시하는 방법이 이용되고 있다.

한편, 호텔 상품은 이성적인 구매보다는 감정적인 구매가 이루어지는 특성을 가지고 있다. 따라서 잠재 관광객의 결혼기념일, 생일 등과 같은 특정한 날에 감사의 편지를 보낸다든지 혹은 지속적으로 새로운 상품에 대한 안내문을 보내줌으로써 고객으로 하여금 자신을 중요하게 인정하고 있다는 심리적인 만족과 함께 자신의 기업 혹은 상품을 회상하게 하는 등의 목적을 달성하여야 한다는 것이다.

홍보는 광고주가 광고비를 지불하지 않고 매체를 이용한 촉진 활동을 의미하게 된다. 그러므로 자신의 상품이나 기업에 대하여 기사화를 한다든지 하여 긍정적인 이미지를 연출하는 활동으로 많이 이용되고 있다. 홍보는 광고와는 달리 기사 등의 수단으로 대중에게 알려지는 속성상 메시지에 대한 집중도가 매우 높은 장점을 가지고 있다. 여름철에 신문 혹은 잡지 등에서 흔히 볼 수 있는 특급 호텔의 숙박 패키지 프로그램 또는 패키지 관광 프로그램에 대한 특집 기사 등이 좋은 예이다.

판매 촉진은 즉각적인 구매 행동을 유인하기 위하여 단기적으로 활동되는 수단을 의미하는 것으로 그 범위는 매우 넓다. 호텔 상품의 판매 촉진을 위하여 자주 활용되는 방법은 다음과 같은 것들이 있다고 하였다.

첫째, 이용객에게 판매를 촉진하는 수단으로 쿠폰, 현금 할인, 경품, 무료 견본, 경연대회 및 추첨, 제품 전시, 제품 보증 등 보상 판매 등이 있다.

둘째, 중간 상인에 대한 판매 촉진 수단으로 박람회, 제품의 무료 제공, 광고비 제공, 경품 또는 재구매 공제, 현금 환불 등이 있다.

셋째, 제조업자 판매원에 대한 판매 촉진 수단으로 판매 경진 대회, 판매원 훈련, 판매원 회의, 판매 용구 지원, 내부 기관지 등이 있다. 이러한 판매 촉진 수단은 상표 충성도가 높은 고객에게는 효과가 매우 크지만, 새로운 고객을 견인하는 수단으로는 적합하지 않다.

인적 판매는 판매원이 고객을 찾아가 직접 대화를 통하여 구매를 유도하는 모든 활동을 의미한다. 인적 판매는 고객과의 직접적인 대면을 통한 쌍방 커뮤니케이션이 가능하므로 고객에 대한 정보 제공과 설득 등의 수단에 유연성을 가질 수 있다는 특징이 있다.

위에서 촉진 믹스에 대하여 간략히 설명하였는데, 촉진 믹스의 장 · 단점을 요약하여 정리하면 〈표 12-3〉과 같다.

표 12-3 **주요 촉진 수단의 장 · 단점**

촉진수단	장점	단점
광고	· 동시에 많은 고객에게 도달됨. · 1인당 노출 비용이 저렴함. · 상표 이미지 창출에 유리한 수단이 됨. · 매체 선정이 유연하고 선정할 수 있는 매체가 다양함.	· 잠재 고객에만 도달하는 것이 아님. · 노출 범위가 넓어지면 마케팅 비판의 주요 표적이 됨. · 노출 시간이 짧음. · 고객에게 기억에서 빨리 쉽게 잊혀짐.
홍보	· 무료 광고의 성격을 지님으로써 추가 비용의 사용 없이도 수요를 자극할 수 있음. · 내용에 대한 신뢰도가 높음. · 광고와 달리 메시지에 대한 관심이 높음.	· 메시지 내용의 통제가 어려움. · 상시 이용이 불가능함. · 내용의 반복이 제한적이어서 장기적 촉진이 불가능함. · 메시지가 부정적일 때는 부정적인 영향을 미침.
판매 촉진	· 수요 자극을 위한 단기적인 가격 인하에 가장 적합함. · 선택할 수 있는 수단이 다양함. · 고객의 다양한 구매 행동을 변화시키는데 효과적임. · 다른 촉진 수단과 병행하여 사용하기가 용이함.	· 단기적인 영향력만 발휘함. · 상표 충성도를 가진 고객에게는 영향이 크나 새로운 고객의 유인은 어려움. · 가격 관련 수단의 과다 이용은 이미지와 수익에 손상을 줄 수 있음. · 경쟁 기업의 모방이 용이함.
인적 판매	· 가장 설득력이 높은 촉진수단. · 판촉 사원은 직접적으로 구매 행동에 영향을 미침. · 쌍방 커뮤니케이션이 가능함. · 1대1의 직접 대면을 통한 촉진 노력의 표적화가 가능함.	· 1인당 접촉비용이 비쌈. · 판촉 사원 교육과 동기부여가 어렵고 많은 비용이 소요됨. · 판매 인력 확보가 어려움. · 미숙한 판매 제시는 부정적 영향을 미침.

자료 : 박중환, 현대호텔마케팅론, 형설출판사, 1998.

제13장 | 호텔 이용객 행동 분석

호텔 이용객 행동 분석은 호텔 마케팅 전략을 수립하고 시행하는데 중요하게 영향을 미치는 요소이다. 즉 호텔 이용객의 구매 행동과 소비 행동을 설명해 줄 수 있는 요소가 바로 호텔 이용객 행동 분석이라는 것이다. 따라서 현재 호텔 기업의 마케팅 활동에 방향을 결정해 주는 근본이 되는 요소가 호텔 이용객 행동 분석이다. 그러므로 호텔 이용객의 행동에 영향을 미치는 요소는 무엇이 있는지에 대한 개인적인 영향 요인과 사회·문화적 영향 요인을 이해하는 것이 중요하다. 이러한 측면에서 호텔 이용객 행동 분석을 설명하였다. 그리고 구매 의사 결정 과정에 대하여도 정리하였다.

학습목표

1. 호텔 이용객 행동 분석의 의미와 중요성에 대하여 설명할 수 있어야 한다.
2. 호텔 이용객의 행동에 영향을 미치는 요소는 무엇이 있는지 알고, 각 요소의 개념에 대해 이해하고 있어야 한다.
3. 호텔 상품의 구매 의사 결정 과정을 설명할 수 있어야 한다.

제1절 호텔 이용객 행동 분석

1. 호텔 이용객 행동 분석의 개념

우리는 일반 제품이나 서비스를 구매하여 소비하는 사람을 소비자라고 부른다. 소비자는 자신의 욕구(Needs)와 욕망(Wants)이 충족되지 못하면 신체적 혹은 정신적으로 결핍 상태를 느끼게 되며, 결핍 상태가 느껴지면 이를 해소하기 위하여 구매 또는 소비 행동을 하게 된다.

일반적으로 소비자 행동이란 '소비자들이 자신의 욕구와 욕망을 충족시켜줄 것으로 기대되는 제품이나 서비스 혹은 아이디어(Idea)에 대한 탐색, 구매, 사용, 평가와 관련한 일련의 행동'을 의미한다고 하겠다. 즉 소비자는 자신이 욕망이 생기면 그 욕망을 충족시키기 위하여 자신의 욕망을 충족시켜줄 것으로 기대되는 제품들에 대하여 정보를 탐색하게 되고, 이들을 비교 · 분석하여 최적의 제품 혹은 서비스를 구매하여 사용하게 되고, 사용 후에는 그 제품이나 서비스에 대하여 만족 혹은 불만족 등의 평가를 내리게 되는데, 이러한 일련의 과정과 관련된 행동을 소비자 행동이라고 한다. 그러므로 소비자 행동은 경제적인 재화나 서비스를 획득하고 사용하는 데 직접 관련된 개인의 행동 혹은 그 행동을 결정해주는 모든 과정이라고 할 수 있다. 따라서 소비자 행동 분석이란 제품 혹은 서비스의 탐색, 구매, 사용, 평가와 관련된 행동에 대하여 조사하고 연구하는 것을 소비자 행동 분석이라 할 수 있다. 그러므로 소비자 행동 분석은 소비자의 구매와 소비 행동에 초점이 맞추어져 있다.

한편, 마케터는 마케팅 목표를 달성하기 위하여 마케팅 계획을 수립하고 실행하게 된다. 마케팅 계획과 실행은 근본적으로 판매를 증대시키는 데 있으므로 구매와 관련된 행동이 주요 분석 대상이 되는 것이다. 즉 소비자가 왜, 어떻게 특정 제품이나 서비스를 구매하는가? 를 규명하려는 것이 소비자 행동 분석인 것이다.

호텔 이용객 또한 호텔 상품을 구매하고 이용하는 소비자라는 측면에서 호텔 상품 소비자라 할 수 있으며, 앞에서 설명한 소비자 행동과 같은 구매 행동과 소비 행동을 하게 된다.

2. 호텔 이용객 행동 분석의 의의

호텔 이용객은 호텔 상품을 소비하는 소비자라는 측면에서 소비자 행동 분석의 범주에서 이루어진다고 할 수 있다는 것은 바로 위에서 언급한 바 있다.

현대 사회에서 호텔 기업은 그들이 마케팅 전략의 성공을 위하여 소비자들의 구매 혹은 구매 의사 결정 과정에 대하여 이해와 관심을 가져야만 한다는 것에 인식을 새롭게 시작하였다. 이러한 호텔 기업의 인식의 변화는 소비자 정보에 대한 중요성이 더욱 강조되고 있다는 것을 확인시켜 줌과 동시에 새로운 마케팅 전략의 개발과 마케팅의 효율성에 대한 관심의 정도를 파악하게 하는 중요한 변화라고 할 수 있다. 그리고 이러한 변화는 호텔 기업의 입장에서 보면 지극히 당연한 것이라 할 수 있다.

호텔 이용객은 이용 동기와 욕구가 매우 다양하게 나타나고 있으며, 이러한 욕구를 충족시키기 위한 구매 행동과 의사 결정 과정에 많은 차이를 보이고 있다. 그럼 이용객들은 욕구의 다양성과 구매 행동의 차이, 의사 결정 과정의 차이는 왜 나타나는 것인가? 알듯하면서도 매우 어려운 문제이다. 만일 우리가 이러한 문제를 명확히 규명할 수만 있다면, 혹은 호텔 이용객이 어떤 동기와 욕구에서 구매를 결정하게 되는가? 상품 구매에 영향을 미치는 요인은 무엇인가? 구매 행동은 어떻게 이루어지는가? 등을 확인할 수 있다면, 호텔 기업의 마케터는 그들의 마케팅 전략의 개발과 운영에 효율성을 제고할 수 있을 것이다.

이러한 관점에서 호텔 이용객 행동 분석은 호텔 이용객의 구매 행동과 의사 결정 과정을 규명하려는 것으로 어떠한 의미에서는 이용객의 욕구를 충족시킬 수 있는 수단을 개발하여 판매를 증진하려는 목적을 달성하고자 하는 것이다.

제2절 호텔 이용객 행동에 영향을 미치는 요인

호텔 이용객은 그들의 욕구와 과거의 경험 등에 따라서 소비 행동에 차이를 보이게 된다. 그리고 소비자의 소비 행동에 영향을 미치는 요인은 많은 학자들에 의하여 제시되었다. 대표적으로 메이요와 자비스는 소비자 행동에 영향을 미치는 요인을 개인적인 요인과 사회 · 문화적인 요인으로 크게 두 가지로 분류하였다. 개인적인 영향 요인으로는 성격, 동기, 지각, 학습, 태도 등이 있으며, 사회 · 문화적 영향 요인으로는 가족, 사회 계층, 문화와 하위 문화, 준거 집단 등이 포함된다고 하였다. 다음의 〈그림 13-1〉은 호텔 이용객 영향 요인에 대하여 정리한 것이다.

그림 13-1 호텔 이용객의 행동 영향 요인

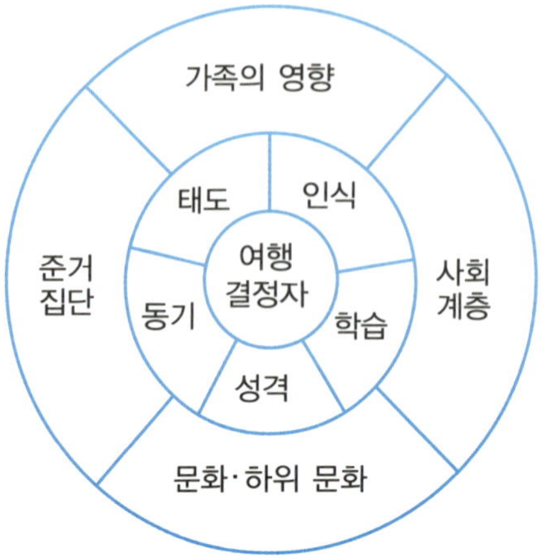

자료 : Edward J. Mayo and Lance P. Jarvis, The Psychology of Leisure Travel, Boston : CBI Pub. co., 1981.

1. 개인적인 영향 요인

1) 성격

성격은 개인의 행동 성향을 제시하여 개인 행동을 이해하고 설명하는데 매우 커다란 도움을 줄 수 있다. 그동안 심리학자들은 성격에 관하여 많은 노력과 연구를 지속하여 왔는데, 대표적인 성격 유형과 행동 성향을 살펴보면 다음과 같다.

가장 보편화된 성격 유형의 하나로 외향성(Extrovert)과 내향성(Introvert)을 들 수 있는데, 이들의 성격적 특성은 다음과 같다.

- ■외향적 성격 사람이나 물건을 대상으로 일하기를 좋아한다. 표현력이 비교적 좋다. 소음 등 환경의 물리적 자극이 있을 때 일을 잘 한다. 흥미가 없는 일에는 일을 잘 못 한다. 말이 많고 활동적이다. 아침보다 오후에 활기가 더 난다.
- ■내향적 성격 : 아이디어 중심으로 일하기를 좋아한다. 표현력이 비교적 부족하다. 물리적 자극이 없고 간섭이 없을 때 일을 잘 한다. 꾸준히 주의를 요하는 일을 잘 한다. 조심스럽고 주의 깊게 행동한다. 오후보다 오전에 활기가 더 난다.

한편 개인의 성격을 그의 건강과 연관시켜 연구하는 성격 유형으로 A형(A Type)과 B형(B Type)을 들 수 있다.

■ **A형** 야심이 크고(Ambitious), 경쟁적이며(Competitive), 힘차고(Forceful), 공격적이다(Aggressive). 참을성이 없고(Impatient), 기다리지 못한다. 몇 가지 일을 한꺼번에 빨리 처리함으로써 짧은 시간 내에 많은 일을 하려고 노력한다. 항상 무엇을 하고 있고, 빨리 먹으며, 걸음도 빠르다. 말을 힘차게 하고, 말을 천천히 하는 사람에게 답답함을 느낀다. 과업 지향적이고, 항상 마감 기일이나 마감 시간을 의식한다. A형과 B형의 성격과 행동은 상대적인 특성인 만큼 위의 특성을 많이 보일수록 A형 성격과 행동이 강하고, 그렇지 않을수록 B형 성격과 행동을 지니고 있다고 할 수 있다.

성격과 관광 행동은 어떠한 연관성이 있을 것이라는 것은 충분히 예측할 수 있다. 여기서 성격과 관련하여 관광객의 관광 목적지 선택 행동의 특성을 보기로 하자.

프로그(Stanley C. Plog)는 행동 중심적인 관광객(Allocentric)과 사고 중심적인 관광객(Psychocentric) 등 크게 두 가지 형태의 관광객으로 분류하고, 이러한 성향의 관광객 사이에 Near-Allocentric, Near-Psychocentrics, Mid-Centric 등 세 가지 유형의 관광객으로 나누어 전체 다섯 가지 유형의 관광객으로 분류하면서 이들의 성격을 다음과 같이 말하였다.

행동 중심적인 관광객은 사회에서 성공한 사람으로 자기 확신이 강하며, 고소득과 여행 빈도가 많은 사람이라고 하면서 이들은 잘 알려지지 않은 여행 목적지를 선택한다. 그리고 그들은 새로운 경험을 충족시키기 위한 욕구가 강하고, 사람과의 만남과 새로운 문화를 접하는 것에 흥미를 느끼는 성향을 가진 사람이라고 하였다.

사고 중심적인 사람은 자기 확신이 강하지 못하고, 세속적이며, 소득이 낮고, 잘 알려진 관광 목적지를 방문하여 여행의 안전을 추구하는 성향을 가진 관광객이라고 하였다.

프로그(Stanley C. Plog)는 관광객의 성격에 따라서 관광 목적지 선택에도 차이를 보이게 된다고 하면서 〈그림 13-2〉와 같이 제시하였다. 〈그림 13-2〉에서 보는 바와 같이 행동 중심적인 여행자는 아프리카, 서태평양과 같은 지역을 관광 목적지로 선택하고 있다. 이러한 관광 목적지는 잘 알려지지 않은 새로운 경험을 할 수 있고, 다른 관광객들이 잘 찾지 않는 특성을 가진 관광지라 할 수 있다. 관광지 개발 단계의 측면에서 본다면, 행동 중심적인 여행자는 도입기 혹은 성장 초기의 관광지를 선호한다고 할 수 있다. 한편, 사고 중심적인 관광객은 코니 아일랜드와 같이 이미 널리 알려진 관광 목적지를 주로 찾는 것으로 나타났다.

그림 13-2 성격에 따른 관광 목적지 선택

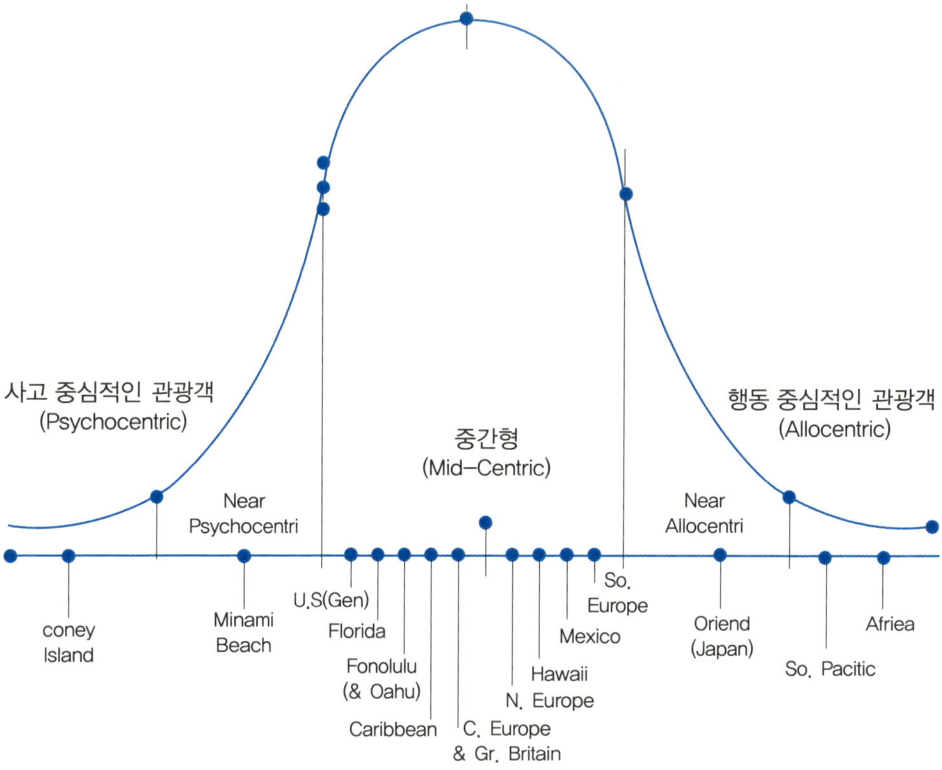

자료 : Charles Kaiser, Jr. and Larry E. Helber, TOURISM PLANNING & DEVELOPMENT, CBI Pulishing Company, Inc., 1978.

2) 지각

인간은 무수히 많은 환경으로부터의 자극에 노출되어 있고, 그 자극에 대한 반응으로 개인 행동의 근본이 형성된다고 할 수 있다. 그러나 인간은 환경으로부터의 자극을 모두 수용할 수 없으며, 수용된 자극에 대해서도 각 개인이 해석을 달리하여 서로 다른 행동 특성을 보이게 된다. 따라서 주어진 자극에 대하여 개인이 어떻게 지각하느냐에 따라 행동이 달라진다고 할 수 있다. 이처럼 인간이 동일한 자극에 대하여 서로 다른 행동을 보이게 되는 것은 각 개인의 과거의 경험, 가치관, 성격 등의 차이에 의한 것이다.

일반적으로 지각이란 '개인이 환경의 자극으로부터 어떤 의미를 부여하고 이해하는 과정'이라고 할 수 있으며, 지각 과정은 크게 세 단계로 나누어 설명할 수 있다.

1단계는 환경의 자극에 대하여 선택적으로 수용하고 지각하는 단계이다. 인간은 노출된 자극에 대하여 모두를 수용할 수 없는 생리적 시스템을 가지고 있다. 자극은 생리적 시스템에 의하여 감지가 되는데, 개인의 욕구 혹은 과거의 경험과 태도 등에 의하여 노출된 환경에 대하여 선택적으로 감지되는 것이다. 따라서 개개인의 욕구가 다르고, 태도가 다르고, 과거의 경험이 다르기 때문에 서로 다른 환경 자극이 수용되며, 수용의 정도에 있어서도 차이를 보이게 되는 것이다.

2단계는 수용된 자극을 개인의 성격이나 욕구, 과거의 경험, 가치관 등의 자신의 준거체계를 기준으로 자극을 해석하고 의미를 부여하는 단계이다. 이때 개인의 준거 체계는 선택적 수용의 단계보다 좀 더 깊은 개입을 하게 된다. 그리고 이 과정에서 해석하고 의미를 부여하는 것은 개인의 준거 체계를 보호하고 유지시켜주는 방향으로 수용된 자극을 해석하고, 평가하려는 경향이 있다.

마지막으로 3단계는 수용된 자극에 대하여 원인을 분석하고 해석된 모든 상황을 종합적으로 정리하여 행동의 준비를 하게 되는 단계이다. 이때 원래 수용된 자극보다도 더 많은 정보와 의미를 추가하게 된다.

이와 같은 지각 과정은 순서적으로 혹은 기계적으로 일어나는 것이 아니고, 무의식 중에 순식간에 일어나는 상황이기 때문에 이를 의식하는 경우는 매우 드물다고 할 수 있다.

인간은 지각 과정에서 선택적 지각의 오류를 범하는 경우가 많다. 선택적 지각은 환경의 자극을 모두 지각하는 것이 아니라 개인의 가치관, 욕구, 과거의 경험 등에 의하여 형성된 자신의 준거 체계를 보호 · 유지하는데 일관성이 있는 자극에 대해서만 선택적으로 지각하게 됨으로써 나타나는 오류를 말한다. 이러한 선택적 지각은 환경 상황에 대하여 정확한 의미를 부여할 수 없게 된다.

지각은 호텔 마케팅 관리자에게 중요하게 인식이 되고 있다. 그 이유는 호텔 마케팅 관리자가 이용객에게 제공하는 마케팅 믹스가 이들에게 어떻게 의미가 부여되고, 해석되고 있는지에 관심이 집중되어 있기 때문이다. 예를 들어 호텔 기업 혹은 호텔 상품에 대한 이미지는 어떻게 지각되고 있는지, 품질과 서비스에 대해서는 어떻게 지각되고 있는지는 특정 상품 구매 행동에 중요하게 영향을 미치기 때문이다. 호텔 마케팅 관리자는 그들의 마케팅 믹스에 대하여 혹은 경쟁 기업의 유사한 마케팅 믹스에 대하여 지각 지도를 활용할 수 있다.

3) 학습

학습이란 인간 행동의 근본을 형성하는 것으로 반복적인 연습과 훈련을 통하여 비교적 영구적으로 행동의 변화를 유도하는 것이라 할 수 있다. 인간의 학습에 의한 행동 변화는 성격, 지각, 동기, 태도, 욕구 등과 같은 행동 형성 요인의 변화에 의하여 일어나는 것이다. 그러므로 학습은 개인의 준거 체계를 변화시키기 때문에 학습에 의한 행동 변화는 비교적 영구적인 행동의 변화가 나타난다.

한편, 소비자 학습이란 소비자가 소비자로서의 기능을 수행하는 데 필요한 기술이나 지식을 습득하는 것을 말한다. 즉 관광객이 호텔 상품을 구매하는 장소, 구매하는 방법, 호텔 상품의 이용 방법, 이용 후의 평가 방법 등과 관련된 지식이나 기술을 습득하는 것을 말하는 것이다. 그리고 이러한 소비자 학습은 직접적인 경험에 의하여 학습되는 경우도 있지만, 직접적인 경험에 의하여 않고 사고와 통찰(Insight)이라는 과정을 통하여 학습되는 경우도 있다. 그러므로 학습은 의도적인 학습에 의하여 이루어질 수도 있으며 혹은 우연히 학습이 되는 경우도 있다.

소비자 행동 분석에 있어서도 학습은 중요한 의미를 가지게 되는데, 호텔 또는 관광과 관련하여 일반적으로 학습되어 있는 사항을 예로 들면 다음과 같다.

- 규모가 큰 특급 호텔의 서비스는 저급 호텔의 그것보다는 품위가 있는 서비스가 제공된다.
- 해외 여행은 국내 여행을 하는 것보다 시간과 비용 면에서 많이 소요될 것이다.
- 먼 거리를 여행할 때, 승용차를 이용하는 것이 대중교통 수단을 이용하는 것보다 시간적으로 절약이 된다.

소비자는 학습을 통하여 호텔 이용과 관련한 특정한 자극 대상에 대하여 평가를 달리하게 되는데, 그것은 학습에 의하여 이용객 개인의 가치와 태도가 변화되기 때문이다. 그리고 이것은 이용객이 어떠한 자극 대상이 그들의 욕구를 보다 더 충족시키는가에 대하여 학습하고 있다는 것을 의미한다. 이러한 소비자 학습은 이용객에게 특정 상품에 대하여 어떠한 특정한 태도를 형성하게 하며, 이러한 이용객의 태도는 특정상품에 대한 구매 경향에 영향을 미치게 된다.

호텔 상품은 일반적으로 관여도가 높은 상품으로 알려져 있다. 그것은 호텔 상품을 구매하기 위하여 이용객은 많은 호텔 상품, 위락 시설, 교통편에 관한 정보 획득에 많은 시간과 노력을 기울이게 된다는 것을 의미한다. 이와 같이 관여도가 높은 상품은 대체적으로 학습제재가 학습의 효과를 높이는 데 중요하다. 따라서 관여도가 높고, 무형적인 특성을 가지고 있는 호텔 상품은 학습의 효과를 높이기 위하여 효과적인 학습 제재를 개발 · 제공하여야 한다.

4) 동기

동기란 일반적으로 개인의 행동을 어떤 목적을 위하여 일정한 방향으로 작동시키는 내적 심리 상태를 말하는 것으로 동기는 생리적(Physiological) 또는 심리적(Psycholo-gical) 욕구의 결핍 또는 불균형 상태에서 자극에 의하여 나타나는 내적인 심리 상태를 말하는 것이다. 이러한 동기는 개인의 욕구에 의하여 발생하고, 그 강도는 욕구의 결핍의 정도에 따라서 직접적인 영향을 받게 되는 것이다. 그리고 욕구 결핍에 의한 심신의 불균형 상태는 그것을 해소하는데 적합한 목적 지향적인 행동을 유도하게 된다.

동기는 무의식의 세계에 있는 욕구가 활성화되어 의식 세계로 전환되어 활성화된 욕구라고 할 수 있다. 다음의 설명은 인간의 욕구를 체계적으로 설명한 Maslow의 욕구 단계설을 간략히 설명한 것이다.

Maslow는 인간의 욕구를 5단계로 분류하고, 가장 근본적인 1단계 욕구는 자신의 생리적 균형을 유지하는 데 필요한 의식주와 관련한 욕구로 가장 저점에 위치하고 있다.

2단계는 안전 욕구로 육체적 안정과 심리적 안정에 대한 욕구로 신체적 보호와 안정과 관련한 욕구이다.

3단계는 애정 욕구로 대인 관계에서 나타나는 욕구로 상호 간의 친분과 소속감과 관련한 욕구이다.

4단계는 존경 욕구로 다른 사람으로부터 인정과 존경을 받고 싶어 하는 욕구를 의미한다.

그리고 가장 고점에 위치하고 있는 5단계의 자아실현 욕구는 개인이 자신의 능력을 개발하고, 그 능력을 최대한도로 발휘하고 싶어 하는 욕구에 해당하는 것으로 자신의 잠재력의 개발과 관련한 욕구를 말한다.

이와 같이 Maslow는 인간의 욕구를 〈그림 13-3〉과 같이 피라미드 구조의 계층적 형태를 형성하고 있다고 하였다. 그리고 생리적 욕구가 어느 정도 충족되면 안전의 욕구가 중요해지고, 점차 상위 단계에 있는 욕구가 중요해진다는 것이다. 그러나 인간은 어느 순간에 꼭 한 가지만의 욕구를 추구하지 않는다는 인간의 기본적 속성을 충분히 반영하고 있지 못하다는 단점을 가지고 있다. 그러나 Maslow의 이론은 실증적인 타당성이 빈약하다 할지라도 개인의 기본 욕구를 정리하고, 욕구 간의 차원적 개념을 제공하여 개인의 행동 동기를 제시하였다는 점에서 많은 도움을 주고 있음에는 틀림이 없다.

그림 13-3 Maslow의 욕구 단계설

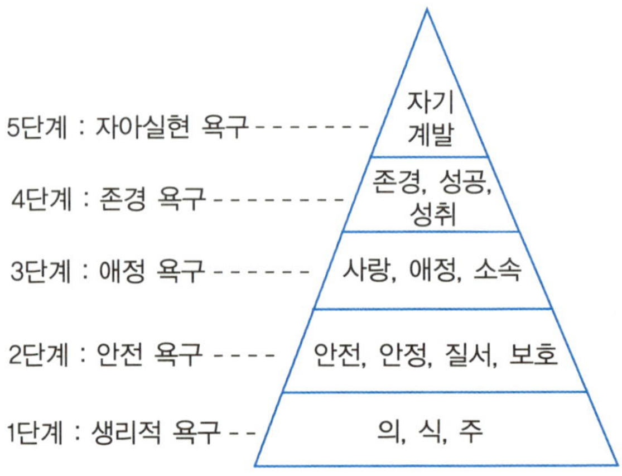

동기는 무의식에 존재하고 있는 욕구가 자극에 의하여 구체적으로 무엇이 부족하다는 것을 인식하여 '의식 세계로 활성화된 욕구'를 말하는 것이다. 그리고 마케팅에서는 동기를 '특정한 여건에서 소비자 행동을 야기하고, 그 방향을 결정지을 수 있도록 활성화된 상태의 욕구'라고 정의하고 있다. 이러한 개념에 입각하여 이용객의 욕구와 동기와의 관계를 설명한 것이 〈표 13-1〉이다.

표 13-1 호텔 이용객의 욕구와 동기와의 관계

욕구	동기(활성화된 욕구)	목표지향적인 행동
안전 욕구	신체적인 안전	특정한 호텔 상품의 구매 행동 (예 : 특급 호텔의 연회장에서 동호회 등에 참석)
애정 욕구	다른 사람과의 결연	
존경 욕구	사회적 지위 표현	
자아 실현 욕구	자아계발	

자료 : 유동근, 통합마케팅, 미래원, 1994, 재구성

위의 〈표 13-1〉과 같이 호텔 이용객의 동기는 이용객의 행동을 규명하는데 중요하게 활용되는 개념으로 '왜 인간은 호텔을 이용하는가?' 혹은 '왜 그러한 구매 행동을 보이고 있는가?' 등을 설명해 주는 중요한 요소가 된다는 것이다.

〈표 13-2〉는 제 학자들이 제시한 여행 동기를 정리한 것이다.

표 13-2 여행 동기의 분류

학자명	유형	여행 동기
Mayo & Javis	교육 · 문화적 동기	타국 혹은 타 지역 주민의 이해 및 견문 확대, 이벤트 행사 참여
	쾌락 추구 동기	일상 생활 탈피, 기분 전환, 낭만적 경험 추구
	친지 · 조상 방문 동기	가족 · 친지 방문, 조상의 생활 터전 방문
	기타	기후, 건강, 운동, 경제, 모험, 정신적 만족, 역사적 행사 참가, 세계를 알고 싶어 하는 욕구
McIntosh	신체적 동기	휴식, 스포츠 참여, 오락, 유흥, 건강
	문화적 동기	타국의 음악, 예술, 민속, 그림, 종교 등
	사회적 동기	새로운 사람과의 만남, 친구 및 친지 방문
	지위 · 명예 동기	명예에 관한 욕구
PATA	첫째 군 : 상냥하고 인정 있는 국민, 안락한 설비, 아름다운 자연 경관, 적당한 가격 둘째 군 : 아름다운 풍습과 생활 양식, 좋은 기후, 훌륭한 문화, 독특한 요리 셋째 군 : 쇼핑, 이국적인 분위기, 역사적 기반이나 가족 관계, 오락 시설	

자료 : E. J. Mayo and Javis, L. P., *The Psychology of Leisure Travel,* Boston : CBI Pub. co., 1981.
R. W. McIntosh, *Tourism Principles, Practices and Philosophies,* 1972.

5) 태도

태도는 환경으로부터의 어떤 자극에 대한 반응의 용의(用意)를 말한다. 즉 개인은 자신의 성격 구성을 토대로 하여 환경 상황에 대하여 자신의 선호감과 우의감(友誼感) 등의 선유경향(Predisposition)으로 호텔 상품이나 서비스 등에 대하여 우호적이거나 비우호적으로 가치 판단을 내려 반응할 준비 상태를 말한다는 것이다.

태도는 소비자 행동 연구에 있어서 가장 관심을 끄는 주제 중의 하나로 태도는 인지적 요소, 감정적 요소, 행동적 요소 등의 세 가지 요소로 구성되어 있다.

인지적 요소는 태도 대상에 대한 구체적인 속성들에 대한 신념들(Beliefs, 주관적인 판단)로 구성되어 있다. 즉 상표, 점포, 제품 등에 대한 신념들이 인지적 요소를 구성하고 있는 것이다. 예를 들어 호텔(태도 대상)은 경관, 거리, 교통, 숙박 시설, 식음료 시설 등과 같은 태도 속성을 가지고 있는데, 이러한 태도 속성들에 대하여 개별 이용객들이 '호텔의 자연 경관은 아름답다', '호텔은 교통 소통이 원활하지 못하다', '호텔은 시설이 깨끗하다' 등과 같은 신념으로 구성되어 있다는 것이다.

그러나 '아름답다', '소통이 원활하지 못하다', '시설이 깨끗하다' 등과 같은 신념들은 구체적인 근거에 의하여 제시되는 것이 아니며, 각 신념에 대한 중요성의 정도에 있어서도 차이를 보이게 된다. 따라서 호텔 기업은 호텔 상품에 대하여 결정적 속성과 결정적 신념에 관심을 기울여야 한다.

감정적 요소는 태도 대상에 대한 전반적인 감정이나 느낌을 말하는 것으로 대체로 인지적 요소를 근거로 하여 형성된다. 앞에서도 언급한 바와 같이 특정 호텔과 관련한 경관, 거리, 교통, 숙박 시설, 식음료 시설 등의 태도 속성에 대하여 각각의 신념이 야기될 것이고, 이러한 신념들은 종합되어 전반적인 평가로 이어질 것이다. 이러한 종합된 전반적인 평가 결과를 감정적 요소라 한다.

행동적 요소는 소비자가 태도 대상에 대하여 구체적으로 보이는 행동 성향을 의미하는 것이다.

이러한 구성 요소를 가지고 있는 태도는 새로운 제품을 개발하고, 기존 제품을 리포지셔닝(Repositioning)하고, 광고 캠페인을 창안하고, 소비자의 구매 행동뿐만 아니라 상표 선호도를 예측하기 위한 근거를 제공한다.

한편, 태도는 네 가지 중요한 특성을 가지고 있는데,

첫째, 태도는 그 태도 대상을 갖는다. 태도는 어떠한 대상을 갖고 있으며, 그 대상은 사람, 제품, 상품, 상표와 같은 구체적인 것들도 있으며, 소비자 보호 운동, 노사 문제 등과 같은 추상적인 개념도 태도 대상이 될 수 있다.

둘째, 태도는 방향(Direction)과 정도(Degree) 및 강도(Intensity)를 갖는다. 즉 태도는 태도 대상에 대하여 호(好) · 불호(不好)의 방향과 태도 대상에 대하여 얼마나 좋아하고, 싫어하는가? 에 대한 정도 및 태도 대상에 대한 표현의 확신과 확신의 강도 등을 갖는다는 것이다. 따라서 태도의 방향, 정도, 강도는 그 제품을 구매하려는 의도를 반영한다고 볼 수 있다

셋째, 태도는 개인의 중요한 가치와 자아 이미지를 중심으로 구심성을 가지고 있으며, 중심적 태도는 주변적 태도에 비해 의사 결정에 많은 영향을 미친다.

넷째, 태도는 안정적인 구조를 가지고 있다. 태도는 인지적 요소, 감정적 요소, 행동적 요소로 구성되어 있는데, 이들 세 요소 중 어느 한 요소가 변화되면, 다른 요소들도 변화하여 전체로서 일관성을 갖는 안정적인 구조를 갖는다.

다섯째, 태도는 학습된다. 태도는 직접적인 경험이나 주변 사람들로부터 간접적인 경험에 의하여 학습된다.

2. 사회 · 심리적 영향 요인

우리는 위에서 소비자 행동에 영향을 미치는 개인적 영향 요인에 대하여 검토하여 보았다. 호텔 이용객 행동에 영향을 미치는 요인은 이러한 개인적인 요인 이외에 사회 · 심리적인 요인 즉 호텔 이용객을 둘러싸고 있는 문화, 사회 계층, 준거 집단, 가족 등도 소비와 구매 행동에 많은 영향을 미친다.

1) 문화

문화는 그 범위와 복합성 때문에 한마디로 정의한다는 것은 매우 어려운 일이다. 그러나 여러 학자들이 정의한 문화라는 것을 정리하여 보면, 문화란 사회 집단을 구성하고

있는 구성원 모두가 공유하고 있는 사상, 가치관, 윤리, 도덕, 신념, 예술 등의 총체를 말하는 것으로 각각의 국가, 인종 등의 집단 간 차이를 대변해 주는 요인이며, 인간 활동에 크게 영향을 미치는 중요한 요소이다.

이러한 하나의 커다란 문화는 여러 개의 하위 문화를 가지게 되는데, 하위 문화는 구체적으로 한 문화권 내에서 다른 소집단과 차별되는 소집단의 문화를 말한다. 예를 들면, 우리나라의 경우 영남 지방의 문화, 호남 지방의 문화, 강원 지방의 문화 등과 같이 한국이라는 국가의 각 지방의 특성에 따라 여러 개의 하위 문화로 나눌 수 있다. 또한 의사 집단, 변호사 집단 혹은 농어민 후계자 집단 등의 하위 문화가 있을 수 있으며, 연령과 성별에 따라 그리고 그들의 관심과 라이프스타일의 차이에 따라 그들만이 차별화된 하위 문화가 구성되기도 한다. 따라서 하위 문화는 동일 문화권 내에서 접촉이 빈번하고, 상호 작용이 많은 사람들 사이에서 형성된다고 할 수 있다.

한편, 문화는 다수에 의하여 공유되고, 구성원들에게 학습되며, 오랜 시간의 변화와 함께 변화하는 동태적인 특성을 가지고 있기도 하다. 그리고 문화는 물질적 요소와 비물질적 요소를 포함하는데, 비물질적 요소(추상적 요소)는 구성원들이 사용하는 언어, 사회 제도, 신념 체계, 미학을 포함한다. 언어는 다른 문화에서는 쉽게 이해할 수 없는 관용적인 뉘앙스나 상이한 의미를 갖고, 사회 제도는 구성원들의 가치와 행동, 라이프스타일에 영향을 미친다. 또한 예술 분야는 예술적 표현이 가지고 있는 상징적 의미를 결정하여 색채들이 갖는 의미와 아름다움의 기준이 달라진다. 또한 물질적 요소는 사람들이 창조하여 사용하는 모든 제품과 서비스 등을 말한다. 여기에서 문화의 비물질적 요소는 물질적인 요소에 대한 관광객 선호에 영향을 미친다는 사실이다. 따라서 관광 행동 연구의 초점 역시 마땅히 추상적 혹은 비물질적 요인에 주어져야만 할 것이다.

호텔 이용객으로서 인간은 하나의 문화 집단의 범주에 포함되어 있으며, 그 집단이 공유하고 있는 문화와 하위 문화에 영향을 받아 구매 및 소비 활동에 차이를 보이게 된다.

2) 사회 계층

대부분의 인간 사회는 지위와 명성에 기초하여 몇 개의 집단으로 분류된 계층 구조를 가지고 있다. 이러한 사회 계층은 관광객 행동에 영향을 미치는 중요한 요인 중의 하나로 인정되고 있다.

한 사회 내에서는 소득, 직업, 지위, 권력 등 여러 가지 측면에서 구성원 각 개인 간에 차이가 발생하게 마련이다. 따라서 사회 구성원들 사이에는 어떠한 계층적인 구조를 가지고 있으며, 사회 계층에 따라서 서로 다른 행동 양상을 보이게 되는 것이다.

사회 계층이란 일반적으로 '직업, 교육 수준, 소득 등과 같은 여러 변수들이 종합되어 유사한 사람들의 동질적인 집단' 으로 정의할 수 있다. 그러나 사회 계층을 어떠한 방법으로 몇 단계로 분류하느냐? 하는 문제는 여러 가지 의견이 있을 수 있다.

예를 들어 사회 계층을 상류층, 중류층, 하류층 등의 3단계로 구분할 수도 있으며, 3단계 구분에서 각 단계를 다시 2등분하여 상-상류층, 상-하류층, 중-상류층, 중-하류층, 하-상류층, 하-하류층 등의 6단계로 구분할 수도 있다. 이 밖에도 사회 계층을 2단계, 4단계, 5단계, 9단계 등 여러 계층으로 분류할 수 있으며, 어떠한 단계로 분류하느냐? 하는 문제는 다분히 조사 목적과 연계되어 수행될 수 있다.

한편, 동일한 사회 계층에 소속되어 있는 구성원들 사이에는 태도, 가치, 신념 등의 준거체계에 영향을 미치기 때문에 같은 사회 계층에 소속되어 있는 사람은 태도, 가치, 신념에 있어서 동질적인(내부적 동질성) 면을 보이므로 유사한 행동 패턴을 자주 보이는 반면에 다른 사회 계층에 소속되어 있는 사람과는 이러한 것들이 이질성(외부적 이질성)을 갖는다. 그러므로 동일한 사회 계층에 소속되어 있는 사람들 간에는 소비 및 구매 행동에서 유사한 특성을 보이고, 이것은 마케팅 활동에 유용한 정보를 제공하게 되는 것이다.

3) 준거 집단

인간의 사회 속에는 인간에 의하여 만들어지는 다양한 준거 집단이 존재하게 되며, 이 준거 집단은 인간의 행동 패턴에 크게 영향을 미치는 것으로 알려져 있다. 그리고 준거 집단은 개인이 그 준거 집단에 대한 열망이 강하면 강할수록 개인 행동에 영향을 미치는 정도는 강하고, 비구성원의 집단보다는 구성원의 집단이 보다 개인에게 영향을 미치는 것이 강하다는 것이 일반적이다.

준거 집단이란 '개인이 소속되어 있거나 소속되기를 희망하는 집단' 을 의미한다. 즉 직장 동료, 동창 등이 준거 집단이 될 수 있으며, 청소년들에게 많은 영향을 미치는 가수 등과 같은 연예인 집단 등도 준거 집단이 될 수 있다.

이러한 준거 집단은 구성원들 간에 신념, 가치 등을 공유하고 있으며, 이러한 신념과 가치는 결국 개인 행동 패턴에 크게 영향을 미치게 된다. 예를 들어 의사 집단이 인간 생명에 대한 존엄성과 관련해서 보여주는 인술이라고 하는 것은 그들 의사들 간에는 유사한 가치와 신념으로 지각되는 것이다. 그것은 결국 인간의 생명을 다루는 의술과 인간의 생명을 함부로 다룰 수 없다는 생명의 존엄성으로 인하여 모든 의사들은 환자의 생명을 지키기 위하여 노력을 기울이게 되는 것이다. 또한 청소년이 모 댄스 그룹을 좋아한다고 가정하자. 그들 청소년들은 자기가 좋아하는 댄스 그룹의 행동과 생각을 일치시키려고 노력한다. 그래서 그들은 연예인의 헤어스타일, 의상 등을 흉내내고, 그들의 행동과 유사한 행위들을 하는 것이 그것이다. 이러한 현상은 우리는 주위에서 흔하게 볼 수 있다.

이와 같이 준거 집단은 개인 행동에 중요한 영향을 미치게 된다. 마찬가지로 관광객으로서의 인간의 행동도 준거 집단의 영향을 크게 받게 되는 것이다. 즉 호텔 목적지의 선택, 호텔 상품의 소비 활동, 호텔 상품의 구매 활동 등에서 준거집단이 공유하는 규범과 신념, 가치 등에 의하여 영향을 받게 되는 것이다. 그러므로 준거 집단이 공유하고 있는 규범이나 신념 등에 관한 정보를 획득 · 처리하는 과정에서 유사한 관광 행동 특성을 보이게 되고, 그러한 행동을 학습하게 되는 것이다.

따라서 호텔 마케팅 계획과 활동에 있어서 준거 집단은 중요한 의미를 갖고, 준거 집단의 신념과 가치, 행동 패턴을 확인한다는 것은 호텔 마케팅 활동의 효율성을 제고할 수 있다.

지금까지 우리는 소비자 행동에 영향을 미치는 요인에 대하여 정리하여 보았다. 위에서 제시한 영향요인 이외에도 개성, 라이프스타일, 가족 등과 같은 요인들도 호텔 소비 및 구매 행동에 영향을 미치는 중요한 요인으로 인식이 되고 있다.

제3절 호텔 상품 구매 의사 결정 과정

사람은 자신을 둘러싸고 있는 환경적 혹은 심리적인 요인에 의하여 호텔 상품을 구매하고 싶은 욕구가 생성된다. 이때 소비자는 자신의 욕구를 해소해 줄 수 있는 가장 적합한 상품을 구매하여 이용하게 된다. 이때 호텔 상품의 구매는 어떠한 과정을 통하여 구매가 이루어지는 것인가를 확인할 수 있다면 호텔 상품을 판매하는 호텔 기업의 입장에서 매우 유용한 정보로 활용될 수 있을 것이다. 이러한 의미에서 소비자의 호텔 상품의 구매 과정을 검토한다는 것은 마케터에게 효과적인 마케팅 수단과 방법을 제공할 수 있을 것이다.

호텔 상품의 일반적으로 고관여도 상태에서 구매가 이루어진다는 특성을 가지고 있다. 즉 슈퍼에 들어가서 냉장고에 있는 생수 몇 개를 보고, 그 자리에서 구매하거나 혹은 껌을 진열한 진열대에서 그 중 어떠한 한 통의 껌을 골라 사는 것과 같은 구매 행동과는 차이를 보이게 된다. 이용객은 호텔을 이용하고자 하는 욕구가 생성되면, 어느 호텔로 갈 것인가? 그 곳에는 무엇이 있는가? 어떻게 갈 것인가? 편안하고 깨끗한 시설은 있는가? 등에 대하여 관심을 가지게 되며, 이러한 사항에 대하여 나름대로 정보를 획득하고, 확인한 후에 실제적인 구매가 이루어지는 특성을 가지고 있는 것이다.

따라서 본서에서 제시하는 구매 의사 결정 과정은 고관여도 의사 결정 과정의 기본 모델을 기초로 설명하고자 한다.

일반적으로 고관여도에서의 구매 의사 결정 과정은 호텔 이용에 대한 필요성 인식의 단계, 정보 탐색의 단계, 대안의 평가, 구매의 결정, 구매 후 평가 등의 5단계에 걸쳐서 구매가 이루어진다. 〈그림 13-4〉는 호텔 상품의 구매 의사 결정 과정을 도식화한 것이다.

그림 13-4 호텔 상품의 구매 의사 결정 과정

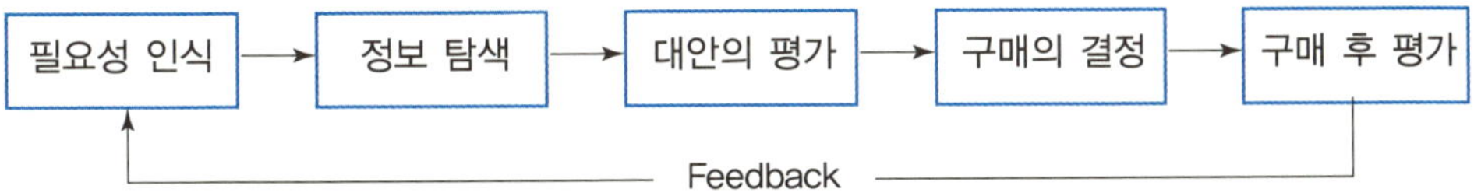

1. 필요성 인식

필요성 인식이란 자신을 둘러싸고 있는 주변 환경의 영향으로 인하여 잠재되어 있던 호텔 이용 욕구가 의식의 세계로 전환되는 단계이다. 즉 자신이 호텔 상품을 구매하고 싶다는 것을 깨닫는 단계인 것이다.

사람들은 일반적으로 욕구가 생성되면, 생리적으로 긴장하게 되고, 긴장을 해소하기 위한 행동을 하도록 한다. 그래서 인간은 호텔 이용 욕구가 생성되면 호텔 이용을 통하여 긴장을 해소하려는 동기가 형성된다는 것이다. 이와 같이 정신적 · 심리적으로 호텔의 욕구가 발생되어 불편함 또는 긴장 상태를 알게 되는 단계가 필요성 인식이라고 할 수 있다.

2. 정보 탐색

문제의 인식 단계에서 관광에 대한 욕구가 생성되면, 욕구 충족을 위한 구체적인 행동을 보이게 되는데, 이때 어떠한 호텔 상품이 가장 바람직하게 욕구를 충족시켜줄 것인가를 확인하기 위하여 정보를 탐색하게 된다.

정보 탐색의 방법에는 내부적 탐색 방법, 외부적 탐색 방법 혹은 능동적 탐색 방법, 수동적 탐색 방법 등이 있다.

내부적 탐색은 과거의 경험, 친구 또는 동료, 매체 등에 의하여 학습된 개인적인 지식과 자신의 기억 속에 있는 정보 등을 활용하는 탐색 방법을 말한다. 외부적 탐색은 외부 자료, 즉 여행 잡지, 신문, 여행사, 기타 여행 관련 자료 등 호텔 상품에 관한 정보를 제공하는 자료를 조사하고, 관찰하는 탐색 방법을 말한다.

한편 능동적 탐색은 호텔 상품에 관한 정보를 수집 · 획득하기 위하여 시간과 노력을 아끼지 않고 적극적으로 탐색하는 방법을 말한다. 수동적인 탐색은 호텔 상품의 정보 탐색을 위하여 많은 노력을 기울이지 않고 일부 제한된 정보, 즉 집에 있는 관련 기사 혹은 서적 그리고 자신이 가지고 있는 개인적인 지식 등을 관찰 · 획득하는 방법을 말한다.

이와 같은 정보 탐색의 과정에서 호텔 기업은 호텔 상품에 따른 표적 시장에 어떠한 방법으로 자사 상품에 대한 정보를 제공할 것인가에 대하여 깊은 고려를 하여야 하며,

각 표적 시장의 잠재적인 구매자들이 원하는 정보가 무엇인지를 파악하여 그들이 원하는 정보를 원하는 장소에서 제공받을 수 있도록 노력하여야 한다.

3. 대안 탐색

정보 탐색이 완료된 후에는 탐색된 정보를 기초로 어떠한 호텔 상품이 자신의 이용 욕구를 가장 잘 충족시켜 줄 것인가를 생각하게 된다. 이때 여러 가지 호텔 상품에 대한 대안의 탐색과 평가는 기본적으로 관광의 목적, 비용, 시설 등 여러 가지 요인이 작용한다고 볼 수 있는데, 원론적으로 말하자면, 자신이 호텔 상품을 구매함으로써 얻게 되는 편익(Benefit)을 근거로 각각의 호텔 상품에 대하여 가치를 부여하게 된다는 것이다.

그러므로 호텔 기업의 입장에서는 표적 시장의 잠재 이용객의 욕구와 욕망을 반영한 상품의 개발에 주력하여야 하며, 또한 자사의 호텔 상품에 대하여 올바른 평가를 내릴 수 있도록 자사 상품이 가지고 있는 장점 혹은 타사와 차별화 우위를 강조하여야 할 것이다.

4. 구매 결정

호텔 상품을 구매하려는 이용객은 자신의 욕구를 최대한 충족시켜 줄 수 있는 상품에 대하여 관심을 가지게 된다. 그러므로 소비자는 호텔 상품의 구매 동기와 과거의 경험과 획득된 정보를 토대로 대안을 평가하여 최종적으로 호텔 상품을 구매하는 것이다.

5. 구매 후 평가

호텔 이용객은 호텔 상품을 구매한 후 이용하는 동안부터 이용이 완료되는 시점에 이르기까지 자신이 구매한 상품에 대하여 지속적으로 평가를 내리게 된다. 예를 들면 호텔에 처음 방문하였을 때 호텔 종사원의 태도 그리고 호텔을 이용하는 과정에서 경험하게 되는 서비스, 시설, 유형적인 상품 등에 대한 질과 양적인 면에서 평가를 내리게 된다. 그리고 이용을 완료한 후 호텔을 이용하기 전의 기대와 이용한 후의 만족을 비교하여 최종적인 평가를 내리게 된다. 이렇게 내려진 평가는 소비자 자신의 경험에 추가되어 다음 호텔 상품 구매에 영향을 미치게 된다.

제14장 | 호텔 회계

회계는 기업과 관련된 경영자, 채권자, 투자자, 주주 등과 같은 이해 관계자가 합리적인 의사 결정을 내릴 수 있는 경영 자료를 산출하는 활동으로 경영 활동의 성과와 방향을 제시해 주는 중요한 일이다. 본 장에서는 회계의 기본적인 의미를 파악하고, 재무제표의 이해를 도모하는데 기본적인 목표를 두고 서술하였다. 또한 호텔의 일반 회계와 영업 회계를 구분하여 의미와 개념을 정리하였다.

학습목표

1. 회계의 개념과 분류에 대하여 설명할 수 있어야 한다.
2. 주요 재무제표의 의미를 설명하고 이해하여야 한다.
3. 호텔 회계의 일반 회계와 영업 회계의 차이와 의미를 설명할 수 있어야 한다.

제1절 회계의 의의

1. 회계의 개념

회계란 기업의 언어로써 기업과 관련된 경영자, 채권자, 투자자, 주주, 정부 등과 같은 이해 관계자가 합리적인 의사 결정을 내릴 수 있도록 기업의 경영 활동을 화폐의 가치로 표시하여 신뢰성 있는 경제적 정보를 식별, 측정, 전달하는 모든 과정이다.

2. 회계의 분류

회계는 재무 회계, 관리 회계, 세무 회계로 분류할 수 있다.

1) 재무 회계

재무 회계는 외부 보고를 목적으로 하기 때문에 재무제표의 작성과 보고에 의해 외부 이해 관계자들에게 유용한 정보를 제공하는 것이다. 따라서 재무 회계는 "일반적으로 인정된 회계 원칙(GAAP : Generally accepted accounting principles)"인 기업 회계 기준을 준수해야 한다.

기업 회계 기준

기업 활동 결과를 정리하여 이해 관계자에게 전달하는 수단인 재무제표는 일정한 기준에 따라 작성된다. 이러한 기준은 기업들이 재무제표를 작성할 때 따르는 지침의 역할을 하는 것으로 기업 회계 기준이라고 한다. 만일 재무제표를 작성하는 통일된 지침이 존재하지 않는다면 기업마다 자신의 이해 관계에 따라 유리한 방식으로 재무제표를 포장할 수 있다. 이렇게 되면 기업 활동의 결과가 재무제표에 제대로 반영되었다는 확신을 할 수 없을 뿐 아니라,기업 간에 비교도 불가능하게 된다. 또한 이러한 재무제표를 이용하여 자금을 대여해주거나 해당 기업의 주식에 투자한 경우에는 이해 관계자들이 경제적 손실을 입을 수도 있다. 따라서 기업이 재무제표를 작성하는 데에는 일정한 회계 기준을 따라야 하는데, 이를 일반적으로 인정된 회계 원칙, GAAP라 한다.

GAAP는 일반적으로 받아들여지고 있는 회계 원칙(회계 기준)으로 회계 실무와 재무제표의 작성을 지도하는 일반 원칙을 말한다. 이는 광범위한 연구 조사와 해당 전문가의 의견을 종합하여, 공식적인 회계 기준 제정 기관에서 규정한 회계 처리 기준뿐만 아니라 회계 규정 자체의 구체적인 회계 실무 지침 또는 회계 실무로부터 발전되어 광범위하게 인정되는 회계 원칙을 포함한다.

우리나라의 회계 기준은 1999년에 설립된 한국회계기준원(KAI)에서 정부로부터 위탁받아 회계 기준의 제정과 개정에 대한 업무를 담당하고 있다.

2) 관리 회계

관리 회계는 기업의 내부 이해 관계자에게 경영에 관련된 회계 정보를 제공하여 경영자가 합리적인 의사 결정을 하는데 필요한 회계 정보를 제공하는 회계이다. 경영자들은 외부의 정보 이용자들에게 보고되는 기업의 재무 상태 및 경영 활동의 결과에 관한 요약된 정보에만 의존하지 않으며, 경영 관리를 위하여 필요한 여러 가지 계량적 정보를 수집하여 활용하게 된다. 즉 제품의 생산 원가, 특정 광고를 했을 경우 기대되는 이익 그리고 여러 가지 대체적인 의사 결정에 따른 원가와 효익의 비교 등과 같은 추가적인 예측 정보를 필요로 한다. 이와 같이 경영자가 경영 활동에 관한 의사 결정을 하는데 필요로 하는 모든 재무 정보를 생성시키고, 이를 분석하는 것을 주목적으로 하는 회계를 관리 회계라 한다.

관리 회계는 재무 회계의 경우에서처럼 반드시 통일된 지침, 양식 또는 시기에 구애받지 않고, 경영자의 의사 결정에 적합한 정보를 생성시킬 수 있다. 재무제표의 작성이나 경영자의 의사 결정을 위해 제품의 원가 정보를 필요로 하는 경우가 많은데, 이러한 원가 계산 정보의 제공을 주목적으로 하는 회계를 원가 회계라 하며, 일반적으로 관리 회계의 범주에 포함된다.

3) 세무 회계

세부 회계는 기업의 소득에 대한 과세를 목적으로 하는 세법의 규정에 따라 과세 소득을 계산하기 위한 회계이다. 정부는 법인세 또는 개인 소득세를 징수한다. 법인세는 주식회사와 같이 법인 형태로 운영되는 기업의 소득에 부과되며, 소득세는 개인 기업(또는 개인)의 소득에 대해 부과된다. 한편 법인세의 과세 대상이 되는 소득의 개념은 재무 회계 상의 순손·익과는 차이가 있다. 이러한 차이를 고려하여 기업이 부담할 세금을 산정하기 위한 회계를 세무 회계라고 한다.

세무 회계는 기업이 세법에 따라 정부에 대해 납부하는 법인세·부가가치세 등의 세금에 관련된 회계로써 과세 표준 및 세액 결정, 세무 신고서 작성, 세무 계획, 세무 관리 등을 다룬다.

제2절 재무제표의 이해

1. 재무제표의 개념

재무제표란 기업이 외부의 이해 관계자들에게 기업의 재무 상태와 경영 성과를 알려

주기 위해 작성한 일련의 표이다. 그리고 재무제표는 일정 시점에 기업이 가진 자산의 규모와 자금 조달 내역 그리고 기업의 지출과 수익의 정도를 일목요연하게 정리한 표이다. 재무제표는 기업을 평가하고 비교하는데 가장 기본적인 자료이기 때문에 이해하기 쉽고, 신뢰성 있고, 중요한 정보가 빠짐없이 포함되어야 한다. 그래서 재무제표는 회계 기준이라고 하는 공통적 기준에 따라 작성되어야 한다.

2. 재무제표의 종류

재무제표는 기업이나 조직의 필요에 따라 여러 가지의 재무제표를 생성하여 경영 관리를 위한 기초 자료로 활용하고 있다. 일반적으로 재무제표는 다음과 같은 종류가 있다.

1) **재무 상태표** 기업의 재무 상태를 표시
2) **손익 계산서** 영업 활동의 성과 표시
3) **이익 잉여금 처분 계산서** 경영 활동의 결과 분배
4) **현금 흐름표** 현금의 조달과 내용 표시
5) **자본 변동표** 자본의 변동 내용 표시
6) **재무제표의 주석**

3. 재무제표의 이해 당사자

1) **일반 투자자** 기업의 배당금 지급 능력 평가
2) **금융 기관** 원리금이나 이자 상환능력을 평가하여 대출의 자료로 삼음.
3) **정부 기관(세무서)** 기업의 재무적 정보를 바탕으로 소득에 대한 과세 자료 삼음.
4) **종업원** 임금, 고용 조건, 복지, 근로 조건의 협상 자료로 삼음.

4. 재무상태표와 손익계산서

1) 재무상태표/대차대조표(B/S: balance sheet)

특정 시점의 회사의 재무 상태를 나타내는 재무제표이다. 설립 이후부터 현재까지 회사의 경영 성과가 집적된 결과물일 뿐 아니라 기업의 미래 현금 흐름에 대한 예측도 할

수 있는 정보를 제공한다. 재무상태표는 일반적으로 복식 부기에 의해 작성된 회계 정보를 통합하여 만들어지기 때문에 차변의 자산의 총액과 대변의 부채와 자본의 총액은 반드시 일치한다. 이러한 원리를 대차 평균의 원리라 한다. 대차대조표는 자산과 자본, 부채, 손실 혹은 이익의 5개의 항목으로 구성되는데 이를 설명하면 다음과 같다.

(1) 자산(Assets)

과거 사건의 결과로 기업이 통제하고 있고 미래에 경제적 효익이 기업에 유입될 것으로 기대되는 자원을 말한다. 즉 과거의 거래나 사건의 결과로 현재 기업이 소유 권리를 갖는 재산적 가치가 있으며 미래에 경제적 이익을 창출할 것으로 기대되는 자원인 금전, 권리, 물품, 부동산 등을 모두 포함한다. 자산의 총계를 보면 회사의 규모를 알 수 있고 자산이 많을수록 조달된 자금이 많다는 뜻이다.

자산은 유동 자산과 비유동 자산으로 나눈다.

- **유동 자산** 당좌 자산, 재고 자산
- **비유동 자산** 투자 자산, 유형 자산, 무형 자산

유동성 배열법에 의해 유동성이 빠른 순서대로 기입되며, 자산 증가 시 대차대조표 상의 차변에 자산 감소 시 대차대조표 상의 대변에 기록한다.

(2) 부채(Liabilities)

기업이 채권자에게 금전 재화 또는 용역 등을 제공할 의무 또는 미래의 가능한 경제적 효익의 희생이 되는 매입 채무, 차입금, 미지급금 등의 채무를 부채라 한다. 즉 과거의 거래나 사건의 결과로 인해 현재 기업이 부담하고 있어 그 이행에 자원의 유출 또는 사용이 예상되는 기업이 타인에게 지급할 경제적 의무를 말한다.

- **유동 부채** 매입 채무, 단기 차입금, 미지급금, 미지급 비용, 미지급 법인세, 미지급 배당금 등
- **비유동 부채** 사채, 장기 차입금, 장기성 매입 채무 등

부채 또한 유동성 배열법에 의해 기록되며 상환 장 · 단에 따라 유동 부채와 비유동 부채로 나누며 부채의 증가는 대차대조표의 대변에, 부채의 감소는 대차대조표의 차변에 기록한다.

(3) 자본(Capital)

소유주가 기업에 출자한 금액과 영업 활동의 이익으로 주주가 기업에 투하한 경제적 가액이다. 즉 회사가 영업을 위해 주주로부터 출자받은 자본금 및 자본 잉여금 등과 회사가 벌어들인 이익 중 배당으로 처분하지 않고 회사에 남아 있는 금액을 말한다. 자본은 자본금, 자본 잉여금, 이익 잉여금, 자본 조정으로 구분하며, 자본의 증가는 대차대조표 상의 대변에 자본의 감소는 대차대조표의 차변에 기록된다.

재무상태표를 작성할 때 차변에는 자산 증가, 부채 감소, 자본 감소와 관련된 사항이 기재되며, 대변에는 자산 감소, 부채 증가, 자본 증가의 내용이 기재된다. 〈표 14-1〉은 재무상태표의 기본 양식이다.

표 14-1 재무상태표 양식

재 무 상 태 표

제×기 20××년×월×일 현재
제×기 20××년×월×일 현재

기업명 (단위 : 원)

과 목	당 기		전 기	
자 산				
유동자산		×××		×××
당좌자산		×××		×××
현금및현금성자산	×××		×××	
단기투자자산	×××		×××	
매출채권	×××		×××	
선급비용	×××		×××	
이연법인세자산	×××		×××	
……	×××		×××	

재고자산		×××		×××
제품	×××		×××	
재공품	×××		×××	
원재료	×××		×××	
……	×××		×××	
비유동자산		×××		×××
투자자산		×××		×××
투자부동산	×××		×××	
장기투자증권	×××		×××	
지분법적용투자주식	×××		×××	
……	×××		×××	
유형자산		×××		×××
토지	×××		×××	
설비자산	×××		×××	
(−) 감가상각누계액	(×××)		(×××)	
건설중인자산	×××		×××	
……	×××		×××	
무형자산		×××		×××
영업권	×××		×××	
산업재산권	×××		×××	
개발비	×××		×××	
……	×××		×××	
기타비유동자산		×××		×××
이연법인세자산	×××		×××	
……	×××		×××	
자 산 총 계	×××		×××	

부 채				
유동부채				
단기차입금		×××		×××
매입채무	×××		×××	
당기법인세부채	×××		×××	
미지급비용	×××		×××	
이연법인세부채	×××		×××	
……	×××		×××	
비유동부채		×××		×××
사채	×××		×××	
신주인수권부사채	×××		×××	
전환사채	×××		×××	
장기차입금	×××		×××	
퇴직급여충당부채	×××		×××	
장기제품보증충당부채	×××		×××	
이연법인세부채	×××		×××	
……	×××		×××	
부 채 총 계		×××		×××

과 목	당 기		전 기	
자 본				
자본금		×××		×××
보통주자본금	×××		×××	
우선주자본금	×××		×××	
자본잉여금		×××		×××
주식발행초과금	×××		×××	
……	×××		×××	
자본조정		×××		×××
자기주식	×××		×××	
……	×××		×××	
기타포괄손익누계액		×××		×××
매도가능증권평가손익	×××		×××	
해외사업환산손익	×××		×××	
현금흐름위험회피	×××		×××	
파생상품평가손익	×××		×××	
……	×××		×××	

이익잉여금(또는 결손금)		×××		×××
법정적립금	×××		×××	
임의적립금	×××		×××	
미처분이익잉여금	×××		×××	
(또는 미처리결손금)	×××		×××	
자 본 총 계		×××		×××
부채 및 자본 총계		×××		×××

2) 손익계산서(P/L : profit & loss)

일정 기간의 회사의 경영 성과를 나타내는 재무제표이다. 손익계산서는 당해 회계 기간의 경영 성과를 나타낼 뿐만 아니라 기업의 미래 현금 흐름과 수익 창출 능력을 예측할 수 있다.

(1) 수익(Revenuo)

주요 영업 활동으로 인한 자본(순자산)의 증가액이다. 자본은 자산에서 부채를 차감한 것이므로 수익이 발생했다는 것은 자산이 증가하거나 부채가 감소했다는 것을 의미한다. 기업 고유의 목적인 영업 활동에서 발생한 수익을 영업 수익이라 하고 매출액으로 표시하며 부수적으로 발생한 수익을 영업외 수익이라 한다. 수익의 발생은 손익계산서의 대변에 기록한다.

(2) 비용(Expense)

수익을 얻기 위하여 기업이 소비한 재화 또는 용역으로 소멸된 원가를 말한다. 상품의 판매 또는 용역의 제공에 직접적인 영향을 미친 비용을 영업 비용이라 하며 판매비, 일반 관리비, 매출 원가가 있다. 또한 직접적인 영향이 없는 비용을 영업외 비용이라 한다. 비용의 발생은 손익계산서의 차변에 기록한다.

표 14-2 손익계산서 양식

손 익 계 산 서

제×기 20××년×월×일부터 20××년×월×일까지
제×기 20××년×월×일부터 20××년×월×일까지

기업명 (단위 : 원)

과 목	당 기		전 기	
매출액		×××		×××
매출원가		×××		×××
기초제품(또는 상품)재고액	×××		×××	
당기제품제조원가 (또는 당기상품매입액)	×××		×××	
기말제품(또는 상품)재고액	(×××)		(×××)	
매출 총이익(또는 매출 총손실)		×××		×××
판매비와 관리비		×××		×××
급여	×××		×××	
퇴직급여	×××		×××	
복리후생비	×××		×××	
임차료	×××		×××	
접대비	×××		×××	
감가상각비	×××		×××	
무형자산상각비	×××		×××	
세금과공과	×××		×××	
광고선전비	×××		×××	
연구비	×××		×××	
경상개발비	×××		×××	
대손상각비	×××		×××	
……	×××		×××	
영업이익(또는 영업손실)		×××		×××

영업 외 수익		×××		×××
이자수익	×××		×××	
배당금수익	×××		×××	
임대료	×××		×××	
단기투자자산처분이익	×××		×××	
단기투자자산평가이익	×××		×××	
외환차익	×××		×××	
외화환산이익	×××		×××	
지분법이익	×××		×××	
장기투자증권손상차손환입	×××		×××	
유형자산처분이익	×××		×××	
사채상환이익	×××		×××	
전기오류수정이익	×××		×××	
……	×××		×××	
영업 외 비용		×××		×××
이자비용	×××		×××	
기타의대손상각비	×××		×××	
단기투자자산처분손실	×××		×××	
단기투자자산평가손실	×××		×××	
재고자산감모손실	×××		×××	
외환차손	×××		×××	
외화환산손실	×××		×××	
기부금	×××		×××	
지분법손실	×××		×××	
장기투자증권손상차손	×××		×××	
유형자산처분손실	×××		×××	
사채상환손실	×××		×××	
전기오류수정손실	×××		×××	
……	×××		×××	
법인세비용차감 전 순손익		×××		×××
법인세비용		×××		×××
당기순이익(또는 당기순손)		×××		×××

제3절 호텔 회계의 이해

1. 호텔 회계의 이해

호텔 회계는 호텔 일반 회계와 호텔 영업 회계로 나누는데, 호텔 일반 회계는 일반 기업과 마찬가지로 재무 회계, 세무 회계 등의 업무를 수행하는 회계 영역을 말하며, 호텔 영업 회계는 업장별 발생 매출액을 기록하고, 저장하고, 감사하고, 보고하는 회계 영역으로 관리 회계 분야에 속한다. 호텔 기업은 수익을 발생시키느냐, 비용을 발생시키느냐에 따라 수익 발생 부문(profit center)과 비용 발생 부문(cost center)으로 나눈다.

수익 발생 부분은 수익과 비용을 동시에 발생시키지만, 비용을 최소화하고 수익을 극대화 하려고 하는 객실 부문, 식음료 부문, 기타 부대 시설 부문 등과 같은 영업 부서(front of house)와 비용 활동만을 수행하는 인사, 총무, 구매, 시설, 회계 등과 같은 관리 혹은 지원 부서(back of house)로 나눌 수 있다.

2. 호텔 일반 회계

기업 회계 기준에 의한 일반적인 재무 회계와 세무 업무를 수행하는데 주요 업무를 간략하게 나열하면 다음과 같다.

1) 채권 관리

(1) 불량 채권 처리 업무

(2) 부도 수표, 어음 등의 법적 조치

(3) 신용 카드 매출금의 회수 및 입금 관리

(4) 여신 관리(여신 승인, 채권 회수 및 독촉)

2) 수입 심사

전일 호텔 영업부에서 발생한 수익에 대한 정당성을 확인하기 위해 전표(bill)의 기록과 보고서의 대조를 통하여 매출의 누락이나 오류가 없는지 감사한다.

3) 자금 관리

(1) 호텔의 일반 관리비 집행 및 출납 업무

(2) 구입 물품 대금 자금 집행

(3) 대 은행 관련 업무

(4) 급여 등 인건비 지급 업무

4) 매출금 심사

(1) 발생 유형별 매출액 심사 및 확정(현금, 외상 매출금, 카드)

(2) 현금 과부족 심사

(3) 업장별 매출금 수납(중간, 마감)

(4) cashier 정산표 및 제 전표 관리

5) 원가 관리

(1) 일, 월별 원가 대체(영업 부문별 재료비, 노무비, 경비 산출 및 공통 경비 배분)

(2) 원가 분석

6) 총괄 회계 관리

회계 연도 말에 회계 기간 중 발생한 모든 계정 기록을 계산, 정리하는 결산 총괄 업무를 한다.

7) 고정 자산 관리

호텔 건물, 구축물, 비품 및 차량 운반구 등 고정 자산의 관리

8) 세무 관리

부가가치세, 법인세 등 각종 세금의 신고와 납부

3. 호텔 영업 회계

호텔 영업 회계란 호텔 영업 부문에서 이루어지는 수익 회계 처리 업무에 관한 영역을 말하는데 크게 객실 부문의 영업 회계와 식음료 부문의 영업 회계로 나누어 볼 수 있다.

1) 객실 부문 영업 회계

객실 부문의 회계는 고객이 체크 인해서 체크 아웃할 때까지 객실 판매와 관련하여 발생되는 모든 매출을 관리하는 회계이다. 또한 고객이 체크 인해서 체재하는 동안 발생시킨 모든 외상 매출은 front office로 집결되어 정산되므로 객실 부문의 회계는 호텔 영업 회계에 있어서 가장 중추적인 역할을 한다.

(1) 고객원장의 관리

객실 부문의 영업 회계의 핵심은 고객원장(guest ledger)의 관리이다. 호텔의 고객(guest)은 투숙객(in house guest)과 외부 고객(non in house guest)으로 구분한다. 고객이 외부 고객인 경우에는 고객이 부대업장을 이용하고, 업장에서 발행된 bill에 대하여 정산이 이루어지게 된다. 특별한 경우에 비투숙객이라 할지라도 호텔의 업장에 대하여 후불을 이용할 수 있는데 이런 경우엔 외부 고객 계정(city ledger)에 기록을 한다. 그러나 고객이 투숙객(대내객)일 경우에는 고객의 편리를 위하여 업장을 이용할 때마다 정산을 하지 않고, 체크 아웃 시 정산이 이루어진다. 즉 호텔의 투숙객은 체크 인 시 일반적으로 신용 카드나 현금 혹은 그 외의 방법으로 개런티를 하고, 호텔에 머무는 동안 대부분의 업장을 이용하면서 그때마다 정산하지 않고 룸 후불(charge to room)의 형태로 이용한 후, 체크 아웃 시 일괄 정산이 이루어지게 된다. 따라서 호텔은 이러한 룸 후불의 내역들을 기록해야 하는데 그 기록 장소가 바로 고객원장(guest ledger)이라 하며 Folio, Guest folio 등 다양한 이름으로 불린다.

❶ 고객원장의 개념 및 생성

고객이 체크 인해서 체크 아웃할 때까지 각 업장에서 발생시킨 모든 요금은 외상 매출금형태로 기록되는데 이러한 일시적인 외상 매출금을 거래 발생 순서대로 기록하는 장소를 고객원장이라 한다. 따라서 현금으로 지불하는 거래에 대하여는 외상 매출이 아니므로 기록하지 않는다.

고객원장은 고객이 등록 카드를 작성을 하면 등록 카드에 작성된 고객의 이력 사항(guest history)을 front desk에서 PMS(property management system)의 check-in field에 입력을 하게 되고 고객 이력의 입력이 완료되면 자동적으로 생성이 된다. 이처럼 고객원장은 고객의 이력 사항을 입력과 동시에 개설되며, 고객원장이 개설되어야만 고객은 비로소 각 업장에서 룸 후불을 이용할 수 있게 된다. 이러한 고객원장은 고객의 필요에 따라 1개 혹은 그 이상 개설될 수도 있다. 즉 객실에 2명 이상의 고객이 투숙을 하여 각자 이용 내역서가 필요하거나 고객의 이용 내역에 따라 지불 방법이나 지불처가 다른 경우에 고객원장을 1개 혹은 그 이상 개설할 수 있다.

현재 우리나라 호텔에서 사용하고 있는 PMS로는 HIS, WITH, FIDELIO, OPERA, 자체 개발 프로그램 등이 있다.

❷ 고객원장의 종류

고객원장은 투숙객 고객원장인 guest ledger와 외부 고객 고객원장인 city ledger로 구분한다. 구체적으로 guest ledger는 투숙객(in house guest)의 고객원장이며, city ledger는 외부 고객(non in house guest) 고객원장으로 다음과 같은 경우에 발생한다.

첫째, 행사 고객인 경우 고객의 편의를 위해 일시적으로 후불을 제공하는 경우,

둘째, 특별한 경우 단골 고객이 부대업장을 이용하고 여러 가지 사정으로 지불이 어려운 예외적인 경우

셋째, 투숙객이 체크 아웃하면서 후불로 체크 아웃을 하게 되면, 체크 아웃과 동시에 고객은 비투숙객이 되므로 guest ledger의 내역들이 city ledger로 넘어간다.

❸ 고객원장의 기입 방법

고객원장을 기입하는 방법에는 -와 +와 같은 기호를 이용하여 기입하는 방법과 차변과 대변으로 나누어서 기입하는 방법으로 구분한다. 먼저 기호로 구분하여 기입하는 방법을 설명하면,

선수금과 같은 부채는 -로 기록하고, 고객이 업장을 이용하면서 발생하는 모든 후불

내역들, 즉 호텔의 입장에서는 외상 매출금(룸 후불 : charge to room)이라는 자산은 +로 기록하여 고객이 업장을 이용할 때마다 그때그때 차감되게 진행되도록 하거나, 퇴숙 시 정산되는 신용 카드나 현금의 금액에 대하여 - 형태로 기록하고, 지금까지 고객이 이용한 후불내역을 +로 기록하여 차감시켜 balance를 0로 만들어 체크 아웃시키는 방법이다. 요약하면, 고객이 업장을 후불로 이용한 외상 매출금인 자산은 +로 기록을 하고 고객으로부터 받게 되는 선수금이나 체크 아웃 시 이루어지는 정산 금액은 -로 기록을 하여 차감시키는 방법이다.

차변과 대변으로 나누어 기입하는 방법은 다음과 같다.

차변과 대변으로 나누어졌다고 해서 일반 회계에서처럼 거래의 이중성의 형태가 나타나지는 않는다. 즉 하나의 거래가 일어났다고 해서 차변과 대변에 동시에 거래가 일어나지는 않는다. 이것을 정리하면 〈표 14-3〉과 같다.

표 14-3 고객원장 기입의 차이

특정 호텔의 객실료는 100,000원이고 1박을 판매했다고 가정하여 일반 회계와 호텔 회계의 차이를 보면 아래와 같다.

일반 회계
차변 : 외상매출금 100,000 대변 : 상품(객실) 100,000

호텔 회계
차변 : 상품(객실료)100,000

그리고 체크 아웃하는 시점에서 대변에 현금 또는 카드로 결제할 때 city ledger는 100,000원이 기록된다. 또한 호텔 회계에 있어 고객원장의 차변과 대변의 내용은 〈표 14-4〉과 같이 기입된다.

표 14-4 **고객원장 계상 방법**

차변	대변
1. 룸 후불(charge to room) : 외상 매출금 1) 객실료(room charge, service charge, tax) 2) 각종 부대 시설 이용 내역 - 식/음료 이용 요금 - Business center 이용 요금 - 세탁 요금(laundry charge) - Mini bar 요금 - Pay TV 요금 - 전화 요금(telephone charge) - Sauna 이용 요금 - 기타 요금(misc : miscellaneous charge) 3) 고객에게 제공하는 소액의 현금 대여(입체금 ; paid-out) 4) check out 시 이루어지는 선수금에 대한 잔액 환불(refund) 5) 과다 계상된 외상 매출금에 대한 차감 조정(대상 금액이-형태)	1. 선수금(advance payment) 2. 후불(외상 매출금)의 정산 : cash, credit card, city ledger 등 3. 잘못 계상된 외상 매출금의 취소(void)

(2) 입체금의 처리

호텔은 특별한 경우에 고객에게 소액의 현금을 대여하여 주는데 이를 입체금(paid-out)이라 한다. 밤늦은 시간에 공항에 도착하여 고객이 환전을 하지 못한 채 택시를 타고 호텔에 도착하거나 호텔 내에서 마사지나 이 · 미용 서비스를 받고 charge to room이 되지 않는 경우 고객에게 일정 금액의 소액 현금을 대여하여 주며, 고객이 우편물을 발송하거나 착불 우편물을 받을 때, 고객이 부재 중인 경우 고객의 편의를 위해 호텔 측에서 먼저 계산을 하여주고 고객이 체크 아웃할 때 일괄 정산을 받는다.

일부 호텔에서는 환전팩 서비스를 제공하는데 사전에 환전을 하지 못한 고객을 위하여 일정액을 오백 원, 천 원, 오천 원, 만 원, 오만 원 등으로 만들어 고객에게 제공하여 주고, 퇴숙 시 한꺼번에 신용카드로 결제를 받는 서비스를 제공하기도 한다. 이러한 입체금은 외상 매출금의 형태로 고객원장의 차변에 기록된다.

(3) 외환 업무

환전이란 외국환 관리법의 환전상 관리 규정에 의하여 지정 외국환에 대하여 고객으로부터 외국환을 매입하는 것을 말한다. 우리나라의 호텔들은 한국 은행으로부터 허가를 받은 환전상이고 특히 프런트 캐셔는 한국 은행에 환전원으로 등록되어 있기 때문에 호텔 내에서 언제든지 고객의 요청이 있으면 일정액의 수수료를 받고 외화를 원화로 교환해 주고 있다.

원화를 외화로 교환하는 것은 금지되어 있다.

그림 14-1 외국환 매각 신청서

환 전 영 업 자 용

외 국 환 매 각 신 청 서

APPLICATION FOR SALE OF FOREIGN EXCHANGE

外 國 爲 替 賣 却 申 請 書

(은행지로코드) (년도) (일련번호)

매각자 성명 및 서명 (Name & Signature 姓名び賣却者署名) :

국적 및 여권번호 (주민등록번호) (Nationality & Passport No. 國籍及び旅券番號)

· 본인은 다음의 외국환을 외국환거래규정에 따라 원화로 매각코자 요청합니다.

· I(We) hereby request you to purchase the following foreign exchange for Won currency in accordance with your Foreign Exchange Transaction Regulations.

· 本人は次の外國爲替を外國爲替の管理規程によってウォン貨に賣却するようお願い致します.

일자 DATE 日付	외국환의 종류 및 금액 AMOUNT OF FOREIGN EXCHANGE 外國爲替の種類及び金額	적용환율 EXCHANGE RATE 適用相場	원화환가액 WON EQUIVALENT ウォン貨

환전영업자 상호 및 취급자서명 (Authorized Signature & Name of Money Changer 換錢商名及び取扱者署名) :

❶ 현금

호텔마다 차이가 있을 수 있지만 일반적으로 미 달러(USD), 유로화(EUR), 일본 엔화(JPY), 중국 위안화(CHY), 호주 달러(명), 홍콩 달러(HKD), 캐나다 달러(CAD), 영국 파운드(GBP) 등이 환전 가능하며 은행으로부터 받는 환율표를 기준으로 일정액의(3~6%) 수수료를 부과하여 환전을 한다.

❷ 여행자 수표(traveller's check : T/C)

해외 여행자의 현금 휴대에 따른 분실 및 도난의 위험을 방지하기 위해 많은 여행객들이 여행자 수표를 사용하고 있다. 이러한 여행자 수표는 사인만으로 일정한 장소에서 현금처럼 사용이 가능하며 전 세계 어느 은행이나 환전소에서도 환전이 가능하여 이용이 편리하다. 또한 분실이나 도난 시에도 재발행이 가능하여 현금보다 안전하고 편리하다.

여행자 수표를 접수하면 반드시 수표 상단의 서명(signature 혹은 original sign) 부분과 하단의 서명(counter sign) 부분에 서명이 되어 있는지 확인을 하고, 외환 매각 신청서에 고객의 여권 번호와 자필 서명을 받은 후 환전한다. 여행자 수표의 종류는 AMEX, Thomas Cook, VISA, CITI 등이 있고 통화로는 미국 달러, 유럽 유로, 캐나다 달러, 호주 달러, 일본 엔화, 영국 파운드 등 총 6종이다.

> **주의** 여행자 수표의 상단과 하단에 이미 서명이 되어 있는 수표는 이미 사용된 수표로 간주되어 원칙적으로 사용할 수 없다.

그림 14-5 **여행자 수표**

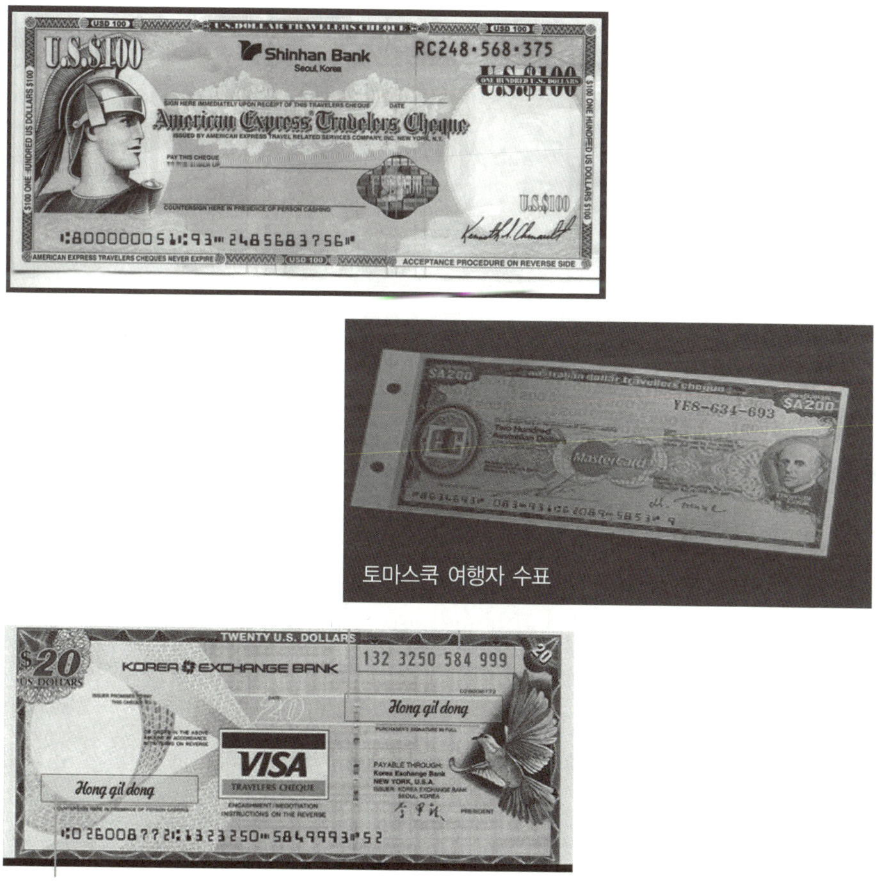

토마스쿡 여행자 수표

(4) 시제금의 관리

호텔은 어느 업장이든 카운터(cashier)가 있고, 이러한 카운터에는 그날그날 영업에 필요한 시제금(영업 준비금)이 있다. 이러한 영업 준비금은 호텔의 규모나 업장의 성격에 따라 다르며, 각 업장은 당일 필요한 현금을 권종별로 재경 부서에서 교환하여 비치한다. 시제금은 영업 목적 외(환전, 소액 현금 대여, 환불금, 거스름 돈 등)에 종업원이나 기타 개인적으로 돈을 빌려주거나 다른 용도로 사용되어서는 안 되고, 반드시 지정된 장소에 보관되어야 한다.

(5) High balance check

호텔에 투숙하는 고객은 현금이나 신용카드 혹은 고객의 비즈니스와 연관된 회사에서 보증(guarantee)을 하는데 그렇다고 해서 무한정 고객에게 charge to room을 허용하는 것은 아니다. 호텔에서는 각 고객에게 일정한 범위 내에서 후불 허용 한도(house limit)를 정해 놓고, 한도가 초과하게 되면 중간에 정산을 요청하게 된다. 따라서 캐셔는 주기적으로 balance를 체크하여 high balance에 의한 문제가 발생되지 않도록 해야 한다.

(6) 요금 수납 및 정산

고객에게 부과된 요금을 수납하는 업무로 결제 시점에 따라 선납, 중간 수납, 정산으로 구분한다.

❶ 선수금

고객으로부터 요금을 미리 받는 것으로 예약 시 no-show를 방지하여 예약의 이행을 확실히 담보하기 위해서 받는 예약금(advanced deposit)과 체크 인 시 신용 상태가 확실치 않거나 신용 카드와 같은 보증 수단이 없는 경우 객실료를 미리 받는 선납금(paid in advance)이 있다.

❷ 중간수납

고객이 후불 허용 한도를 초과한 경우 호텔 측의 invoice 청구로 인해 체크 아웃이 도래하기 전에 요금을 수납하는 것이다.

❸ 정산(체크 아웃 시)

고객이 체크 아웃을 하게 되면, 미니-바의 사용 여부를 확인하여 정산을 하게 된다. 정산 시에는 다양한 지불 방법으로 정산이 이루어지는데 정산 수단을 살펴보면 다음과 같다.

가. 현금 수납

가) 외국 통화 고객이 지불하는 현금의 종류는 원화, 각종 달러(미국, 호주, 캐나다, 홍콩), 엔화(일본), 위안화(중국), 파운드화(영국), 유로화(유럽 연합) 등이 있는데 원화를 제외한 외국환은 반드시 외국환 매각 신청서를 작성하여 수납을 해야 한다.

나) 수표 수표를 취급할 때는 도난 · 분실의 수표가 아닌지 각별히 유의하여 취급해야 한다.

- **여행자 수표** 여행자 수표를 취급하는 경우에는 반드시 고객의 여권을 확인하고 수표 상 · 하단에 서명이 되어 있는지 확인을 한다. 그리고 외화와 마찬가지로 외국환 매각 신청서를 작성한 후에 정산을 해야 한다.
- **자기앞 수표** 자기앞 수표는 소액(100,000원 권)인 경우에는 수표 뒷면에 고객의 성명, 주민등록번호, 연락처 등의 이서를 받고 수표를 접수한 업장 이름과 수납원의 이름 그리고 접수한 날짜를 기록한다. 수표가 고액권인 경우는 전화나 easy check기 등을 통하여 분실이나 도난과 같은 사고 수표가 아닌지 확인하고 수납을 한다.

나. 신용 카드 수납

오늘날 신용 카드의 이용은 전 세계적으로 일반화되어 있다. 신용 카드는 현금의 휴대로 발생할 수 있는 불편함을 해소할 수 있어 상당수의 고객들이 현금보다는 신용 카드 사용을 더 선호하고 있다. 신용 카드는 금융 회사 카드인 신한, 국민, 우리, 외환, BC 등이 있고, 비금융 회사 카드는 삼성, 현대, 롯데카드 등 그리고 VISA, MASTER, American Express, Diners Club, JCB 등과 같은 외국 카드가 있다.

한편, 신용 카드 수납 시에는 고객이 전표에 서명한 것과 카드 뒷면의 서명과 일치하는지 확인해야 한다.

다. 외상 매출금(city ledger)

City ledger란 외부 고객(non in house guest)이 정산하지 않은 후불로 고객이 투숙하는 동안에는 고객이 호텔에서 이용하는 모든 내역들은 투숙객(in house guest)의 고객원장인 guest ledger에 기록되지만, 고객이 체크 아웃을 할 때 정산을 하지 않고 체크 아웃을 하게 되면 city ledger에 기록된다. 왜냐하면 고객은 체크 아웃과 동시에 투숙객에서 비투숙객으로 지위가 바뀌기 때문에 투숙하는 동안 고객원장에 기록된 내역들이 후불로 체크 아웃을 하게 되어 guest ledger에서 city ledger로 넘어가기 때문이다.

이와 같이 city ledger로 처리할 수 있는 고객의 유형을 보면, 여행사 고객 혹은 계약사에서 보증하는 고객, 직원, 회원 고객 그 외에 회사에서 허가된 고객 등이 있다. 특히 계약사나 혹은 제3자가 지불하게 되는 city ledger 처리 시에는 계약사가 지불하는 범위를 잘 파악하여야 한다. 즉 계약사에서 객실료만 지불하는지 혹은 객실료와 조식만 지불하는지, 그리고 전액을 다 지불하는지를 잘 파악해서 계약사에서 지불하는 항목 외에는 고객에게 지불을 받아서 지불과 관련하여 문제가 발생되지 않도록 해야 한다.

2) 식음료 부문의 영업 회계

오늘날 대형 호텔에서의 식음료 부문은 매출 면에서 그 중요성이 점차 증가하고 있는 추세이다. 객실 부문의 주력 상품인 객실 상품은 시간적·공간적 제약으로 인해 고객의 수요가 적다고 해서 객실 상품의 수를 줄일 수 없듯이 고객의 수요가 많다고 해서 객실 상품을 늘릴 수 없다. 또한 상품의 소멸성 때문에 상품 공급의 비탄력적 특성이 강하다. 따라서 이러한 영업 환경을 극복하기 위해서 식음료 부문의 역할이 증대되고 있는 추세이다.

그리고 객실 부문의 영업 회계가 PMS를 통한 고객원장의 관리가 핵심이라면 식음료 부문의 영업 회계는 POS를 통한 매출 관리가 핵심이라고 할 수 있다. 식음료 부문 영업 회계 처리의 경우는 다음과 같은 주요 내용들이 있다.

POS(Point of sales)는 판매 시점 관리라는 의미를 가지고 있으며, 호텔 내 각 업장에 설치되어 업장을 이용하는 투숙객뿐만 아니라 비투숙객의 모든 이용 내역들이 입력, 집계되어 관리된다. 특히 객실 부문의 PMS와 interface(on-line system)되어 호텔의 투숙객이 업장을 후불로 이용하는 모든 내역들이 실시간(real time)으로 PMS의 고객원장에 기록된다. 또한 POS system은 각 업장에서 이루어진 매출 관련 모든 내용들을 report 형식으로 파악 · 분석을 할 수 있게 되어 있고, 이러한 자료들을 토대로 향후 각 업장들의 영업 방향이나 매출 증진 방안에 중요한 자료 근거를 제시한다.

이러한 POS system은 다음과 같은 기능들이 있다.

a) 메뉴 관리 기능

메뉴를 POS 내에 입력하여 고객의 주문이 들어오면 간단히 그 메뉴에 해당하는 키만 조작하면 주방으로 주문이 이루어지고 또한 인원수, 테이블 번호, 품목, 수량 등을 단말기에 입력하여 계절별, 월별, 주간별, 요일별, 시간대별 고객이 선호하는 메뉴라든지 많이 판매되는 메뉴를 파악 · 분석하여 식음료 마케팅 정책에 반영하여 매출 증진을 이룰 수 있다.

b) 업장 판매 관리 기능

특정 시간대에 어떤 메뉴가 많이 판매되고, 언제 고객이 많은지를 파악하여 그 시간대에 특정 메뉴에 대한 준비를 하고 인력을 고객이 많이 이용하는 시간대에 집중 배치하고, 또한 점심 스페셜 같은 특정 시간대에 이용하는 고객에게는 할인제도를 실시하여 업무의 효율성 제고와 매출액 극대화 효과를 얻을 수 있다.

c) 일일 정산 관리 기능

업장의 일일 영업이 마감되면 결산작업을 통하여 각종 보고서를 출력하게 된다. 캐셔별 마감 리포트, 미정산 계산서 보고서, 일일 정산 보고서, 각종 정산 수단별 매출 보고서, 식사 시간대별/메뉴별 매출 현황, 이용고객 현황 보고서 등 다양한 보고서를 출력한다.

d) 인테페이스 기능

POS system은 front office system인 PMS 와 interface되어 있어 투숙객에 대한 업장 이용 내역과 업장의 매출 현황들이 PMS로 전송되어 효과적인 매출 관리를 가능케 하여준다.

(1) 시제금의 관리

식음료 업장 수납원은 general cashier로부터 업장의 영업을 위해 영업준비금인 시제금을 수령한다. 일반적으로 시제금은 general cashier에게 수령을 받아 영업을 하고, 영업이 종료되면 다시 general cashier에게 반납해야 하지만, 업무 편의상 현관 회계에 있는 안전 금고에 보관한다.

(2) 계산서(bill)의 작성 및 관리

호텔 식음료 부문은 소액 현금 거래가 상시적으로 이루어지는 영업적 특성으로 인하여 업장별로 많은 Bill이 수시로 작성된다. 이러한 bill은 고객이 지불하여야 할 금액에 대한 청구서 및 영수증의 용도로 사용될 뿐 아니라 기업의 세무 보고와 재무 보고서 작성을 위한 원시 증빙 자료로써 중요한 역할을 한다.

호텔에서 사용되는 bill은 호텔마다 유사한데 다음과 같은 것들이 있다.

❶ Order bill(주문 전표)

식음료 업장에서 waiter나 waitress가 고객으로부터 주문받을 때 사용하는 전표이다.

❷ Cashier's bill or Guest check(고객용 계산서)

고객이 업장을 이용하고 계산할 때 고객에게 청구하기 위한 계산서이다.

❸ Void bill(취소 전표)

고객의 변심이나 그 밖의 사유로 인하여 취소된 bill이다. void bill은 파기하지 않고 void stamp를 날인해서 회계 부서로 넘긴다.

❹ Correction bill(수정 전표)

수납원의 실수 혹은 지불 방법의 변경 등의 이유로 인하여 회계 처리한 내용을 변경하는 경우에 사용하는 전표이다.

❺ ENT bill(entertainment bill:접대 계산서)

판촉부 직원이나 부서장, 임원 등이 호텔 영업과 관련하여 외부인을 접대할 때 고객 계산서 대신 사용하는 전표이다.

❻ Officer's check(공무 식대 계산서)

호텔의 임직원이 호텔의 식음료 업장을 이용하는 것은 특별한 경우를 제외하고는 거의 없지만, 출장을 다녀온 직원이 식사 시간을 놓쳤거나 회사의 임원 등이 업무상의 이유로 식음료 업장을 무료로 이용하는 경우가 있다. 이러한 경우에 주문 전표나 Guest check를 발행하지 않고, 업장에 비치되어 있는 officer's check로 처리한다.

(3) 요금 정산 업무

고객이 발생시킨 거래에 대하여 업장 회계원은 Cashier's bill로 고객에게 청구하여 요금을 정산받는다. 특히 호텔의 대부분의 상품은 상품가격에 10%의 봉사료(S.V.C : service charge)와 10%의 세금(V.A.T : valuable added tax)을 부과하여 계산받게 되므로 계산서 작성에 주의를 요한다. 정산 방법은 다음과 같다.

❶ 현금 및 수표 결제

현금, 자기앞 수표, 외환, 여행자 수표 등으로 정산하는 경우인데 특히 외환이나 여행자 수표인 경우에는 외환 매각 신청서를 작성하여 처리하도록 한다.

❷ 투숙객 후불(charge to room or G/L 대체결제)

투숙객이 업장을 이용하는 경우는 대체로 후불로 이용하는 경우가 많다. 따라서 투숙객인 경우에는 객실 번호와 고객의 성명을 확인한 후 POS에 입력을 하면 자동적으로 front desk의 PMS의 고객원장으로 기록이 된다. 물론, 투숙객이라고 해서 모두 업장을 후불로 이용할 수 있는 것은 아니다. 신용 카드 등으로 보증이 되어 있지 않은 고객은 PMS의 no post(charge to room 금지)의 기능에 의해 후불 이용이 제한되는 고객도 있다.

❸ 신용 카드 결제

본인 여부를 확인하여 처리하여야 한다(회계 원칙상 신용 카드 결제는 외상 매출금에 해당하지만 본 장에서는 편의상 신용 카드를 따로 분류하였음).

❹ 외상 매출금(city ledger) 대체 결제

호텔 식음료 업장에서는 직원이나 호텔에서 특별히 인정된 고객에게 후불로 대체하는 정산이다.

(4) 마감 업무

식음료 업장 수납원은 업무의 종료와 함께 정산 유형별로 매출액을 집계하고, 시제금을 맞춘 후 시제금 및 매출과 관련된 현금과 카드 전표는 지정된 금고에 보관을 시키고 업무에 필요한 각종 report를 출력하여 night auditor에게 인계한 후 업무를 종료한다.

제15장 | 호텔 타당성 분석

호텔 산업은 사업 초기에 높은 투자 비용이 소요되고, 시설과 설비가 투입되면 변경이 불가능한 특성을 가지고 있다. 그리고 시설과 설비, 건물 등은 호텔 상품의 품질에 크게 영향을 미쳐 수익성에 좌우하는 요소이기도 하다. 따라서 호텔 사업 초기에 타당성을 검증하여 성공의 가능성을 높이려는 호텔 타당성 분석은 중요하다. 본 장에서는 호텔 타당성 분석의 분석 단계와 과정에 대한 기본적 틀을 제시하여 하나의 사업 계획서를 작성할 수 있도록 구성하였다.

학습목표

1. 호텔 타당성 분석의 의미를 설명할 수 있어야 한다.
2. 호텔 타당성 분석의 일반적인 체계를 이해할 수 있어야 한다.
3. 호텔 타당성 분석의 분석 내용을 구체적으로 하고 설명할 수 있어야 한다.

호텔 산업의 성장과 함께 많은 투자가들이 동 사업에 투자 및 투자를 계획하고 있다. 그리고 그 투자 규모는 상이하게 나타날 수 있으나 대체적으로 많은 비용이 소요되고 있는 것이 사실이다. 그러므로 효율적인 투자의 지침이 되는 틀을 제공하여 신규 사업의 지속 여부를 결정할 수 있는 방법이 있다면, 국가적으로나 개인적으로 재무적 손실을 줄일 수 있을 것이다.

본서에서는 이러한 관점에서 호텔 기업의 타당성 분석은 타당성 분석의 일반적인 체계 및 분석 내용에 대하여 간략히 설명하고자 한다.

제1절 타당성 분석의 본질

1. 타당성 분석의 의의

타당성 분석은 새로운 사업 경영에 요구되는 의사 결정을 위해 정확한 정보를 수집·분석하여 계획하고 있는 사업의 성패 여부 및 경제적인 투자 여부를 결정하기 위한 것으로 계획된 신규 사업 시설이나 매입하려는 시설에 대한 개발 가능성을 확인하는 분석 활동이다. 따라서 타당성 분석은 기업 경영에 관련되는 많은 정보를 수집하여야 하며, 수집된 자료는 여러 각도에서 검토하고 분석해야 한다. 그리고 타당성 분석 결과는 사업에 대한 투자 의사 결정에 중요한 영향을 미치기 때문에 결과적으로는 사업의 성공에 직접적인 영향을 미치게 된다. 그러나 기업의 경영과 관련된 모든 자료를 수집하는 일은 불가능하며, 모든 자료를 수집할 수 있다 하더라도 이 자료들을 모두 의사 결정에 반영하기 위한 필요한 정보로 가공할 수는 없다.

이러한 현실적인 문제 때문에 타당성 분석은 연구자에 따라 경영 의사 결정과 관련된 중요한 몇 가지 측면을 검토하게 되며, 조사의 형태나 방법에 있어서도 많은 차이를 보이게 된다. 이것은 결국 동일한 투자 대안이라도 분석 방법의 차이에 따라 상이한 결과가 나타날 수 있다는 것을 의미하며, 이러한 결과의 차이는 투자 대안에 대한 의사 결정의 어려움을 가중시킨다.

타당성 분석은 아직 경험해 보지 못한 미지의 사업에 대한 제품의 생산·판매에 따르는 제반의 기술적 요인, 제품의 판매와 관련된 제반 시장 요인, 그리고 사업의 예상 손익 및 가치 등을 분석하여 투자할 만한 가치가 충분한지에 대한 정보를 수집하기 위한 제 절차와 방법으로 사업 계획에 대한 투자 의사 결정에 필요한 기술적·경제적·사업적 기초를 제공하여야 한다는 것이다.

호텔 산업에 있어서 타당성 분석은 새로운 호텔 건설업자들이 호텔 건설을 가정하여 최고 경영층에 의해 구체화되는 것으로 중요한 두 가지 측면이 검토된다.

첫째는 현재와 미래의 객실 및 연회장, 식당과 주장, 레크리에이션과 같은 호텔 서비스 시설에 대한 수요를 평가하는 것이다.

둘째는 평가된 수요를 토대로 호텔 영업 후 수년 동안 운영 수익과 비용을 평가하는 것이다. 즉 타당성 분석은 그 특성상 사회 · 환경 · 마케팅 · 재무 타당성을 결정하기 위한 사업의 모든 측면에 대한 구조적인 분석을 하여야 하기 때문에 시장성과 시장의 개발 가능성, 원료의 공급 가능성, 인력 수급, 여러 가지 필요한 서비스의 존재 여부, 저렴한 비용과 재무 분석을 단계적으로 시행하여야 함을 의미한다.

그러나 타당성 분석은 이와 관련된 모든 측면을 검토하고, 계량화하기는 현실적으로 불가능하기 때문에 마케팅과 재무 자료를 수집 · 종합 · 분석하는 창조적이고 목표 지향적인 합리적인 과정 혹은 투자에 대한 수익성을 분석하는 것이다. 그리고 타당성 분석이란 수요 · 공급 분석에 바탕을 둔 재무 분석이며, 호텔 영업 개시 전에 운영에 있어서의 경제적 요소와 운영 결과를 평가하기 위한 체계적인 방법이라고 규정하여 시장성 분석과 경제성 분석을 중요시하였다.

이와 같이 타당성 분석은 어떤 특정한 사업의 계속 여부를 결정하기 위한 마케팅 · 수익 · 재무 분석을 기본 요소로 하고 있으며, 이러한 기본 요소들을 계량화하여 경영 의사결정을 위한 기초 자료를 제공한다는 데 그 근본적인 의의를 찾을 수 있다.

위에서 검토해 본 바와 같이, 신규 호텔 건설의 타당성 분석에 관한 여러 학자들의 내용을 종합 · 분석해 보면, 다음과 같은 몇 가지 특성을 정리할 수 있다.

첫째, 타당성 분석은 호텔 사업의 계속성의 여부를 결정하기 위한 사전 계획 과정으로 목표 지향적인 활동이다.

둘째, 타당성 분석은 미래의 투자에 대한 사전 분석을 통하여 투자 의사 결정에 대한 위험을 감소시켜주는 미래 지향적인 활동이다.

셋째, 타당성 분석의 중요 영역은 마케팅 영역과 재무 영역이며, 마케팅 조사 결과를 기초로 최종적으로는 경제성 분석을 통해 투자 수익률을 검토하는 과학적인 과정이다.

넷째, 타당성 분석은 입지 및 지역 분석, 시장 분석, 재무 분석 등과 같이 일련의 단계를 거치면서 분석이 이루어지는 체계적인 활동이다.

다섯째, 타당성 분석은 개방적 시스템의 성격을 갖고 있으므로 변화하는 경영 환경에 대한 면밀한 탐사를 통해 이루어지는 분석적인 활동이다.

2. 타당성 분석의 중요성

현대 기업 경영에서 타당성 분석의 궁극적인 목적은 미래의 변화하는 기업 환경에 대한 탐사 및 분석을 통하여 투자 의사 결정의 정당성을 확보하려는 사전 활동이다. 더욱이 현대기업 환경의 미래는 불확실하고 지속적으로 변화하기 때문에 타당성 분석의 필요성과 중요성은 점차 증대되고 있다. 따라서 기업의 투자 위험을 회피하고, 성공의 가능성을 높일 수 있는 투자 대안을 선택하려는 사업성 검토는 다음과 같은 중요성을 지닌다.

첫째, 현대 기업은 기업 환경의 계속적인 변화 때문에 살아남기 위하여 변화되는 환경에 대처해야만 하는 노력이 절실히 요청되며, 기업 환경이 반드시 기업에게 유리한 것으로만 나타나는 것이 아니므로 면밀한 분석과 검토가 요망된다.

둘째, 창업이나 신규 투자에는 대부분 거대한 자본의 투자가 전제되고, 투자된 자본에 대한 회수가 불가능할 경우 개인이나 사회 전체적으로 큰 손실이 된다. 따라서 성공 가능성에 대한 다각적인 검토를 통하여 성공 가능성이 낮은 투자를 회피할 수 있다.

셋째, 사업성 검토에서 얻은 정보는 사업을 추진하는 주체가 지니고 있는 약점을 보완하고, 미래의 위험 상황에 대비할 수 있도록 하는 전략 정보로 이용될 수 있다는 점이다.

한편, 호텔 산업의 타당성 분석에 대한 중요성은 호텔 경영의 특성을 통해 검토해 볼 수 있는 데 이를 요약하면 다음과 같다.

첫째, 호텔 산업은 고정 자산에 대한 의존성이 매우 높다는 특성을 가지고 있다. 일반적으로 다른 기업은 건물이나 시설과 같은 고정 자산보다는 상품이나 현금과 같은 유동자산의 비중이 높지만, 호텔 산업은 전체 투자 금액의 70(%)~80(%)가 고정 자산에 투자되고 있다. 그리고 이 투자 자본은 운영 개시 이전에 일시적으로 투자되고, 일단 투자가 되면 투자의 내용을 변경하는 것은 매우 곤란하다. 즉, 건물이나 시설 혹은 토지 매입과 같은 고정 자산에 대한 기존 투자는 변경이 어려움과 동시에 호텔 상품의 질을 결정하는 중요한 요소이며, 미래의 운영 성과를 결정짓는 중요 원인이 되기 때문에 타당성 분석은 중요하다.

둘째, 호텔 시설은 조기 노후화되는 특성을 가지고 있다. 호텔 건물의 설계 및 규모와 시설은 그 호텔의 가치와 경영 활동에 결정적인 영향을 주며, 호텔 시설의 조기 진부화 현상은 경제적 가치의 상실을 가져오기 때문에 지속적으로 시설 개선을 하여 국제 수준을 유지하여야 한다. 따라서 운영상에 개 · 보수 활동이 필수적으로 수반되는데, 이때 개 · 보수 활동이 용이하도록 설계되고, 인테리어 변경이 용이한 건축 구조를 가지고 있어야 하기 때문에, 시설 배치 및 규모가 검토되는 타당성 분석은 중요하다.

셋째, 호텔 기업들 간에 경쟁이 강화되는 현상이다. 호텔 간의 경쟁 격화로 제반 조건이 복잡해지고, 급변하는 국제 · 국내 환경의 변화는 예측의 정확성이 결여된다. 따라서 미래의 동태적 환경 변화를 예측하고, 예측된 환경에 적응하는 일은 기업의 영속성을 유지하는 데 필수적인 활동이다. 이러한 의미에서 환경 탐사가 이루어지는 타당성 분석은 매우 중요하다.

넷째, 호텔에서 제공하는 상품에 대한 마케팅 범위의 차이와 잠재 고객의 다양성에서 나타나는 특성을 들 수 있다. 호텔의 객실 상품은 국제적인 마케팅 범위를 가지고 있으나, 식음료 상품은 객실에 비하여 마케팅 활동의 범위가 한정적 · 지역적인 특성을 가지고 있다. 또한 관광객은 다양한 욕구를 가진 거대한 시장으로 구성되어 있기 때문에 이들 시장에 효율적으로 접근하기는 매우 곤란하고 경제적이지 못하다. 따라서 호텔 상품과 고객의 속성에 따른 시장을 세분하고, 표적 시장에 대해 마케팅 노력을 집중하는 것이 중요하다. 그러므로 시장 세분화의 근거를 제시해 주는 타당성 분석은 중요하다.

일반적으로 호텔의 타당성 분석은 투자 자본의 위험 감소, 투자 수익의 범위를 알게 해주며, 음식의 형태, 서비스의 형태, 가격의 범위, 그리고 건축을 위한 운영의 규모 등의 결정과 재무적 취득에 도움을 준다.

그러나 이미 언급한 바와 같이 타당성 분석은 현재의 사실을 바탕으로 미래를 예측하려는 행동이지만 미래에 대한 정확한 예측은 불가능하고, 어떠한 요인들은 미래를 예측할 수 없어 타당성 분석의 결과로 성공을 보장받을 수 없다. 즉 타당성 분석은 투자에 대한 위험을 줄일 수는 있으나 위험 요소를 완전히 제거할 수는 없다는 현실적인 한계를 극복하기 어렵다는 점을 간과해서는 안 된다.

제2절 타당성 분석의 일반 체계

타당성 분석은 미래의 불확실한 상황을 통제하여 미래의 경제적 가치를 추정하는 것이다. 따라서 타당성 분석은 미래의 투자에 대하여 예측 가능한 모든 상황을 검토하여, 이들 환경에 대한 통제 및 분석을 통하여 미래에 대한 사업의 가능성을 확인하는 것이다. 그러므로 타당성 분석은 미래의 사업운 영과 관련하여 예측 가능한 모든 환경에 대한 탐사가 이루어져야 하기 때문에 내부 능력 분석, 기술성 분석, 시장성 분석, 경제성 분석 등이 행해진다. 이를 요약하면 다음과 같다.

1. 기술성 분석

기술성 분석이란 제품의 기술적 특성, 공장 입지, 생산 시설 및 능력, 생산 공법 등 공정, 생산 기술 및 생산 자원, 소요 자본 등을 조사하고, 이들에 대한 문제점과 적합성을 검토하여 소비자가 원하는 제품을 제공하는데 따르는 제반의 비용을 추정하기 위한 필요한 정보를 분석하는 것을 말한다. 즉 기술성 분석은 미래의 사업 활동에 필요한 제품의 기술적 특성, 생산 공정 및 설비, 공장 입지 등을 대상으로 기술적인 측면을 검토하고 평가하는 분석 영역을 말하는 것이다.

제품의 기술적 특성은 자사의 계획 제품의 특성, 품질 등을 경쟁 회사와 비교하여 강점과 약점을 비교 · 분석하여야 한다. 그리고 자사 제품이 갖고 있는 강점과 약점을 확인하여 약점을 보완하는데 필요한 기술적 정보를 파악하여야 한다. 입지의 적합성에 대한 분석은 원재료의 공급 지역과 소비 지역의 위치 및 교통, 기반 시설의 이용 가능성, 노동력의 이용 가능성, 공해 문제 등을 면밀히 검토하여 장기적인 관점에서 입지의 경제적 이점 혹은 입지의 적합성에 관한 정보를 파악하여야 한다.

생산 공정과 설비, 생산 기술에 대한 분석은 자사와 경쟁 기업을 생산 공정과 설비, 시설 투자액, 제조 원가, 제품의 품질, 시설 계획, 생산성, 기술 진보 등과 비교하여 자사의 공법과 공정이 갖는 정보를 파악하여야 한다. 또한 생산 기술에 대한 분석은 우선 생산하려는 제품의 기술 수준에 대한 최신 정보를 입수하고, 기술 수준의 확보에 따른 문제점과 특허권 이용 기능성 등에 관한 정보를 파악하여야 한다.

생산 자원에 관한 분석은 원재료의 소요량, 원재료의 조달 가능성, 원재료의 조달 내역, 요구되는 품질 및 규격, 노동력의 이용 가능성 및 노동력의 질, 임금 수준 등을 검토하여야 한다. 또한 전력 및 용수 · 연료의 양, 가격, 조달의 용이성 등에 관한 정보를 파악하여야 한다. 생산과 관련한 분석은 생산 활동 자체가 자금의 지출 행위이므로 생산과 관련한 계획이 효율적으로 수립되지 않으면 재고 누적, 자금 운영의 비효율성, 재무 구조의 악화 등으로 인한 도산의 가능성에 주의를 기울여야 한다.

기술성 분석은 이러한 분석 정보를 기초로 시설 소요 자금 등을 추정하여야 한다. 즉 기술성 분석에서 분석된 모든 정보는 추정 자금 수급 계획과 추정 재무제표에 집약되어야 함을 의미한다.

2. 시장성 분석

시장성 분석이란 생산하려는 제품 그 자체, 제품의 수급 상황, 동종 업계의 현황 등에 관한 정보를 조사하여 가능한 시장 점유율이나 판매량을 추정하고자 하는 분석을 말하는 것으로 시장 조사, 소비자 조사, 시장 세분화, 제품 포지셔닝(Positioning), 제품 수급 조사, 동종 업계 조사, 총수요 및 점유율 예측, 가격 결정 및 매출액 추정을 하는 분석을 말하는 것이다. 이러한 시장성 분석을 위하여 공급 및 공급의 성장 추세, 수요 및 수요의 성장 추세, 수요 주기, 제품의 수명 주기, 시장 진입의 난이도 등에 관한 정보를 입수해야 한다. 이에 관한 정보는 2차 자료를 활용할 수 있으며, 2차 자료를 활용할 수 없을 경우는 직접 시장 조사를 수행하여 필요한 정보를 탐색하여 획득하여야 한다. 그리고 이렇게 획득된 정보는 객관적인 분석 기법 등을 활용하여 타당성 분석에 요구되는 필요한 정보로 계량화할 수 있어야 한다.

시장성 분석은 자사 제품의 시장 점유율을 추정하고, 추정된 시장 점유율을 기초로 매출액을 추정하게 되며, 이때 자사 제품의 품질과 용도상의 특성, 차별화 정책, 가격 정책, 예상 판매 지역, 시장 확보 가능성 등을 참고하게 된다. 또한 이러한 분석 과정에서 동시에 고려되어야 할 내용은 주요 수요 업체와 공급 업체의 자본, 기술 지원, 계열화, 인적 교류, 시장 점유율 추이, 품질, 가격, 생산 능력 등에 관한 수급을 검토한다.

3. 경제성 분석

내부 능력 분석, 기술성 분석, 시장성 분석 과정에서 입수한 정보를 토대로 생산, 구매, 판매, 일반 관리 등에 대한 계획을 수립해야 한다. 이때 앞에서 작성된 추정 재무제표 혹은 연도별 투자 내역과 운전 자본에의 투자 내역을 기초로 경제성 분석을 행한다.

경제성 분석은 추정 재무제표를 분석하여 계획 사업의 재무적 성과를 평가하는 방법과 연도별 현금 흐름을 추정하여 이를 할인율로 할인하여 경제적 가치를 평가하는 방법 등 크게 두 가지가 있다. 재무제표 분석 방법은 계획 사업으로부터 추정된 재무제표를 가지고 비율 분석을 시행하여 유동성, 수익성, 성장성, 안정성, 활동성, 생산성 등 계획 사업의 재무 상태 및 경영 성과를 분석하는 방법이다. 또한 비율 분석 이외에 실무적으로 많이 이용하는 손익분기점 분석 등이 있다. 그러나 이러한 방법으로 입수한 정보는 재무제표 분석이 갖는 여러 가지 한계점을 극복할 수 없다. 즉, 이 방법으로 입수한 정보는 진정한 경제성을 평가하고 객관적인 판단을 가능하게 하는데 큰 도움을 주지 못한다.

한편, 평가론적인 방법에 입각한 경제성 분석 방법은 이론적으로나 실무적으로 타당한 방법이다. 이러한 논리에 따르는 경제성 평가 기법은 순현가법, 내부수익률법, 수익성지수법, 회수기간법 등이 있다. 그리고 신규 사업의 위험을 평가하는 과정에서 참작하는 위험 분석 방법은 시나리오 분석법, 의사결정수법, 감도 분석, 모의 실험법 등이 있으며, 위험을 간접적으로 참작할 수 있는 대용 베타 방식과 손익분기점 기법 등이 있다.

이러한 분석 방법과 더불어 타당성 분석에서 검토할 내용은 사업 주체 내부의 인적 · 물적 자원에 대한 평가와 진단을 다루는 것으로 인적 자원에 대하여는 경영진과 지배주주의 인적 사항, 학력 및 사업 능력, 경영 능력 등에 관한 것이다. 물적 자원에 대해서는 기술과 자금력을 주요 분석 대상으로 하는 것으로 오늘날과 같은 경쟁 환경 속에서 경쟁력을 유지하는데 가장 중요한 요소이다. 그러나 이들 내용은 대부분 질적 요인들이기 때문에 계량화하여 객관적으로 측정하는 것이 곤란하다는 문제가 있다

제3절 타당성 분석의 내용

1. 타당성 분석의 개요

신규 호텔 건설의 타당성 분석을 계획하고 설계하는데 바람직한 분석 방법이 단 한 가지만 존재하는 것은 아니다. 그러나 어떠한 신규 호텔 건설의 타당성 분석이라 할지라도

기본적으로는 경제적인 목적을 달성하기에 충분할 만큼 포괄적인 준비를 하여야 한다. 즉 경제적 목적을 달성하기 위해서 이와 관련된 내부 능력 분석, 기술성 분석, 시장성 분석, 경제성 분석 등을 포함한 분석이 되어야 한다는 것이다. 그리고 각 분석 단계에서 활용될 분석 기법과 이와 관련된 변수들은 정확히 설정되고, 가능한 범위에서 그러한 변수들을 통제 가능하도록 계량화하는 것이 바람직하다.

많은 학자들이 신규 호텔의 타당성 분석의 개념을 단순화한 기본적인 틀을 마련하기 위하여 상호 관련 요소를 통합한 모형을 제시하였다. 〈표 15-1〉은 여러 학자들의 신규 호텔의 타당성 분석을 위한 기본적인 모형을 나타낸 것이다.

표 15-1 타당성 분석 모형

학자명	분석단계	주요관점
T. J. Ward	1단계 : 호텔 입지 분석 2단계 : 교통과 접근성 3단계 : 지역 경제 · 사회적 여건 평가 4단계 : 타 지역의 유사 호텔과 비교한 수요 예측 5단계 : 잠재 수요의 원천과 특성 6단계 : 경쟁 분석과 추가 계획 7단계 : 미래 수요 및 잠재 시장 점유율 8단계 : 호텔 설계 콘셉트와 추천 시설 평가 및 유도 9단계 : 추정 손익계산서 10단계 : 현금 흐름 추정	이 타당성 분석 모형은 (1) 입지 분석 (2) 수요 · 공급 분석을 중시
National Restaurant Association	1단계 : 시장 분석 2단계 : 경쟁 분석 3단계 : 입지 분석 4단계 : 레스토랑 콘셉트 개발 5단계 : 추정 재무제표 분석	레스토랑의 타당성 분석 모형으로 (1) 마케팅 조사 (2) 수익과 비용 평가를 중시
A. J. Gomes	1단계 : 시장 지역 평가 2단계 : 입지 평가 3단계 : 공급 및 수요 예측 4단계 : 시설과 서비스 5단계 : 운영 성과 예측	이 타당성 분석 모형은 (1) 시장 조사를 통한 시설 규모와 종류를 예측하여 (2) 운영 실적을 예측

학자명	분석단계	주요관점
정 규 엽	1단계 : 시장 지역 평가 2단계 : 입지 평가 3단계 : 시장 조사 4단계 : 시설 형태의 결정 및 적정 배분 5단계 : 디자인 6단계 : 재무 분석	이 타당성 분석 모형은 (1) 마케팅 측면 (2) 시설 형태와 배분에 주안점을 두고 있으며, (3) 재무적 측면은 추후 연구를 통하여 제시할 예정
장 혜 숙	사전 단계 ; 타당성 분석의 필요성 결정 1단계 : 지역 · 입지 분석 2단계 : 시장 조사와 수요 예측 3단계 : 공급 분석과 경쟁력 제고 4단계 : 시설과 서비스 5단계 : 재무 분석	이 타당성 분석 모형은 (1) 사전 조사에서 산업과 입지에 대한 대안을 검토 후 (2) 본 조사에서 지역 및 입지 여건, 시장 분석, 재무 분석으로 분류하여 검토
Gray and Liguori	1단계 : 입지 분석 2단계 : 시장 분석 3단계 : 공급 분석 4단계 : 인력 분석 5단계 : 수요 예측 6단계 : 시설 규모 7단계 : 재무 분석	이 타당성 분석 모형은 (1) 신규 호텔에 대한 타당성 분석의 준비 (2) 비용 평가 (3) 투자 자본의 원천 등의 세 분야를 포괄
Rutes, Faia and Penner	1단계 : 입지 분석 2단계 : 시장 분석 3단계 : 시설 4단계 : 재무 분석	이 타당성 분석 모형은 (1) 호텔 서비스 시설의 수요 평가 (2) 평가된 수요에 대한 운영 수익과 비용을 평가
Lane and Hartesvelt	1단계 : 경쟁 환경의 경제적 전망 2단계 : 입지 분석 3단계 : 수요 및 공급 분석 4단계 : 경쟁 포지션 결정 5단계 : 수입 및 비용 평가 6단계 : 총 투자 자본 평가 7단계 : 재무 분석	이 타당성 분석 모형은 (1) 경제적 요소 (2) 운영 결과를 평가
Rushmore	1단계 : 입지 분석 2단계 : 시장 수요의 계량화 3단계 : 경쟁 분석 4단계 : 시설 5단계 : 수익과 비용 평가 6단계 : 경제적 가치 추정 7단계 : 투자비 추정 8단계 : 투자 수익률 분석	이 타당성 분석 모형은 (1) 예측되는 경제적 가치 평가 (2) 총 비용 평가의 재무 분석을 중시

학자명	분석단계	주요관점
James R. Keiser	1단계 : 시장 조사(지역의 경제적 요인, 경쟁 분석, 운영 계획, 기간별 판매량), 2단계 : 입지 분석(위치, 교통, 기타 운송 수단, 가시성, 법률, 지역의 기반 · 편의 시설의 유용성) 3단계 : 재무 분석(매출액 평가, 추정 손익계산서, 추정 자본 비용 평가, 투자 수익률 분석)	이 타당성 분석 모형은 (1) 시장 조사 및 입지 조사 (2) 조사 결과를 통한 재무 분석을 강조
Chuck Y. Gee	1단계 : 개관 2단계 : 시장 분석 3단계 : 물리적 특성 4단계 : 재무적 측면 5단계 : 부가적 정보 6단계 : 의견과 권고	이 타당성 분석 모형은 (1) 수요 수준을 결정 (2) 재무 분석 (3) 전문가 의견으로 크게 분류할 수 있으며 전문가 의견을 특히 중시함
Lundberg	1단계 : 잠재 시장 확인 2단계 : 시장 수요 예측 3단계 : 올바른 시설의 종류 4단계 : 시설의 규모 평가 5단계 : 시설의 비용 평가 6단계 : 운영 수익 및 비용 평가 7단계 : 판매율과 투자율의 이익 평가	이 타당성 분석 모형은 (1) 잠재 시장 및 시장 수요 평가 (2) 평가된 수요를 기초로 한 시설 규모와 종류에 따른 이익 평가를 중시

본서에서 제시하는 타당성 분석 모형은 다음 〈그림 15-1〉과 같다.

그림 15-1 타당성 분석 내용

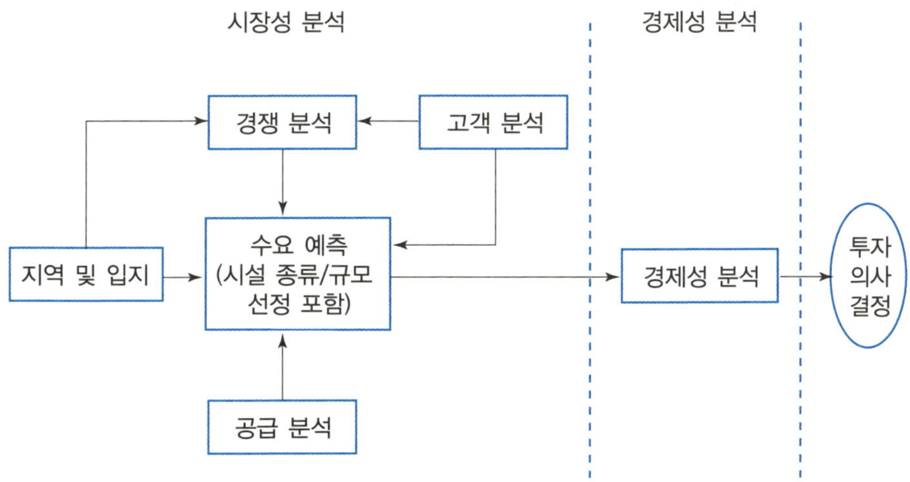

본 타당성 분석내용은 시장성 분석과 경제성 분석으로 구성되어 있는데, 이것은 본 모형이 투자에 대한 경제적 타당성 분석에 초점이 맞추어져 있기 때문이다. 따라서 본 모형은 시장 조사를 통해 추정된 미래의 매출액과 투자비를 비교 · 분석하여 경제성 및 사업성을 확인할 수 있는 매우 단순화된 모형이며, 내용상으로는 분석의 범위가 넓은 포괄적인 모형이라 할 수 있다.

본 모형의 가장 큰 특징은 시장성 분석과 경제성 분석을 포괄하고 있다는 점이다. 기존의 연구 모형은 특정 분야를 중심으로 연구 모형이 설정되어 있거나 혹은 두 분야를 포괄하고 있다 하더라도 개략적인 분석 항목을 정리한 것이 대부분이지만, 이 모형은 타당성 분석 모형이 실제적으로 포괄하여야 하는 분야를 포괄하면서도 이들이 구체적으로 어떠한 연관성을 가지고 있는지를 설명한다고 할 수 있다.

〈그림 15-1〉에서 보는 바와 같이 지역 및 입지 분석의 결과는 경쟁 분석과 수요 예측에 영향을 미친다. 즉 입지는 경쟁 호텔과 비교하여 상대적인 경쟁력의 정도를 확인할 수 있으며, 지역 분석의 결과는 사업의 미래에 대한 포괄적인 조명을 가능케 해 준다. 따라서 지역 및 입지 분석을 통하여 호텔 수요에 영향을 미치는 지역의 경제 활동 및 관광 활동이 조사되어 신규 사업의 가능성에 대한 포괄적인 전망을 평가할 수 있는 중요한 단계이다. 그러나 현실적으로 지역 및 입지 분석의 결과가 구체적으로 호텔 수요에 미치는 영향의 정도를 추정하기는 매우 어려운 기술적인 한계를 가지고 있다. 앞으로 지역 및 입지 분석의 결과가 구체적으로 매출액에 어떻게 영향을 미치는지 연구가 지속되어야 할 것이다.

경쟁 분석은 실제 신규 호텔의 매출액을 추정하기 위하여 경쟁 시설의 판매 가격과 객실 수 혹은 좌석 회전율, 연평균 판매액을 산출하고, 경쟁 상황을 확인하여 의사 결정권자가 의사 결정에 활용할 수 있는 SWOT 분석을 참고 자료로 제시할 수 있다.

수요 예측은 크게 객실 부문, 식음료 부문, 연회 부문, 부대 사업 부문으로 나누어 추정할 수 있도록 구성한다. 이 추정 매출액의 결과는 경제성 분석 단계에서 추정 손익계산서 작성, 현금 흐름 추정, 경제성 분석에 활용된다.

시설 종류 및 규모 계획은 시장 지역에 유입되는 관광객을 대상으로 설문 조사를 통하여 선호하는 시설 종류와 규모, 배치를 결정하는 것이 바람직하다. 그 이유는 신규 호텔의 입지 지역에 따라 선호하는 시설 및 규모 그리고 시설의 배치 및 실내 장식이 달라지기 때문이다. 그리고 분석의 과정상 시설의 종류 및 규모 선정은 수요 예측 모형에 포함시켰다. 그 이유는 신규 호텔 시설의 종류 및 규모가 선정되어야만 예상되는 추정 매출액을 결정할 수 있기 때문이다. 수요 예측의 과정은 시장 지역의 총 수요 확인, 시설의 종류와 규모 선정, 신규 호텔의 매출액 추정 등의 순서로 진행된다.

타당성 분석의 마지막 단계인 경제성 분석은 투자 비용을 산출하여 사업의 경제성 여부를 평가할 수 있는 경제성 지표 분석을 말하는 것으로 수요 예측의 결과로 나타난 수익과 비용을 추정하여 투자의 타당성을 최종적으로 검토하는 단계이다.

이와 같이 본서에서 제시하고 있는 타당성 분석은 지역 및 입지 분석, 시장 조사(공급 분석, 시설의 규모 및 종류 선정, 경쟁 분석, 수요 예측), 경제성 분석 등을 주요 분석 항목으로 구성하고 있다. 〈그림 15-2〉는 타당성 분석 모형을 도식한 것으로 〈그림 15-1〉을 보다 구체적으로 표현한 것이다.

그림 15-2 타당성 분석의 세부 모형

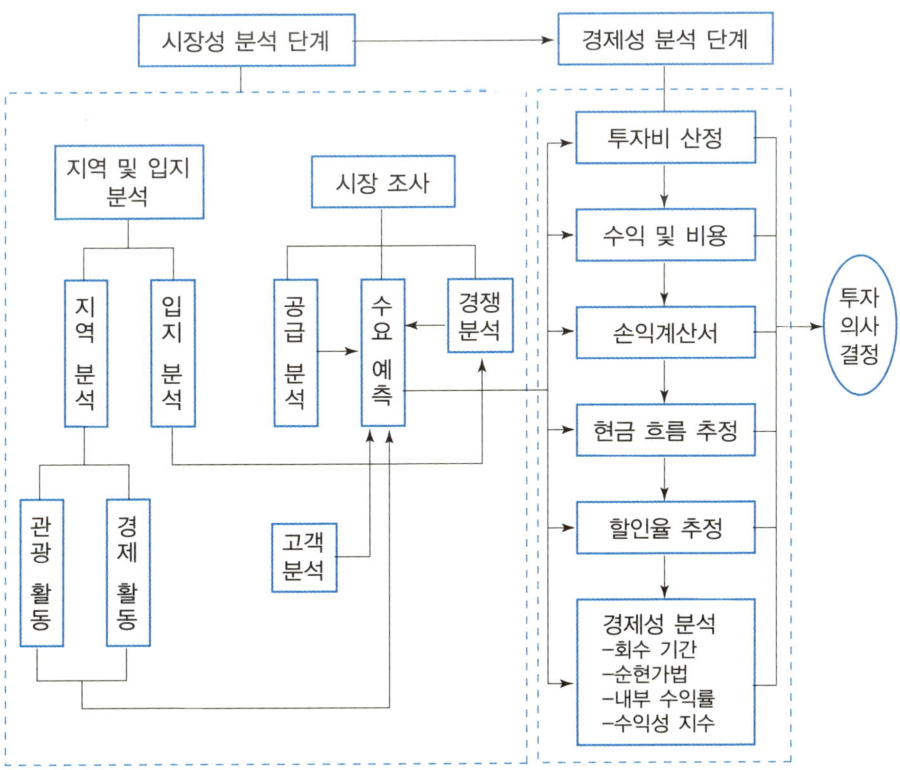

2. 분석의 내용

1) 시장성 분석

(1) 지역 및 입지 분석

타당성 분석 모형을 검토해 본 결과 많은 학자들이 시장 지역 분석과 입지 분석을 분리하여 다루고 있는 경향을 보이고 있다. 호텔은 어느 일정 지역에 고정되어 있어 호텔 상품의 장소적인 이동이 불가능하기 때문에 그것을 구매하려는 사람을 호텔로 견인하여야 하는 상품의 특수성을 가지고 있다. 그렇기 때문에 호텔의 타당성 분석에 있어서 지역 및 입지 분석은 다른 어떠한 분야의 타당성 분석보다 매우 중요하다.

더욱이 호텔 상품은 분위기, 관광객 활동의 적합성, 접근의 용이성 등 지역 및 입지와 관련된 다양한 요소가 상품의 품질을 결정하기 때문에 지역 및 입지 분석은 중요하다. 일반적으로 호텔의 시장 지역 분석 및 입지 분석에서 다루어야 할 내용은 다음과 같다.

❶ 지역 분석

타당성 분석의 첫 단계는 신규 호텔이 경쟁할 시장 지역을 분석하는 것이다. 일반적으로 지역 시장의 전망을 이해하는 데는 많은 접근 방법이 있다. 그러나 어떠한 접근 방법이든 지역 분석의 가장 중요한 점은 현재의 기초적인 경제 여건의 강점을 확인하기 위하여 성장 잠재력의 확인 및 기초 경제 여건을 평가하는 것이다. 즉, 장기적인 수요 변화를 예측하기 위하여 경제적인 요소와 인구 통계 자료 등의 현황과 추이에 대하여 지역을 조명하는 것이다. 따라서 타당성 분석은 때때로 시장과 경제적 타당성 분석으로 불리고 있는 것이다. 이러한 면에서 지역 분석은 근본적으로 신규호텔의 잠재적인 수요 예측과 관련된 사항을 포괄하고 호텔 점유율에 영향을 미치는 여러 여건들을 포함하여야 한다.

이와 같이 지역 분석은 현재의 경제적 활동과 관련된 사항과 미래의 경제적 여건 등을 분석하는 데 필요한 사항을 평가하여, 궁극적으로는 수요에 어떠한 영향을 미칠 것인지를 분석하는 것이다. 예를 들면, 신규 호텔 시장 지역의 기후, 수온, 서핑을 위한 파도, 눈, 바람, 수질 등은 관광 산업에 영향을 미치는 중요한 요소가 된다. 그러나 이러한 요소들은 지역의 관광 자원 및 관광 활동과 비교되어 그 가치가 평가되기 때문에 그 영향력에 대한 객관적인 지표를 추정하기 어렵다.

지역 분석은 대부분 시장 지역의 인구 통계와 경제적 요소에 대한 추정을 통하여 호텔 건설 계획의 적합성을 확인하려는 것으로 지역 분석은 크게 다음과 같은 4가지 목적을 달성하여야 한다.

첫째, 시장 지역의 경제적 여건을 확인할 수 있는 정보를 획득하여야 한다.

둘째, 세분 시장의 성장 잠재력을 확인하고, 각 세분 시장에 대한 성장 요소를 개발할 수 있는 정보를 획득하여야 한다.

셋째, 시장의 인구, 그들의 소비 능력, 안정성, 경제적 변화에 따른 취약성을 확인할 수 있는 정보를 획득하여야 한다.

넷째, 호텔의 수요 시장에 대한 배경(Background)을 확인할 수 있어야 한다.

이러한 지역 분석의 목적을 달성하기 위하여 과거와 현재 그리고 미래에 대한 자료를 동시에 검토하여 장기적인 미래의 수요와 공급 특성에 초점을 맞추어야 한다. 그리고 자료들은 신뢰할만한 관계 기관에서 수집 · 분석 · 획득하며, 지역 분석의 모든 요소들은 다방면에서 서로 영향을 끼친다는 것을 고려해야만 한다.

여러 학자들이 제시한 지역 분석 항목은 〈표 15-2〉와 같다. 〈표 15-2〉와 같이 지역 분석 항목은 매우 다양하고, 학자에 따라 분석 항목이 차이가 있기는 하지만, 공통적인 특징은 신규 호텔의 경제적 가치를 추정할 수 있는 항목이 주요 분석 내상이 되고 있다는 점이다. 지역 분석의 내용은 크게 지역의 경제 활동 분석과 지역의 관광 활동 분석으로 나누어 정리하면 다음과 같다.

가. 지역의 경제 활동

시장 지역의 경제 활동과 관련한 분석 항목은 지역의 경제적 동향 및 변화 추이에 대한 것으로 인구, 고용, 소매 매출액, 산업 및 상업 활동, 경제 성장률 등이 있다.

시장 지역의 인구 분석은 신규 호텔의 고객 프로파일과 표적 시장을 개발하는 데 필수적인 요소로 신규 호텔의 사업 가능성을 나타내주는 지표가 되고, 표적 시장의 선정 및 전략 수립에 중요한 영향을 미칠 수 있다. 특히 가계당/가구당 소득 변화, 가처분 소득, 소득 변화율, 소득 분포 등과 같은 변수는 고객의 범위를 선정하는 데 영향을 준다. 그러므로 인구 분석 요소는 인구수/성장/변화율과 인구 통계 자료(연령별, 성별, 직업별, 교육 수준별, 소득별, 가족 등), 지역의 방문객 등이 있다.

소매 매출액은 인구 동태 및 주민과 방문객의 소비 성향을 나타낸다. 인구의 추세와 함께 소매업은 호텔의 객실 수요와 직접적인 관계가 있기보다는 시장 지역의 경제적 건전성을 나타내주는 지표이다. 소매 매출액의 조사 대상은 쇼핑 센터의 종류, 규모, 형태, 거리, 상점의 수, 매출액 등이 있으며, 소매 매출액의 조사를 통하여 소비자의 소비 패턴, 시장 지역 내에서의 신규 호텔의 성장 가능성을 확인시켜 준다.

고용은 호텔의 이용과 서비스에 영향을 주는 요인으로 호텔 경영과 관련한 경제 환경을 규명하는 데 매우 유용한 변수이다. 고용 변수로는 직업 분포, 고용의 변화 추이 및 경향, 산업별 고용인수, 주요 생산품 등이 있다.

산업 및 상업 활동에 대한 분석은 산업체의 수와 변화 추이, 산업체에 의한 지역 경제력의 기초, 산업체의 지역별 집중도, 경제 변화에 따른 민감도 등이 주요 분석 대상이며, 이러한 요소들은 호텔의 점유율 추정 및 시장 세분화 전략에 유용하게 활용할 수 있다.

나. 지역의 관광 활동

지역의 관광 활동에 대한 분석은 관광 자원과 지역 명소, 레크리에이션 시설, 관광 개발 계획, 관광객, 관광 배출지, 관광 행태, 관광객의 소비 성향 등을 주요 분석 대상으로 하고 있다. 이러한 관광 활동에 관한 분석은 시장 지역의 관광객에 대한 견인력의 정도를 평가할 수 있는 지표로 지역의 관광 대상물의 견인력이 크다는 것은 신규 호텔의 객실 점유율에 직접적으로 영향을 미치고 있음을 의미한다. 그리고 잠재 일수, 관광객의 소비 성향, 관광 자원의 이용 현황 및 변화 추이 등의 관광 행동은 호텔의 마케팅 전략의 수립 및 개발에 직접적으로 영향을 미친다.

그러나 지역 분석 요소에서 나타난 바와 같이 어떠한 요소들은 계량화하기 어렵다. 또한 이들 변수들이 호텔의 수요에 영향을 미치는 정도에 있어서도 차이가 존재한다. 〈표 15-2〉는 지역 분석에 관하여 여러 학자들이 제시한 분석 항목을 검토하여 정리한 것이다.

표 15-2 지역 분석 요소

학자명	평가내용	비고
원융희	1) 인구, 고용, 소득, 조세 수입, 신규 호텔 건설 등의 성장 추이 2) 교육, 건강, 교통, 종교, 관광을 위한 주요 공공 및 민간 시설 3) 자동차, 비행기, 기차, 버스, 선박에 의한 교통량과 점유 비율을 포함한 여행 추세	
국내 컨설팅 기업	1) 자연 환경 분석 : 기후, 지형, 지질, 강수량 등 2) 인문 환경 분석 (1) 사회 · 경제적 환경 : 인구(지역별, 연령별, 산업별 고용) 및 인구의 변화 추이, 지역의 총생산액 및 산업별 생산액/변화 추이, 경제 성장률, 라이프스타일 등 (2) 교통 환경 분석 : 지역 내 · 외 간 접근성, 교통 연계 체계, 자가용 보유 현황/변화 추이 등 (3) 관광 환경 분석 : 관광객/변화 추이, 숙박 일수, 여가 생활 환경, 관광 자원 (4) 법 · 제도 분석	본 자료는 국내 컨설팅 기업체의 연구 보고서 4개를 종합하여 변수를 추출한 사항임
S. Rushmore	1) 시장 지역 구성 및 지리적 특성 2) 인구 3) 연령 분포 4) 소매 매출액 5) 지역 비즈니스 및 경제 동향(노동력의 특성, 제조, 건축, 교통 · 통신 · 공공 설비, 재무 · 보험 · 부동산, 도매 · 소매, 6) 공공 서비스 7) 주요 비즈니스 및 산업체 8) 사무실 면적 9) 컨벤션 및 전시회 10) 관광과 휴양객 11) 주변 지역 분석	
Harold E. Lane and Mark van Hartesvelt	1단계 : 경쟁 환경의 경제적 전망 시장의 경제적 기초 확인, 세분 시장의 성장 전망과 각 세분 시장에 대한 각 성장 요소를 개발하여 성장 전망을 조명, 시장의 인구 특성, 소비 능력과 소비 능력의 안정성, 경제 파동에 대한 소비 능력의 취약성, 호텔에 대한 관련 시장을 고려한 배경 확인, 관광객을 유인할 수 있는 지역 산업, 상업, 소매점의 수, 규모 및 다양성, 현재 또는 새로운 산업, 상업, 소매점 등에 의한 지역 환경의 견인력	Lane과 Hartesvelt는 일반적인 시장 전망에 정리

학자명	평가내용	비고
James. R. Keiser	1단계 : 시장 조사 1) 지역 사회의 경제적 요소 : 인접 지역 사회의 지위(진보, 안정, 쇠퇴), 지역 사회의 잠재적 성장, 지역 사회의 수입 원천(주요 산업체, 수입의 안정성, 평균 수입), 인구 통계 변수(가족, 독신, 어린이, 청년층, 노인층), 식음료 서비스 시설을 이용할 단체(시민, 종교, 친목), 선호 음식(두드러진 국민성, 윤리, 종교 단체 등의 측면에서)	그는 타당성 분석을 크게 3단계로 구분하여 시장 조사 단계에서 본 내용을 다룸.
Chuck y. Gee	1단계 : 일반적 전망 1) 지역 및 주 : 경제(경제 특성, 지역 주민 소득, 리조트에 영향을 미치는 정치적 요소), 추세(역사적 배경, 전망), 여행(관광 성장, 지역에서의 여행 패턴, 매력물), 주 혹은 지역의 홍보 대행사(상공 회의소, 관광국) 2) 지역 사회 : 경제, 인구 추이, 교통량, 교통 시설, 지역 관광물, 민간 홍보 단체, 토지 이용 제한 및 건축 규제, 토지 세금과 부가세 기준, 주류와 기타 전매권, 지역에 대한 리조트 시설의 유용성, 원재료 이용성과 운영을 위한 공급, 노동력(관리 · 기술 · 일반 노동력의 공급, 임금 추이), 자연 재해의 역사	리조트 호텔에 대한 시장 타당성 분석 모형을 제시한 Gee는 시장 지역 분석과 동일한 성격을 1단계의 일반적인 전망에서 다룸.
Rocco M. Angelo	1) 인구　　2) 고용 3) 소매 매출액　　4) 산업 및 상업 활동 5) 관광　　6) 교통	
Albert J. Gomes	1) 인구　　2) 수입 3) 고용　　4) 소매 매출액 5) 관광　　6) 상업과 산업 활동 7) 교통　　8) 산업 구조의 다양성	
정 규 엽	1) 인구 : 인구수의 성장 추이 및 예측, 인구 통계 분포 2) 소득 : 가계당/인구당, 가처분 소득 3) 주택공급 : 형태, 수, 개발 계획/성장 지역 4) 고용 : 직업 분포, 노동력 및 노무 비용, 주요 생산품 및 경제 환경 5) 교통 : 호텔과 연결되는 교통 수단의 형태별 수용인구, 도로 및 공항 변경 계획 6) 상업/산업 활동 : 주요 산업의 형태, 경제 민감도, 상업 지역의 건축 계획, 금융 활동 및 구매력 7) 관광 활동 : 관광 목적물, 관광 상부 구조 8) 소매 매출액 : 쇼핑 센터의 규모, 쇼핑 센터와의 거리, 식음료 판매의 형태 및 양	

학자명	평가내용	비고
장혜숙	1) 시장 지역 범위와 성격 : 행정적 구분, 지정학적 서술, 도시화 정도, 교통, 주요 산악, 역사적 유물, 개략적 산업의 방향, 지역적 측면에서 본 신규 호텔 사업의 필요성 조사 2) 인구 : 지역, 도, 국가적 측면에서의 인구 증가율 비교 · 미래 예측을 통하여 호텔 이용 수요를 예측하기 위한 것 3) 소득 : 총소득, 가처분 소득, 재량 소득 등 4) 고용 5) 소매업 : 소매 매출액의 변화에 따른 경제, 교통량, 신규 호텔과의 관계 6) 지역 산업과 관계 경제 성향 : 기업의 종류, 수, 기업의 성장 속도, 다양성, 지역 경제의 건전성 7) 교통과 접근로 8) 관광 : 관광객의 배출지, 관광 자원의 이용, 관광객의 소비 성향, 교통수단	신규 호텔 타당성 모형 중 시장지역 특성은 Coltman, Hodgson, Gomes, Doswell & Gamble의 모형을 검토하여 8가지 요소를 추출함.

❷ 입지 분석

Statler는 호텔 성공의 가장 중요한 3가지 요소에 대하여 모두 위치라고 강조한 바와 같이 입지는 호텔의 성공을 근본적으로 결정하는 가장 중요한 요소 중의 하나로 호텔 경영의 성공 여부는 결국 입지 조건에 달려 있음을 보여주고 있다. 따라서 신규 호텔 타당성 분석에서 입지 분석에 대한 중요성에 관한 논의는 그 자체가 무의미한 것이다.

입지 분석의 목적은 호텔 시설의 지속적인 사용과 개발을 위한 입지의 적합성 여부를 결정하는 것으로 입지 분석 요소는 〈표 15-3〉과 같다. 각 학자들이 제시한 입지 분석 요소를 종합하여 보면 크게 외형적 적합성, 접근성과 가시성으로 정리할 수 있다.

가. 외형적 적합성

외형적 적합성은 "입지 예정 지역의 잠재적인 개발 기회에 영향을 미치는 외부적인 요소의 합리적인 유용성"으로 정의할 수 있다. 이와 관련된 변수는 신규 호텔과 호텔 수요 유발 요인들과의 거리 혹은 위치, 신규 호텔과 경쟁 시설의 관계, 소음, 토지 이용 제한, 지역의 규모와 형태, 노동력의 이용 가능성, 기반 시설의 이용 가능성 등은 모두 외형적 적합성을 확인할 수 있는 변수라고 할 수 있다.

이와 같이 신규 호텔에 대한 외형적 적합성은 입지 지역의 환경적 요소에 대한 영향을 검토하는데 입지 지역의 소음, 토지 이용 제한 등은 외형적 적합성을 측정할 수 있는 중요한 요소이며, 구체적으로 검토하여야 할 사항은 다음과 같다.

첫째, 주거 및 상업 지역, 쇼핑센터, 공공 시설 등 지역 내의 부대 시설과의 관계에 대한 검토를 하여야 한다.

둘째, 현재 혹은 잠재적인 호텔, 위락 지역, 컨벤션 등 주요 수요 유발 요인들과의 위치를 검토하여야 한다.

셋째, 주요 수요 유발 요인의 여행 횟수와 경쟁 호텔에 관한 사항을 검토하여야 한다.

넷째, 입지 예정 지역의 개발 계획으로 인한 기회와 한계를 검토하여야 한다.

호텔 입지는 입지의 규모, 모양, 지형, 토양과 같은 요소들 중 어느 한 가지라도 불안정하다면 특정 운영의 형태를 불가능하게 하기도 한다. 도로와 건물 사이의 거리와 건물의 앞면과 뒷면의 폭은 호텔 신축에 있어서 충분히 고려되어야 하고, 지형은 건설, 미적 감각과 가시성에, 토양은 호텔 건축 비용과 쓰레기의 처리 가능성에 영향을 미치기 때문에 이러한 요소들을 고려하여야 한다.

나. 접근성과 가시성

입지 분석에서 반드시 고려되고 평가되어야 할 또 다른 항목은 접근성과 가시성에 대한 분석이다. 접근성과 가시성은 특정 호텔 입지의 시장성에 영향을 미치는 중요한 요소로서 모든 호텔이 갖추어야 할 기본적이고 필수적인 요소이다.

접근성과 관련한 분석 요소는 다양하게 존재하지만, 일반적으로 교통량과 교통 패턴에 관한 평가가 중요한 의미를 갖는다. 관광 행위의 발생은 관광 목적지에 접근할 수 있어야 하기 때문에 정주지로부터 비교적 편리하고 경제적인 여행이 가능하여야만 하고, 창조되어야만 한다. 이것은 관광 산업에서 교통이 차지하는 비중을 간접적으로 표현한 것으로 시장 지역에 대한 교통 환경 분석은 중요하다. 따라서 신규 호텔의 특정 입지 지역의 지역 간 또는 역내 교통량과 교통 패턴에 관한 조사는 의미가 있으며, 성공 가능성에 중요하게 영향을 미치게 된다. 그렇기 때문에 교통량과 교통 패턴에 대한 정보는 필수적이며, 교통량과 교통 패턴에 관한 정보를 수집하는 방법은 지역의 교통 특성을 실제적으로 관찰하는 것으로 도로 확장 계획, 우회 도로 신설 계획, 공항 시설 현황 및 처리 능력, 차종, 시간대별 교통량, 월간 · 주간 · 시간 · 교통 수단별 관광객 유동량 등은 주요 분석 대상이 되고 있다.

접근성은 관광객 배출 지역과 호텔 간의 실질적 연결 수단의 용이성 정도를 의미하는 것으로 접근의 용이성은 수익성에 중요한 영향을 미친다.

한편, 접근성을 높이기 위한 호텔의 도로 표지판은 입지의 가시성을 증대시킬 수 있는 중요한 수단이 되며, 가시성은 이 밖에 야간의 방해 건물의 존재, 네온사인 등으로부터 영향을 받는다.

시장 분석에 앞서 입지의 가시성과 접근성은 경쟁 호텔과 잘 비교 · 분석되었는지를 면밀히 검토하여야 한다. 또한 입지의 가시성과 접근성에 관해서는 모든 종류의 교통 수단과 관광객을 분석하여야 한다.

입지 분석에서 고려되어야 할 다른 중요한 요소는 입지 지역에 적용될 법규에 대한 검토이다. 호텔은 고도 제한, 주차장 조건, 숙박 시설, 식음료 시설 경영자의 경영과 개발을 통제하는 자격 요건과 허가 그리고 다른 여러 종류의 관련 법규가 있을 수 있다. 이러한 법률 또는 규제에 대한 검토는 신규 호텔의 전체적인 타당성 평가에 부정적인 영향을 미칠 수 있으므로 면밀히 검토해야 한다. 한국의 경우, 신규 호텔 건축에 관련된 법률은 건축법, 도시계획법, 주차장법, 관광진흥법, 지역의 개발특별법/단지 개발 규제/건축 조례 등이 있다. 또한 인 · 허가 또는 면허와 관련하여 관계된 많은 법률 혹은 규제 사항을 면밀히 검토하여야 한다.

표 15-3 **입지 분석 요소**

학자명	평가내용	비고
Harold E. Lane and Mark Van Hartesvelt	입지 평가 : 지역의 규모와 형태, 대지의 용도, 접근성, 가시성, 교통 신호, 고속도로와 도로 개발, 노동력의 이용 가능성, 배출지에서의 접근성	
James. R. Keiser	(1) 위치 : 지역, 도로와 호텔 건물 사이의 거리, 건물의 앞 · 뒷면 사이의 폭, 지형, 토양 (2) 교통 : 교통량, 진입 · 진출로, 교통 성수기, 교통 변화 예측, 교통 목적지, 주요 간선 도로의 편리성, 주차 시설 (3) 기타 운송 수단 : 형태 및 양, 범위 (4) 입지의 가시성 : 교통 신호, 다른 건축물에 의한 현재 혹은 미래의 장애 (5) 법률 : 토지 이용 제한, 도로와 건물 사이의 면적, 관계 법령, 부과금과 세금 (6) 유용성 : 상 · 하수, 전기, 천연 가스, 쓰레기, 제약 요인	Keizer는 시장 지역 분석과 입지 분석을 세분하지 않고 시장 조사 부문에서 입지 분석 요소를 언급함.
Chuck y. Gee	3단계 : 입지 1) 장점 (1) 토지의 규모 및 형태 (2) 지역 사회 자원과 관련한 위치 (3) 접근성 (4) 지역 내 교통과 순환 습관 (5) 지역 사회의 성격 (6) 입지의 물리적 지형 (7) 토양 특성 (8) 토지 임대 (9) 주변 지역의 개발 확장 (10) 토지 이용 제한 (11) 건축 규제 (12) 위락, 문화, 유인물, 외곽 서비스 지역, 기타 리조트 지역, 공항, 고속도로 시스템, 인접 비즈니스 센터 등의 지역 지도	
정규엽	1) 토지 자체의 일반적 묘사, 기후, 토양, 지형, 초목 등 2) 토지의 자연적 조건, 상수도, 배수, 위생 하수 설비, 소방 시설, 전기, 가스 등 3) 하부 구조 혹은 공공 사업, 인근 토지 이용, 건축 규제 및 토지 이용 제한, 건축법 등 4) 토지 및 건물 이용 상태, 그리고 향후 예상되는 개발 계획의 기회와 한계 등을 정리하여 호텔 타당성 분석의 마케팅적 접근을 시도하여 입지 분석을 크게 접근성, 가시성, 적합성의 3가지 요소로 평가	

학자명	평가내용	비고
김재민	1) 위치 : 지역 여건, 도로와 건물 사이의 거리, 지형, 토질상태 2) 교통 패턴 : 교통 회수, 진입로 · 출구, 교통 혼잡 시간, 교통 거리, 간선 도로 접근의 편리성, 주차시설 3) 위치의 가시도 : 신호 규정, 다른 건물에 대한 현재와 미래의 건물 차단 가능성 4) 법률 조건 : 법률 규정(공장 지대, 상업 지대), 건축에 관련된 법률과 규정, 세금 및 공과금 5) 관광 기반 시설 : 전력, 상 · 하수도 시설, 오물 처리 시설, 시설 제한 사항	그의 입지 분석은 시장 지역 분석과 입지 분석을 통합하여 조사 항목을 제시함.
장혜숙	1) 기반 시설 2) 교통 3) 환경 : 주변의 경관 및 소음 4) 입지의 물리적 특성 : 토지의 넓이, 모양, 토지 구매 비용	

(2) 시상 조사

시장 조사는 그 지역에서 현재와 미래의 공급 및 경쟁 호텔의 현재와 미래의 수요를 확인하는 것이다. 따라서 시장 조사는 고객의 수와 고객의 성향을 조사하기 위하여 실시하며, 현존하고 있는 경쟁사와 잠재적인 경쟁사를 분석하여 보다 정확하게 시장을 파악하고, 호텔의 특성, 객실 등과 같은 세부 사항을 결정하기 위해 실시하는 것이다.

시장 조사는 신규 호텔 건설의 타당성 분석에서 중요한 요소이며, 시장 조사에서 활용될 자료는 정확하고, 시장의 속성을 명확히 구분할 수 있어야만 한다. 일반적으로 시장 조사는 공급 · 수요 예측, 경쟁 분석 등으로 크게 구분하여 설명할 수 있다.

❶ 공급 및 수요 예측

호텔의 예상 수요 성장률의 확인, 호텔의 과잉 공급, 관광 행동의 변화, 정보 통신 기술의 혁신 등은 호텔 사업자들에게는 대단히 중요한 정보이다. 또한 이러한 요소들의 성장 가능성은 신규 호텔의 경제적 가치를 부여할 수 있을 것이다. 그러나 신규 호텔의 수요와 공급, 점유율, 객실 요금, 성장률 등에 대한 명확한 규명이 없다면, 신규 호텔의 경제적 가치에 대한 평가에 어려움을 겪게 될 것이다. 따라서 신규 호텔의 경제적 가치 추정은 주변 호텔의 객실 및 부대 시설의 공급에 관한 정보, 전체 수요 시장 및 수요량에 관한 정보, 세분 시장별 수요량에 관한 정보 등을 조사 · 분석하는 활동이며, 이들 정보의 정확성은 신규 호텔의 경제성 분석에 직접적으로 영향을 미치기 때문에 더욱 중요하게 인식되고 있다.

가. 공급 분석

호텔 객실 혹은 부대 시설에 대한 공급 분석은 경쟁 지역의 기존 호텔과 미래의 신규 호텔의 객실 수 혹은 부대 시설, 총 여행 수요 및 신규 호텔 입지 지역으로 유입되는 여행객 수, 여행객의 숙박 행동 분석을 통한 경쟁 호텔의 세분 시장별 점유율, 잠재 관광객의 성장률 등의 분석이 행해지기 때문에 공급 분석은 수요 예측을 위한 부수적인 단계에 속한다고도 볼 수 있다.

그러나 이러한 이유에도 불구하고 공급 분석은 매우 중요하다. 예를 들면, 미국에서 50년 동안 운영을 계속해 오고 있는 Center-City 호텔은 주당 $20 혹은 시간당 $5의 값싼 객실 요금 때문에 수익 창출에 어려움을 겪고 있다. 이러한 Center-City 호텔은 경제적인 가치가 상실되어 그 호텔의 가치를 평가하기가 어려워지는 반면에 Marriott 또는 Holiday Inn과 같은 호텔은 아직까지 경쟁력을 가지고 있고 성장을 지속하고 있다. 이는 대부분의 신규 호텔이 규모가 커지고 체인 협약을 체결하는 공급 현상에 따른 결과이기도 하다. 따라서 신규 호텔과 경쟁 관계에 있는 호텔의 현재와 미래의 공급을 확인하는 것은 수익의 창출 가능성, 수익률 혹은 신규 호텔의 경제적 가치 추정에 매우 중요하다. 그러나 공급 분석은 그 성격상 실무적으로는 경쟁 혹은 수요 예측 부문과 중복되어 다루어지는 경우가 많다.

나. 수요 예측

수요 예측이란 마케팅 관점에서 마케팅 환경의 변화를 측정해서 기업이 변화에 대비한 전략을 수립할 수 있도록 하는데 필요한 기술로 예측 활동은 무엇보다 정확성이 요구되며, 예측 활동이란 불확실한 미래의 상황에서 통제 불가능한 사건이나 활동의 시기와 크기, 효과를 추정하는 일로 불확실한 경쟁 상황에서 적용할 논리적인 기준을 제공하는 활동이다. 그러므로 수요 예측 활동은 미래의 상황 변화를 세밀히 추적하여 기업의 투자 의사 결정에 대한 위험을 극소화시키기 위한 정보를 제공하여야 한다.

호텔의 수요 예측은 간혹 과거 몇 년의 성과에 기초한 단순한 방법에 의하여 산출되는 경우가 있다. 이러한 수요 예측은 시장의 객실 현황과 경쟁 현실 변화의 가능성에도 불구하고, 이전의 성과를 초과하여야 한다는 우선적인 가정에 기초하고 있고, 수요 예측의 성과 목표는 시장의 현실보다는 단순히 경영자의 욕구를 반영하는 경향이 있기 때문에 이 방법에 의한 수요 예측은 과거 연도의 점유율과 요구되는 성장률의 결과에 지나지 않으므로 진정한 의미에서 수요 예측 활동이라고 할 수 없다.

수요 예측의 진정한 목적은 최종 고객 행동을 계획하기 위한 것으로 고객 행동을 계획하여 기업의 타당성을 평가하고, 궁극적으로 합리적인 의사결정을 통한 경영 위험을 줄이려는 것이다. 수요 예측은 시설 계획, 상품 생산 계획, 재무 계획, 인원 계획, 마케팅 계획, 구매 계획 등의 기초가 되고, 예측의 정확성에 따라 이들 계획이 올바로 수행될 수 있기 때문에 신규 호텔 타당성 분석에서 가장 중요한 요소 중의 하나이다.

한편, 호텔의 수요는 수익 부문에 따라 속성이 다른 다양한 고객에 의하여 창출되므로 수요 예측은 일반적으로 시장 세분화를 통한 세분시장의 점유율 혹은 매출액을 추정하게 되는데, 시장 · 수요 세분화는 구매 고객, 고객의 거주지, 세분 시장의 규모, 고객의 속성, 고객의 욕구를 충족시킬 수 있는 시설 등을 규명하여 그 결과를 산출하여야 한다.

수요 예측 기법은 크게 정성적 기법과 정량적 기법으로 분류할 수 있다. 정성적 기법은 전문가와 같은 사람들의 경험에 기초한 수요 예측 방법으로 주관적 요소에 의해 이루어지므로 주관적 기법 혹은 질적 기법이라고도 한다. 이러한 질적 예측 기법은 관광 혹은 호텔의 수요를 결정하는 제 요인이 불안정하거나 시계열이 존재하지 않거나 신뢰성이 낮을 때 혹은 필요한 정보가 부족할 때에 예측자의 주관적인 경험을 바탕으로 하여 미래의 가상 상태를 결정하는 것이다. 이러한 정성적 기법의 특성을 요약하면 〈표 15-4〉와 같다.

표 15-4 정성적 예측 기법

정성적 기법		Delphi	Market surveys	Life-cycle analogy	Informed judgement
예측 과정		전문가의 질문에 익명으로 응답하고, 응답을 모든 참가자들에게 피드백한다. 이러한 과정을 3~6회 정도 지속하여 예측	패널, 앙케이트, 시장 테스트, 여론 조사 등을 통한 시장에 관한 자료 수집	제품 계열의 도입, 성장, 포화 단계에 근거를 둔 예측으로 S형의 판매 성장 곡선을 사용	개인 혹은 집단이 경험, 직감, 사실을 토대로 예측
용도		생산 능력 또는 설비 계획을 위한 장기 판매 예측, 기술혁신의 시점을 알기 위한 기술 예측	기업의 총매출, 제품 계열별 매출, 제품별 매출의 예측	생산 능력 또는 설비 계획을 위한 장기 판매 예측	총매출 및 개별 제품 판매의 예측
정확도	단기	보통-매우 양호	매우 양호	미약	미약-보통
	중기	보통-매우 양호	양호	보통-양호	미약-보통
	장기	보통-양호	보통	보통-양호	미약-보통
전환점의 예측		보통-양호	보통	보통-양호	미약-보통
비용		보통-높음	높음	보통	낮음

자료 : J. C. Chambers, S. K. Mullick and D. D. Smith, How to Choose the Right Forecasting Technique, Harvard Business Review, July-August, 1971.

한편, 정량적 기법은 주관적 요소에 대한 계량화는 의미가 없다는 가정에서 객관적인 자료를 이용하여 수요 예측을 하는 방법으로 객관적 기법 혹은 양적 기법이라 한다. 이러한 정량적 기법은 시계열 분석 기법과 인과형 예측 기법으로 구별된다.

시계열 분석이란 시계열로 제시된 과거 자료에서 추이 혹은 경향을 분석하여 수요를 예측하는 방법으로 시계열 분석의 초점은 미래의 수요가 과거에 발생된 수요와 관련된 시계열성에 있다고 하는 것이다. 이러한 시계열 분석 기법의 특성은 〈표 15-5〉와 같다.

인과형 예측 기법은 수요 발생 과정을 인과적으로 파악하여 과거의 자료에 기초를 두고 변수들 사이에 특정한 인과 관계를 규명하여 예측하는 기법이다. 인과형 예측 기법의 특성은 〈표 15-6〉과 같다.

표 15-5 시계열 분석 기법

시계열 분석 기법		Moving average	Exponential smoothing	Mathematical models	박스-젠킨스 Box-Jenkins
예측 과정		일정 기간에 있어서 산술 평균이나 가중 평균에 의하여 예측	이동 평균법과 유사하지만 최근 데이터에 가중치를 부여. 전산화하기 용이하고 다품목 예측에 적합	회귀 분석의 방법에 의하여 시계열 시 데이터에 맞춘 선형 또는 비선형모델, 추세 모델, 다항식 모델, Fourier 급수 모델 등이 있음	자기상관법에 의하며 기본적인 시계열을 판별. 60여 개 정도의 데이터 포인트가 필요함
용도		재고, 생산, 일정 계획을 위한 단·중기 예측. 다수 품목을 예측할 수 있음	이동 평균법과 동일함.	이동 평균법과 동일하지만 비용 문제로 소수 품목에만 적용	비용이 많이 소요되므로 극히 정확한 단기 예측을 요하는 품목에 한정
정확도	단기	미약-양호	보통-매우 양호	매우 양호	매우 양호-우수
	중기	미약	미약-양호	보통-양호	보통-양호
	장기	극히 미약	극히 미약	극히 미약	극히 미약
전환점의 예측		미약	미약	미약	미약
비용		낮음	낮음	낮음-보통	낮음-보통

자료 : J. C. Chambers, S. K. Mullick and D. D. Smith, op. cit.

표 15-6 인과형 예측 기법

인과형 예측 기법		회귀 분석	Econometrics model	투입-산출 모델	시뮬레이션 모델
예측 과정		수요 변동을 야기하는 외부 변수와 내부 변수의 함수로서 수요를 예측	경제 활동의 한 부문을 묘사하는 상호 의존적인 회귀 방정식	경제의 제 부문 간의 흐름을 나타내는 매트릭스 모델. 산출에 필요한 투입을 예측	시간 경과에 따른 제품 판매와 이동의 변화를 나타내는 유통 시스템의 시뮬레이션
용도		재고, 생산, 일정 계획을 위한 단·중기 예측. 다수 품목을 예측할 수 있음	이동 평균법과 동일함.	이동 평균법과 동일하지만 비용 문제로 소수 품목에만 적용	비용이 많이 소요되므로 극히 정확한 단기 예측을 요하는 품목에 한정
정확도	단기	양호-매우 양호	매우 양호-우수		매우 양호
	중기	양호-매우 양호	매우 양호	양호-매우 양호	양호-매우 양호
	장기	미약	양호	양호-매우 양호	양호-매우 양호
전환점의 예측		매우 양호	우수	보통	양호
비용		보통	높음	매우 높음	높음

자료 : J. C. Chambers, S. K. Mullick and D. D. Smith, op. cit.

한편, 여러 학자들이 제시한 수요 예측의 단계를 예로 제시하면 〈표 15-7〉과 같다.

표 15-7 수요 예측 기법

학자	수요예측단계	비고
Stephen Rushmore	1. 수요 예측 단계 1) 시장 지역 규정 2) 수요 유발 요인 분석 3) 숙박 행동 분석	
Peter C. Yesawich	시장 수요 예측 단계 1단계 : 시장의 전체 수요 확인 및 세분 시장의 판매 객실 수와 점유율 확인 2단계 : 세분 시장별 공정 시장 점유율 확인 3단계 : 세분 시장의 성장률 추정 4단계 : 경쟁 호텔의 시장 활동 조사 및 세분 시장별 초과 객실 수요 추정 5단계 : 전년도 세분 시장 실적과 성장률 합산 6단계 : 매출액 추정	Yesawich는 시장에 기초한 수요 예측 단계를 설정하여 제시

학자	수요예측단계	비고
동우개발	1단계 : 전체 외래 방문객에 대한 수요 예측 2단계 : 경주 지역 외래 방문객의 수요 예측 3단계 : 총 수요 및 카지노 수요 추정 4단계 : H호텔 카지노 수요 예측	
교통 개발 연구원	1단계 : 치악산권의 관광 수요 추정 : 시계열 분석 방법에 의한 치악산권의 관광 수요 추정 2단계 : 치악산권 숙박 수요 추정 : 치악산권 숙박 수요 추정식 $V' = \frac{1}{n-1} \sum_{i=2}^{n} \frac{K-Pi}{K-Pi-1}$ Pt=t시기의 예측치 K=추상치의 예측치 p_0=기준연도의 값 V'=연속기간 사이의 성장률, t=기간	K는 일본 숙박 관광 비율 56.7% 적용(64~86년의 최고 숙박률)
우효근	경험적 예측 모형 첫째, 세분 시장의 평균 객실 이용률을 산출. 둘째, 경쟁 호텔의 평균 점유율과 수요 예측 대상 호텔의 점유율 차이를 가감. 셋째, 국제 회의나 단발성 대형 단체에 대한 객실 유치 가능량을 가산. 넷째, 한국 공휴일의 변수를 가감한다. 다섯째, 일본 공휴일의 변수를 가감. 여섯째, 변수의 가감 조정.	

관광 분야에서 수요 예측과 관련하여 많이 이용되는 기법은 시계열 방법, 회귀 분석법, 중력 모형, 여행 비용 방법 등이 주로 활용되고 있으며, 이외에도 많은 수요 예측 방법을 응용하여 활용하고 있다.

(3) 경쟁 분석

오늘날 호텔 산업의 경쟁은 매우 치열하고, 시장에서 활동하는 여러 기업의 활동과 그 활동에 대한 대응으로 나타나며, 적절한 전략을 추구하여 경쟁적 우위의 포지션을 달성하기 위해 노력하는 기업에 의해서 시작된다. 즉 경쟁은 유사한 경쟁 기업 간의 전략적 우위를 확보하기 위한 포지셔닝 활동으로 호텔 기업의 활동에 매우 중요한 마케팅 전략이다. 이러한 측면에서 경쟁이란 고객에게 제공할 상품과 서비스를 수단으로 경쟁 기업 간에 상대적 우위를 확보하려는 전략적 활동이다. 그러므로 경쟁 분석은 기업 활동을 비교 · 분석하는 것으로 기업의 미래 목표를 달성하기 위해 기업 활동에 영향을 미치는 시

장 환경의 기회와 위협을 규명하여 이와 관련한 강 · 약점을 분석하는 것으로 설명할 수 있다.

기업 간의 경쟁 분석 활동은 좁은 의미에서 시장 환경에 대한 SWOT 분석을 활용할 수 있으며, SWOT 분석을 하려는 기업은 가장 먼저 사업 단위를 규정하여야 하고, 사업 단위의 기회와 위협을 확인하고, 마지막으로 사업 단위의 중요한 성공 요소를 결정해야 한다. 호텔 산업에 있어서 경쟁 분석은 다음과 같은 사항을 평가하여야 한다.

첫째, 동일 시장 내에 존재하는 호텔 시설의 공급량을 평가하여야 한다.

둘째, 경쟁 호텔의 전체 객실 점유율과 각각의 평균 객실 점유율을 평가하여야 한다.

셋째, 경쟁 호텔의 평균 객실 요금 및 전체 객실 매출액 그리고 호텔 전체의 매출액을 평가하여야 한다.

넷째, 경쟁 호텔의 포지션을 확인하고 그들의 마케팅 전략을 분석한다.

이와 같이 경쟁 분석은 동일 시장에 존재하는 경쟁 호텔과의 관계를 분석하여 궁극적으로는 효과적인 마케팅 전략의 수립 및 실행을 위한 시장 상황 분석이라 할 수 있다. 즉 시장 상황에 대한 기회와 위협을 분석하여 기업의 강점을 최대한 활용하고, 약점을 회피 또는 보완하기 위한 활동이다. 따라서 시장 상황 분석은 구체적으로 사업 영역 분석, 상품 분석, 기회 분석, 접근성 분석 등을 행하여야 한다.

사업 영역 분석이란 매력물 분석과 사업 환경 분석으로 분류할 수 있는데, 매력물 분석은 호텔 기업 상품에 필요한 매력물을 평가하는 것이고, 사업 환경 분석은 사업 환경 내의 변화를 분석하는 것으로 호텔 산업에 영향을 미치는 사회 전체 혹은 지역의 변화 등을 분석하는 것이다. 상품 분석은 마케팅 전략에 있어 가장 본질적인 요소로서 상품의 물리적인 제한 및 물리적 제한 극복을 위한 분위기, 이미지, 장식 등의 계획을 수립하는 것이다.

기회 분석은 내부 · 외부 기회에 대한 면밀한 조사를 통하여 새로운 시장 기회를 확인하는 것이다. 접근성 분석은 마케팅 전략의 수행을 위한 목적지와 관광 시장 간의 적절한 연결 수단을 조사하는 것으로 교통 수단 및 소요 시간, 공급과 수요의 상호 보완성, 관광 시장과 목적지 간의 접근 비용 등의 분석을 필요로 한다.

2) 경제성 분석

기업의 재무 활동은 반드시 자금의 투자와 투자 자금의 배분 문제에 직면하게 되고, 이와 관련한 의사 결정은 기업 전체에 중요한 영향을 미치게 된다. 특히 호텔은 고정 자산이 총 자산의 70(%)~90(%)를 차지하고, 고정 자산이 상품의 질에 중대한 영향을 미치며, 고정비의 지출이 타 산업에 비하여 높은 비중을 차지하고 있기 때문에 신규 호텔의 재무 분석은 중요하다.

재무 분석은 과거의 경영 성과 혹은 현재의 재무 상태에 대한 제 정보를 알기 위해 행하는 분석 과정으로 기업이 장기간에 걸친 전략적이고 경제적인 성장을 위해 고려할 문제를 포함하여야 한다. 특히 신규 호텔의 재무 분석은 현시점에서 미래에 대한 재무적인 예측을 의미하는 것으로 현시점에서의 재무 의사 결정이 미래의 결과로 연결되는 것이다. 이러한 의미에서 재무 분석의 결과는 객관성과 신뢰성을 갖추고 있어야 한다.

신규 호텔 건설의 타당성 분석 과정의 마지막 단계는 시장성 분석에 의하여 획득된 정보를 기초로 재무 분석을 통한 경제성 분석을 하는 것이다. 경제성 분석은 재무 분석 과정의 일환으로 신규 호텔 건설의 의사 결정을 위한 대안을 준비하여 재무적 위험과 기회의 평가를 통한 재무적 위기의 가능성에 대하여 사전에 평가하려는 것이다. 따라서 재무 분석은 일반적으로 자금의 흐름에 대해 미래의 시간성과 불확실성을 반영한 현재 가치로 평가하여 궁극적으로는 미래의 기업 가치를 평가하는 활동이라 할 수 있다. 이러한 재무 분석의 영역 중 평가를 위한 기준 지표를 산출하는 것이 경제성 분석이다.

공급 및 수요 예측, 경쟁 분석의 과정에서 기술성 분석과 시장성 분석은 이미 이루어졌다고 볼 수 있다. 따라서 기술성 분석과 시장성 분석을 통하여 얻어진 결과 또는 정보를 기초로 미래의 재무적 측면을 검토하여 사업성 평가를 통한 최종 의사 결정이 이루어져야 한다. 그리고 그 평가 기법은 현금 흐름과 할인율을 추정하여 회수 기간법, 순현가법, 내부 수익률법, PI 지수법 등의 경제성 지표에 의해 평가하는 것이 타당하다. 신규 호텔 건설의 타당성 분석에 있어서 경제성 분석에 포함되어야 할 내용은 다음과 같다.

(1) 추정 손익계산서

손익계산서는 한 회계 기간 중에 발생한 수익과 비용을 한 표에 모아 총수익과 총비용을 차감하여 순손익을 평가하는 것으로 당기의 경영 성과를 나타내 주게 된다. 따라서 추정 손익계산서는 미래에 예측되는 일정 기간의 경영 성과를 예측할 수 있는 중요한 자료로 타당성 분석과 관련한 경제성 분석 단계에서 현금흐름표와 함께 많이 이용된다.

(2) 현금 흐름 추정

투자안의 평가는 현금 흐름을 기초로 평가하는 것이 바람직하다. 현금 흐름이란 투자로부터 발생하는 모든 현금의 움직임을 의미하는 것으로 기간마다 투자로 인한 현금 유입과 현금 유출의 차를 계산하는 것이다. 즉 현금 흐름이란 현금 유입의 총액에서 현금 유출의 총액을 뺀 순차를 말하는 것으로 이 순차를 순 현금 흐름이라 하며, 이 순 현금 흐름을 현금 흐름이라 한다.

만일 투자 대상 사업에 대한 경제성의 유 · 무를 평가한다면, 평가의 주체는 당연히 자본을 투자한 주주와 채권자가 되며, 평가의 대상은 이 사업의 결과로 주주와 채권자에게 돌아가는 보상, 즉 몫이 되어야 한다. 이와 같이 현금 흐름의 본질은 투자로부터 얻게 되는 수익 중 주주와 채권자에게 돌아가야 할 몫으로 영업 활동과 투자 활동, 조세 제도와 관련한 현금 유입과 유출을 인식 대상으로 하고 있다.

현금 유출의 구체적인 내용은 손익계산서 상의 비용 항목 중에서 감가상각비와 지급이자를 제외한 것으로 투자 활동(기초 투자액, 새로운 자산의 취득, 운전 자본에의 투자 등), 영업 활동(판매비, 일반 관리비), 조세 제도(법인세, 주민세 등) 등이 포함된다. 한편, 현금 유입의 구체적인 내용은 순수한 투자 활동(고정 자산의 처분, 잔존 가치의 회수, 사업 종료 시점에서의 운전 자본 누적 투자액의 회수 등), 조세 제도(고정 자산 처분 손실 등에 따른 법인세 감액, 법인세 환급 등), 영업 활동(순 매출액) 등이 포함된다.

현금 흐름의 인식 도구는 손익계산서인데 현금 흐름이 손익 인식 방법과는 차이점이 있다. 그 차이점을 살펴보면 다음과 같다.

첫째, 현금 유입과 유출의 구체적인 인식 대상은 순수한 영업 활동과 투자 활동 그리고 조세 제도에만 국한되고 있다는 것이다. 이는 투자 대상의 경제적 가치를 평가하는 데 적절한 투입 변수는 투자와 영업 활동에서 비롯된 현금 흐름이어야 하기 때문이다.

둘째, 감가상각비는 현금 유출로 간주되지 않는다. 이는 감가상각을 하더라도 실제로 기업 밖으로 현금이 유출되지 않기 때문이다.

셋째, 이자와 배당은 영업 외 요인이기 때문에 당연히 현금 유출에 포함시켜서는 안 된다.

넷째, 자산의 취득과 처분 중 투자 활동은 현금 흐름의 인식 대상으로 되고 있으나 자본 조달과 상환 등의 자본 조달은 현금 흐름의 인식 대상에서 제외된다.

한편, 현금 흐름의 추정 시 고려하여야 할 사항은 현금 흐름의 추정 기간의 선정, 운전 자본 투자액 및 기회 비용, 인플레이션, 매몰 원가 및 부수 효과 그리고 미래의 불확실성 등을 감안하여야 한다.

(3) 할인율

할인율은 현금 흐름을 현재 가치로 평가함에 있어 결정적인 역할을 하는 것으로 할인율의 적용 및 할인율의 결정은 매우 어려운 문제이다. 할인율이란 개념은 일정한 기간 자본을 이용한 데 대한 정당한 대가, 즉 자본 비용을 말하는 것으로 요구 수익률, 이자율, 보상율, 거부율 등의 여러 명칭으로 불리고 있으나 자산의 가치를 평가하기 위해 투입되는 변수로 쓰일 때에 할인율이란 명칭을 사용한다. 따라서 할인율은 자본의 희생에 대한 정당한 보상으로 자본에 대한 시간적인 희생과 위험을 감내한 대가라고 할 수 있다.

자본 비용은 자본의 원천에 따라 크게 타인 자본 비용과 자기 자본 비용으로 분류할 수 있으며, 이 두 자본 비용의 합이 결국 할인율이 되는 것이다. 타인 자본 비용이란 기업이 일정한 조건으로 외부에서 차입하여 사용하고 언젠가는 상환해야 하는 자본에 대한 대가를 말하며, 자기 자본 비용이란 소유주 혹은 주주가 납입한 자본에 대한 대가를 말하는 것으로 할인율이란 이들 자본 비용의 가중 평균 비용을 의미한다.

타인 자본 비용은 이미 타인 자본을 차입할 때 대개의 경우 이미 자본 사용에 대한 대가가 약정되어 있기 때문에 타인 자본 비용의 추정은 어려운 문제가 아니다. 그러나 자기 자본 비용의 추정은 자기 자본의 사용에 대한 구체적인 조건이 명시되어 있지 않기 때문에 추정이 곤란하지만, 실무적으로 하마다 모형을 적용하여 신규 기업의 체계적 위험을 계산하여 자기 자본 비용을 추정할 수 있다. 하마다 모형은 다음과 같다.

$$\beta u=\beta L/[1+B/S(1-t)]$$

여기에서 βL : 타인 자본을 이용하는 경우의 체계적 위험

βu : 타인 자본을 이용하지 않는 경우의 체계적 위험

B/S : 자기 자본(S)에 대한 타인 자본(B)의 비율

t : 적용 법인세율

하마다 모형에 의해 계산된 할인율은 새로운 사업을 수행하여 최소한 달성해야 하는 기대 수익률로 자본을 투자한 대가로 달성해야 하는 최저 필수 수익률이 된다. 따라서 할인율 이하의 수익이 발생될 것으로 기대되면 사업의 경제적인 가치가 낮은 것으로 판단할 수 있는 것이다.

(4) 경제성 분석

경제성 분석은 추정 손익계산서와 추정 현금 흐름표의 자료를 이용하여 사업의 경제성을 평가하려는 것으로 경제성 분석 기법은 여러 가지 방법이 있으나 미국의 경우 신규 호텔의 경제적 타당성 분석을 위한 기법의 활용의 빈도는 〈표 15-8〉과 같다.

표 15-8 호텔 경제성 분석의 이용 기법의 빈도

분석 기법	이용 빈도
내부 수익률	74%
회수 기간법	66%
순현가법	55%
회계적 이익률법	32%

자료 : William P. Andrew & Ramond S. Schmidgall, "Financial Management for The Hospitality Industry," American Hotel and Motel Association, 1993.

❶ 회수 기간법

회수 기간법은 투자에 소요되는 모든 비용을 완전히 회수하는데 걸리는 기간을 계산하여 이 기간의 장 · 단을 기초로 경제성을 평가하는 방법이다. 즉, 연간 현금 흐름을 추정하여 투자 비용이 모두 회수되는 데 소요되는 기간을 추정하여 회수 기간이 가장 빠른 투자 대안이 경제성이 있는 것으로 판단한다.

한편, 회수 기간법은 계산이 간단하다는 장점이 있으나, 투자 자본에 대한 시간 차원과 위험 차원이 고려되지 않은 문제점을 내포하고 있다.

❷ 순현가법(NPV)

순현가법은 투자로 발생하는 현금 유입의 현재 가치에서 현금 유출의 현재 가치의 합계를 차감한 순 현재 가치를 계산해서 투자 대안의 경제성을 평가하는 것으로 투자로 인하여 발생하는 미래의 모든 현금 흐름을 적절한 할인율로 할인하여 투자 결정에 이용하는 방법이다.

이 순현가법은 자본 비용을 빼고 남은 순 가치 증가분으로 나타낸다. 순현가를 계산하는 식은 다음과 같다.

$$NPV=[CFI1/(1+K)^1+CFI2/(1+K)^2+\cdots+CFIn/(1+K)n]-[CFO1/(1+K)^1+CFO2/(1+K)^2+\cdots+CFOn/(1+K)^n]$$

단, CFI1, CFI2…CFIn : 각 시점의 순 현금 유입의 크기

CFO1, CFO2…CFOn : 각 시점의 순 현금 유출의 크기

K : 세후 가중 평균 자본 비용(할인율)

순현가법의 평가 기준은 0이다. 즉 순현가법에 의해서 계산된 값이 0보다 크면 경제성이 있지만, 그 값이 0보다 작으면 경제성이 없는 것으로 평가되는 것이다. 이러한 순현가법은 화폐의 시간 측면과 위험 측면이 모두 반영된다는 점으로 투자안의 경제성 평가 기법 중 가장 우수한 방법으로 실무적으로 많이 활용되는 기법 중의 하나이다. 이러한 순현가법은 내부 수익률법보다 투자 결정을 위한 분석에서 다음과 같은 이유에서 우수하다고 평가된다.

첫째, 투자 결정의 목표는 기업 가치의 극대화에 있는데, NPV법에 의해서 측정되는 순현가는 투자로부터 발생될 절대 부의 증감액을 나타내므로 자본 비용에 대비한 수익률을 측정하는 IRR법보다 적절한 평가 방법이라 하겠다.

둘째, 수익률보다는 절대적 가치 크기가 투자 결정에 더 큰 영향을 미치므로 NPV법이 적절한 투자 평가 방법이다.

❸ 내부 수익률법(IRR)

내부 수익율법은 투자로부터 기인되는 현금 유입의 현가 총액과 현금 유출의 현가 총액을 동일하게 만드는 할인율을 계산하여 이를 기초로 경제성을 평가하는 방법이다. 내부 수익률을 계산하는 식은 다음과 같다.

내부 수익률법 : $[CFI1/(1+r)^1+CFI2/(1+r)^2+\cdots+CFIn/(1+r)^n]=[CFO1/(1+r)^1+CFO2/(1+r)^2+\cdots+CFOn/(1+r)n]$------------------------------(A)

단, CFI1, CFI2…CFIn : 각 시점의 추정된 현금 유입의 크기

CFO1, CFO2…CFOn : 각 시점의 추정된 현금 유출의 크기

r : 내부 수익률

내부 수익률은 계산 과정이 매우 복잡하여 실무적으로는 시행 착오법을 활용하고 있다. 즉 위의 식 (A)에서 다양한 r의 값을 대입하여 좌 · 우변의 합이 같은 r의 값을 계산하는 방법이다.

내부 수익률법의 평가 기준은 계산된 내부 수익률이 투자 대안의 자본 비용보다 큰지 작은지를 확인하는 것으로 내부 수익률이 자본 비용보다 크면 경제성이 있는 것으로 평가되고, 자본 비용보다 작으면 경제성이 없는 것으로 평가된다. 이러한 내부 수익률법의 장점은 순현가법과 같이 시간 가치를 고려하고 있다는 장점을 가지고 있으나 계산 절차가 복잡하다는 단점을 가지고 있다. 그러나 이러한 단점은 컴퓨터 프로그램을 활용하면 쉽게 극복할 수 있다.

❹ 수익성 지수법

수익성 지수법은 현금 유입의 현가 총액을 현금 유출의 현가 총액으로 나누어 수익성

지수를 계산하고, 이 크기를 토대로 투자 대안의 경제성을 평가하는 방법을 말한다. 수익성 지수의 계산식은 다음과 같다.

수익성 지수(PI지수)=현금 유입의 현가 총액/현금 유출의 현가 총액

수익성 지수법의 평가 기준은 계산된 수익성 지수가 1보다 크면 경제성이 있다고 판단하고 1보다 작으면 경제성이 없는 것으로 판단한다. 이 방법은 투자 규모가 크고 서로 다르며 상호 배타적인 경우 어느 투자 대안이 가장 경제적인지를 쉽게 식별할 수 있게 해준다.

❺ 투자 수익률

호텔 타당성 분석의 경제성 분석 단계에서 많이 활용되는 기법이 투자 수익률(ROI) 방법이다. 이 방법은 세후 이익을 기업이 조달한 자본 총액 또는 자산 총액으로 나눈 하나의 수익률 분석을 말한다. 그런데 이를 다른 비율들이 결합된 식으로 분해해 보면, 재무적으로 중요한 여러 의미를 발견할 수 있기 때문에 재무 관리의 중요한 도구로 인식되고 있다. 즉 투자 수익률은 나음과 같은 비율들의 결합으로 나타낼 수 있다.

투자 수익률(ROI)=세후 순이익/자산 총액=매출액/자산 총액×세후 순이익/매출액
=총자산 회전 속도×매출액 순이익률
(활동성 비율)×(수익성 비율)
(대차대조표 차변)×(손익계산서)

이러한 투자 수익률은 체계적 이익율법(Accounting Rate Of Return : ARR)과 같은 의미로 투자로 인한 연평균 회계 순이익과 연평균 투자액의 비율로 투자 결정을 하는 방법이다. 이 방법은 다음과 같은 특징이 있다.

첫째, 체계적 이익율법은 이해하기 쉽고 계산이 간단하다.

둘째, 체계적 이익율법은 회수 기간과는 달리 수익성을 고려하고 있다.

셋째, 체계적 이익율법은 화폐의 시간적 가치를 무시하는 단점이 있다.

넷째, 체계적 이익율법은 현금 흐름이 불규칙할 때에는 의사 결정을 어렵게 할 수도 있다.

IV
제4편

호텔 정보 시스템

제16장 | 호텔 정보 시스템

호텔 정보 시스템은 호텔 경영과 관련된 일련의 과정을 전산화하여 관리의 효율성을 증진시키는데 없어서는 안 될 요소이다. 이러한 호텔 정보 시스템은 객실 · 식음료의 판매 관리, 고객 관리, 원가 관리, 추세 분석, 시장 분석 그리고 재무 자료 산출 등 신속 · 정확한 경영 의사 결정 자료를 산출할 수 있다. 본 장에서는 호텔 정보 시스템의 구성과 기능에 대하여 비교적 세밀하게 설명하였다.

학습목표

1. 호텔 정보 시스템의 구성과 효과에 대하여 이해할 수 있다.
2. Front Office System의 구성과 기능을 설명할 수 있다.
3. Back Office System의 구성과 기능을 설명할 수 있다.
4. Interface System의 구성과 기능을 설명할 수 있다.

제1절 호텔 정보 시스템의 개요

1. 호텔 정보 시스템의 발달

호텔 정보 시스템은 컴퓨터 산업의 발달과 함께 그 맥을 같이 하고 있다. 제1세대 컴퓨터가 1950년대에 등장하였으나 그 구입 및 유지 · 관리 비용이 많이 소요되기 때문에 대기업 혹은 다국적 기업이 아닌 경우는 이용하기가 매우 어려웠다. 그렇기 때문에 이 시기의 호텔은 경영 · 판매 · 생산 · 인사 관리 활동이 수(手)작업에 의하여 진행되었다고 할 수 있다.

그러나 1960년대에 들어서면서 컴퓨터 기술의 진전과 함께 호텔 기업에서도 전산화 작업에 관심을 갖기 시작하였다. 그러나 이 시기의 컴퓨터 도입은 경영자들을 위한 단순한 데이터를 수집하고 관리하는 수준에 불과하였으며, 자료는 수작업에 의하여 입력 양식에 맞게 가공하여 정보로 활용하였다. 그리고 당시에는 컴퓨터 장비를 구입하여 활용하는 것이 아니라 대부분의 경우에는 임대를 하여 사용하는 것이 일반적이었다.

1970년대에는 컴퓨터 산업이 획기적으로 발달하여 컴퓨터의 처리 속도는 물론 저장능력에 있어서 많은 발전이 이루었고, 컴퓨터도 소형화되는 시기였다. 그리고 컴퓨터 Software 기술이 발전하여 간단하게 프로그램을 이용할 수 있었으며, 무엇보다도 가격이 저렴하게 되면서 호텔의 전산화 작업이 보다 폭넓게 진행되었다고 볼 수 있다. 그러한 관계로 호텔의 전산화는 백 오피스 부문에서 프런트 오피스 부문에까지 확대되어 이용하기에 이르렀다.

1980년대 이후 호텔은 업무의 효율성을 제고하고 고객 서비스의 향상을 도모하기 위하여 많은 자동화 장비를 도입 · 설치하였으며, Interface 작업을 시도하여 부분적으로 통합된 호텔 정보 시스템의 효과를 얻기 시작하였다. 그러나 이러한 통합은 Chain 호텔에서나 가능했었고, Local 호텔은 기술적인 문제로 통합이 어려웠다.

그러던 것이 1990년 이후 프런트 오피스와 백 오피스 관련 자료의 Interface는 물론, 하위 단위 업무까지 서로 자료가 연계되고 회계 처리를 위한 분개 작업까지 자동화됨으로써 명실 공히 통합된 호텔 정보 시스템이 나타나게 된 것이다. 특히 외부 예약망과 호텔 예약망과의 접속, Internet을 통한 호텔 예약은 중간에 Reservation Clerk의 개입을 불필요하게 할 정도로 발전하였다.

2. 호텔 정보 시스템의 의의

호텔 정보 시스템은 호텔 경영과 관련된 일련의 과정을 전산화하여 정보의 흐름을 조정 · 통제하고 관리의 효율성을 증진시키기 위하여 도입 · 운영하는 것이다. 즉 호텔 정보 시스템은 업무를 신속하고 정확하게 처리하며, 경영 의사 결정에 필요한 제반 정보 등을 쉽게 활용할 수 있는 장점을 가지고 있는 것이다. 이러한 이유로 현대의 많은 호텔들은 자체적으로 개발한 정보 시스템을 운영하고 있는 것이다.

이러한 점에서 호텔 정보 시스템이 가지는 장점을 구체적으로 제시하면 다음과 같다.

첫째, 호텔 정보 시스템을 운영하면 경영자의 경영 의사 결정과 관련한 자료를 신속하고 정확하게 얻을 수 있다는 점이다. 호텔 정보 시스템은 손익계산서, 연 · 월 · 분기별 매출 보고서 및 추세 분석, 식음료 및 객실 부문 등의 원가 분석 및 추세 분석, Market 분석 및 추세 분석, 경쟁 분석 등의 자료를 산출할 수 있기 때문에 보다 정확한 의사 결정을 위한 자료를 제공하는 것이다.

둘째, 호텔 정보 시스템을 운영하면 고객의 만족을 증대시킬 수 있다는 점이다. 호텔 정보 시스템은 업무를 처리하는 과정상의 시간 소비를 크게 단축시킬 뿐만 아니라 신속하고 정확한 업무 처리로 고객의 만족을 제공할 수 있다. 또한 고객의 정보(Guest History)를 누적하여 관리할 수 있기 때문에 고객의 욕구를 미리 반영한 서비스를 제공할 수 있다. 또한 고객의 Check-in 및 Check-out 절차를 간소화할 수 있으며, 객실 내 시설과 설비에 대한 조작의 간소화 등과 같은 눈에 보이지 않는 측면에서도 고객의 수고를 덜어주는 역할을 하는 것이다.

셋째, 호텔 정보 시스템을 운영하면 운영 및 관리 비용을 크게 절약할 수 있다는 점이다. 호텔 정보 시스템은 업무 처리와 관련한 서류와 양식을 내폭적으로 줄여주며, 효율적인 원가 관리를 할 수 있다. 또한 업무가 전산 처리되기 때문에 인건비를 줄일 수 있어 비용을 절감할 수 있는 것이다.

넷째, 호텔 정보 시스템을 운영하면 업무 처리 방법의 표준을 정착시킬 수 있고, 이 과정에서 호텔에서 사용하는 용어의 통일도 기할 수 있다. 호텔 정보 시스템은 그 운영의 효율성을 위하여 전 직원을 대상으로 교육이 진행되며, 이 과정에서 업무의 표준화가 이루어지고 용어도 자연스럽게 통일이 되는 것이다.

다섯째, 호텔 정보 시스템을 운영하면 업무의 효율성을 증대시킬 수 있다. 호텔 정보 시스템은 일정하게 계획된 프로그램에 의하여 전산 처리되기 때문에 업무의 질과 양적인 면에서 그 효율성을 증대시킬 수 있는 것이다.

이러한 관점에서 호텔 정보 시스템은 〈그림 16-1〉과 같은 효과가 있다고 할 수 있다.

그림 16-1 경영 정보 시스템의 효과

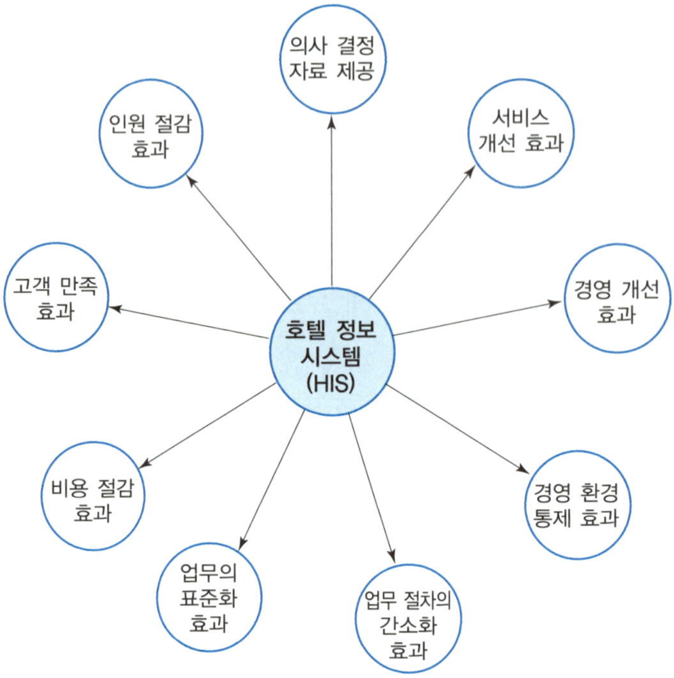

3. 호텔 정보 시스템의 구성

호텔 정보 시스템은 Front Office System, Back Office System, Interface System 등 크게 세 개의 분야로 구성되어 있다고 할 수 있다.

Front Office System은 객실 예약 및 예약 확인 등의 기능과 관련한 Reservation System, 객실 투숙객의 Check-in/out을 관리하는 Check-in/out 관리 시스템과 Guest Information과 Guest Message Service의 기능을 담당하는 Front Desk 관리 시스템, 객실 정비 및 미니 바를 Check하는 Housekeeping 관리 시스템, 전화의 연결 및 정보 전달 서비스의 기능을 하는 Telephone 관리 시스템, House Folio 관리와 정산 업무의 기능을 하는 수취 계정 시스템, 고객을 관리하는 Guest History 관리 시스템, 각종 보고서를 작성하는 기능을 하는 Night Audit System 및 Cashier의 정산 관리 시스템, 식음료 영업장의 운영에 관련된 기능을 하는 F & B 관리 시스템, 주방 운영과 관련된 기능을 하는 주방 관리 시스템 등으로 구성되어 있다.

이와 같이 Front Office System은 객실, 식음료, 부대업장 등 고객의 서비스를 담당하는 부문의 업무 처리를 위한 기능으로 구성되어 있다. 그리고 이들 각 영업장을 연결하는 기능까지를 포함하면 매우 복잡하게 구성되어 있음을 알 수 있다.

Interface System은 정보 처리의 기능을 담당하는 부문들을 접속을 하는 것을 말하는 것이다. 호텔은 숙박을 위한 객실을 제공할 뿐만 아니라 식음료 영업장에서는 식사와 음료를 제공하고, 부대업장에서는 사우나 시설, 헬스, 수영장, 기타 레크리에이션 시설과 서비스를 제공한다. 따라서 각각의 부문을 연결하지 않으면 운영의 효율성을 제고할 수 없는 것이다. 이러한 이유 때문에 호텔 정보 시스템은 Interface System의 설치가 필요한 것이다. 따라서 Interface System은 호텔의 관리 기능과 전화 요금의 기능을 담당하는 PAXB(Private Automation Branch Exchange) 시스템, CATV 시스템, 음성 사서함 시스템, 에너지 관리 시스템, 미니 바 관리 시스템, POS(Point of Sales) 시스템 등으로 구성되어, 이와 관련된 정보를 프런트 데스크와 백 오피스로 정보를 전달하는 기능을 담당한다.

Back Office System은 경영 목표의 달성을 위하여 후방에서 지원하는 시스템 전체를 의미한다고 할 수 있다. 이러한 Back Office System은 호텔 경영진의 경영 의사 결정에 필요한 자료를 산출하는 경영 정보 시스템, 매출 및 이익 관리를 하는 관리 회계 시스템, 인사 관리 및 급여 관리 시스템, 원가를 관리하는 원가 관리 시스템, 검수 및 구매 관리 시스템 등으로 구성되어 있다.

이러한 호텔 정보 시스템의 구성을 요약하여 정리하면 〈그림 16-2〉과 같이 정리할 수 있다.

그림 16-2 **호텔 정보 시스템의 구성**

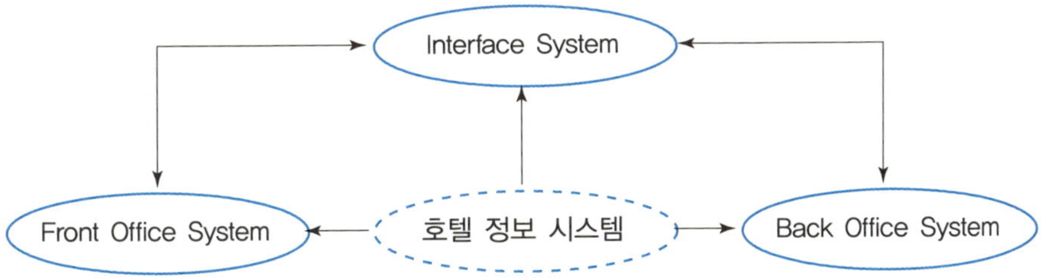

〈표 16-1〉은 현재 호텔에서 구축하여 이용하고 있는 호텔 정보 시스템을 구성하고 있는 컴퓨터의 기종과 그것의 활용도를 정리한 것이다. 〈표 16-1〉에 제시된 사례에서도 보는 바와 같이 호텔 정보 시스템은 Front Office System, Back Office System 그리고 이 두 시스템을 연결해 주는 Interface System 등의 3분야로 구성이 되어 있음을 알 수 있다.

표 16-1 호텔 정보 시스템의 구성의 예

기종	부문	용량	활용	비고
IBM-AS400 Advanced 300 Series	F/O	Main Memory : 64MB Disk Capacity : 4GB Tape Drive : 2.0GB Workstation Controller : 40*2 Token-ring Adapter Ether-net Adapter	-Reservation -Front Desk -Cashiering -Group -Housekeeping -Telephone -Account Receivable -Guest History -Travel Agency -Auditor -Security Code -Manager Function -Interface Management	
IBM PS2-9595 FILE Server	B/O	Main Memory : 64MB Disk Capacity : 1GB Tape Drive : 2.0GB DAT Windows-NT Server MS-SQL Server	-Personal & Payroll -Purchasing -Store/Receiving -Cost Control -Account Payable -General Ledger -Fixed Assets	
IBM PS2-9595 COVIA Server Galileo Gateway	Reservation	Main Memory : 64MB Disk Capacity : 1GB Tape Drive : 2.0GB DAT Token-ring	-Central Reservation System	
MICROS 8700	POS	Compaq 486 Controller*2 42 * Workstation/3 15 Kitchen roll Printer KICC Interface	-F&B Outlet POS System -Fitness Center POS System -Gift/LOGO Shop POS System -Credit Card Interface System	

기종	부문	용량	활용	비고
Micronic	H/K	객실 관리 시스템 Host Interface	-Energy Saving System -객실 청소 상태 관리	
FCS	PMS Interface	FCS Pci-plus FCS Voice-link	-전화 요금 정산 -객실 전화 제어 (Bar/Unbarring) -음성사서함	
Miracle/ Impact Ether-net Netware	Sales & Marketing	Sales & Catering System	-Sales & Marketing System -Catering System	
VING CARD 3000	KEY System	VING CARD 3000 Controller CIT Terminal Host Interface	-Room Key System	

자료 : 호텔 리츠 칼튼 서울

호텔 리즈 칼튼 서울의 F/O 부문은 Online Realtime System으로 구성되어 있는데, Online이란 중앙 처리 장치의 제어 하에 있는 주변 장비의 기능을 말하는 것으로 통신선을 이용하여 사람의 손을 거치지 않고 정보를 전송하는 것을 말하며, Realtime 이란 사용자에게 즉각적으로 영향을 미치는 컴퓨터 처리 방식으로 입력과 출력 사이가 매우 짧음을 의미한다. 따라서 Online Realtime System이란 중앙 처리 장치의 제어 하에 있는 주변 장비의 기능이 입력과 출력이 실시간으로 빠르게 처리된다는 것을 의미한다.

F/O(Front Office) 부문은 매일의 각 영업장에서 발생한 매출의 집계가 프런트 데스크의 Night Auditor에 의해서 집계되며, 투숙객의 경우는 호텔 내의 각 영업장을 이용하게 되기 때문에 각 영업장에서 이용 비용이 발생하게 된다. 그리고 정산은 프런트 데스크의 Cashier에서 이루어지기 때문에 이와 같이 Online Realtime System으로 구성해야 하는 것이다.

한편, B/O(Back Office) 부문은 Batch System으로 구성되어 있는데, 이것은 동일한 내용의 동일한 금액을 한 번에 여러 곳에 동시에 입력시키는 데 매우 유용하게 활용할 수 있기 때문이다. 예를 들어 원자재를 구매하는 경우에 분개를 위한 원장에서부터 손익계산서 등에 원시 데이터로 이용되는데, 이것을 한 번에 처리할 수 있어 시간 절약을 할 수 있다. 또한 임금을 지불할 때에도 동일한 호봉인 경우 한 번 입력으로 모두 처리를 할 수 있는 장점을 가지고 있다. 이외에도 B/O 부문은 많은 업무의 영역에서 Batch System을 이용하는 것이 업무의 효율성을 높일 수 있다.

본서에서는 호텔 리츠 칼튼 서울의 자료를 기초로 호텔 정보 시스템의 내용을 간략히 정리하고자 한다.

제2절 Front Office System

1. Front Office System의 구성

Front Office System은 고객과 접객을 하거나 판매 활동이 일어나는 각 영업장을 연결하는 시스템으로 그 구성은 〈그림 16-3〉과 같다.

그림 16-3 Front Office System의 구성

한편 호텔 리츠 칼튼 서울은 〈그림 16-3〉에서 나타난 것 이외에 〈표 16-2〉와 같이 Front Office에서 많이 사용되는 것을 HIS System 이외에 별도의 시스템을 운영하고 있다.

표 16-2 Front Office의 Special Function

구분	주요 기능
Fitness Center	· Membership 및 Room Guest 이용 · 남녀 Sauna, Lounge 운영 · 헬스, 수영장, 에어로빅, 골프 연습장 운영
Business Center	· Guest Business Service(보유 장비 : IBM PC/APPLE Mac/Note Book Computer/Modem/Copy Machine/Fax/Typewriter...) · Word Processor/Typewriter Service 및 기타 컴퓨터 관련 서비스 · Fax Service/Mail Service · Secretary 업무 및 기타 Business 관련 Service · Travel Agent Desk
Retail Shop	· LOGO & Gift Shop · Sundry Shop
Valet Parking/Driver/ Rent a Car Service	· 주차 대행/차량 서비스/공항 Pick-up & Sending · Rent a Car 사무실 상주
Security	· 안전 관리 및 경비 보안
Bell Service	· Guest Information · Luggage Service
G.R.O Service	· Guest Relation Service
Ritz-carlton Club Service	· Executive Floor Service(VIP Floor & Lounge 운영)

자료 : 호텔 리츠 칼튼 서울

2. Front Office System의 기능

1) Reservation

Reservation 기능은 고객이 객실 예약의 요청이 있을 때 객실 예약이 가능한지의 여부를 단말기를 통해서 확인하여 예약 업무를 효율적으로 수행하기 위하여 부여된 시스템이라고 할 수 있다. 즉 고객이 객실 예약을 요청할 때에 어떠한 객실이 어느 날짜에 예약이 가능한지를 즉시 확인할 수 있으며, 고객의 예약을 바로 컴퓨터에 입력시켜 고객에게 보다 빠르게 예약 여부를 확인시켜줄 수 있는 System이라고 할 수 있다.

이러한 Reservation system은 구체적으로 새로운 예약의 업무를 수행할 수 있으며, Room Change와 관련된 업무, Cancel 등의 업무를 신속하고 쉽게 처리할 수 있다. 그리고 예약된 객실에 대한 Confirm 업무를 효율적으로 처리할 수 있는 장점이 있는 것은 물론 연간, 월별, 요일별, 일별 등의 자료를 수 년 동안 보존하도록 프로그램화되어 있어 시계열 자료에 의한 과거 예약 현황을 파악할 수 있어 예약의 효율성을 증대시킬 수 있는 것이다. 따라서 Reservation 시스템은 예약의 신속한 처리를 통하여 고객의 만족은 물론 업무의 시간 절약 및 인건비 혹은 기타 비용을 크게 절감시킬 수 있는 매우 유효한 기능이라고 할 수 있다.

〈표 16-3〉은 호텔 정보 시스템의 Reservation System을 정리한 것이다.

표 16-3 Reservation System의 기능

구분	처리 업무(Transaction)	내용
Reservation	-기능에 의한 분류 · New/ Change/ Cancel Reservation – 예약 Confirm – 방법에 의한 분류 · T/A Reservation · History Reservation – C.R.S(Central Reservation Service) : COVIA	· Registration Card · Registration Master List · Forecast report · Block/Unblock Report · Cancel/No-show

자료 : 호텔 리츠 칼튼 서울

2) Front Desk

프런트 데스크 시스템은 고객의 Check-in 기능, 투숙객 관리 기능, 객실 관리 기능 등의 3가지로 크게 구분하고 있다.

Check-in 기능은 고객이 Check-in하는 경우 예약 정보를 이용하여 등록 카드를 인쇄하여 고객의 등록 업무와 객실의 배정 등의 업무에 활용되는 시스템이다. 고객 등록 카드는 고객명, 연락처, 여권 번호 · 주민 등록 번호, 생년월일, 요금 지불 방법, 예약금, 객실 요금, 객실 번호, 기타 등의 내용을 적도록 구성되어 있다. 그리고 고객이 등록 카드를 작성하면 객실을 배정하여야 하는데, 객실을 배정할 때에는 각 객실의 상태를 확인하여 배정한다. 일반적으로 객실 상태는 다음과 같이 표현되고 있다.

1) **Occupied Clean** 이미 고객이 투숙하고 있고, 객실의 청소가 완료된 객실로 판매가 불가능함을 의미한다.

2) **Occupied Dirty** 고객이 객실에 점유하고 있으나 청소가 되어 있지 않아 청소를 필요로 하는 객실로 판매가 불가능함을 의미한다.

3) **Vacant Clean** 현재 투숙하고 있는 고객이 없으며 청소가 완료되어 즉시 판매가 가능한 객실을 의미한다.

4) **Vacant Dirty** 현재 투숙하고 있는 고객은 없으나 청소가 되어 있지 않아 청소 후에 판매가 가능한 객실을 의미한다.

5) **Our-of-order** Our-of-order Room은 객실의 정비가 불량하여 시설 혹은 설비의 정비를 요하는 객실을 의미한다. 그러므로 객실의 판매는 불가능함을 의미한다.

6) **Skipper** 프런트 데스크의 컴퓨터에는 Occupied로 되어 있으나 객실 정비의 컴퓨터에는 Vacant로 되어 있는 객실이다. 즉 고객이 정산을 하지 않고 객실을 퇴숙한 상황인 것이다. 이러한 경우는 고객에게 연락하여 이에 상응하는 조치를 취하여야 한다. 이와 반대인 경우는 Sleeper라고 한다.

한편, 프런트 데스크의 Front Desk System은 〈표 16-4〉와 같은 기능을 담당한다.

표 16-4 Front Desk System의 기능

구분	처리 업무	내용
Front Desk	- 주요 기능 · FIT/Group Check-in - 기타 Service 기능 · Guest Information(Arrival, Departure) · Guest Message Service	· In-house Guest Information Service · Arrivals · Departure · Room Assignment · Specials : VIP 고객인 경우 별도로 관리 · Complimentary Rooms · Language Code · Guest Messages

자료 : 호텔 리츠 칼튼 서울

이외에도 Front Desk System은 다음과 같은 정보를 조회할 수 있다.

1) **House Status** 호텔 객실 전체에 대한 상황을 Summary하여 볼 수 있는 화면으로 당일 Check-in/out 예정 객실, Early Departure 객실 등을 감안하여 익일 판매할 수 있는 객실의 수를 정확하게 예측할 수 있다.
2) **Reservation Forecast** 일자 · 객실 형태별로 예약된 객실의 수와 향후 예약이 가능한 객실의 수(Available Rooms)를 조회할 수 있다.
3) **Room Rate 조회** Rate Code · 객실 형태별 금액을 조회할 수 있다.

그리고 Function Key에 의하여 현재 투숙 중인 고객, 특정 일자에 Check-in/out할 고객, 당일 Check-in할 고객을 조회할 수 있다.

3) Cashier

Cashier의 기능은 고객이 객실 혹은 식음료 영업장에서 발생된 영수증(Vouchers)을 해당 Guest Folio Account에 입력을 하는 기능과 입력된 내용에 오류 또는 기타의 이유로 수정이 요구되는 경우 이를 수정 · 삭제하는 기능을 담당하고 있다. 또한 고객에게 영수증을 인쇄하여 발행해 주는 기능을 담당한다. 그리고 요금의 지불 방법에 있어서도 현금 혹은 Credit Card 지불, 후불의 경우도 발생하고, 현금 지불도 원화와 각국의 외화로 지불되는 경우도 발생되기 때문에 이러한 상황에 능동적으로 대응할 수 있는 시스템이 구축되어야 한다.

한편, Cashier는 Front Desk System의 기능 중에서 금전의 출납과 환전과 관련된 기능을 담당하고 있기 때문에 매우 중요하게 다루어져야 한다. 그렇기 때문에 근무가 교대될 때에는 중간에 정산할 수 있는 기능도 갖추어져 있다. 〈표 16-5〉는 Cashier의 기능을 담당하기 위한 시스템의 기능을 정리한 것이다.

표 16-5 Cashier System의 기능

구분	처리 업무	내용
Cashier	- 주요 기능 · Post Transaction · Check-out/Group Check-out/Express Check-out · Fast Posting · Transaction Audit · Currency Conversion · Post A/R Transaction	- 주요 Report · Print folio · View Transaction · Cashier Drop Report/Central Cashier Report · Guest with Balance · Special Billing · Interface Posting Journal/Interface Check-out · Transaction Transfer · Currency Conversion · Credit Card Activity Report · Adjust Report

자료 : 호텔 리츠 칼튼 서울

4) Housekeeping

Housekeeping System은 객실의 정비 상황과 고객의 투숙 유·무를 조회할 수 있고, 그러한 객실 상황에 대한 내용을 변경할 수 있다. 그리고 이러한 내용 및 변경 사항을 바로 프런트 데스크에서 확인할 수 있도록 구성된 System이다. 또한 이 System은 Linen류의 재고 관리는 물론 객실에서 소요되는 필요 수량을 객실 번호별로 입력하여 교체할 수 있도록 구성한 System이다.

〈표 16-6〉은 Housekeeping System의 기능을 정리한 것이다.

표 16-6 Housekeeping System의 기능

구분	처리 업무	내용
Housekeeping	- 주요 기능 · 객실 정비/Out-of-order · Honor Bar Check	· 객실 청소 상태 점검 · 고장 접수-Engineering

자료 : 호텔 리츠 칼튼 서울

5) Telephone

현대의 호텔은 전화 시스템도 호텔 정보 시스템과 연결하여 업무의 효율성을 증대시키고 있다. 즉 고객의 전화 요금이 자동으로 Front Cashier에서 자동으로 집계할 수 있도록 구성하였으며, 고객의 모닝콜을 자동으로 처리할 수 있고, 고객에 대하여 전화 안내 및 기타 정보를 제공하는 기능을 갖추고 있다. 또한 호텔 정보 시스템을 구축할 때, Housekeeping의 객실 정비 내용도 전화로 조작하여 그 상황이 프런트 데스크의 Room Rack에 나타나도록 그 기능을 프로그램화할 수도 있다.

〈표 16-7〉은 전화 시스템의 기능을 정리한 것이다.

표 16-7 **Telephone System의 기능**

구분	처리 업무	내용
Telephone	· Reservation 기능과 통합 관리가 되도록 시스템 구성	– 주요 기능 · Telephone Operation · Guest Information Service · Morning Call · 전화 요금 정산

자료 : 호텔 리츠 칼튼 서울

6) Account Receivable

Account Receivable System은 고객이 Check-out하면서 후불(City Ledger)이 발생하는 경우에 이것을 관리하고, 처리하기 위한 기능이라고 할 수 있다.

고객이 이용 요금을 후불로 정산하고자 하는 경우 A/R Number를 고객의 Profile에 등록이 되어야 하며, Night Auditor의 일일 매출 보고서 작업 시에 A/R System으로 후불 내역이 전송된다.

〈표 16-8〉은 Account Receivable System의 기능을 정리한 것이다.

표 16-8 Account Receivable System의 기능

구분	처리 업무	내용
Account Receivable	- 주요 기능 · New/ Change/ · Post Transaction/ Post Payment · Credit Card Settlement	· Cash/Package/House Folio 관리 · City Ledger 관리 · Credit Card 관리(Auditing 및 청구 업무)

자료 : 호텔 리츠 칼튼 서울

Account Receivable은 후불, Credit Card 정산 그리고 Membership Card로 결제하는 경우 등 세 가지의 형태로 발생된다. 이러한 형태에 의해서 Account Receivable System에 그 내용이 전송되면, 거래선별로 지로 혹은 청구서를 발송하고, 회수된 금액에 대해서는 전산으로 입금을 처리한다. 또한 Account Receivable은 Balance Report와 Aging Report(외상 매출금에 대한 미회수 금액을 기간별로 표시한 것)를 산출한다.

7) Guest History

Guest History System은 고객에 대한 신상 정보를 기록 · 보관하여 고객 서비스의 효율성 증대를 통한 만족의 극대화를 위하여 구축한 시스템이라고 할 수 있다. 일반적으로 고객 관리 시스템에는 고객의 성명, 연락처, 주소, 생년월일 혹은 기념일, 취미, 이용 시기 및 횟수, 기호 등을 기록할 수 있도록 하고 있다.

Guest History System은 고객이 투숙하기 위하여 등록 카드를 작성하면, Room Clerk은 고객 등록 카드의 내용을 컴퓨터에 입력하게 되는데, 고객 등록 카드에 입력된 내용은 자동으로 Guest History Card에 입력이 되도록 프로그램이 되어 있어 별도의 입력 작업은 필요 없게 개발되어 있다.

〈표 16-9〉는 Guest History System의 기능을 정리한 것이다.

표 16-9 Guest History System의 기능

구분	처리 업무	내용
Guest History	- 주요 기능 · New/Change/Delete History Record · Duplicate G/H Master · Delete Merge G/H Master	· Visit Information · Direct Mailing · Milage Service

자료 : 호텔 리츠 칼튼 서울

〈표 16-9〉에서 History Merge 기능은 동일한 고객이 별개의 고객으로 분리되어 있는 경우 이를 합치는 기능을 의미한다.

8) Travel Agency

호텔 정보 시스템은 객실 매출액에 많은 부분을 차지하고 있는 여행사를 별도로 관리할 수 있도록 프로그램화되어 있다. 이 프로그램에는 일반적으로 여행사명, 이용 객실 수, 이용 날짜, 수배 담당자, 연락처, 객실 요금, 이용 금액, Commission 등과 같은 내용이 입력되어 있다. 그리고 업무의 효율성을 높이기 위하여 여행사마다 T/A Number를 지정하여 보다 쉽게 활용할 수 있도록 구성하였다.

〈표 16-10〉은 Travel Agent System의 기능을 정리한 것이다.

표 16-10 Travel Agency System의 기능

구분	처리 업무	내용
Travel Agency	- 주요 기능 · New/Change/ Delete T/A Master · Duplicate G/H Master · Add Commission	· T/A Activity Report → Sales & Marketing

자료 : 호텔 리츠 칼튼 서울

한편 호텔에서 이용하고 있는 많은 호텔 정보 시스템은 객실 판촉 및 연회 판촉 시스템을 구축하고 있는데, 판촉 시스템은 거래선 관리 기능, 매출 분석 기능, 판촉 직원의 실적 관리 기능을 기본적으로 갖추고 있어야 한다. 그리고 이러한 판촉 시스템을 구축할

때 고려할 사항을 객실 판촉 시스템과 연회 판촉 시스템으로 구분하여 정리하면 다음과 같다.

(1) 객실 판촉 시스템 구축 시 고려 사항

❶ 동일한 거래선이 각각 등록되어 있는 경우 거래선 Merge 기능이 있어야 하며, 실적이 자동 Merge되어야 한다.

❷ 호텔 판촉 직원이 퇴직하거나 업무 재분장이 이루어져 담당자가 변동되었을 때 기존 담당자가 관리하던 거래선의 목표 및 실적을 담당자에게 자동으로 귀속시키는 기능이 있어야 한다.

❸ 화면 조회 및 Report Program은 From Data-To Data를 받는 것을 원칙으로 한다. 이러한 경우 1개의 프로그램 작성으로 여러 가지 정보를 얻을 수 있다.

❹ 화면 조회 프로그램은 비교적 처리 속도가 빠르고, 화면 Page 수가 적은 정보를 대상으로 작성되어야 한다.

❺ 특정 기간 이후 실적이 없는 거래선에 대하여 일괄적으로 삭제할 수 있는 기능이 있어야 한다.

❻ 거래선 Master 화면에서 삭제 작업을 하면 이와 연관된 Record가 전부 삭제되어야 한다. 단, 모든 삭제 작업은 삭제 전에 반드시 Confirm(Y/N)을 받도록 고려하여야 한다.

❼ 모든 입력 코드 Field에서는 코드의 내용을 모르는 초보자도 쉽게 입력할 수 있도록 Help 화면이 Display되어야 하며, 이 화면에서 해당 코드를 선택할 수 있어야 한다.

❽ 성명 또는 주소란은 비즈니스 호텔의 경우 호텔 투숙객의 대부분이 외국인임을 감안하여 한글 · 영문 표기란을 동시에 가지고 있어야 한다.

❾ 프런트 오피스 시스템에서 판촉 관리 시스템으로 Download되는 Transaction File 내의 각종 코드는 가능한 한 판촉 관리 시스템에서 사용하는 코드와 일치시킨다. 예를 들면, 세일즈 맨 코드, 국적 코드, 거래선 코드 등을 말하는 것이다. 단, 프런트 오피스 시스템에서는 거래선 신규 등록 시 거래선 코드가 자동적으로 생성

되기 때문에 판촉 관리에서 사용하는 거래선 코드와 Matching시키기 위하여 Transaction File 내에 별도로 판촉 거래선 코드를 등록시킬 수 있는 Field를 마련한다.

⑩ 경쟁사 정보 조회 프로그램은 경영 정보 시스템에서도 사용되는 만큼 조회 속도를 고려하여 File을 설계하여야 하며, 실적 집계에 많은 시간이 소요되는 경우 사전에 집계 File을 만들어서 정보 조회를 할 때, 집계 File에 있는 내용을 바로 화면에서 Display할 수 있도록 고려하여야 한다.

(2) 연회 판촉 시스템 구축 시 고려 사항

❶ 고객의 예약 문의 시 예약 가능 여부(연회장별, 일자별, 시간대별)를 즉시 알려 줄 수 있도록 예약 조회 화면을 구성해야 한다.

❷ 일과성 고객에 대해서는 History File을 별도로 보관하지 않고 고객 Master File에 연회 누계 금액만을 가져오도록 프로그램에서 고려해야 한다. 즉 거래선 입력 화면에서 History Save(Y/N) Field를 추가하여 History 보관 여부를 결정토록 한다.

❸ 연회 행사 시 수반되는 각종 시설물에 대한 표준 임대 가격을 등록시켜 필요 시 조회할 수 있도록 한다.

❹ 각 연회장에 대한 Profile을 슬라이드 또는 사진을 통하여 고객에게 보여줌으로써 고객이 직접 현장에 가지 않더라도 연회장을 선택할 수 있도록 배려하여야 한다.

9) Night Audit

Night Audit System은 일일 호텔 매출액을 집계하고 계정별로 결산 작업을 하는 것을 주요 기능으로 하고 있으며, 결산 과정에서의 오기 혹은 오류 등을 점거하는 감사 기능도 가지고 있다.

〈표 16-11〉은 Night Audit System의 기능을 정리한 것이다.

표 16-11 Night Audit System의 기능

구분	처리 업무	내용
Night Audit	– 주요 기능 · Post Transaction · Rate Discrepancies · Post Room/Tax · Audit Cut-off · Enter Audit Totals · Close Day	Close Day Report

자료 : 호텔 리츠 칼튼 서울

Night Audit의 기능을 세분하여 정리하면 다음과 같다.

(1) 데이터 Back-up 기능 Night Audit 작업을 전후하여 데이터를 Back-up함.

(2) Guest Account 상에 누락된 Transaction 매출입력 POS, CATV, Telephone, Mini Bar Change 등

(3) 잘못 입력된 Transaction 매출 수정 작업

(4) 객실 요금 및 봉사료, Tax 자동 Posting 작업

(5) 계정별 Ending Balancing(결산) 작업 전일 Balance+당일 Revenue–당일 Credit=New Balance

(6) 각종 통계 File에 당일 발생된 데이터 Update 작업

(7) Check-in 날짜가 지났거나 Check-out된 Record의 삭제 작업 Check-out된 Record의 경우 보통 2주 동안 삭제하지 않고 Disk에 보관하는데, 이는 고객의 문의에 대한 응대와 folio Bill 재요청 시 즉시 서비스하기 위한 목적이 있음.

(8) 컴퓨터의 Update가 완료되면, 당일의 통계 Field가 Zero로 Reset되고 Front Package의 영업 일자가 익일로 변경됨.

(9) 각종 Report 인쇄 작업 1일(누계) 영업 현황 보고서와 회계 부서에 전달될 20여 가지의 Report가 인쇄됨. Night Audit 작업 시 산출되는 Report는 일반적으로 다음과 같다.

- A/R Daily Transfer Report
- Balance Check Report
- Open Balance Report by Room
- Transaction Code Summary Report
- Room Revenue Report
- Cash Received Report
- Exchange Report
- Payment Report
- Group rooming List
- Posting Correction & adjustment Report
- Tax Exemption Report
- Deposit Paid Today
- Credit Card Report
- Cashier Summary Report
- Walk-in guest List
- Comp. room List
- Day Use Room List
- Market Segment Statistics Report
- Hotel Total Revenue Report

〈표 16-12〉는 Account Receivable Report의 실제 예이다.

표 16-12 Account Receivable Report

RECEIVABLES—GUEST & TRADE				
	This Year		Last Year	
	Amount	Day's Sales Uncollected	Amount	Day's Sales Uncollected
City Ledger				
-Current	172,731,827		238,810,834	
-30 Days	42,711,368		127,434,681	
-60 Days	11,906,764		3,614,454	
-90 Days & Over	20,003,413		19,749,763	
Total City Ledger	247,353,372	Total Day's Sales Uncollected	389,609,732	Total Day's Sales Uncollected
Credit Cards	394,375,507		565,593,650	
Guest Ledger	33,624,822		37,728,232	
Total	675,353,701		992,931,614	

Current Month This Year	Current Month Last Year		Current Month This Year	Current Month Last Year
		Allowance Beginning of Period		
		Plus Provision for Allowance		
	24,200	Less Written Off During Period	3,505,958	2,520,192
		Plus Recovered During Period	222,622	
		Allowance End of Period		
		Computation of Provision for Allowance		
4,404,117,776	3,726,389,307	Total Sales and Income	40,682,861,548	27,467,230,748
		Provision for Allowance-Amount		
		Day's Sales in Provision		

자료 : 호텔 리츠 칼튼 서울

10) F & B와 Culinary

F & B와 Culinary System은 호텔에서 운영하고 있는 식음료 및 부대 시설의 영업장과 주방의 운영 및 관리를 위한 기능을 담당한다. 즉 식음료 영업장의 메뉴 관리 및 매출 관리를 효과적으로 할 수 있도록 구성되어 있으며, Front Desk와 연결되어 있다.

〈표 16-13〉은 F & B와 Culinary System의 기능을 정리한 것이다.

표 16-13 F&B와 Culinary System의 기능

구분	처리 업무	내용
F&B	-주요 기능 • 영업장 운영 관리	- 부문별 식음료 영업장 운영 • Cafe Pantino : Cafe All Day Dining • The Lounge : Lounge & Bar • The Grill : Restaurant • CALASIA : California/Asian Restaurant • HANAZONO : Japanese Restaurant • The Bar : Wine & Cocktail Bar • NYX & NOX : Pub Bar & Night Club • CHEEHONG : Chinese Restaurant • Room Service : Room Service & Fitness Lounge • STARS : Employee Cafeteria • 제과 · 제빵
Culinary	- 주요 기능 • 주방 운영	

자료 : 호텔 리츠 칼튼 서울

제3절 Back Office System

1. Back Office System의 구성

호텔 리츠 칼튼 서울의 Back Office System은 Human Resources, 총무 · 급여, 구매 · 검수 · 재고 관리, General Accountant, Account Payable, F & B Cost Control System 등 크게 6개의 하위 시스템으로 구성되어 있다.

그림 16-4 Back Office System의 구성

2. Back Office System의 기능

1) Human Resources

R/C 호텔의 Human Resources System은 종사원의 채용과 면접 등의 인적 자원 관리를 위한 시스템으로 TQM(Total Quality Management)을 실현하기 위하여 별도로 구축한 시스템이라고 할 수 있다. 즉 보통의 호텔 정보 시스템은 인적 자원 과리 및 총무 · 급여 시스템을 통합한 인사 관리 시스템을 운영하고 있으나 리츠 칼튼 체인 호텔은 통합적 품질 관리를 무엇보다 우선하는 중요한 경영 정책으로 인식하고 수행하기 때문에 인적 자원 관리와 총무 · 급여 시스템을 분리하여 운영하고 있는 것이다.

〈표 16-14〉는 Human Resources System의 기능을 정리한 것이다.

표 16-14 Human Resources System의 기능

구분	Input Transaction	Output Transaction
Human Resources	· 면접 및 채용 · TQM (Total Quality Management)	· 인적 자원 관리

자료 : 호텔 리츠 칼튼 서울

2) 총무 · 급여

총무 · 급여 시스템은 종사원의 채용 후 그들에 관한 모든 정보를 관리하는 기능을 효율적으로 수행하기 위한 시스템이다. 따라서 총무 · 급여 시스템은 종사원의 교육을 비롯하여 급여 관리, 상 · 벌 관리, 근태 관리, 퇴직자 정산 및 연말 정산 관리 등의 기능을 가지고 있다. 그리고 이러한 정보들은 필요 시에 단말기를 통하여 즉시 조회할 수 있으며, 이들의 신상에 변동이 생기는 경우 즉시 수정할 수 있도록 구성되어 있다.

〈표 16-15〉는 총무 · 급여 시스템의 기능을 정리한 것이다.

표 16-15 **총무 · 급여 시스템의 기능**

구분	Input Transaction	Output Transaction
총무 · 급여	· General Affair · 인사 마스터 카드 · 상벌 · 발령 · 교육 · 근태 관리 및 Attendance 관리 · 급여 및 상여금 계산 · 퇴직자 정산 및 연말 정산 관리	· 증명서 발행 · 인사 화상 지원 · 급여 및 상여금 지원 · 정산 자료 제출

자료 : 호텔 리츠 칼튼 서울

〈표 16-15〉 제시된 내용을 구체적으로 정리하여 보면 다음과 같다.

첫째, 인사 마스터 카드에는 종사원의 기본 신상에 관한 정보로 구성되어 있는데, 그 내용은 사번, 성명, 주민등록번호, 급호, 직무, 부서, 입사일, 본적, 주소 및 거주지, 혼인 여부 및 가족 사항, 신장 · 혈액형 · 체중 · 시력 등의 신체 관련 사항, 학력, 병력, 재정 보증 등의 내용으로 구성되어 있다.

둘째, 상벌 · 발령 · 교육 등의 내용을 관리할 수 있는 시스템이 구성되어 있다. 상벌과 관련한 내용으로는 종사원의 상벌 일자, 상벌의 사유, 상벌 내용 등, 교육은 종사원 교육과 관련한 교육 기관, 교육 내용, 교육 일자, 교육 비용 등이고, 발령은 발령 일자, 발령 부서 등의 발령 사항과 직무, 직급과 호봉 등의 내용으로 구성되어 있으며, 퇴직 직원에 대해서는 퇴직 일자 및 퇴직 사유 등을 기재할 수 있도록 구성된 시스템이다.

셋째, 근태 관리는 종사원의 출 · 퇴근 등의 근무 태도를 관리할 수 있는 것으로 근태의 발생 일자, 근태 사유(지각, 조퇴, 결근, 연차, 월차, 비번, 공휴일, 야근, 연장, 휴일 근무 등),

초과 근무 시간 등을 기록하고 있다. 그리고 이 내용이 입력되면 급여 관리 시스템으로 연결되어 급여 지급 시에 반영된다.

넷째, 급여 및 상여금 관리 시스템은 종사원의 임금을 관리하는 시스템으로 월 급여 계산, 상여금, 연 · 월차 수당, 연말 정산, 퇴직 정산, 인건비 통계 자료, 국민 연금 · 의료 보험 · 기타 등과 관련된 자료를 관련 기관에 송부하는 등 매우 복잡한 기능을 수행한다. 또한 매년 변경되는 세법 혹은 관련 법규의 내용은 새로 수정 · 입력하여 정리하여 급여 및 상여금 관리 시스템에 입력하여야 한다.

3) 구매 · 검수 · 재고 관리

구매 · 검수 · 재고 관리 시스템은 상품을 생산하기 위하여 필요한 원자재를 영업장에서 필요한 날짜에 요구하는 품질을 공급하기 위하여 구성된 시스템이라고 할 수 있다. 따라서 구매 · 검수 · 재고 관리 시스템은 구매 · 검수 · 재고와 관련된 정보를 보유하고 있어야 한다.

〈표 16-16〉은 구매 · 검수 · 재고 관리 시스템의 기능을 정리한 것이다.

표 16-16 **구매 · 검수 · 재고 관리 시스템의 기능**

구분	Input Transaction	Output Transaction
구매 · 검수 · 재고	· Purchasing Request 관리 · Purchasing Order 관리 · 시장 조사 및 견적서 대비 관리 · 검수 · 입고 · 불출 · 창고 · 재고 관리 · 결산 관리	· 구매 실적 관리 · 영업장 불출 및 창고 재고 현황

자료 : 호텔 리츠 칼튼 서울

다음은 구매 · 검수 · 재고 관리 시스템의 구축 시 고려하여야 할 사항을 정리한 것이다.

(1) 발주서 번호, 입고 요청 일자를 기준으로 발주된 원자재와 실제 입고된 원자재를 비교할 수 있는 Check List가 산출되어야 한다.

(2) 입고를 요청한 날짜까지 미입고된 원자재에 대하여 입고될 때까지 기다릴 것인지 아니면 삭제 처리를 할 것인지는 대금 지불과 관계가 있으므로 거래처와 협의하여

결정한다. 통상 구입 대금은 발주한 원자재가 100% 입고가 완료되어야만 지급하기 때문이다.

(3) 발주서는 전산 출력 후 Fax를 이용하여 전송할 수 있도록 1개 발주 번호에 1개의 거래선만을 인쇄하도록 한다.

(4) 구매 원자재 전표 생성 이후 오류가 발견된 전표에 대해서는 개별적으로 수정한 후 이를 다시 출력할 수 있는 기능이 있어야 한다.

(5) 구매 신청 작업, 발주 작업, 입고 처리는 누가, 언제, 처리를 하였는지, 화면 또는 주요 Report에 사용자 ID가 나타나도록 해야 한다.

(6) 재고를 출고할 때, 출고 단가 계산 시 문제가 발생되어 정상적인 방법으로 출고 단가를 계산할 수 없을 때는 이를 예외로 처리할 수 있는 프로그램을 준비하여야 한다.

(7) 출고된 원자재 중에서 전체 출고 금액과 영업장별로 출고된 금액의 합이 서로 다른 경우가 발생될 수 있는데, 이러한 일이 발생되는 이유는 영업장별로 출고 금액을 계산하는 과정에서 소수점 이하 금액이 절사되기 때문이다. 이러한 경우 전체 출고 금액에서 영업장별로 금액의 합을 마이너스(-)한 다음, 차이가 나는 금액을 출고가 가장 많이 된 영업장이나 또는 가장 적은 영업장에 가산하는 것이 좋다.

(8) 원자재 출고 단가의 계산 시에 오류가 발생되어 입·출고 전표를 수정한 후 다시 계산을 해야 하는 경우가 발생되면 수정 후 해당 원자재만 재처리될 수 있도록 하여야 한다.

(9) 재료비 전표에는 반드시 영업장 코드가 등록되어야 하는데, 이는 영업장 손익계산서를 작성에 사용되기 때문이다.

(10) 입력된 입·출고 File은 특정 연·월·일을 기준으로 일괄적으로 삭제할 수 있어야 한다.

4) F & B Cost Control

F & B Cost Control System은 메뉴의 효율적인 개발과 재료 원가 관리를 위하여 필

수적인 시스템이라고 할 수 있다. 그리고 F & B Cost Control System은 POS 시스템과 자료를 공유할 수 있도록 구성되어야 한다.

한편, F & B Cost Control System에는 Recipe Card(메뉴 조리법)가 입력되어 있기 때문에 구매 · 검수 · 재고 관리 시스템에서 이용하고 있는 원자재 재고 단위보다는 더욱 세분화된 단위로 입력되어야 한다. 그리고 원자재는 시장 가격에 변동이 있을 수 있음으로 시장 가격의 변동이 있을 때마다 Recipe Card의 금액을 수정할 수 있도록 구성되어야 한다.

〈표 16-17〉은 F & B Cost Control 기능을 정리한 것이며, 〈표 16-18〉은 Recipe Card를 예시한 것이다.

표 16-17 F&B Cost Control 기능

구분	Input Transaction	Output Transaction
Cost Control	· 영업장 투입 및 매출 집계 결산	· 원가 계산

자료 : 호텔 리츠 칼튼 서울

표 16-18 Recipe Card

Recipe Card 번호 : 124131	Menu : 자장면	* 판매가격 : 10,000
판매영업장 : 50005 중식당	* 분류코드 : 1 단독	Recipe Card 작성일 : 1998/ 11/ 27
총재료비 : 5,500	원가율 : 55 (%)	재료비갱신일 : 1998/ 12/ 31
인분 : 1인분	추가재료비: 0	작성자 : 김길수

코드	코드명	단위	단가	수량	금액
21111112	밀 가 루	G	25.00	100.00	2,500
21001211	간 장	G	100.00	5.00	500
1241	가공송이버섯	G	31.25	80.00	2,500

주 : 분류 코드 : 코스 요리 또는 단독 요리 표시, 1241 : 반제품 코드를 표시
추가 재료비 : Recipe Card에 등록시킬 수 없는 소량의 코드를 표시
자료 : 박수영, 호텔정보시스템 실무, 대왕사, 1999.

한편, F & B Cost Control System 구축 시 주의할 점은 다음과 같다.

(1) Recipe Card 등록 시 구성 재료만을 입력시키는 것이 아니라 조리 방법도 입력할 수 있도록 하여야 한다.
(2) 단위 변환 Table은 등록할 수 있는 세부 단위까지 등록한다.
(3) 재료비 갱신 작업을 할 때는 반드시 반제품에 대한 재료비 금액을 먼저 계산한 다음 완제품에 대한 작업을 하여야 한다.
(4) POS에서 사용하는 Menu code와 Recipe Card 번호는 반드시 일치하여야 한다. 만일 일치하지 않는다면, Recipe Card에 별도의 Field를 마련하여 POS에서 사용하는 메뉴 코드를 등록시키도록 하여야 한다.
(5) 영업장별 Daily Cost 산출 작업은 현실적으로 실행하기 어려운 점이 많이 있으나, 전산 시스템에서는 언제든지 이러한 작업을 실행할 수 있도록 시스템이 구축되어야 한다.

〈표 16-9〉는 호텔 리츠 칼튼 서울의 F & B Cost Control System에 의해 산출되는 F & B의 Profit and Loss Statement이다. 이 〈표 16- 9〉는 식음료 영업장 전체에 대하여 정리된 것이다. 그러나 이러한 Cost Control과 관련한 Profit and Loss Statement는 모든 식음료 및 부대사업의 영업장별로 작성할 수도 있다. 이렇게 함으로써 각 영업장의 수율(Profit) 관리에 효율성을 제고하고자 하는 것이다.

표 16-19 F & B의 Profit and Loss Statement

	Month-to-date					Year-to-date				
Description	Actual	%	Budget	%	Last Year	Actual	%	Budget	%	Last Year
[Revenue]										
Food Revenue										
Bev. Revenue										
Other										
Total										
[Cost of Sales]										
Cost of Sales-Food										
Cost of Sales-Bev.										
Cost of Sales-Other										
Total Cost of Sales										
[Total Labor Cost]										
[Other Expenses]										
Bar Expense										
China, Glass & Silver										
Cleaning Supplies										
Contract Labour										
Contract Cleaning										
Decorations										
Equipment Rental										
Equipment Other										
Guest Supplies										
Laundry Allowance										
Licenses & Fees										
Linens										
Menus										
Music & Entertainment										
Office Guest Checks										
Paper Supplies										
Printing & Stationary										
Telephone										
Transportation										
Uniforms										
Utensils										
Miscellaneous										
[Total Other Expense]										
Total Expenses										
Operations Profit/Loss										
% of Profit										
% of Food Cost										
% of Bev. Cost										
% of Other Cost										
% of Labor Cost										
Food Cover										
Average Food Check										
Combined Check										

자료 : 호텔 리츠 칼튼 서울

5) Account Payable

Account Payable System은 호텔에 원자재를 납품하는 회사에 대한 대금 지급 자료를 관리하는 시스템이다. 일반적으로 Account Payable System은 구매 · 검수 · 재고관리 시스템 내에 구성되어 이용되고 있으나 호텔 리츠 칼튼 서울은 이 system을 분리하여 별도로 관리하고 있다. 이것은 원재료 납품 업체에 대한 효율적인 관리를 위한 것이며, 자금 운영의 효율성을 증대시키기 위한 것이라고 할 수 있다.

〈표 16-20〉은 Account Payable System의 기능을 정리한 것이다.

표 16-20 Account Payable System 기능

구분	Input Transaction	Output Transaction
Account Payable	· 납품 업체의 대금 지급 자료 관리	· 지급 · 미지급 자료

자료 : 호텔 리츠 칼튼 서울

6) General Accountant

General accountant System은 호텔의 수입 및 지출을 총결산하는 시스템으로 손익계산서의 작성을 주요기능으로 하고 있다.

〈표 16-21〉는 General accountant System의 기능을 정리한 것이다.

표 16-21 General accountant System 기능

구분	Input Transaction	Output Transaction
General Accountant	· 호텔 수입 · 지출 총결산	· P & L 작성

자료 : 호텔 리츠 칼튼 서울

〈표 16-21〉은 호텔 리츠 칼튼 서울의 식음료 부문에 대한 총매출액을 General Accountant System에 의하여 출력된 것이다. 이러한 Report에 입력된 내용은 자동으로 손익계산서(Statement of Profit & Loss)의 항목으로 입력되어 작성되는 것이다. 그리고 이 손익계산서는 각각의 영업장별로 작성되기도 하는데, 이것은 각 영업장의 경영의 효율성을 나타내는 지표가 되기도 한다.

General Accountant System의 기능은 경영 의사 결정을 하는데 중요한 기초 자료가 되며, 경영의 성과와 경영 상태를 요약 · 정리하는 기능을 가지고 있기 때문에 호텔 정보 시스템의 여러 가지 System과 함께 매우 중요한 기능이라고 하겠다.

표 16-22 Sales Revenue Report

Outlet	Food Sales Revenue Actual var.% Budget Var.% Forecast	Beverage Sales Revenue Actual var.% Budget Var.% Forecast
Cesar Grill	******* ** ******* ** *******	******* ** ******* ** *******
Cafe Fantino		
Hana-Zona		
Calasia		
Cheehong		
The Lounge		
The Bar		
Nyx & Nox(Pub. Rest.)		
Room Service		
Honor Bar		
Banquet		
Fitness Center		
Caravali		
Total		

Outlet	Total Sales Revenue Actual var.% Budget Var.% Forecast	Last Year Total Sales Revenue Actual var.% Budget Var.% Forecast
Cesar Grill	******* ** ******* ** *******	******* ** ******* ** *******
Cafe Fantino		
Hana-Zona		
Calasia		
Cheehong		
The Lounge		
The Bar		
Nyx & Nox(Pub. Rest.)		
Room Service		
Honor Bar		
Banquet		
Fitness Center		
Caravali		
Total Revenue		

자료 : 호텔 리츠 칼튼 서울

General accountant System에 의하여 작성되는 호텔의 P & L의 양식은 <표 16-23>과 같으며, 영업장별 손익계산서의 예는 <표 16-24>과 같다.

표 16-23 호텔의 P & L의 양식의 예

년 월 일 현재

항목	월 금년	월 전년	년 금년누계	년 전년누계
Ⅰ. 매출액				
1. 객실수입				
2 .식음료수입				
1) 식료수입				
2) 음료수입				
3. 기타수입				
1) 임대수입				
2) 주차수입				
3) 세탁수입				
4) 기타수입				
Ⅱ. 매출원가				
1. 원재료비용				
1) 식재료비용				
2) 음료재료비용				
2. 인건비				
3. 경비				
Ⅲ. 매출총이익				
Ⅳ. 판매비 및 일반관리비				
1. 임원급여				
2. 급료와 임금				
3. 제수당				
4. 퇴직충당금전입액				
5. 복리후생비				
6. 여비교통비				
7. 접대비				
Ⅴ. 영업이익				
Ⅵ. 영업외수익				
1. 유가증권수익				
2. 외환차익				
3. 유가증권처분이익				
4. 배당수익				
5. 잡수익				

항목	월 금년	월 전년	년 금년누계	년 전년누계
Ⅶ. 영업 외 비용				
1. 사채이자				
2. 외환차손				
3. 기부금				
4. 유가증권처분손실				
5. 잡손실				
Ⅷ. 경상이익				
Ⅸ. 특별이익				
1. 고정자산처분이익				
2. 투자자산처분이익				
Ⅹ. 특별손실				
1. 고정자산처분손실				
2. 투자자산처분손실				
Ⅺ. 법인세				
Ⅻ. 당기순이익				

- 매출총이익은 Ⅰ－Ⅱ
- 영업이익은 Ⅰ－Ⅲ
- 경상이익은 Ⅴ＋Ⅵ－Ⅶ
- 당기순이익은 Ⅷ＋Ⅸ－Ⅹ－Ⅺ

표 16-24 영업장별 손익계산서

년 월 일 영업장 손익

항목	금액	구성비	누계	구성비
Ⅰ. 매출액				
Ⅱ. 직접비				
1. 원재료비				
2. 인건비				
3. 기타경비				
Ⅲ. 운영이익				
Ⅳ. 간접비				
1. 인건비				
2. 기타경비				
Ⅴ. 영업이익				

General accountant System을 구축할 때 고려할 사항은 다음과 같다.

(1) General accountant System을 구축하기 전 사용자가 요구하는 내용을 면밀히 분석 · 정리하여 데이터의 처리범위 및 방법을 단순화 · 공식화시킬 필요가 있다. 왜냐하면 예외의 처리가 많거나 데이터 처리 시 수작업이 병행되는 경우에는 자료의 신뢰성에 문제가 생길 수 있기 때문이다.

(2) General Accountant System에서 산출되는 영업장별 손익계산서는 일반 회계에서의 재무제표 산출 방법과 마찬가지로 Report Control Data에 의하여 출력되도록 한다. 단 계정 과목별/부문 코드 또는 계정 과목별/영업장 코드가 포함되어 있는 File이 별도로 생성되어야 한다.

(3) 배부 기준인 매출액 대비 · 면적 대비 · 인원 대비에 의하여 자동으로 배부 금액이 산출되었다고 하더라도 예외 사항이 있는 경우 이를 직접 수정할 수 있도록 고려하여야 한다. 단, 예외 처리가 너무 많으면 신빙성에 문제가 생길 수 있다.

(4) 일반 회계의 예산 관리 시스템과 연계하여 목표 대 실적을 비교할 수 있는 영업장별 손익계산서가 산출되어야 한다.

(5) 1차 배분된 금액을 가지고 다시 배분(2차 배분)해야 하는 경우를 감안하여 배부 프로그램을 작성하여야 한다. 예를 들면 매출액 대비에 의하여 객실부 및 식음료에 배부된 세탁 비용을 식음료 부문에서 다시 인원 구성비에 의하여 영업장별로 배부하는 것 등이다.

제4절 Interface System

1. Interface System의 구성

호텔은 다종다양한 업종으로 구성되어 있어, 숙박과 식음료 시설, 부대 시설과 관련한 많은 영업장에서 매출이 일어나고 있는 특성을 가지고 있다. 그리고 이러한 시설은 고객에게 최대한의 편의를 제공하여야 한다. 즉 호텔에서 운영하고 있는 시설들은 고객이 이용하고 난 후 이용 시설에서 정산을 하는 경우도 있으나 숙박 고객은 Check-out할 때 정산을 하게 된다. 즉 투숙 고객이 각 영업장에서 발생된 이용 금액은 프런트 데스크의 Guest Folio로 전송되어 일괄적으로 계산할 수 있는 시스템이 갖추어져야 한다. 뿐만 아니라 고객 관리, 매출액의 집계 및 각종 보고서를 작성하여 정보를 산출하기 위해서는 객실 부문과 식음료 부문의 정보가 상호교류되어야 하는 것이다. 또한 백 오피스에서 산출되는 정보와 프런트 오피스에서 산출되는 정보를 상호 공유할 수 있어야 고객에 대한 서비스는 물론 업무의 효율성을 증대시킬 수 있는 것이다.

이와 같이 호텔은 각 부문에서 발생되는 일들을 연결시킬 수 있는 기능이 필요한데, 그 기능을 담당하고 있는 것이 Interface System인 것이다. 즉 Interface System은 프런트 오피스 시스템과 백 오피스 시스템을 연결시켜주는 기능을 하는 것이다.

이러한 Interface System은 고객의 편의 제공 및 업무의 효율성을 증대시키기 위하여 여러 개의 하위시스템(Sub-System)을 가지고 있는데, 호텔 리츠 칼튼 서울의 Interface System은 〈그림 16-5〉와 같은 하위 시스템을 갖는다.

그림 16-5 Interface System의 구성

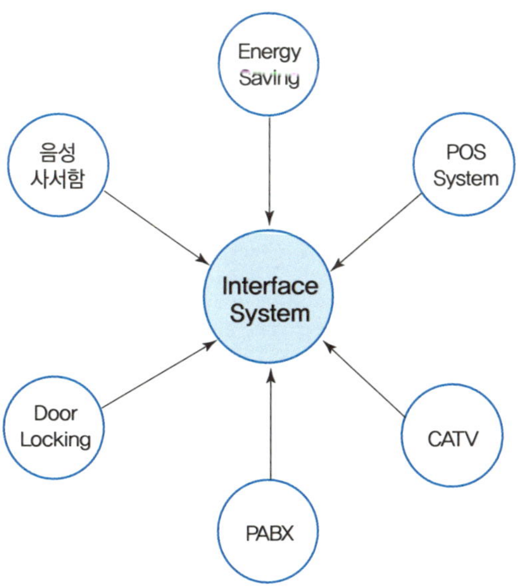

2. Interface System의 기능

1) 음성사서함(Voice Mail System)

Voice Mail System은 PABX System 및 프런트 오피스 시스템과 연결되어 여러 가지 기능을 수행하는데 외부 메시지 보관 기능, 고객에게 음성 메시지의 전달 기능, 모닝콜 기능, 고객의 행선지 정보 녹음 기능 등을 가지고 있다.

2) Energy Saving System

에너지 관리 시스템은 호텔 건물 전체에서 사용하고 있는 에너지를 효율적으로 관리함으로써 에너지 비용을 절감시키는 역할을 한다. 즉 전등, 에어컨, 난방 설비 등을 자동으로 제어하여 에너지 효율을 높이고, 비용을 절감시키는 기능을 하는 것이다.

3) POS System

호텔은 소매 업종에 속하는 분야이고, 매출이 발생되는 영업장이 많은 관계로 판매 업무의 효율성을 위하여 POS(Point of Sales) System을 구축하고 있다. POS System은 상품을 파매하는 시점에 데이터가 등록되어 관리할 수 있는 기능을 말하는 것으로 오늘날에는 POS가 단순히 정산을 하는 기능만을 가지고 있는 것이 아니라 여러 가지 매출 분석 정보도 제공한다.

표 16-25 **POS SYSTEM의 구성과 운영의 예**

구분	내용	
POS SYSTEM	System Parameter Setup	Hotel Name Employee Setup/Time Period Setup
	Menu Item Setup	Major Group/Family Group/category Setup Menu Item Definition/Menu Item Price Setup
	Revenue Center Parameter Setup	Serving Period/Time Period/Table Setup Operator/cashier Setup
영업장 운영	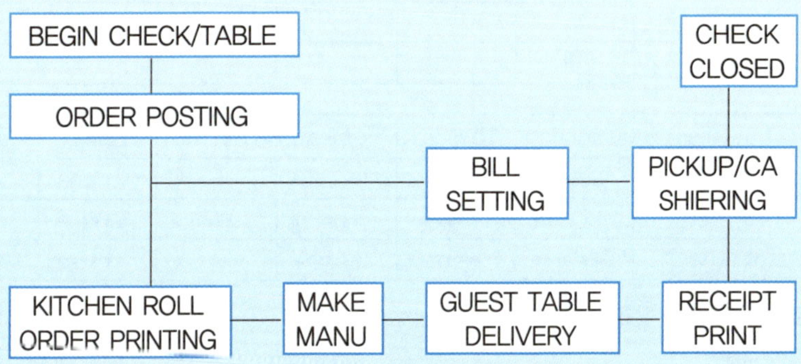	
영업장 마감	Open Check	Void 처리/사유서 첨부
	Report	Revenue Center Financial Report
		Employee Financial Report
		Cashier Financial Report
		Menu Item Sales Report
Income Auditing	System Financial Report	

자료 : 호텔 리츠 칼튼 서울

이러한 POS System에 의하여 제공되는 매출 분석 정보의 예는 〈그림 16-6〉과 같다.

그림 16-6 매출 분석 정보의 예

Day/Week	Monday	Tuesday	Wednesday	Thursday	Friday	Saturday	Sunday
■ Food Rev.	******	******	******	******	******	******	******
□ Bev. Rev.	******	******	******	******	******	******	******
□ Total Rev.	******	******	******	******	******	******	******

자료 : 호텔 리츠 칼튼 서울

4) PABX

PABX System은 호텔 관리 기능(PMS 기능 : Property Management System)과 전화 요금 부과 기능 등 크게 2가지 기능을 가지고 있는데, PMS 기능은 구체적으로 객실 상태 변경 기능, 전화 사용 통제 기능, 고객 조회 기능, Message Lamp 점등 기능, Mini Bar 요금 부과 기능 등이 있다.

(1) 호텔 관리 기능

PMS는 호텔의 핵심 시스템으로 호텔에 따라서 PMS의 구성 요소에는 차이가 있을 수 있으나 일반적으로 프런트 오피스와 백 오피스 활동과 관련한 컴퓨터 프로그램 세트를 의미하는 것이라고 할 수 있다. 따라서 PMS는 호텔 정보 처리의 객실 기능을 가지고 있으며, 다른 시스템과의 허브 기능을 갖는 호텔 정보 시스템의 중추적인 역할을 하는 것이라고 할 수 있다. PMS의 기능을 간략히 설명하면 다음과 같다.

❶ 객실 상태 변경 기능

Room Maid는 객실의 청소 상태의 유 · 무 등과 관련한 변경 사항을 PMS 기능을 통하여 변경할 수 있다.

❷ Message Lamp 점등 기능

프런트 데스크에서 고객에게 전달할 메시지가 있는 경우에 PMS 기능을 통하여 Message Lamp를 점등하여 고객에게 메시지가 있음을 알려 줄 수 있다.

❸ 고객 조회 기능

이것은 전화 교환기에 투숙객의 성명, 객실 번호 등이 자동으로 입력되어 투숙객이 객실에서 교환원에게 전화를 하는 경우 교환원이 수화기를 들면 몇 호실의 객실에서 누가 전화하였는지를 확인할 수 있는 기능이다. 이러한 것은 Interface System 내에 PMS 기능이 있어서 가능한 것이다.

❹ Mini Bar 이용 요금 부과 기능

투숙객이 객실의 Mini Bar를 이용하는 경우 Room Maid 혹은 House Man이 이용 요금을 입력하면 자동으로 Guest Folio로 그 금액이 전송 처리된다.

❺ 전화사용 통제 기능

객실에 고객이 투숙하면 프런트 오피스 시스템에서 PABX로 체크 인 정보를 전송하여 해당 객실의 전화 사용을 가능하게 해 주며, 반대로 객실을 체크 아웃을 하는 경우 전화선을 단절시켜 전화 사용을 못하도록 하는 기능이다.

(2) 전화 요금 부과 기능

투숙객이 객실에서 전화를 이용하는 경우 객실 번호, 상대방 전화 번호, 사용 시간 등의 데이터가 프런트 오피스 시스템으로 전송되어 통화료가 계산되어 고객의 Folio에 등록된다.

5) CATV

CATV는 객실에서 고객이 CATV를 시청하는 경우 CATV 서비스 요금이 계산되어 프런트 시스템으로 전송되는 기능과 프런트 시스템에서 입력한 메시지를 CATV를 통하여 볼 수 있는 기능을 가지고 있다. 또한 CATV를 통하여 객실에서 자신의 계산서 내역을 조회할 수 있으며, Self Check-out할 수도 있다.

이외에도 Interface System은 Door Rack 기능, 고객 단말기 서비스 기능, Self Check-in/out 기능 등 호텔의 필요에 따라서 다양하게 구성할 수 있다.

부록 | 종사원의 교육훈련

종사원의 기본 요건과 태도

1. 종사원의 기본 요건

종사원이 일을 시작할 준비를 위해 유니폼을 입는 순간 그는 항상 변하는 고객(청중들) 앞에서 연기하는 배우가 된다고 할 수 있다. 서비스 종사원은 일상생활에서 오는 모든 어려운 문제는 집에 두고, 행복한 마음으로 고객을 대하고, 즐거움을 주는데 열정적이 되어야 한다. 이러한 종사원의 행동이 고객의 만족을 얻을 수 있으며, 그가 종사하는 기업에 긍정적인 역할을 하게 되는 것이다. 그러므로 이것을 실천하기 위하여 서비스 종사원은 몇 가지 중요한 자격 요건이 있다.

1) 지성

서비스 종사원은 그들이 가지고 있는 지식, 신속 · 정확한 업무 처리를 하기 위해 필요한 직무 그리고 밝고 정중하게 다루어야 하는 고객 등과 관련한 상당한 지성을 갖추기 위하여 부단히 노력하여야 하며, 그러한 지성을 가지고 있어야 한다.

2) 예절

서비스 종사원은 잘 교육된 신사 또는 숙녀처럼 행동하여야 한다. 그렇게 행동하면, 서비스 종사원은 고객들에게 똑같은 대접을 받을 수 있다. 그리고 서비스 종사원은 신사 또는 숙녀처럼 걸어야 한다. 구부정하거나 기대는 것은 예의가 없는 행동으로 간주된다. 또한 활발한 속도로 걷지만 뛰지는 말아야 한다.

좋은 예절의 기본 규칙은 다른 사람을 기분을 상하게 할 어떤 일도 해서는 안 된다. 예를 들면 흡연과 같은 것은 근무 중에 행해서는 안 된다. 서비스 종사원이 신사 또는 숙녀 같지 않게 껌을 씹는 것도 마찬가지이다. 또한 업무 중이나 업무가 끝난 후에도 좋은 예절들을 습득할 수 있도록 꾸준히 노력하여야 한다. 좋은 예절은 식당에서 뿐만 아니라 주방에서도 적용하는 것이 좋다. " ~~해 주십시오.", "고맙습니다."라고 말하는 것을 잊지 말아야 한다.

3) 자아 존중

서비스 종사원이 본인 스스로를 혹은 자신이 하는 일을 존중하지 않는다면, 다른 사람들도 또한 자신의 자아를 존중하는 것을 기대하여서는 안 된다. 서비스 종사원은 결코 자신의 일에 대하여 변명해서는 안 된다. 누가 자신의 직업을 묻는다면, 결코 "저는 그냥 웨이터예요"라고 말하지 말라. 너의 가슴을 펴고, 그들 눈을 똑바로 쳐다보고 웃으면서 말하라. "나는 웨이터입니다". 그리고 자신 스스로에게 다른 모든 식당 종사원들에게 스스로가 자랑거리가 될 행동을 업무 중에 그리고 업무가 끝난 후에도 지속하여야 한다.

4) 관심

서비스 종사원은 도움과 조언이 필요한 고객들과 접촉하면서 하루의 대부분의 시간을 보낸다. 따라서 서비스 종사원이 자신의 일을 즐기지 못한다면, 하루하루의 시간이 매우 힘들 것이며, 이것이 지속된다면 자신을 위해서도 이러한 서비스 종사원은 다른 직업을 찾아야 할 것이다. 서비스 종사원 스스로가 진정으로 고객에게 필요한 서비스와 조언을 할 수 있다는 것을 즐긴다면, 자신이 하는 일이 매우 흥미롭게 될 것이다 이것은 팀의 다른 동료에게도 배우고 성장하는데 훌륭한 조력자가 될 것이다. 그러므로 자신이 하는 일에 관심을 가지고 열정적으로 임하는 자세가 요구된다.

5) 신중한 행동

서비스 종사원은 귀중한 재료들과 장비를 가지고 업무를 하게 되는데, 이때 종사원은 이들 재료와 장비를 어떻게 하면 효과적으로 사용하고 좋은 상태로 유지할 수 있는지를 익혀야 한다. 종사원은 업무를 수행하는 올바른 방법을 찾아야 하고, 스스로 그것에 익숙해질 때까지 모든 것을 주의 깊고 바르게 사용하는 방법을 연습해야 한다. 고객들과 관리자들이 지켜 볼 때는 올바르게 하고, 그들이 보지 않을 때 옛날 방식으로 일을 한다면, 그것은 스스로에게 서비스나 기술 개발을 하는데 부정적으로 영향을 미칠 것이다.

6) 신속한 행동

서비스 종사원의 신속한 행동은 특히, 바쁜 시간대가 많은 식음료 사업에 있어서는 그들의 행동이 매우 중요하다. 시간을 줄이는 방법과 시간을 효과적으로 활용하는 방법을 지속적으로 찾고, 일을 계속적으로 바르게 함으로써 신속하게 일하는 것을 배워야 한다.

7) 능력

서비스 종사원은 업무를 수행하는 과정에서 좋은 일 습관이 몸에 익숙하도록 연습함으로써 능력이나 역량을 개발할 수 있다. 유능한 사람은 항상 배우고 개선하는 방법들을 찾고, 고객들과 조직에 상호 이익이 되도록 효과적으로 계획하고 일한다.

8) 솔선수범

이것은 지시받을 때까지 기다리는 것 없이 즉각적으로 처리되어야 할 일을 자발적으로 처리하는 것을 의미한다. 훌륭한 종사원은 무슨 일이 처리되어야 하는지를 알고, 그것을 처리한다. 이러한 서비스 종사원의 행동은 낡은 방식을 개선할 새로운 방법들을 찾게 되고 업무의 효율성을 증대시킨다.

9) 신뢰성

신뢰할 수 있는 사람은 그들이 있어야 할 곳에 있고, 그리고 거기서 해야 할 것을 하는 사람이다. 신뢰성이 있는 서비스 종사원은 지켜보는 사람이 있든 없든 간에 정해진 방법으로 업무를 처리한다. 또한 신뢰할 수 있는 종사원은 정시에 출근하고, 자신이 해야 할 일을 묵묵히 제 시간에 처리한다. 만일 그러한 신뢰성이 없는 종사원이라면, 아마도 관리자는 그 종사원에게 중요한 일을 맡기지 않는다든지 혹은 상황에 따라서는 다른 사람으로 대체할 것이다.

10) 성실(충성)

이것은 서비스 사업에서 그 사업의 좋은 평판을 유지하고, 개선하고자 하는 욕망을 뜻한다. 성실(충성스러운)한 종사원은 그의 상사와 조직을 비난하지 않고, 그들이 다른 사람들에 의해 비난받는 것을 막기 위해 최선을 다한다.

11) 수용

이것은 구두 지시에 따를 뿐만 아니라 기록된 규칙과 규율을 잘 지키는 것을 뜻한다. 새로운 제안 혹은 업무에 대하여 주의 깊게 듣고, 상급자 혹은 관리자의 지적에 대하여 기꺼이 수용하는 넓은 마음을 가져야 한다. 그리고 관리자들이 자신에게 요구하는 것이 무엇인지를 확인하고, 수용하여 그 업무를 수행하여야 한다.

12) 정직

식음료 업체는 고객이 지불하는 대가에 상응하는 음식과 서비스를 제공한다. 그런데 서비스 종사원이 근무 중에 시간을 낭비하거나 출 · 퇴근 등의 시간을 지키지 않는다면, 궁극적으로 고객과 동료들에게 금전적인 낭비를 시키는 것과 마찬가지가 된다. 특히 이러한 행동은 동료와의 관계를 원만하게 유지하지 못하게 하는 원인이 될 수도 있다. 정직은 그 사람의 인격을 판단하는 가장 기본적인 요소가 되며, 기업에게는 충분한 이익을 그리고 고객에게는 만족하는 서비스를 제공할 수 있는 단초가 된다는 것을 알아야 할 것이다.

13) 관용

이것은 자신의 관점뿐만 아니라 다른 사람의 관점에게 업무 수행 과정을 보려고 노력하는 것을 뜻한다. 항상 모든 사람들에게 열린 마음을 유지하고 그것을 존중하라. 그것은 자신의 의견만큼 옳을지도 혹은 자신이 틀릴 수도 있는 것이기 때문이다.

14) 수용

모든 사람은 실수를 할 수 있다. 실수하지 않는 사람은 결코 없다고 많은 사람이 이야기를 한다. 그리고 실수가 없으면 어떠한 일도 할 수 없다는 의미와 같다. 자신이 업무를 수행하다가 실수를 한다면 그것을 솔직하게 인정하라. 그러면 다른 사람이 당신을 변론하는 것을 발견할 수 있을 것이다. 만일 자신이 그것을 숨기려고 한다면 자신은 이미 다른 사람의 비난의 대상이 된다는 것을 이해하여야 한다. 스스로를 비판하고, 자신의 실수가 자신에게 교훈이 되도록 비난을 수용할 수 있는 자세를 가져야 한다.

15) 열정

자신의 주위를 돌아보면, 어떤 조직이나 단체의 관리자들은 매우 열정적인 사람들이라는 것을 알 수 있다. 자신이 스스로 일에 열정을 가진다면, 그것을 즐길 수 있고, 동료들은 지신과 함께 일하는 것을 즐길 것이며, 고객도 그 열정을 느낄 것이다.

16) 친절

자신이 매일 같이 일하는 사람들의 친구가 되는 것은 매우 중요하며, 그것은 자신의 일을 더욱 즐겁게 만들 것이다. 새로운 종사원은 고객들과 친해져라.

17) 개선

훌륭한 서비스 종사원의 자격 요건들은 많고, 이러한 것들은 모두 어떤 직업에도 도움이 될 자질이다. 그러나 어느 누구도 완전하지 않기 때문에 고객이 개선을 요구하는 모든 것들을 한 번에 개선할 수는 없는 것이다. 그러나 자신의 기준을 높이 정하고, 자신이 얼마나 잘하고 있는지 확인하기 위하여 가끔씩 점검하는 것이 필요하다. 그리고 기회가 있다면, 좀 더 효과적인 개선에 지속적으로 노력하여야 한다. 만일 그렇게 한다면 최상의 자격 요건을 갖춘 종사원이 그 기회를 얻을 수 있는 것이다.

2. 종사원의 자질과 용모

식음료 사업이란 직업을 선택하는 대부분의 사람들은 많은 돈을 벌 가능성이 있는 흥미로운 직업이라고 생각할 것이다. 실제로 식음료 사업은 때에 따라서 적은 비용으로 창업이 용이하기 때문에 매우 좋은 직업이라고 생각할 수 있다. 그러나 먼저 이 직업이 다양한 국적의 다양한 사람과 끊임없는 접촉으로 외국어를 비롯한 많은 업무를 익히게 된다는 것을 먼저 이해하여야 한다. 그러나 여기서는 가장 기본이 되는 자질, 행동과 용모, 고객 환대에 대하여 간략히 살펴보고자 한다.

1) 자질

서비스 종사원으로서 성공을 확실히 하기 위해서는 좋은 건강을 가져야 하고, 어려움 없이 명확하게 의사 전달을 할 수 있어야 한다. 또한 선택한 직업을 좋아해야 하고, 훈련 의식을 가져야 하며, 조화로운 인격을 가져야 한다. 뿐만 아니라 전문적인 공부를 더 하려는 마음이 있어야 하고 모든 관점에서 정직해야 한다.

2) 행동과 용모

서비스 종사원은 항상 자연스러운 태도와 곧은 자세를 가져야 한다. 특히 신체를 항상 청결히 하고, 근무 중에는 깨끗한 유니폼, 검은 구두와 검은 양말을 신어야 한다. 항상 외출할 준비가 된 것처럼 자신을 가꾸고 행동하여야 한다.

3) 고객 환대

고객이 처음으로 식당에 들어오는 순간 고객은 누군가가 자신을 환영해 주기를 바란다. 따라서 서비스 종사원은 고객에게 인사하고, 고객이 원하는 것을 물으면서 고객을 맞이하며, 안내하여야 한다. 모든 고객은 따뜻한 환영을 받아야 하고, 이것은 모든 종사원의 책임이다. 서비스 종사원은 고객에게 부정적인 말은 하지 말아야 한다. 문제가 있다면 서비스 종사원 스스로 자신이 해결할 수 있음을 보여주어야 한다. 이러한 종사원의 행동은 고객들 자신이 보살핌을 받고 있다는 것을 느끼게 할 것이고, 고객은 자기 스스로 외식업체에서 서비스를 이용하기 위하여 지루하게 기다렸다는 사실을 망각하게 할 것이다.

3. 식음료 종사원의 태도와 예절

서비스 종사원이 고객을 다루는데 있어서 더욱 능숙한 사람이 되기 위해서는 다음 사항을 준수하고 실행해야 한다.

- 미소
- 밝은 표정
- 올바른 주문 처리
- 고객 호칭
- 깨끗하고 깔끔한 용모
- 훌륭한 매너

위 사항들을 습득하기 위해 서비스 종사원은 훌륭한 배우 혹은 코미디언이 되어야 한다. 그리고 모든 고객은 서비스 종사원의 행동과 태도에 어떠한 방향으로든 반응할 것이라는 것을 알아야 한다. 고객들은 그들 스스로 즐기고, 좋은 시간을 갖기 위하여 우리 식당에 있으며, 고객은 누구든지 열심히 일해서 얻은 행복한 시간을 망치기를 원하지 않는다. 서비스 산업에 종사하는 우리들은 고객들이 우리 식당이 훌륭한 식당이라는 것을 느끼게끔 행동해야만 하는 사람들이다.

1) 미소

직장에서 서비스 종사원의 고객에게 편안하고 안정감이 있는 표정을 연출하여야 하며, 이것은 고객에게 그는 내가 원하는 서비스가 제공될 수 있다는 인상이 전달되어야 한다는 것을 의미하기도 한다. 절대 미소를 잊지 말라. 미소는 고객에게 '내가 원하는 서비스가 제공될 수 있다.' 는 인상이 전달하는데 많은 도움을 준다. 그래서 좋은 서비스를 위한 첫 번째 제안은 미소를 짓는 일이다. 고객에게 인사할 때 미소를 지어라. "안녕하십니까?" 또는 "참 좋은 날이지요?" 처럼 정말로 부드럽고 안정된 그리고 뭔가 편안한 느낌을 주는 미소로 말하라. 당신이 사람에게 미소를 지을 때 고객도 미소로 답할 것이다.

2) 밝은 표정

식음료 산업에 종사하는 사람 모두가 자신과 가정에서 하고자 하는 일의 모두가 잘 될 수는 없다. 특히 직장 밖에서 자신이 원하지 않는 방향으로 어떠한 일이 진행될 때는 스트레스를 받게 된다. 이 스트레스는 마음을 상하게 하고, 그것은 서비스를 제공하는 자신의 표정에 나타나기 마련이다. 이러한 상태에서 여러분은 자신의 서비스를 제공받는 고객의 입장에서 생각해 보자. 과연 고객은 서비스에 만족을 할 것인가? 아마도 그렇지 않을 것이다. 그러므로 서비스 종사원은 자신의 기분을 통제할 줄 알아야 한다. 서비스를 제공하는 순간에는 모든 일을 잊고, 서비스를 제공하는 순간에 충실하여 밝은 표정으로 서비스를 제공하여야 한다.

3) 주문 처리

항상 고객으로부터 주문받을 때에는 준비하고 긴장하여야 한다. 그리고 주문을 받았다면, 잘 이해하고 있다는 것을 고객에게 분명히 하여야 한다. 즉 고객의 주문 내용을 반복하여 확인을 하여야 한다.

4) 호칭

식음료 산업과 같은 서비스 업종은 단골 고객이 있기 마련이다. 지신의 업체에 자주 오는 고객들은 많은 이유 때문에 다시 방문하고 서비스를 이용한다. 그러한 고객에게 종사원은 그들의 이름 혹은 기타 친근감이 있는 호칭을 사용함으로써 '우리가 당신을 기억하고 있습니다.' 라는 인상을 주어야 한다.

5) 용모

매일 매일의 청결은 식음료 종사원의 필수사항이다. 단지 좋은 차림새의 일부가 아니라 우리의 전반적인 용모가 깨끗하고, 단정한 좋은 용모를 유지해야 한다.

6) 매너

좋은 예절과 매너를 몸에 익힐 수 있도록 부단히 노력하여야 한다. 그러면 그것은 어느 순간에 자신의 일부가 될 것이다. "부탁합니다."와 "감사합니다.", "천만에요"를 말하는 것을 잊지 말고 항상 정중하게 하라. 잘 교육받은 신사 또는 숙녀처럼 행동하라. 그러면 여러분도 같은 방법으로 대우를 받을 것이다. 다음을 관심이 있게 읽어 보면, 외식 서비스를 제공하는 자신에게 도움이 될 것이다.

- 긁적거리고 기대는 것은 용납되지 않을 것이다.
- 공중장소에서 걸음은 활기찬 걸음 그러나 뛰지는 마라.
- 성공을 확실히 하기 위하여 항상 좋은 용모를 유지해야만 한다.
- 직원의 좋은 몸가짐은 고객들에게 신뢰를 심어준다.
- 분명히 말하고 고객이나 당신의 상관의 말을 주의 깊게 들어라.
- 고객이 당신에게 요구하는 것을 항상 분명히 이해하라.

부정적 서비스와 긍정적 서비스의 핵심

서비스 기업과 서비스 종사원은 서비스 관리와 고객 응대 및 관리를 어떻게 하느냐에 따라 서비스의 품질은 물론 서비스의 결과에서도 많은 차이를 보이게 된다. 본 교재에서는 고객을 기분 나쁘게 하는 40가지 요소와 좋은 서비스의 8가지 중요한 핵심 내용을 제시하여 하고자 한다.

1. 부정적 서비스의 주요 내용

식음료 산업에서 고객을 기분 나쁘게 하는 요소는 이루 헤아릴 수 없을 정도로 많은 요소가 있을 수 있다. 그리고 그것은 고객의 성향에 따라서도 다르게 나타나기도 한다. 여기서는 고객을 기분 나쁘게 하는 중요한 요소 40가지에 대하여 나열하고 알아보고자 한다. 아래는 고객을 가장 기분 나쁘게 하는 40가지의 요소이다.

1) 물 잔이 자동적으로 채워지지 않을 때

2) 샐러드의 보관 온도가 실내 온도와 같을 때

3) 음식과 음료가 오래된 접시나 컵에 나올 때

4) 뜨거운 음식이 뜨겁지 않고, 차가운 음식이 차지 않을 때

5) 고객 앞에서 30초 이상 전화를 들고 있을 때

6) 접시나 유리잔의 이가 빠졌을 때

7) 식탁 위 은수저에 점이 있거나 변색되었을 때

8) 유리잔에 티가 있을 때

9) 메뉴판이나 식탁용 접시받침이 벗겨지거나 구겨지거나 얼룩덜룩할 때

10) 빵이나 롤의 가장자리 주변이 신선하지 않을 때

11) 고객들을 위한 메뉴가 충분하지 않을 때

12) 조미료 병들이 차 있지 않고, 입구가 막혀 있을 때

13) 고객이 음료 주문을 하는 것도 없이 3분을 기다릴 때

14) 접시, 은수저 또는 유리잔이 부족할 때

15) 은수저가 식탁 위에 굽은 채로 놓여 있을 때

16) 재떨이에 2개 이상의 꽁초가 있을 때

17) 설탕 접시 내부가 더러울 때(설탕 주머니를 들어내고 안을 보라)

18) 소금과 후추 셰이크가 만지기에 기름기가 많거나 절반이 비어 있을 때

19) 서비스 직원이 "당신에게 호의를 베풀고 있다"는 태도를 가질 때

20) 음료수가 김빠진 상태로 나올 때

21) 부스러기, 종잇조각과 음식이 식당이나 바의 카펫이나 바닥에서 즉시 주워지지 않을 때
22) 커피가 김이 날 정도로 뜨겁지 않을 때
23) 식당 문을 약속 시간보다 늦게 열거나 일찍 닫을 때
24) 식탁과 의자들이 흔들릴 때
25) 고객이 주문한 메뉴가 아닌 다른 것을 받을 때
26) 의자가 더럽고 얼룩지거나 부스러기들이 있을 때
27) 아침을 먹으러 오는 고객들이 자리에 앉자마자 즉시 커피를 먹지 못할 때
28) 음식이 20분 걸린다고 말하고, 실제로 30분이 걸렸을 때
29) 요리에 곁들이는 과일이 말라 있을 때
30) 뷔페 식탁 또는 샐러드 바가 신속하게 채워지지 않을 때
31) 주문한 것이 빠진 채로 제공되거나 서비스하는 사람이 "누가 무엇을 먹느냐?"고 물을 때
32) 커피 잔이 얼룩져 있을 때
33) 꽃병 물이 더럽거나 꽃이 시들어 있을 때
34) 식탁 또는 회의실 탁자 보에 작은 구멍, 찢어진 곳 또는 불탄 곳이 있을 때
35) 기름기 있고 더러운 것이 식탁을 닦는데 사용될 때
36) 고객들이 식당 문을 들어설 때 미소로 반기는 종사원의 영접이 인식되지 않을 때
37) 모든 것이 완벽하지 않더라도 고객들을 기쁘게 하기 위해 최선을 다하고 있다고 생각되지 않을 때
38) 고객이 음식 명세표를 받을 때 그것이 엉성하고, 젖어 있고, 구겨져 있거나 글씨가 엉망일 때
39) 빈 식탁이 많이 있음에도 불구하고 구석으로 안내될 때
40) 특별한 사람 옆의 좌석에 앉아 있는 고객이 웨이터의 주의를 끌기 위하여 여러 차례 손을 흔들어야만 할 때

위에서 살펴 본 바와 같이, 고객을 가장 기분 나쁘게 하는 요소는 대부분 우리가 긴장

하고, 세심하게 관찰하면 개선하거나 고칠 수 있는 것들이라는 것을 알 수 있다. 서비스 종사원이라면 위의 내용을 잘 인지하고, 세심한 주의와 배려를 통해 고객의 기분을 나쁘지 않게 하여야 할 것이다.

2. 긍정적 서비스의 핵심 내용

1) 진심이 담긴 인사

서비스 종사원이 식탁으로 갈 때 제일 먼저 해야 할 일은 고객에서 미소 짓고, 명랑하게 인사하는 것이다. 고객은 그 종사원의 밝은 표정을 하고, 고객에게 인사하는 것은 고객을 기분 좋게 할 것이다. 고객은 종사원이 얼마나 기분 좋게 느끼게 만드느냐에 따라 그 종사원의 가치를 평가할 것이다. 그러므로 고객이 환영받는다고 느끼게 하면서 서비스 제공을 시작하라.

2) 고객 테이블의 준비

고객을 테이블에 안내할 때는 이미 식탁, 테이블 크로스, 조미료, 은식기 등 테이블 위에 있어야 할 것이 모두 제 위치에 있는지 확인하는 것은 매우 중요하다. 이 모든 것이 완벽하게 갖추어져 있을 때 비로소 서비스를 제공할 준비가 되었다고 할 수 있다. 그리고 난 후 고객이 주문한 메뉴의 첫 서비스를 시작하여야 한다.

3) 완벽한 주문 처리

고객이 주문하기를 원할 때 서비스 종사원은 그가 편하게 주문하도록 도와주어야 한다. 그리고 때에 따라서는 여러분이 메뉴를 추천할 수도 있고, 그 추천이 고객에게 얼마나 유익한 것인지를 고객 스스로 알게 하는 것이 중요하다.

4) 정성어린 메인 요리

고객이 선택한 메뉴는 그것이 비싸든지 혹은 그렇지 않든지, 그것은 고객이 선택하였다는 것이다. 그리고 고객이 선택했다는 것은 고객 스스로 자신의 욕구를 가장 잘 충족시킬 수 있다고 믿고 있다는 것을 알아야 한다. 그러므로 고객이 선택한 메뉴를 제공할 때는 메뉴가 함부로 혹은 무성의하게 요리되거나 제공되고 있다고 인식이 되어서는 곤란하다. 서비스 종사원은 미소 지으며, 훌륭한 메인 코스의 가치를 고객에게 확인시켜 고객을 황홀하게 하여야 한다.

5) 고객 재점검

스테이크가 잘 요리되었나? 스파게티를 위한 토마토 소스가 충분히 맛있는가? 물 또는 커피가 더 필요한가? 후식은 어떤가? 진정으로 고객의 입장에서 생각하면 여러분은 더 큰 매출을 올릴 것이며, 더 행복해하고, 더 만족해하는 고객을 가질 것이다. 모든 만남에서는 웃으면서 말하는 것이 중요하다.

6) 충성 고객으로 유도

식음료 업장에 고객의 재방문은 중요한 의미를 가진다. 재방문한다는 것은 고객이 이전에 이용하면서 어느 정도는 만족을 하였다는 것을 의미하고, 그때 가지고 있었던 서비스와 요리에 대하여 긍정적인 생각을 가지고 있다는 것을 말한다. 그러므로 고객이 방문하였을 때, 고객이 즐겁게 식사하고, 만족한 상태에서 놀아갈 수 있도록 고객을 돌보아야 한다. 그래서 결국 고객이 다시 오고 싶어 하도록 만드는 것이 중요하다. 이렇게 하여 만족의 횟수가 증가하게 되면, 고객은 비로소 충성 고객이 될 수 있다. 충성 고객의 자신의 구매뿐만이 아니라 타인에게도 긍정적인 구전으로 고객을 확보하는데 중요하게 영향을 미친다.

7) MOT(진실의 순간) 관리

식음료 업장은 종사원과 고객이 주문과 판매 그리고 식사 이용 등 이 모든 행동이 고객과 종사원이 있는 같은 장소에서 이루어지는 특성이 있다. 그러므로 식음료 업장은 고객과의 접점이 다른 업종보다도 많이 발생을 한다. 예를 들어 고객에게 안내, 식사 준비 서비스, 식사 서비스, 식사 후 서비스, 환송 서비스 등의 일련의 이용 과정에서 고객에게 몇 번의 인사를 하고, 부족한 여러 서비스를 몇 번이나 제공했으며, 신속하게 제공했는지, 적절한 시간에 서비스를 제공했는지 등 이 모든 상황이 고객에서 긍정적이든 부정적이든 어떠한 생각을 갖게 하고, 이것이 모두 합해서 전반적인 인상을 남기게 되는 것이다. 여러분이 이 업장의 종사원이라면 고객이 어떤 인상을 가지기를 원하는가? 이것은 너무도 당연히 긍정적인 이미지를 갖기를 원할 것이다.

고객 응대 훈련

식음료 업장에 근무하는 종사원의 기본적인 업무는 고객을 응대하고, 음식을 서빙하거나 고객에게 물건을 건네주는 것이다. 종사원이 음식을 정중하고 전문가답게 제공할 때, 고객은 행복을 느낀다. 종사원들이 고객에게 훌륭한 서비스를 제공했다면, 고객은 업장 종사원에게 관심을 보일 것이다. 서비스 제공자가 고객에게 무엇인가를 제공할 때, 서비스 제공자는 고객의 개인적인 차별화된 욕구를 충족시키기 위해서 고객의 개인적인 생각을 확인하여야 하며, 이것은 종사원이 고객의 개인적인 공간에까지 기울여야 하는 이유이다.

이때 서비스 종사원은 어떤 문제도 일으키지 않으면서 정중하게 해야 하며, 고객의 개인적인 공간을 존중해야 한다. 이것이 고객을 응대의 중요한 요소이기도 하다. 종사원의 정중한 고객 응대 행동에서 중요한 요소를 간략히 나열하면 다음과 같다.

정중한 고객 응대 행동

- 고객이 당신이 오고 있는 것을 알 수 있도록 고객에게 다가가야 한다.
- 고객으로부터 1미터쯤 떨어져서 고객의 시선을 응시해야 한다.
- 고객에게 분명하게 말하고(손님, 커피입니다) 서비스해야 한다.
- 고객이 당신을 알아차리지 못하거나 바쁠 때는 항상 "실례합니다."라고 양해를 구하면서 고객의 주의를 끌고 고객에게 관심이 있다는 것을 확인해야 한다.
- 서비스 종사원이 전에 취급하지 않았던 무언가를 고객에게 건네줄 때(예를 들면 캡틴이 주문을 받았고, 자신이 그것을 전달한다) 건네기 전에 인사하는 것을 기억하라(예를 들면 안녕하세요. 손님, 커피입니다).

1. 인사와 서비스 제공

1) 인사

서비스 종사원의 가장 기본적인 일은 고객들을 행복하게 만드는 것이다. 이것이 서비스 종사원의 첫 번째이자 가장 중요한 책임인 것이다. 정중한 고객 응대 행동은 서비스 종사원이 기본적으로 습득해야 하는 가장 중요한 부분이다. 가령, 서비스 종사원이 기분이 좋지 않더라도 정중하게 행동해야만 한다. 서비스 종사원이 유니폼을 입음과 동시에 업무는 시작되는 것이다. 서비스 종사원인 자신이 기분이 변했다고 해서 자기 자신의 업무를 바꿀 수는 없다. 서비스 종사원이 고객에게 인사를 하는 방법은 정중한 서비스의 가장 중요한 요소 중의 하나이다. 고객은 정중함과 친절함을 원하며, 서비스 종사원은 고객들이 존중받고 환영받는다고 느끼기를 원한다. 그러므로 서비스 종사원은 고객에게 친절하게 정중하게 인사하여야 하며, 이것이 지켜지지 않으면 고객들은 매우 실망하고 부정적인 인상을 갖게 된다.

정중하게 인사하는 것은 어려운 일이 아니며, 이것은 여러분들이 이미 수도 없이 교육을 받아 왔기 때문에 잘 알고 있다. 더욱이 서비스 종사원이 매우 바쁘다고 하더라도 그는 고객에게 정중하게 인사해야만 한다. 서비스 종사원이 고객에게 정중하게 인사할 때 그들은 실수와 지연됨을 용서할 것이나 정중하게 인사하지 않는다면, 고객들을 대하기가 매우 어렵게 될 것이다. 그러므로 고객들에게 정중하게 인사하는 것은 참으로 중요한 것이다.

(1) 정중한 행동

- 고객들을 볼 때마다 항상 정중하게 인사하여야 한다.
  - 고객이 당신에게 인사하기 전에 먼저 고객에게 인사하라.
  - 당신이 고객과 가까이 있을 때 말하라(2~4미터)
  - 명랑하고 생기 있게 행동하라.
  - 말할 때 당신의 신체가 고객을 향하도록 하라.
  - 약간 고개를 까딱이며 인사하라.

- 고객의 눈을 쳐다보라.
- 미소 지으라.
- 당신이 고객의 이름을 안다면, 고객의 이름을 사용하라.
- 여자 분에게 먼저 인사하라.

(2) 옳지 못한 행동

- 고객을 무시하거나 고객을 알아채지 못한 채 하는 것
- 고객에게 전혀 인사하지 않는 것
- 손을 흔들거나 경례하는 것
- 고객에게 아무 말 없이 인사하는 것
- 먼 거리에서 고함지르며 인사하는 것

2) 서비스 제공

우리의 일은 고객에게 서비스를 제공하는 일이다. 가능하면 언제든지 고객이 우리에게 요구하기 전에 서비스를 제공해야 한다. 서비스를 정중하게 제공함으로써 고객을 돌보기를 원하고 돌보는 것을 행복해한다는 것을 보여준다.

서비스를 행하기 전에 우리는 그것이 고객에게 편리한지를 확인할 필요가 있다. 예를 들어 고객이 짐을 옮기는 것을 본다면, 우리는 "손님, 제가 짐을 들어드릴까요?"라고 말함으로 도움을 제공할 수 있다. 물어보지 않고 짐을 대신하여 옮기지 말아야 한다. 고객은 자신이 그 짐을 옮기는 것을 더 좋아할 수도 있다. 또한 고객이 식사를 마쳤는지를 잘 모를 때, "손님, 접시를 치워도 될까요?"라고 물어야 한다. 아마도 고객은 식사를 마치지 않았을지도 모른다.

(1) 정중한 행동

- 서비스가 필요한 고객을 항상 인식하여야 한다. 비록 종사원이 고객을 즉시 돌보지 못하더라도 종사원은 가능한 한 빨리 그를 돌볼 것이라는 신호를 주어야 한다. 미소

짓고, 그를 향하여 고개를 숙여 고객을 섬기는 것을 행복해한다는 것을 알리는 것이 중요하다.

- 서비스 종사원은 서비스를 제공하기 위해 고객에게 다가설 때 말하기 전에 고객이 당신을 볼 수 있도록 하여야 한다.
- 서비스 종사원이 업무 수행 과정에서 상황에 따라서는 고객에게 오해를 줄 수 있는 행동이 있을 수 있다. 이러한 상황이 예상된다면, 고객에게 이야기해서 그들을 놀라게 하지 말아야 한다.
- 서비스 종사원은 서비스를 제공하면서 고객에게 철저하게 집중하여야 한다.
  - 고객의 눈을 응시한다.
  - 신체를 고객에게 향한다.
  - 약간 고개를 숙여 고객의 시선이 위로 향하지 않게 한다.
  - 이름을 알고 있다면 이름을 사용한다.
- 서비스 종사원은 서비스가 필요한 고객을 계속해서 찾아야 한다. 그들이 요구하기 전에 서비스를 제공하기 위해 노력한다는 것을 말하는 것이다.
- 고객이 당신을 부르거나 당신에게 멀리서 신호를 보낼 때 당신은 알았다는 것을 보여주기 위해 미소 짓거나 고개를 끄덕여라.

(2) 옳지 못한 행동

- 고객이 서비스를 요구할 때 다가가서 아무 말도 안 하는 것. 침묵의 서비스가 항상 정중한 서비스를 뜻하는 것은 아니다.
- "제가 ~도 될까요?"라고 물어보지 않고 서비스를 제공하는 것
- "손님" 또는 "고객의 이름"을 말하는 것을 잊어버리는 것
- 너무 바쁘기 때문에 또는 고객이 자신의 고객이 아니기 때문에 서비스가 필요한 고객을 알아차리지 못한 척 하는 것

3) 감사의 표현

고객들도 서비스 종사원을 위하여 서비스 종사원의 일에 참여하여 일을 한다. 즉 계산

서에 서명하는 것, 접시를 받아 드는 것을 도와주는 것과 같은 작은 일들을 말한다. 고객이 종사원을 위하여 뭔가를 할 때마다 종사원은 "감사합니다."라고 말해야 한다. "감사합니다."는 우리말보다 영어에서 더 많이 사용된다는 것을 기억해야 한다. 간혹 고객은 종사원이 지나가도록 열린 문을 잡고 있는 것과 같은 특별한 뭔가를 한다. 이런 경우에 단순히 "감사합니다."라고 말하는 것 이상이 필요하다. "대단히 감사합니다."라고 말해야 한다.

(1) 정중한 행동

- 고객에게 감사하거나 고객의 감사에 응답하면서 고객에게 주의를 집중하여야 한다.
- 고객을 향하고, 고객의 눈을 응시하여야 한다.
- 미소 짓고 약간 고개를 숙인다.

(2) 옳지 못한 행동

- 고객에게 말로 감사하는 것을 잊어버리는 것, "감사합니다."라고 말하는 대신에 단지 미소만 짓거나 고개를 끄덕이는 것
- "감사합니다" 또는 "천만에요"라고 말할 때 고객을 쳐다보지 않는 것

2. 커뮤니케이션과 요청

1) 언어 소통 미흡

고객이 이해할 수 없는 종사원과 의사 소통을 하려고 노력하는 것은 고객의 입장에서는 매우 난감한 일이다. 반대로 종사원이 고객을 이해시키려고 발버둥 치며 애를 쓸 때, 상황은 더욱 악화되기도 한다. 서비스 종사원은 고객에게 설명을 위해 노력하고, 고객은 자신을 이해시킬 수 있는 누군가가 올 때까지 시간과 에너지를 낭비하게 된다. 이것은 서비스 종사원이 고객의 시간을 낭비하게 만드는 일이며, 고객의 입장에서는 좋아하지 않을 것이다. 비즈니스 고객들은 특별히 이러한 상황에 매우 예민하게 반응한다. 그들은 대개 빡빡한 일정을 가지고 있고, 시간을 낭비하는 것을 무척 싫어하는 경향이 있다는

것을 종사원들은 이해하여야 한다. 외식업체 종사원과 의사소통의 어려움을 가지는 비즈니스 고객은 그 식당에 대한 신뢰감을 잃고, 다음에 그는 다른 장소를 찾을 가능성이 매우 높아지게 된다.

(1) 정중한 행동

- 들을 수 없거나 이해할 수 없을 때 신중히 행동하라. 당신이 미소를 짓거나 고개를 끄덕이면 고객은 종사원이 이해한다고 생각할 것이다.
- 고객이 크게 말하지 않는다면, 다시 말해달라고 요청해라. 더 가까이 다가가 고객을 똑바로 응시하고, 고객의 목소리에 집중해야 한다.
- 만일 종사원이 이해할 수 없을 때 그 종사원은 곧바로 다른 동료를 불러야 한다. 고객이 설명하기 위하여 발버둥 치게 하지 마라.

(2) 옳지 못한 행동

- 고객을 이해하지 못할 때마저도 종사원이 고개를 끄덕이거나 미소를 짓거나 "네"라고 말하는 것
- 종사원이 이해한 척하는 것
- 종사원이 고객이 원하는 것을 추측하는 것
- 종사원이 도움을 받기 위하여 다른 동료를 부르지 않는 것
- 종사원이 고객으로 하여금 설명하도록 애써 발버둥 치게 하는 것
- 종사원이 아무 말도 하지 않고, 단지 서서 미소 짓는 것

2) 요청

서비스 종사원은 때때로 고객에게 뭔가를 해 달라고 요청할 필요가 있다. 예를 들어 호텔 레스토랑의 경우 방 번호를 말해 달라고 하는 것, 양식에 기입해 달라는 것 등을 말한다. 이때 서비스 종사원이 적절하고 정중한 언어를 사용하지 않는다면, 그의 요청은

명령처럼 들릴 것이고 고객은 화가 날 것이다. 서비스 종사원은 고객에게 무엇을 하라고 말할 권리가 없다. 만일 고객의 협조가 필요하다면, 정중한 태도로 요청해야 한다.

(1) 정중한 행동

- 말할 때는 고객의 눈을 응시하라.
- 이름을 알면 이름을 사용하라.
- 행동하기 전에 말하라. 예를 들면, 계산서를 고객에게 가져다주기 전에 "계산서에 서명하시겠습니까?"
- 행동하기 전에 고객이 당신의 요청에 동의하기를 기다려라. 예를 들면, 당신이 "저를 따라오시겠습니까?"라고 말할 때, 당신이 움직이기 전에 고객이 당신에게 동의함을 보여주기를 기다려라.

(2) 옳지 못한 행동

- 말없이 요청하는 것. 예를 들면, 고객에게 말없이 등록 카드나 계산서를 전달하는 것
- 단지 행동으로 요청하는 것, 예를 들면,"저를 따라 오시겠습니까?"라고 말하는 대신에 손을 흔드는 것
- 요청할 때 고객을 쳐다보지 않는 것

3) 고객 욕구 재확인

서비스 종사원은 자신이 고객들에게 중요하다고 인식이 되기를 원한다. 즉 서비스 종사원은 고객에게 자신들이 그들의 욕구를 돌보아서 행복하다는 것을 보여주기를 원한다. 바꾸어 말하면, 고객이 서비스 종사원인 자신들이 고객을 이해한다는 것을 알아주기 원한다는 것이다. 서비스 종사원들이 고객이 원하는 것을 재확인함으로써 다른 것을 가져오는 실수를 피한다. 실수를 피함으로써 서비스 종사원은 시간과 에너지를 절약하고, 그들의 서비스는 더욱 효과적으로 인식될 것이다.

종사원이 고객이 원하는 것을 이해하고 있다는 것을 그들이 알게 하는 것은 기본적인 요소이다. 정중한 말을 사용하지 않고, 말없이 서비스를 제공하는 것은 매우 무례한 행

동일 수 있다. 많은 외국 고객들은 혹시 서비스 종사원이 영어를 못하는 것으로 인해 자신이 잘못 이해하고 있는 것인지를 걱정하기도 하고, 혹은 종사원이 영어를 못해 이해하지 못할 수 있다고 두려워한다. 그래서 고객의 요청을 재확인하는 것은 매우 중요하다.

(1) 정중한 행동

- 고객이 멀리서 당신을 부르면 그를 쳐다보고 당신이 그를 돌보겠다는 것을 보여 주기 위하여 고개를 숙이거나 끄덕여라.
- 고객이 당신을 부르는데 당신은 고객이 원하는 것을 알지 못할 때 서비스를 제공하라 "손님, 무엇을 도와드릴까요?"
- 당신이 고객이 원하는 것을 확신할 때 혹은 다가갈 때 다시 확인하라 "손님, 커피 더 드릴까요?"
- 고객이 뭔가를 요청할 때 그 주문을 반복하는 동안 고객의 눈을 응시하고 고개를 끄덕여라. 그리고 고객이 원하는 것을 가져오겠다는 것을 확인하라.

(2) 옳지 못한 행동

- 말없이 고객이 원하는 것을 가지러 가는 것
- 고객이 뭔가를 요청할 때 말없이 고개만 끄덕이는 것
- 당신이 고객의 요청을 이해한다는 확인시켜 주지 않고, 행동하는 것
- 당신이 확신하지 못함에도 불구하고, 고객이 원하는 것을 이해하는 척하는 것

3. 단정한 차림과 개인 위생

단정한 차림과 위생은 매우 중요하면서도 기본적인 것과 관련된 것이다. 고객은 종사원의 단정한 차림과 청결함으로 그들을 평가한다. 종사원이 단정치 못하게 보이거나 나쁜 냄새를 풍기는 종사원으로부터 서비스를 받는 것은 불쾌하게 여길 것이다. 서비스 종사원은 단정한 차림과 위생에 관한 최고의 기준을 가져야만 한다.

단정한 차림의 기준

- 당신의 용모를 교대 시간까지 수차례 확인하라. 당신이 머리카락 또는 유니폼을 고정시키지 않았다면, 고객이 보지 않을 때 그러한 일들을 하라. 종사원은 유니폼을 당당하게 입고 잘 보관하고 손질하여야 한다. 그리고 단추를 잘 채워서 올바르게 입었는지 확인하여야 한다.
- 유니폼이 맞지 않거나 손상이 있을 때, 즉시 보고하여야 한다.
- 유니폼을 자주 갈아입어라. 더럽거나 얼룩지거나 구겨져 있으면 갈아입어라.
- 당신의 신발과 양말은 유니폼과 어울려야 하고 좋은 상태에 있어야 한다. 구두는 광택을 잘 내야 하고, 찢겨지거나 질질 끌거나 긁혀 있어서는 안 된다.
- 절대 보석과 같은 것으로 치장을 하지 말아야 한다. 결혼 반지 또는 평범한 반지, 시계 등은 허용될 수 있다. 반짝이거나 비싼 보석은 직장에서 껴서는 안 된다.

안 전

안전은 모든 사람의 책임이다. 안전하고 건강한 근무 환경은 종업원들과 고객을 유익하게 해준다. 종사원 자신과 다른 사람들을 보호하기 위해 아래 규칙들을 지켜야 한다. 화재 소방을 위한 소화기 등의 위치와 사용법과 절차들을 잘 알고, 빠지거나 깨진 접시, 또는 유리 제품을 지정된 곳에 버리고, 아무리 사소한 사건이라도 문제 발생 즉시 매니저에게 보고하는 것이 중요하다.

1. 추락

- 계단을 오르고 내릴 때 주의를 기울여야 한다. 그리고 이것은 습관이 되도록 항상 관심을 기울이고 신경을 써야 한다.
- 항상 난간을 이용하여 안전하게 이동할 수 있도록 한다.
- 한 번에 한 계단씩 이용하여 이동하는 것이 좋다.
- 뛰지 말고 걸어라.

- 걸어가고 있는 곳을 주시하라.
- 걸려 넘어질 수 있는 위험을 찾는 습관을 개발하라.
- 부상당하기 전에 넘어지게 할 수 있는 모든 환경 요소를 제거하는 것이 좋다. 하라는 말을 듣기까지 기다리지 마라.
- 육체적으로 감당할 수 있는 양만 옮겨라.
- 시야가 애매모호하지 않은지 확인하라.
- 너무 무거운 짐을 옮기지 마라. 필요하면 두 번 해라.
- 가구 위에 절대로 올라가지 마라. 항상 사다리나 적절한 도구를 사용하라.

2. 상처

- 손을 쓰레기통 속으로 절대 집어넣지 마라. 깨진 유리 또는 병 그리고 날카로운 물체들이 있을 수 있다.
- 금속 가장자리를 주의하고, 번시를 닦이낼 때는 유리 선반에 이가 빠진 부분들을 주의하라. 당신이 베이게 되면 베인 부분을 주의 깊게 씻고, 즉시 응급 처지를 하여야 한다.

3. 화상

- 취급하기 전에 뜨거운 물체(담배꽁초)가 식었는지 분명히 하라.
- 부러진 절연체가 있는 전선줄 또는 철사가 노출된 전선줄을 절대로 만지지 마라(즉시 그런 상황들을 보고하라).

참·고·문·헌

고석면 외 3인, 호텔경영정보론, 백산출판사, 2011.

김수경 외, 호텔마케팅, 이프레스, 2013.

김수정, 실제호텔경영론, 석학당, 2010.

김재민, 신현주, 현대호텔경영론, 대왕사, 1992.

김성혁, 관광마케팅론, 대왕사, 1994.

김종수, 김성혁, 서비스 마케팅, 형설출판사, 2000.

김진섭, 관광학원론, 대왕사, 2000.

김충호, 호텔 경영학, 형설출판사, 1990.

나정기, 메뉴관리론, 백산출판사. 1998.

______, 메뉴계획과 디자인의 평가에 관한 연구, 박사학위 논문, 경기대학대학원. 1994.

______, 식음료원가관리의 이해, 백산출판사, 2010.

박강수, 마케탕관리론, 세명사, 1992.

박수영, 호텔정보시스템 실무, 대왕사, 1999.

박중환, 현대호텔마케팅론, 형설출판사, 1998.

박현지, 현대호텔재무관리, 대왕사, 1997.

신 갑, 신경영분석, 무역경영사, 1990.

신재영, 송성인, 최신호텔경영론, 백산출판사, 1993.

안영면, 여가관광마케팅, 백산출판사, 1999.

양창식 외 1인, 호텔정보시스템, 백산출판사, 2011.

여동길, 기업평가 및 자본비용에 관한 연구, 홍익대학교 대학원, 박사학위논문, 1988.

우효근, 관광호텔객실의 수요예측과 예약관리의 개선방안에 관한 연구 : 서울시내 특1급 관광호텔의 수익률 제고방안을 중심으로, 경기대학교 대학원, 박사학위논문, 1994.

유동근, 통합마케팅, 미래원, 1994.

______, 소비자 행동분석, 예지각, 1997.

원융희, 호텔경영론, 대왕사, 1995.

이경숙 외 2인, 관광호텔회계원리, 새로미, 2008.

이석규, 창업 및 사업성 검토, 다산 출판사, 1995.

______, 신 · 재무관리론, 석정, 1995.

이유재, 서비스 마케팅, 학현사, 1997.

이장춘, 관광계획 · 개발론, 대왕사, 1990.

이정자, 호텔경영, 백산출판사, 2010.
이학종, 조직행동론, 세경사, 1994.
임경인, 호텔경영원론, 대왕사, 1998.
서성한 외, 관광마케팅론(여행 및 호텔기업을 중심으로), 법경사, 1997.
신 갑, "신경영분석", 무역경영사, 1990.
신강현 · 강인숙, 호텔경영학개론, 기문사, 2008.
신재영, 송성인, "최신호텔경영론", 백산출판사, 1993.
장혜숙, 실증분석을 통한 신규호텔 사업 타당성 분석에 관한 연구, 경기대학교 대학원, 박사학위논문, 1991.
정규엽, "호텔경영학연구 : 호텔 타당성 분석의 신접근 방법에 관한 연구", 1992.
정수일, 생산관리론, 영지문화사, 1991.
정찬종, 여행사경영원론, 백산출판사, 1997.
주상우, 호텔회계의 이해, 현학사, 2008.
최복수, 신규호텔의 타당성 분석모형의 설정에 관한 연구, 세종대학교 대학원, 박사학위논문, 1999.
_____ 외, 관광호텔서비스론, 2007.
한경수, 신관광마케팅, 학문사, 2000.
최해수, 호텔영업회계, 학문사, 1997.
_____ 외 9인, 호텔실무영업회계, 한올출판사, 2009.
한국국제관광개발연구원 역, 관광마케팅(이론과 실제), 백산출판사, 1999.
한국회계기준원, "기업회계기준"
AMA board, Marketing News, March 1, 1985.
Andrew, William P., & Ramond S. Schmidgall, Financial Management for The Hospitality Industry, American Hotel and Motel Association, 1993.
Angelo, Rocco M., Understanding Feasibility Studies, Educational Institute of the American Hotel & Motel Association, 1983.
Beals, Paul and David A. Troy, Hotel Feasibility Analysis, Part 1., The Cornell H. R. A. Quarterly, Vol. 23. May, 1982.
Boseman, G., and Arvind Phatak, Strategic Management : Text and Cases, John Wiley & Sons, 1989
Brush, Scott W., Developing a Hotel Business Plan : A How-To Manual, The Cornell H. R. A. Quarterly, Vol. 34, June, 1993.
Chambers, J. C., S. K. Mullick and D. D. Smith, How to Choose the Right Forecasting Technique, Harvard Business Review, July-August, 1971.
Clifton, David S., Jr, and David E. Fyffe, Project Feasibility Analysis : A Guide to Profitable New Ventures, John Wiley & Sons, 1977.

Coltmam, Michael M., Introduction to Travel & Tourism : An International Approach, Van Nostrand Reinhold, 1989.

Cook, Kenneth J., AMA Complete Guide to Small Business Marketing, Chicago : NTC Business Book, 1994.

Fay, Clifford T. Jr, Richard C. Rhoads, Robert L. Rosenblatt, "Managerial Accounting for The Hospitality Service Industries," WM. C. Brown Company Publishers, 1976.9.

Gee, Chuck Y., "Resort Development and Management," Educational Institute of the American Hotel & Motel Association, 1988.

____, "Resort Development and Management," Educational Institute of the American Hotel & Motel Association, 1981.

Gomes, Albert J., "a Step by Step Approach to Hotel Development," Lodging, Vol. 13, february, 1988.

Gray, William S. Salvatore C. Liguori, "Hotel and Motel Management and Operations," Prentice Hall, Inc., 1994.

Hodgson, Jack N., Feasibility study, The Cornell H. R. A. Quarterly, Nobember, 1973.

Hooley, Graham J., and John Saunders, Competitive Positioning, Prentice Hall, 1993.

Kaiser, James R., Principles and Practices of Management in the Hospitality Industry, Van Nostrand Reinhold, 1989.

______, Principles and Practices of Management in the Hospitality Industry, Van Nostrand Reinhold Company, 1981.

Kaiser, Charles, Jr., and Larry E. Helber, TOURISM PLANNING & DEVELOP-MENT, CBI Publishing Company, lnc., 1978.

Krippendorf, J., Marketing et Tourisme, Herbert Lang, Berne, and Peter Lang, Frankfurt, 1971.

Lane, Harold E., and Mark Van Hartesvelt, Essentials of Hospitality Admin-stration, Prentice Hall, Inc., 1983.

Lee, Daniel R., A Forecast of Lodging Supply and Demand, The Cornell H. R. A. Quarterly, August, 1984.

Lewis, Robert C., & Richard E. Chambers, Marketing Leadership in Hospitality, Van Nostrand Reinhold, 1989.

Lilien, Gary L. Marketing Management, 2nd edition, boyd & fraser public company, 1993.

Lundberg, Donald E., The Hotel and Restaurant Business, CBI Publishing Company, Inc., 1979.

McIntosh, R. W., Tourism Principles, Practices and Philosophies, 1972.
Mayo, Edward J., and Lance P. Jarvis, The Psychology of Leisure Travel, Boston : CBI Pub. co., 1981.
McCarthy, E. J., and W. D. Perreault, Jr., Basic Marketing, 9th ed. Richard D. Irwin, inc., 1987.
Meldrum, M. and Malcolm McDonald, Key Marketing Concept, Macmillan Press Ltd., 1995.
Mahmood A. Khan, Menu and Menu Planning. 1993.
Morrison, A. M., Hospitality and Travel Marketing, New York : Delmar Publisher, 1989.
National Restaurant Association, Conducting a Feasibility Study for a New Restaurant, Cini-Grissom Associates, Inc.,
Ninemeier, Jack D., Principle of Food and Beverage Operations, AH & MA. 1984.
Payne, Kirby, A step by step Approach To Hotel Development : How To Assess The Market For A Hotel, Lodging, November, 1987.
Pearce Ⅱ, John A., and Richard B. Robinson, Jr., Strategic Management Practice, IRWIN, 1991.
Philip Kotler, Marketing Management : Analysis, Planning and Control, 6th ed. Prentice-Hall Inc, 1988.
Rushmore, S., "How to Perform An Economic Feasibility Study of a Proposed Hotel/Motel," American Society of Real Estate Counselors, 1986.
Rutes, Walter A., Faia and Richard H. Penner, Hotel Planning and Design, Watson-Guptill Publications, 1985.
Schonberger, Richard J., and Edward M. Knod, Jr., Synchroservice!, IRWIN, Inc., 1994.
United Nations, Manual for the Preparation of Industrial Feasibility Studies, United Nations, 1978.
Ward, T. J., Progress in Tourism, Recreation and Hospitality Management, Belhaven Press, 1989.
Westwood, J. The Marketing Plan : A Practitioner' s Guide, London : Kogan Page Ltd., 1992.
Weston, J. Fred, and Thomas E. Copeland, Managerial Finance, The Dryden Press, 1992.
Witt, S. and l. Moutinho, eds., Tourism Marketing and Management Handbook, Prentice Hall, 1989.
William P. Andrew & Ramond S. Schmidgall, "Financial Management for The Hospitality Industry," American Hotel and Motel Association, 1993.
Yesawish, Peter C., A Market-Based Approach to Forecasting, The Cornell H. R. A. Quarterly, Vol. 24, November, 1984.

저·자·소·개

■ 강 인 호

[학력]

- 경희대학교 경영대학원 관광경영학과
- 국민대학교 대학원 경영학과 박사

[경력]

- 경상북도 관광공예품 심사위원
- 개성공단 관광사업(호텔분야) 투자 심사위원
- 대구미래대학 호텔관광과 교수 역임
- 호주 퀸스랜드대학교 관광대학 객원교수 역임
- 한국관광산업학회 회장 역임
- (사)한국호텔외식경영학회 회장 역임

현) 대구광역시 관광정책자문위원
한국관광협회 중앙회 전국관광호텔 등급심사위원
계명대학교 경영대학 호텔관광학과 교수, 대학원 관광경영학과 교수

[수상]

- 국무총리 표창

■ 최 복 수

[학력]

- 경기대학교 경영대학원 관광경영학과
- 세종대학교 대학원 경영학과 박사

[경력]

- 세경대학교 호텔경영학과 교수역임
- 인천관광공사 면접위원 역임

현) 인하공업전문대학 호텔경영과 교수
인천경제자유구역청 송도컨벤시아 운영자문위원
환경부 아라뱃길 공론화 위원회 위원
인천광역시 관광진흥위원회 위원

호텔경영론

2013년 8월 30일 초　판 발행
2023년 3월 20일 1판 4쇄 발행

저　자 강인호 · 최복수
발행인 한 인 환
발행처 도서출판 기 문 사
등　록 1978. 8. 9. NO. 6-0637
주　소 서울시 동대문구 안암로 50-1(용두동) 홍신빌딩 3층
전　화 02) 2265-7214/922-8662~8663
팩　스 02) 922-8772

homepage : www.kimoonsa.co.kr
e-mail : book@kimoonsa.co.kr

ISBN : 978-89-7723-947-0 93320

정가 : 28,000원

저자와의 협의하에 인지생략

●불법복사는 지적재산을 훔치는 범죄행위입니다.

저작권법 제 97조의 5(권리의 침해죄)에 따라 위반자는 5년 이하의 징역 또는 5천만원 이하의 벌금에 처하게 됩니다.